珍藏本
纪念版

汉译世界学术名著丛书

# 穆勒政治经济学概述

〔俄〕尼·加·车尔尼雪夫斯基 著

季陶达 季云 译

2017年·北京

Н. Г. ЧЕРНЫШЕВСКИЙ

**ОЧЕРКИ ИЗ ПОЛИТИЧЕСКОЙ ЭКОНОМИИ МИЛЛЯ**

Государственное издательство политической

литературы СССР. 1949г.

根据苏联国家政治书籍出版社1949年版译出

# 汉译世界学术名著丛书

## (120年纪念版·珍藏本)

## 出 版 说 明

2017年2月11日,商务印书馆迎来120岁的生日。120年前,商务印书馆前贤怀揣文化救国的理想,抱持"昌明教育,开启民智"的使命,立足本土,放眼寰宇,以出版为津梁,沟通中西,为中国、为世界提供最富智慧的思想文化成果。无论世事白云苍狗,潮流左右激荡,甚至战火硝烟弥漫,始终践行学术报国之志,无改初心。

逐译世界各国学术名著,即其一端。早在20世纪初年便出版《原富》《天演论》等影响至今的代表性著作,1950年代后更致力于外国哲学和社会科学经典的译介,及至1980年代,辑为"汉译世界学术名著丛书",汇涓为流,蔚为大观。丛书自1981年开始出版,历时三十余年,迄今已推出七百种,是我国现代出版史上规模最大、最为重要的学术翻译工程。

丛书所选之书,立场观点不囿于一派,学科领域不限于一门,皆为文明开启以来,各时代、各国家、各民族的思想与文化精粹,代表着人类已经到达过的精神境界。丛书系统译介世界学术经典,引领时代思想，为本土原创学术的发展提供丰富的文化滋养，为推动中国现代学术和现代化进程做出了突出的贡献。

为纪念商务印书馆成立120周年，我们整体推出“汉译世界学术名著丛书”120年纪念版的珍藏本，寄望既利于文化积累，又便于研读查考，同时向长期支持丛书出版的译者、编者和读者致以敬意。

两甲子后的今天，商务印书馆又站在了一个新的历史时间节点上。我们不仅要铭记先辈的身影和足迹，更须让我们的步伐充满新的时代精神。这是商务人代代相传的事业，更是与国家和民族的命运始终紧密相连的事业。我们责无旁贷，必须做好我们这代人的传承与创造，让我们的努力和成果不仅凝聚成民族文化的记忆，还能成为后来人可以接续的事业。唯此，才能不负前贤，无愧来者。

商务印书馆编辑部

2017年10月

# 译 者 序

车尔尼雪夫斯基(1828—1889 年)是俄国的革命家、思想家、作家、文艺批评家、哲学家、经济学家、空想社会主义者。他处在俄国农奴制衰落和资本主义兴起的时代,毕生从事革命运动,为反对沙皇和农奴制而斗争,是伟大的革命民主主义者。

车尔尼雪夫斯基的著述很多,他的文学名著《怎么办?》对俄国当时的进步青年发生过重大的影响,使他以文学家知名于世。他也写了许多哲学、经济学和其他方面的著作。他的经济学著作有:《土地所有制》(1857 年)、《农村生活的新条件》(1858 年)、《批判反对村社所有制的哲学成见》(1858 年)、《论农奴农民赎地的方法》(1858 年)、《赎买土地困难吗?》(1859 年)、《经济活动与立法》(1859)、《资本与劳动》(1859 年)、《对詹姆斯·穆勒政治经济学的注释》(1860 年)、《约翰·斯图亚特·穆勒政治经济学概述》(1861 年)、《没有收信人的信》(1862 年)[①]等。1862 年 7 月,车尔尼雪夫斯基被捕,长期被流放在西伯利亚。

《穆勒政治经济学概述》一书,是有关资产阶级经济学说史的



① 这是一本论述农奴制问题的论著。马克思在阅读这本书时,以“关于俄国废除农奴制问题”为题,对书中的内容作了详细的摘要。

一部重要著作。马克思在《资本论》第二版跋中特别提到它，马克思说："1848 年大陆的革命也在英国产生了反应。那些还要求有科学地位、不愿单纯充当统治阶级的诡辩家和献媚者的人，力图使资本的政治经济学同这时已不容忽视的无产阶级的要求调和起来。于是，以约翰·斯图亚特·穆勒为最著名代表的毫无生气的混合主义产生了。这宣告了'资产阶级'经济学的破产，关于这一点，俄国的伟大学者和批评家尼·车尔尼雪夫斯基在他的《穆勒政治经济学概述》中已作了出色的说明。"[①]

我国过去没有出版过车尔尼雪夫斯基的这部经济学著作的中译本，对于马克思说的这一段话，我们理解得很不够，或者说，不完全知道车尔尼雪夫斯基是怎样评述小穆勒的经济学的。1954 年，我在南开大学和其他两位同志共同讲授《资本论》时，《资本论》的导言由我讲授。备课过程中，我想除了应该讲述《资本论》的著作的目的和叙述方法、它的体系和结构等一般的问题以外，还要着重讲述《资本论》的几篇序言和跋文。在研读到第二版跋文中有关车尔尼雪夫斯基的上面所引的一段话的时候，因为没有书，就没有能洞悉车尔尼雪夫斯基是怎样通过对约翰·斯图亚特·穆勒经济学概述的出色说明，来宣告"资产阶级经济学的破产"的。当时因没有这本书中译本，又找不到车氏原书，后来又由于别的许多原因，这个问题一直没有得到彻底解决，使我的讲课欠下一笔没有偿还的债务，我也一直把它放在心上。1980 年冬，商务印书馆约我翻

① 马克思：《资本论》，《马克思恩格斯全集》，第 23 卷，人民出版社 1972 年版，第 17—18 页。

译车尔尼雪夫斯基的《穆勒政治经济学概述》，我高兴地接受了这一译作任务。我想，这不仅是译一本书，而也是还一笔债。现在，我把这个译本献给广大的读者，特别是那些研读《资本论》的读者，这是我长期以来没有放下的一桩心事，一个为《资本论》的第二版跋文中的一个问题寻求讲解的一个虔诚的夙愿。

这个中译本是根据 И. D. 乌达利卓夫主编、由 C. B. 巴西斯特整理的《车尔尼雪夫斯基经济著作选集》的第三卷第二册译出的。该书于 1949 年由苏联国家政治书籍出版社出版，书名为《评穆勒的政治经济学》，即《资本论》第一卷“第二版跋”中所说的《穆勒政治经济学概述》。

车尔尼雪夫斯基评述的是英国经济学家约翰·斯图亚特·穆勒于 1848 年发表的《政治经济学原理及其对于社会哲学之应用》——简称为《政治经济学》一书。约翰·穆勒的这部著作包括 5 卷，第 1 卷为《生产》。可是车尔尼雪夫斯基的《概述》没有对于《生产》这一卷的评论。据序言中所说：对《生产》的评论早已在《同时代人》杂志上发表。这本评论因篇幅过大不宜在杂志发表，所以才出了单行本。C. B. 巴西斯特在整理出版这本书时，没有把在《同时代人》杂志上发表的有关生产的评述收入这个单行本，使读者得窥全貌，未免是一件憾事！

车尔尼雪夫斯基是实事求是地评论约翰·穆勒的经济著作的，在本书中，他既肯定了约·斯·穆勒的优点，同时也指出了他的缺点。在“所有制”一章中讨论共产主义和社会主义问题时，他指出，穆勒并不像蒲鲁东那样狂妄自大，而是“非常冷静地看待使别人非常害怕的理论，并且没有从其中看出什么可怕的东西。他在重新考虑了反对共产主义的异议之后，连一条有根据的异议也没有发现。他关于共产主义的最后结论是：……目前这种形式的私有制远不如共产主义。他对社会主义寄予更多的同情。不但没有从中发现什么不好的，而且也没有发现什么不妥当的。他只提出一个疑问：当前社会道德水平非常之低，在目前这种情况下，人们是否有能力接受任何良好的制度呢？"

在这个问题上，他也随即指出穆勒的缺点。他说："正如我们所看到的，穆勒表示对新的分配原则（穆勒指的是共产主义分配原则）犹豫不决地赞同之后，又找借口回避它。说什么研究这些为时尚早，而应当深切注意原有的分配原则，能否把它修改得比新的原则更好。穆勒承认，它现在的形式远不如新的。"穆勒的改良主义思想就是从此发生的。

车尔尼雪夫斯基是反对在资本主义制度下的产品三项（工资、利润和地租）分配的，他认为在这种制度下，不仅工人遭受剥削，而且也阻碍着社会经济进步。因此，他很称赞自耕农制度。因为在这种制度下，劳动者同时又是主人，其所生产的产品完全为他自己所有，因而会发挥生产的积极性和促进社会经济的发展。他认为由亚当·斯密所创建的经济理论是在"一个不知道存在自耕农的社会里产生和发展"的。因此这个理论就没有研究过自耕农制度。这是这个理论的一个空白。无论马尔萨斯还是李嘉图（由于车尔尼雪夫斯基还不知道古典经济学和庸俗经济学之区别，所以他往往把李嘉图和马尔萨斯相提并论。）都没有填补过这个空白。他认为穆勒也不能填补这个空白，因为穆勒的"主要力量在于他是真正诚实的思想家和支持做好事的人。要他摆脱其导师马尔萨斯、特别是李嘉图建立的观点是办不到的。他只会评价从这个观点观察到的一切美好的东西。”他把“工人一主人的地位认为是唯一正常的。作为善良的人，他深入这个观点并发现它是正确的。因此，在任何适宜的场合，他都表示希望工人能提高到主人的地位。”

车尔尼雪夫斯基在这部著作中，没有专门论述穆勒的《政治经济学原理》的阶级性问题的章节。但在事实上，他已明确指出，穆勒只是站在资本家的立场说话的。他的论证是既特别而又颇有风趣的。

车尔尼雪夫斯基是一个批评家，他对批评的对象，不仅注意到其中说了些什么，还注意到其中对什么没有说。他是用这个方法发现斯密学派没有研究过自耕农制度这个空白点的。他也用同样的方法发现穆勒的著作的阶级性。他极明确地指出：如果只带检验穆勒所论述的一切是否正确这样一种想法去阅读他的著作，则在读完他的分析时，会找不出他的任何错误。如果你用另一种比较广泛的想法再去重读那些篇章，并注意考虑一下：穆勒的分析是否有疏漏？你就会发现重要问题。他引证了穆勒的这段话：“所生产商品数量的这些变化不要求任何人改变自己的职业。如果事业进展得非常顺利，可通过加紧利用信贷来扩大生产；如果生产进展不顺利，则可通过缩减业务范围和减少工作时间来缩小生产。”他并且举例说明：假设有一个制造呢子的工厂，有500个工人工作。在这个企业经营得很顺利，盈利很大时，不必建造新工厂，从事其他业务的资本家也不必改业而成为呢子工厂主；原来的呢子工厂主把生产规模扩大1倍，从而生产出多1倍的呢子就可以了。如果该企业没有盈利，他也没有抛弃自己业务的必要；他只要减少自

己的业务，只生产一半的呢子就可以了。所以资本家谁也没有必要去改变自己的职业。车尔尼雪夫斯基根据这种情况，做结论说："如果我们指的只是资本家，穆勒说得完全正确。可是工人呢？工人也是这样吗？如果呢子工厂把生产扩大1倍，它将雇佣1,000个工人而不是原先的500个。新增加的500个工人是从随便什么其他行业转到呢子生产上来的。如果工厂的生产缩减一半，它只雇佣250个工人来取代原先的500个。其余的250个工人必须放弃呢子生产而转向其他行业。可见穆勒的言论对工人是不适用的。他的'任何人'只指资本家。而他的工人'却一个也没有'！他完全忘记了工人。"车尔尼雪夫斯基还说：在穆勒看来只注意到资本家便是一切了。"顺便说说，资本家也是真正的生产者；工人只不过是资本家的附属物；看问题还值得涉及他们吗！"

车尔尼雪夫斯基认为，约翰·斯图亚特·穆勒虽然受过很好的教育，知识广博，逻辑性也很强，对于社会主义和共产主义也没有什么偏见，毋宁说他还是满怀喜悦地谈论这种新的生活制度的。但是穆勒终究不是第一流的思想家，从而不可能使政治经济学向科学方面前进而创立新学说。他说：穆勒"不是在未来学派中培养出来的。所以当他了解该学派的时候，重新建立理论，对他来说，已经太晚了。因为旧学派的学说已经根深蒂固地扎进他的思想中了。在他的头脑中给新概念留下的位置太少了，因为它已被旧概念占满了。然而按照他自己的诚实和富有生气的天性，他总是同情改进的。所以，如果他的几乎全部个人智慧都已经消耗在以前的事业上，用在掌握和发展以前的概念上；那么他会愉快地用其余力来掌握新概念。对他来说，重新学习已经为时太晚了——但是已经定型的人能够重新学会什么，他就努力学习什么。”

从上述根据车尔尼雪夫斯基这部著作所做的说明，可以归纳为这样几点：

第一，约翰·斯图亚特·穆勒首先是一个以资本家的立场发表议论的经济学家，他有时会对工人阶级视而不见。例如在讨论某种资本主义企业（比方说制呢工厂）因某种原因而扩大或缩减时，在他的心目中只有资本家而没有考虑到这种情况对于工人的影响。

第二，穆勒虽然主要是站在资本家立场上说话，但另一方面，他既赞扬自耕农的生活方式，又反复强调工人成为主人的重要性。因此，如果把他毫无区别地包括在一心充当资本家阶级的诡辩家和献媚者的人们的行列，似乎也是不公平的。

第三，约·斯·穆勒并不仇恨共产主义和社会主义，反而承认这种新制度比十九世纪中叶在西欧实行的资本主义制度好；可是同时他又认为当时实行着的资本主义制度是可以改进的。不过改进后的私有制同共产主义究竟孰优孰劣，他认为在当时还不能判断。因此，他又醉心于改良当时实行着的资本主义制度。这实际上是企图把资产阶级的经济同无产阶级的利益调和起来，从而产生了毫无生气的折中主义。

第四，正如车尔尼雪夫斯基所说，约·斯·穆勒只能阐述其先辈亚当·斯密、马尔萨斯尤其是李嘉图的学说，他的脑袋已被这些旧学说占满了，已没有容纳新概念和新学说的余地！这就是说，约·斯·穆勒所祖述的其先辈的学说，传到他这里停滞不前、僵化了,从而就破产了。

这就是车尔尼雪夫斯基对于穆勒经济学的具有根本意义的评价,通过这样的评价,读者无疑可以体会到,由威廉·配第奠基、由亚当·斯密建立、由李嘉图完成的资产阶级古典政治经济学,到十九世纪中叶,即无产阶级和资产阶级的阶级斗争日趋激烈的时代,特别在1848年的大陆革命以后,资产阶级经济学就已经不再能够发展其科学性的一面了,即使像穆勒那样的“不能把他和庸俗经济学的辩护者流摆在一起的人,也只能把资产阶级的政治经济学同这时已经不容忽视的无产阶级的要求调和起来”,使他们的理论成为“毫无生气的混合主义”的东西。车尔尼雪夫斯基对穆勒经济学的评价出色地说明了这一个问题。

车尔尼雪夫斯基的《穆勒政治经济学概述》译用了大量的穆勒原文,译文占全书的40%以上,成为这本经济论著的一个特色;而车尔尼雪夫斯基本身兼有的作家,文艺批评家等的才识和写作方法,又往往在行文中表现出特殊的魅力,使读者不仅易于理解,而且随处可以感受到车氏的幽默,产生极大乐趣。限于篇幅,我就不具体介绍了。

季陶达

# 几点说明

一、本书著者尼古拉·加甫利洛维奇·车尔尼雪夫斯基是伟大的俄国革命民主主义者，著作很多，涉及的范围很广泛。我们翻译的这本书就是马克思在《资本论》第一卷“第二版跋”中所说的《穆勒政治经济学概述》。

二、我们所根据的是由 И. D. 乌达利卓夫主编、苏联国家政治书籍出版社于 1949 年出版的《车尔尼雪夫斯基经济著作选集》第三卷第二册《穆勒政治经济学概述》。这本《概述》是由 C. B. 巴西斯特整理出版的，“注释”也出自他的手笔。

三、原书包括四部分：1. 序言；2. 正文；3. 注释；4. 附录。正文又包括四个部分：1. 分配；2. 交换；3. 经济进步；4. 政府的控制。

四、本中译本只译述了原书正文中前面三个部分。其中有关“分配”部分，我们删节了关于车尔尼雪夫斯基为维护村社土地所有制的引文和议论，因为这些论文仅对研究十九世纪中叶俄国土地制度才有用处。此外，第三部分“经济进步”的最后一节“经济进步的前景”也全部略去了，因为这一节全是翻译小穆勒原著，他自己已申明不发表评论。

五、本书注释有二类，第一类巴西斯特加的注释集中于全书末，第二类有三种：1. 穆勒加的；2. 车尔尼雪夫斯基加的（简称“车注”);3.编者加的。中译本还加上译者的注。

六、书末的注释次序,全是原书的次序,未作更动,这便于读者查对。由于有些内容已删去,因此,注码有空缺。

七、无论我自己三十年代译的苏联当时最广泛采用的奥斯特洛维季扬诺夫和拉皮杜斯合著的《政治经济学》第七版和第八版,还是五十年代苏联科学院编的《政治经济学教科书》都是以 стоимость 一词表示价值,都没有使用 ценность 这个词。可是,在本书中却屡见 ценность,我们查对车尔尼雪夫斯基的译文与穆勒的原文才弄清楚,原来是这样的:ценность 即 value,стоимость 即 cost。希望本书读者在对照俄文原著时注意这一点。

八、车尔尼雪夫斯基这本著作,译述穆勒原著很多,约占全书40%以上。这位大学问家挺有意思:有的英文,如 workhouse,他不译而只拼音;有的如 allotment system,他干脆用原文,并说明因为俄国没有这种制度,还是用原文好。对前者,好办;对后者,很伤脑筋!虽然这种办法及其意义,书中说得清清楚楚、明明白白,但我却找不到我们中国自古迄今在什么地方、什么时候曾经采用过这种办法。曾想音译,觉得也不太合适。思考再三,暂把它译为“配地制度”。不一定合适,特举出请读者不吝赐教。

九、本书译文的初稿,是由我和季云同志共同完成的,主要是由季云同志于业余时间译的。而校对、查对英文原文及其他外文(如意大利文和法文)、修改、审阅和定稿,主要由我负责,所以文责主要由我承担。

十、在翻译过程中曾得到李毓珍同志的帮助，尤其胡企林同志曾提供宝贵意见，统此致谢。

十一、为能力所限，本译本不妥甚至错误之处，由衷地恳请读者指正。

季陶达

## 《穆勒政治经济学概述》[1]

# 目　　录

# 分　配

## （穆勒，第二卷[①]）

## 论财产所有制[3]

### （第一一二章）

墨守成规的政治经济学家都一律认为经济生活的一切方面按其基本特点与人类生活较好安排的观点无关。事实上，只有经济生活的一个方面的原理，那就是生产的原理，是由自然规律的必然性强加于人的；至于经济生活的其他方面则是由人们自己规定而且完全受历史环境的控制。穆勒从著作的第二卷开始阐述生产论同分配论和交换论的重要区别。

本书第一卷所说明的原理，在某些方面，同现在将要考察的一些原理是大不一样的。生产的规律和条件具有自然科学所说的真理性质。在这方面，既不能任意选择，也不能随便改变。人们所生产的一切，都是根据外部自然环境和人们自己物质和精神情况的内在性质所规定的方法和条件生产的。不管人们愿意或不愿意，但是他的生产规模都是由他的事先储蓄量所决定的。在该储蓄量内，他的生产规模应同其能力、技巧、所用工具的优点以及明

① 指约翰·穆勒著《政治经济学原理》，第二卷。——译者

智地利用联合劳动的优点相一致。不管人们愿意或不愿意，如果不改进农业过程，则投入加倍劳动决不能在该耕地上获得加倍的粮食。不管人们愿意或不愿意，各个人非生产性开支将要引起社会相应的贫穷，只有生产性支出，才会使社会富裕。不管人们对于这种事物的看法和愿望如何，他们不能改变这种事物的性质。我们不能预言：当将来我们在自然规律方面的知识扩大以及从这些新知识产生新的工业过程——现在我们甚至还不懂得这些——的时候，改变生产方式和增长劳动生产率究竟不能超过什么界限。但是，不管我们在努力扩大事物性质所规定的界限方面取得多么大的成就，我们知道，这种界限必然存在：我们既不能改变物质的基本性质，也不能改变思想的基本性质。我们只能在制造我们所需的事物(events)时不同程度地利用这种性质。

财富分配的原理就不是这样了。分配——这纯粹是人类制度问题。一有财物，人们或者作为个别的人，或者作为集体，都可以按照自己的意愿来处理它们。他们可以把它们随便交给任何人并随意规定条件去支配。其次，人是在社会中生活的。所以，任何财物的支配，只有通过社会的赞同，或者更准确地说，只有通过那些对社会具有积极作用的人的赞同，才能进行；在任何社会制度下，除非孤单地在荒漠中生活，这种赞同是必不可少的。甚至连只靠自己个人的劳动、不用任何人帮助而生产出来的物品，要是得不到社会的许可，他也不能留归己有。而且，如果社会对此漠不关心，如果社会不在全体成员中进行干涉或不委派也不雇用一些特殊的人物来防止任何人破坏他的所有权的话，那么，社会就能拿走他的产品，而且某些人能够并且也会把它拿走。所以，财富分配决定于社会的法律和习惯。决定分配的法规是根据统治社会的那部分人的看法和心愿制造出来的；在不同的时代和不同的社会，这种法规是大不相同的。假如人们想这样做的话，还会和先前的更不相同。[4]



当前文明社会产品分配的各种制度中，私有财产制度占统治地位。现在当它盛行的时候，除社会主义和共产主义方面的人们以外，所有的人都肯定地说，维护它是为了它的效用。但是，它的产生，并不是出自考虑它对社会有什么好处，而是由于占有物品并随之为法庭所承认的这个事实。没有理由要破坏这个事实，所以也没有必要反对它；后来这种公认的事实就载入法律里了。但是穆勒已在上面指出，私有财产制度并非经济生活唯一可能的形式。历史、甚至当代的生活都已提出其他制度的实例。根据其他原则建立起来的社会，规模是很小的。但是，在强烈地唤起人们努力去检验社会生活的基本原则的时代，却引起了学者的注意。涌现了不少思想家，引起了他们的关注，他们根据这些实例，为人类提出了他们认为优于现行制度的经济生活制度。

最近欧洲的变革引起许多这类性质的思考，以致非常注意这些思想所采取的各种形式，这种注意力不能认为已经减弱，恰恰相反，它越来越增强了。

反对私有财产原则的人可以分为两类：一类人计谋在生活和享乐的物质资料分配方面绝对平均；另一类人虽容许不平均的存在，但认为必须以某种真实的或臆造的公正或公益的原则为依据，不能像现在许多社会不平等现象那样，只以偶然事件为依据。在第一类人中，我们首先应当举出欧文及其追随者。因为在这一代人中，欧文比谁都更早地提出这种意见。在欧文以后，则路易·勃朗和卡贝以这种思想的信徒而知名（虽然路易·勃朗认为分配的平均不过是向那种要求各尽所能、各取所需的、更高公平原则过渡的手段）。这种经济制度叫做共产主义：这个名称不起源于英国而起源于大陆，最近才传到英国来。社会主义这个名称是英国共产主义者提出来用以表达他们的制度的，目前，大陆以更广泛的意义使用这个名称；把社会主义理解为这样一种制度，这种制度既不要求实行共产主义，也不要求完全废除私有财产，而只要求土地和生产工具不成为个人私产，而归社会或团体或政府所有。在这些体系中，负有特别崇高的科学声望的有两派：圣西门主义和傅立叶主义，都是人们以他们的实际的或传说的创始人的名字来命名的。圣西门主义作为独立的体系已经过去了，但在它公开传播的短暂时期，它对几乎所有社会主义倾向播下的种子，现在还在法国广泛地传播着。傅立叶主义有很多信徒，可为他们的才华和热忱而自豪。

不管我们怎样设想这些各种各样的计划的优点或缺点，但硬说它们不能实现，是不公平的。每个有理性的人都不怀疑，由数千人组成的村社，按照公共掌握至今还养育他们的土地的原则进行耕种，采用最完善的方法，是能够生产出满足这些人舒适所需要的工业品的；也不怀疑，村社能找到一切办法来获得并且在有必要时可以强使每个有工作能力的成员完成达到上述结果的劳动量。

反对公共财产和产品平均分配制度最流行的异议是：每个人总是力图逃避他应当完成的那部分工作的。这种异议提出了实际困难，但是提出这种异议的人忘记了，现在在社会上完成的十分之九的劳动所借以进行的制度之下，也会存在如此大量的同样的困难。这种异议认为，只有自己能享用自己努力所获得的成果的人，才会认真而有成效地劳动。而在英国为自己私利而工作的人所从事的劳动生产是何等的少，从最小报酬到最大报酬的各种为私利的劳动又是何等的少。从爱尔兰的农夫和小工到最高法官和国务大臣，差不多在社会上所作出的一切劳动都是以日薪或一定薪水报酬的。工厂工人在自己劳动中所含有的个人利益要比共产主义协会的成员少一些，因为他并不像共产主义协会的成员那样为协会的利益而工作。当然，对此可以说：工人本身固然在他自己劳动中几乎从来没有过私利，但是对此有个人利益的人们却监督着他、指挥着他劳动，并且进行着脑力劳动。不，远不是在一切场合下都是这样的。但是，在所有公共企业和许多最广泛最成功的私营企业里，不单是粗活，就连检查和监督都是交给雇员干的。当主人是细心操劳和有能力的，俗话证明："主人的眼睛"是有用的。但是应当记得，在社会主义的农场或工厂里，每个工人不是在一个主人、而是在公社所有成员的主人眼睛注视之下工作。对逃避规定劳动的顽固态度这种万不得已的情况，公社也会有办法，就和现在社会为了强制人们遵守社会关系的必要条件所采取的办法一样。现在面对这种情况有一个办法——辞退不称职的工人：但当任何其他工人并不比其前任更好地工作时，这种办法就失效了。不称职的工人辞退了，主人只能得到普通的劳动量，而这种普通劳动可能是毫无成效的。由于懒惰和马虎而失去自己职业的工人在最坏的情况下也没有什么受不了，只是必须忍受贫民习艺所（workhouse'a）的纪律。如果在当前制度下想逃避这种命运，甘愿去劳动，那么，这在共产主义制度也就足够了。由于特别勤奋而产生

的全部利益或大部分利益归工人,以此来鼓舞劳动的一切力量,我是十分重视的。不过在当前的工业制度下,多半没有这种鼓舞。如果说,共产主义劳动不如为自己利益而工作的自耕农和手工业者勤奋,那么,他大概要比在工作中完全没有个人利益的雇佣工人更勤勉些。在现在社会条件下,最明显的事实造成了照例完成自己义务的雇佣工人的没有教化阶级的漠不关心。而共产主义计划规定大家都必须受教育;在这种条件下,协会成员实行自己义务时,无疑会像中层和上层的大多数雇佣职员那样勤奋:可是这些职员都没有这种声誉,好像他们成了敷衍塞责的人,因为只要不离开职守就可以获得同样的一定薪水,而不管他们执行自己义务时多么马虎。固然,一般地说,支付一定薪水不能使任何一级职员尽心竭力,难道仅凭这一点就可以反对共产主义劳动吗?

然而,难道可以说,他一定要容忍这个缺点吗?这并不是像很少考虑跟他所熟习的制度不同情况的人所想象的那样毫无问题。人们能够理解社会精神的程度,要比现在习惯猜测高得多。历史证明,许多人类团体习惯于把公共利益看作自己的利益。共产主义协会是发展这种感情的最好土壤。因为现在光顾自己局部利益的名利心和一切体力和脑力工作,那时,就会找到另一种环境,自然也会关心协会的公共利益。在共产主义之下,公民同公社联系着,其原因正如人们解释天主教神甫或修道士忠于自己阶层的利益所说的:他没有不同于公共利益的利益。不论同情公共利益与否,协会的每个成员都要服从在个人动机中最普遍、最有力量的权威——公众意见的权威。谁也不会提出异议,这种动机极其有力地制止我们的被社会彻底指责的行为。竞赛也鼓舞着以最大的毅力赢得别人的赞扬和惊讶;人们彼此之间公开竞赛的一切场合证明了这一点,虽然竞赛的对象还空着或对于社会并无好处。社会主义者绝不反对谁为公共福利做更多的竞赛。那么,共产主义是否大量减少了劳动毅力,以及总共减少了多少——应该认为,这个问题目前尚未解决。

反对共产主义的另一异议与经常反对救济贫民法一样,声称:如果每个社会成员,在同一条件下,只要他不拒绝工作,不论他有几个孩子,都能保证供养自己和所有的孩子,那么,人们将不按理智控制生育,因此人口将按这种比例增长,以致社会经过日益增长的贫困时期将由于饥饿而走向死亡。的确,如果共产主义不能控制人类生育,这种担心是有根据的。不过,共产主义正是社会舆论最有力地反对生育无政府状态的一种社会制度。人口增长使舒适减少或劳动力增加，也将直接和明显地不利于每个人（目前尚未如此）；这种不利情况既不能归罪于资本家的吝啬，也不能归罪于富人不公平的特权。在这种变化的环境中，社会舆论一定会像反对其他一切有损于团体利益的无节制那样反对它，而且假使谴责还不足以消除损失，社会舆论将以任何惩罚来清除这种无节制。不能根据人口过剩会带来危害，把反对意见强加于共产主义理论；恰恰相反，共产主义理论能够有力地制止这种灾难。

难以在协会成员之间公平分配社会劳动，这一异议较有道理。劳动极不相同，我们应按什么标准来衡量一种劳动与另一种劳动呢？谁能评判纺多少纱或从商店出售多少商品，或砌多少墙和清扫几节烟囱等于耕多少地呢？共产主义作家深感很难平分不同质的劳动，因此大部分作家认为有必要让每个人轮流从事每种有益的劳动；而这种制度不再进行职业分工，将减少生产协作的好处，从而使劳动生产率大为降低。同时，即使在同一事业里劳动表面上相等而实质上如此之下平等，以致会引起公愤来反对这种要求。并非每个人都同样地胜任一切劳动，而等量劳动对于弱者和强者、灵活者和笨手笨脚者、愚人和智者，都是不同的负担。

然而，即使这些困难确实存在，也不见得不能克服它们。按人们的气力和能力分配工作，缓和一下变得严厉的常规——这些并非具有正义感的人类智慧所不能解决的问题。同时，在力求平等的制度下，即使最差的、最不公正的劳动分配与当前不平等不公正的劳动分配（且不谈当前的分发工资）也相差如此之远，以致不值得与当前的不公平相提并论。还应该记得，共产主义作为一种社会制度仅在理想中存在，现在我们看到的困难比克服它的办法要多得多，而人类智慧才开始想到组织共产主义的详细办法，以便战胜困难并从中得到最大利益。

因此，如果要在共产主义及其一切冒险性与现在的社会状况及其一切苦难和不公平之间进行选择，如果私有制存在的必然后果就是我们现在看到的这种劳动产品分配——几乎总是与劳动成反比例，结果绝大部分落到完全不劳动者的手里，其次，剩余的大部分给几乎只是挂名的劳动者，并按递减的百分比分配，以此类推，劳动越沉重越不痛快，报酬则越少，直到最后，最疲劳最繁重的体力劳动者连维持生活第一需要的报酬都没有把握得到——如果只在这种状态与共产主义之间进行选择，那么，不论共产主义有多大困难，这些困难在进行对比的天平上不过是一位沙子罢了。但是，为了对比恰当，我们应该比较共产主义的最佳形式和私有制可能达到的最佳状况，而不是现在这种状况。实际上，私有制原则在任何一个国家都没有按适当的形式经过考验，而在英国则未必比某些其他国家经受的考验要多。新欧洲各国的社会制度是从财产分配开始的，它不是任何公平分配的结果，也非劳动所得，而是侵占和暴力的结果；尽管多少世纪以来，劳动重建了暴力建立起来的一切，现在的制度仍然保留了其许多重大的原始痕迹。至今财产法还没有符合承认私有制是合法的那些原则。这些法律已经把那些无论如何不应成为财产的东西变为财产，并且把那些只有在制约条件下才成为财产的东西变为无条件的财产。这些法律不能公平地对待不同的人：它们使一些人陷入困境，而使另一些人得利；它们故意庇护不平等，并且妨碍每个人以适当的方式着手工作。要让所有的人都以完全相同的方式开始工作，这与私有制法律是不相容的。但是，假如在不动摇原则本身的前提下，对减少该原则自然作用所产生的不平等，就像扩大不平等的机会那样，给予各种各样的关注；假如法律力图使财富分散而不是集中，帮助其大量分散而并不力求防止其分散，那么，实际上，并不像几乎所有的社会党人作家认为的那样，私有制原则同物质的和社会的贫困这一必然后果不可分割。

保护私有制时，几乎所有保护它的作者都认为，它保证谁劳动谁就得到劳动果实，谁储蓄谁就占有储金。当个别人占有别人的劳动果实和储蓄而不做任何贡献、不花任何气力时，这已经不是私有制原则的实质，而只是它的偶然后果，这种后果在其一定的发展阶段，不是促进而是妨碍私有制合法化的目的。为了评论所有制的最终使命，我们应当假定：一切违背报酬和劳动之间成比例的公平原则的因素，违背以对私有制有利的经得起批评的论据为基础的原则的因素，都已经排除了。于是，我们应当假定存在两个条件，没有这两个条件，无论在共产主义或其他任何法律和制度之下，人民群众的境地必然卑贱而又贫困。第一个条件是普及教育，第二个条件是适当控制人口。有了这两条，即使在现存的社会制度之下也不会有贫穷；要是假设存在这些条件，正如社会主义者常说的，社会主义问题已不是摆脱现在压迫人类的贫困的唯一出路问题，而仅仅是什么样的制度更有利的问题，而这个问题应当在将来解决。关于个体活动在其最好形式之下和社会主义在其最好形式之下能够完成些什么，我们知道得太少，因此我们还不能指出其中哪一种制度会成为人类社会的最终形式。

要是敢于猜测，那么，答案也许主要取决于哪一种制度允许人们之间有最大的自由和独创的活动。保证了食品供应之后，人类最强烈的个人欲望是自由。随着文明的发展，物质欲望变得比较适度，也比较容易受理智控制。而随着精神才智的发展，对于自由的渴望将会更加强烈而决不会减少。理想的社会制度和实用的道德就是保证一切人们行动完全独立自由和不受任何限制，并且不危害他人。由于所受的教育，或由于社会制度的要求，人们为了舒适或富裕而放纵自己的行动，成为了平等而不要自由，人们会丧失最崇高的人类禀性之一。应该分析一下，共产主义社会组织在什么程度上保留自由与独创的活动。毫无疑问，反对社会主义计划的这一异议，就和反对它的其他异议一样，过分夸大其词了。协会没有必要强迫自己的成员彼此之间有比现在更多的共性，也没有必要监视他们之间谁的个人产品和休息时间可能多些，如果协会只限于生产确实值得生产的产品，休息时间是会很多的：协会没有必要把人们固定在某种职业或某个地方。与当前大多数人的状况相比，共产主义的约束就会是自由的了。在英国和几乎所有其他国家的差不多全部工人阶层，选择自己职业或居住地点的可能性是如此之少，实际上他们如此依存于规定的法律和别人的意志，以致他们能享有非纯粹奴隶制度才有的一点点自由。我就不谈关于家庭中女性完全服从男性的问题了。欧文主义和差不多所有其他形式的社会主义（应该向他们致敬！）给予女性与至今占统治地位的男性以在各个方面完全平等的权利。不过不应该与目前社会的恶劣状况相比较，并据此来判断共产主义的优点；如果共产主义允诺个人精神自由比现在实际上不能算是自由的人们拥有的自由多一些，那是不够的。问题在于，在共产主义制度下还有没有任何的个性庇护所，社会舆论是否会变成暴君的桎梏，每个人完全依存于所有的人和所有的人监督一个人，是否会把所有人的思想、感情和行动弄成单调的、清一色的。尽管在教育和生活方式方面比共产主义制度之下有更多的差异，而且现在个人完全依存于群众的程度比在共产主义制度之下要少得多，这种清一色已构成当今社会的时弊之一。否定独创精神的社会不能称谓健康的社会。人类天性的多样发展，各

种各样的不相似、爱好、才干和各种观点之差异，人类生活大部分利益有关的甚至是精神和道德进步的源泉，能够激励争论的智慧并赋予每个人如此多的他自己想不出来的见解的这种差异，能够与共产主义理论同时并存吗？这就是还需要研究的问题。

到目前为止，我的评论只限于构成社会主义极限的共产主义理论；按照这种理论，不仅生产工具、土地和资本为协会所公有，而且按照各种平等原则在成员之间分配产品和安排劳动。那些反对社会主义的公正的或不公正的异议，都竭力针对这种形式的社会主义。其他社会主义制度不同于共产主义之处，首先在于它不光依靠尊重工业的感情（按路易·勃朗的说法，就是point d'honneur）①，而出于个人金钱的利益，多少保留着劳动的愿望。认为报酬应该和劳动相称的制度，已与共产主义的严格理论不一样了。为自己的利益而奋斗的工人协会在法国进行了实践社会主义的试验，他们差不多全以平分报酬开始，不计各个成员完成了多少劳动量；但是，几乎在所有的场合，很快放弃了这种方式而代之以计件作业。共产主义原则本来要求更高的公平标准，并适用于人们高得多的精神状态。只有当劳动量的差别取决于本人的意志时，按劳动量付酬实质上才是公平的；如果取决于力气或能力的自然差别，那么，这种报酬标准本身就不公平：它付给已经有了的人，把大部分供给天赋高于别人的人。不过它有利于反对在现在的道德水平之下形成的、而又由于现在的社会制度而发展了的利己主义；在新的教育没有唤醒人们以前，这种报酬标准迅速成功的可能性，要比更高的理想的大得多。

通常反对共产主义的异议，对两种非共产主义的社会主义制度，即圣西门主义和傅立叶主义，完全不适用。对这两种制度能够专门提出另外一些异议。公正他说，这就是过去和现在看得见的伟大精神力量和一些基本的社会和道德问题广泛的哲学答案之最杰出表现。

圣西门理论不考虑平等，而打算产品分配中的不平等。它希望每个人按照自己的志愿或才能从事不同的工作，而不是所有的人都做相同的工作；每个人的职务就像团长一样由统治政权任命，而报酬，则由该政权按照职务的

① 这是法文，等于英文的point of honour，可以译作：有关体面的地方。——译者

重要性和个人贡献发薪水。管理机构可根据不同的原理而并不破坏制度的本质来建立，它可以由社会选举产生。制度的制定者认为，当权者是卓有才能和忠诚的人们，他们由于自己智力的优越使自己的政权得到其他人的自愿的赞同。应该设想，在社会的某些特殊状况之下，这种制度可能是有利的。历史指出了类似的制度下成功经验的范例，这就是我已经谈过的巴拉圭耶稣会教徒的范例[5]。文明的和有教养的人们由财产公有制团结起来，在自己聪明的统治之下，领导了这样一种野蛮人部落，一个我们还不知道任何一个像他们那样极其厌恶一贯地为遥远的目标而劳动的部落。他们恭敬地服从这些人们的绝对权力。这些人们教会他们文明生活的技术和为公共利益而劳动，这些野蛮人怎么也不会为自己进行这样的劳动的。这个社会制度存在不久，过早地被外交决议和外国力量破坏了。之所以能够实现，大概是由于少数执政者和全体受支配者之间的智力发展和知识之巨大差别，以致在这两种程度之间没有社会的或智力发展的中间过渡。应该设想，在别的情况下这种过渡根本不可能成功。它是以当权者（同这个制度的创始人的看法相反）(contrary to the views of the authors of the system)的完全专制为前提的。如果政权信赖的人定期由人民选举产生，这一特点也不会有多大改变。不过，假定不论如何选出一个或几个人，他们依靠某个二级政权组织，可以按照每个人的才能委派工作，并按照每个人的贡献分配报酬，在公社成员之间很公平地分配财产，假定全体成员对他们如何使用自己的权力十分满意，而且甘心情愿服从他们，对于这种设想简直不值得去反驳，因为它显然是空想。人们能够毫无怨言地服从一定的规则，例如平等规则，或偶然性或外在必然性。不过，几个人在自己的天平上衡量每个人，根据他们的意图和判断，想给某个人多一点就多一点，而想给另一人少一些就少一些——如果不把这些人们算做高级动物，不害怕他们的超自然的威力的话，这点是人们不堪忍受的。

在所有社会主义形式中，最巧妙和最有先见之明地面对一切异议，建立了所谓傅立叶主义。这种制度既不想消灭私有制，更不想取消继承权；恰恰相反，它正式地把资本与劳动相等作为产品分配的要素。它希望在自己成员选出的首长管理之下，有2千名同行进行工业作业，在方圆一平方英里的范围内共同劳动。分配时，先配给每个公社成员一定量最少(minimum)食品，不管他能否劳动都一样。剩余的产品按事先确定的一定比例在劳动、资本和才能三要素之间分配。

公社的资金可以不同的数额归不同的成员所有。在这种场合,他们完全像在股份公司一样得到相称的股息。按每个人所在不同工人小组中的级别或地位,来评价每个人应得的与才干相称的那份产品。所有这些等级全由公社成员选举产生。得到报酬之后,谁也不必把它用于某种与别人有关的经济业务;每一个希望以自己单独经营为主的人,会有单独的经营。只有当协会全体成员生活在一座大楼里,为了爱护建筑物中的也爱护家庭生活各方面的劳动和费用,为了使公社买、卖由一个经纪人进行,以减少目前正被善于经商的人们侵吞的大量产品,只有这时才需要共同的生活。

至少在理论上,这种制度并不排除当今社会上存在的任何事业心,像共产主义废除它们那样。正好相反,如果组织将按照自己的创建者的意图行事,那么,它甚至会加强这种事业心:每个人将确信个人能够享用提高自己技艺和增强自己精神上或体力上的毅力而换来的果实。这种信念比当前社会制度下任何人的都强得多,除非这些人处在太有利的地位或得到命运的特殊赏识。不过除了这些劳动动机以外,傅立叶主义者还有新的,他们认为已经解决了使劳动招人喜欢的伟大而又根本的任务;他们非常有力地证明,这个任务是不难实现的;其中有个证明非常重要,与欧文主义者的有相同之处;他们说,在人们为了生存而完成的最繁重的工作中,未必能找到像那些生活有保障的人们为了娱乐而心甘情愿地劳动那样繁重的劳动。这个事实确实有十分重要的意义,研究社会科学的人可以大受教益,然而容易夸大从中得出的结论。如果工作非常令人为难和疲劳,而许多人自愿把它当做消遣来完成,那么,怎么见得这些工作是消遣呢?其实,因为人们心甘情愿,醉心于它,当然也会随心所欲地抛弃它。摆脱一定境遇的自由,往往是这种境遇的不愉快和愉快的全部差别。生活在同一城市,同一条街道,同一栋房屋,从一月至十二月没有任何搬家的愿望和想法的人当中,如果命令他们困在这所房子里。许多人就会发现在此生活是不能忍受的监禁。

按照傅立叶主义者的意见,未必找得到这样一种有益的劳动,它实质上是不愉快的,也就必然不愉快。如果他认为不愉快,这是因为他或者认为是屈辱性的,或者是过分的,或者毫无引起同情和竞争的诱人之处。他们声称:在既没有有闲阶层,也没有像现在这样大量地把劳动浪费在无益的事情上的社会中，在为了努力增产和节约开支而充分利用大伙力量的社会里，谁也不必过量地劳动：按照他们的意见，当社会集团从事全部劳动，每个人可以按照个人愿望同时属于任意几个集团，而他在集团中的地位则按他能够给集团带来利益的大小由自己的同行们评定时，便可以找到使劳动成为富有吸引力的必要条件。根据爱好和才能的差别，傅立叶主义者总结说：每个公社成员将属于几个从事不同的脑力或体力劳动的集团，并且每个人可以在每个集团甚至几个集团中占据高位。这样做的实际结果是平等，或者初步看来，至少是接近于平等的状况。它的产生不是由于排斥个人才能，正好相反，是由于每个人的各种各样的才干得到了最高度的发展。

甚至从如此简单的介绍中，读者应当看到，在目前道德和智力教育不能令人满意的情况下，这种制度连一个控制人类活动的基本法律也不违反，说它不能成功或不能实现其信徒们寄予它的大部分希望，则未免太轻率了。但愿傅立叶主义和所有其他形式的社会主义，能像他们正当要求的那样，有机会在实践中检验。他们都可以在小范围中实践，除了参加实践的人以外，对谁都没有任何危险。实践应当解决：哪一种可能的财产公有制度，在什么程度上能够以及是否很快能够取代按私有制原则占有土地和资本的"工业组织"，而现在，我们是并不想给人类才能继续发展规定极限。可以说，在相当长的时期内，政治经济学家们还应当主要研究以私有制和个人竞争为基础的社会的生存和进步条件。并且人类发展现阶段的主要奋斗目标不是推翻私有制而是改进它并使社会上每个成员从中得到益处[6]。

在这里，我们既不打算阐述所谓社会主义理论，也不打算阐述所谓共产主义理论。我们仅就穆勒论述它们的调子，以及上面引证的最后一段话，说上几句。我们只补充一点，就连这一点也不是理论上的，而纯属历史的补充。

自从这种倾向在精神生活中占据了固定的显著地位以来，对共产主义者和社会主义者的政治经济评论的公认的腔调，已经改变过不止一次了。1848 年以前，大量的稳健的进步党党员，其中包括差不多全部政治经济学家，以殷勤的宽容态度谈论共产主义者和社会主义者，就像谈论善良的幻想家一样，后者虽然误入迷途，却又以自己的谬误在解释真理方面在某种程度上帮助了他们——稳健的进步主义者们。他们有时自以为巧妙地嘲弄共产主义者和社会主义者，并不激烈，更多地是为了消磨时光，不过仅仅是有时这样，不十分经常也不十分多。他们是小人物。

在1848年，凡是发生变革的地方，都可以或多或少地从中看到，或者所有的，或者相当大的一部分贫民群众有某种不甚明显的彻底推翻现存经济制度的倾向，这种倾向看来与共产主义相类似。同时发现，共产主义和社会主义原先的捍卫者们想要在著作中利用这种甚至连最激进的民主主义者——不是从前的共产主义者和社会主义者——也要谴责的倾向。这样一来，就向所有的人暴露了：在共产主义者或社会主义者与所有其他党派之间存在着根本区别，甚至比其他相距最远的党派之间的区别还要大得多。专制制度的信徒和红色共和党员这时感到，他们两者有某些共同之处。这些正是共产主义者和社会主义者所反对的。而这些看来反对制度(учреждение)——它不论对反动派还是对广大革命派，都是同样宝贵的——的人们，在某些方面与获得对社会的统治权的人关系密切。例如，巴敦起义的领袖黑克尔和斯特鲁贝曾是社会主义者[7]。本来他们已占领了巴敦，后来被向他们推进的普鲁士军队所战败。当然，主要的危险根源是法国。临时政府认为必须逢迎共产主义者和社会主义者，以便赢得时间。这种狡猾的手段看起来如此真诚，好像它让社会党人和共产党人参与国家管理。实际上根本没有这回事。然而，在临时政府成员当中的路易·勃朗的名

字,以及卢森堡会议,或者欺骗了这位虚荣心很重的胆小鬼(如果他是虚荣心很重的胆小鬼),或者逢迎了这位忘我的公民(如果他是不想用内战使自己的政党取胜的忘我的公民)。但是共产主义的敌人设立的民族作坊,就像反对共产党人的营垒,可是还十分狡猾他说成是为了建设共产主义[8],这些已经足以使整个欧洲大喊大叫:“共产党人掌握着法国政府!”随即掀起了大规模的六月起义,该起义只经过连巴黎内乱中也不曾有过的那种顽强战斗之后,才被镇压下去。在这些事件的影响下,人们一提到共产党人和社会党人就非常害怕。在那个时期,无论谁连一分钟也不能摆脱这个念头。在那个时期,不诅咒共产党人和社会党人的话,哪怕只有一页也写不出来。政治经济学传染上了社会主义恐惧症和共产主义恐惧症(自然,是在那些发生变革的国家以及随声附和的国家,英国人保持了一些冷静)。骂人是赋有强大生命力的情绪。胆怯也如此。大陆上政治经济学家们既已开始咒骂并惧怕社会党人和共产党人,还来不及在自己歇斯底里大发作之后恢复常态。但是10年或12年是相当长的时期,在此期间不会不发生甚至对练习歇斯底里的人们也有强烈影响的事件。这时确实发生了对大陆上的政治经济学家们多少有些影响的两种现象。十分固执的作家蒲鲁东在著作界占据了非常显著的地位。他是怎么样的人,是社会党人,不是,是不是共产党人,这一点大陆上的政治经济学家谁也不会辨别,也许就连蒲鲁东自己也并不清楚。但是有一点大家都知道:他骇人听闻地咒骂,如同饿虎扑食般地咒骂,无可挽回地像个蠢人。他咒骂社会党人和共产党人,这还好;但是谁要是试试说些反对他们的话,他就会这样痛斥这位先生,能使其生活都不愉快:“如果我把他们叫做蠢人，这是另一回事——我理解他们；而你们，阁下，并不理解他们，你们自己比他们要蠢得多，就连你们对政治经济学也一窍不通；你们算什么政治经济学家！你们简直是在胡说八道”。所以，政治经济学家因为当场骂了共产党人，害怕下次再要面对这种怪物，就不敢不对共产主义露出微笑以请求宽恕。这儿还有另外一种情况，共产主义受人欢迎：谁不想受到一点欢迎呢？就是这位政治经济学家，在他骂完共产主义之后，还要添上一句：“就说只有我是这样反对极端和乌托邦的，至于新倾向的合理部分嘛，我爱得无以复加。”他还称赞协会，预言它有远大前程，喋喋不休地连他自己也搞不清在说些什么。可见，现在评论共产主义流行声调是狂怒与甜蜜的微笑、咒骂与恭维的混合物。

这种东西，穆勒一点都没有。他非常冷静地看待使别人非常害怕的理论，并且没有从其中看出什么可怕的东西。他在重新考虑了反对共产主义的异议之后，连一条有根据的异议也没有发现。他关于共产主义的最后结论是：如果私有制将是完善的，——何以见得？——它可能比共产主义还好呢！不过目前这种形式的私有制远不如共产主义。他对社会主义寄予更多的同情，不但没有从中发现不好的，而且也没有发现不妥当的。他只提出一个疑问：当前社会道德水平非常之低，在目前这种情况下，人们是否有能力接受任何良好的制度呢？自然，这个怀疑是很有根据的，应当说，它不仅适用于有关共产主义或社会主义这个问题，而且完全适用于有关任何重大改进措施的任何问题。例如，英国人统治东印度，能否向印度人引进比当前制度无比优越的文明制度呢？“在现存的社会道德状况之下，在东印度这是非常值得怀疑的”。能否废除从非洲向美洲输出黑人，以使黑人民族不再因为争夺俘虏并把他们卖到外国去而互相残杀呢？“在黑人民族当前状况之下，这是非常令人怀疑的！”如果不采取傅阿德·帕沙[9]的可怕的严厉办法制止残杀，能否让德鲁兹人和马罗尼特①人不再互相残杀呢？“在他们现在的这种风气之下，也是非常值得怀疑的”。然而，那是野蛮的和半野蛮的国家，关于文明的国家您考虑考虑好不好？能否指望耶稣会对大部分法国人失去任何影响[10]？或者指望英国平民开始像法国人那样对待自己的妻子呢？或者让德国人抛弃在他们之间传染腺病的自己极坏的厨房？对所有这些问题的回答仍然是：“在目前这种状况下，这是非常令人怀疑的。”

就这件事吗？只有在一些重大事物中迅速、全面地改良的可能性才令人怀疑吗？不论选什么蠢话，任何蠢话中它都是令人怀疑的。例如，能否迅速做到，让彼得堡或莫斯科的招牌不以文理不通为特色？或者让俄国股份公司股东例会表现合理？或者让俄国杂志采用相同的正字法，使在一些杂志中间同样的字都用大字，而在另一些杂志中都用小字，使在所有的杂志中不论怎样都写成一样的，或者“тельга”或者“тьлега”？或者让英国人弄到茶炊这个他们自己认为非常方便的茶具，来取代目前自己不称手的泡茶方法？或者让他们放弃在报纸上用特殊字体，所谓用于标题的大字母标上自己名字这个不体面的习惯？或者让德国人抛弃每个名词都大写的古怪习惯？或者让法国人弄来很好的类似英国的暖炉，或者

① 德鲁兹和马罗尼特都是住在中东的民族，前者现在还有居住在叙利亚的。——译者

类似德国人挺好的炉子以取代自己毫无用处的令人冻得发抖的暖炉？看来，所有这些愿望都是容易实现的，但是应当明确地说，不能指望每个愿望都能很快实现。

“自然，世界上什么事也不是一下子就做成的！”如果事情进展虽慢，但是不停顿，不失败，不回转到原处，那还算好的。只有不重要的事情才是这样进展的。在重大事件中，在许许多多失败之后才能成功，并且在每个前进运动之后，反动势力都接踵而至，如此顽固地迫使事业倒退，只有全力以赴才能战胜它，当然，在此之后紧接着就是疲劳和反动势力的新优势。

有这样的人，他们在任何个别情况下并不期待成功，而只知道终于会成功。之所以知道，是因为不能怀疑它：其必然性精确地证明了这点。在俄国普及识字了吗？怀疑这点简直是愚蠢的。不过要是你愿意，你可以期待创办每一所星期日学校[11]之失败，要是你愿意也可期待，现在一切有利于星期日学校的运动也会遭到任何失败——这是为什么？仅仅因为失败了没什么可丧气的，应该预见到它。但是期待失败，那还怎么着手工作呢？就连对它的兴趣都没有了。够了，好像这和我们思想有关：我们是否开始有兴趣呢？要是一个人对自己说：“我不打算做这个”，难道就真的不去做？够了；看看自己每天的行为吧！我们每个人发了多少次誓言，比方说哪怕不再争辩理论问题？难道有谁在一个晚上说服了一个敌人？难道每次分手时他没有对自己说：“怎么，我真蠢，还是争论了！”或者难道我们每个人，没有发誓不相信世界上的任何人，或不爱世界上的任何人？然而，难道这些誓言实现了？是的，在头一个机会之前是实现了的，而当机会一来，天性便占了上风，——你又

争论了而且又纠缠上了，直至衰老。而当你衰老时，其他人在你的位置上成长起来，遭到同样的失败，发出同样的誓言，并且完全沿着同样的道路走过来。因此，我们的上述观点一点儿也没有妨碍同意这个观点的人们实际忙碌的热心。但应当指出，我们绝不认为，大多数相信某个真理的人们，好像不能够在任何时刻发现，它准备在第一个适宜一点儿的场合进行一次试验就完全被实现。就在力求实现热爱的事业时刻，冷静地谈论其成功的可能性，——只有具有重大的经验，或者具有特殊的气质：冷静的头脑与热烈的愿望相结合的人，才能够做到。这一种和那一种人总是相当少的。其余的人，你是说服不了的：他们总以为，从几乎是史无前例的场合中，眼看就会出现一次这样的场合：一下子就能可靠地得到许多东西。因此，我们对最近将来的可能性的看法，不会使谁冷静下来。或者完全失败或者很小失败的前景，都不能使现在或将来分享它的人冷静下来。因为他早就习惯于这种前景了，并且他的活动出自他全部天性的必然要求，而不是出自少年对自己的幸福或自己的年华的信念。轻信自己的幸福或自己的年华的人会因此而振奋，一旦丧失信念，便会心灰意冷，这样的人也不会接受我们严肃的观点的。但是，他允许我们不说出我们所没有的希望，允许我们按照自己的观点谈事物而不必迎合他。我们完全同意穆勒的观点，不能期待现在的根本的经济生活制度很快会被按其他原则建立起来的制度所取代。然而是否由此可以得出结论说："政治经济学家应当长期研究生活和进步的条件"，研究属于现在占统治地位的原则的条件呢？是这样的，不过不是穆勒对此评价的那种含义。自然，人类应该最多地研究自己的现状和最近将来的情况。但是人类将如何评论它呢？是根据他误认为是真理的东西呢，还是他应当忘却这个标准，如果后者明天或后天完全不能实现的话。

你们有一个九岁或十岁的儿子，刚刚开始学习，他能很快进大学吗？你们原来想，总有一天他应当上大学：你们以为，这对他来说是再好没有了；而现在呢，难道你们没有这样安排对他的全部教育，让他能够进大学并且避免不必要的拖延吗？当他问你们，为他最好预备些什么的时候，——难道你们不告诉他是进大学吗？如果他不断地听到同事、更多地是他认为比自己聪明的人们的蠢话而把他弄糊涂了，他就会跑来问你们，是不是当个骑兵士官比大学生更好些呢？莫非你们作出满意的决定真的放他走："我们过七年以后再来和你谈这个问题吧。"或者在类似的场合，你们也是这样明智地行事的吗？或者你们可能还要理智些，随声附和小孩，好像要是当个大学生挺不错，那么对他来说当个骑兵士官更有利，就会说："让我们真的试试吧，也许确实不错，如果不好——那就再去上大学吧！"

有理性的人大概不会这么办的。不论目标近远，反正是忘不掉的，因为不论它有多远，就在今天每时每刻都会出现这种情况，你如果有这个目标，你应当以一种方式行事，如果你没有这个目标，你就应当用另一种方式。自然，一天之内你既到不了喀山，也到不了柏林，要知道走出第一步路就分岔了：去喀山是一条路，而去柏林则完全是另一条路。于是，你们会不会这样判断："莫斯科火车站离我们的住所近些，并且出租车夫也近些，沿涅瓦河铺木砖的道路也方便些，那么我先沿去喀山的路乘几站，然后在什么地方再拐到通往柏林的路上去。要不然，可能只好不拐弯，本来喀山也是个好城市嘛!”

我们没什么可说的,您自己选择您想去的地方吧。喀山也好,柏林也好,您就选择吧。要是您认为对您来说,去柏林比去喀山更好,那您就往柏林走嘛。那么在这种场合,对喀山怎么办呢?难道忘掉它吗?自然,最简单的办法是不要过多地照顾它。但是可能您有朋友和参谋们,他们拖您去喀山,如果是这样,那就没办法了,您不得不多多地议论喀山;不过请允许我问您,您将从哪方面谈论它呢?您会向您的朋友们和参谋们证明,您不应到喀山去,而应当朝另一个方向走。

或者,可能您还不知道您应该到哪里去。可是怎么会不知道呢,您不是已经走了吗?本来历史就不是坐在可以躺人的沙发上,原地不动,本来它要让您飞驰到什么地方而您还不知道吗?那么,您倒要赶快打听清楚,它这是让您飞驰到哪里去?是不是您需要去的地方?如果是您要去的地方,那您谈论其他的道路是徒劳无益的,而如果不是您所要去的地方,那您就转弯嘛。



穆勒不完全是这样议论的,他说:根据各方面判断,应当到柏林去,但我们却对它挥挥手,还是上喀山去吧。

结论不完全合乎逻辑。我们已经看到它是按什么样的见解得出来的:在社会智力发展和道德观念低下的现状之下,考虑实现本身是很好的主意,为时尚早。我们看到,如果过早地期待它的完全实现也算对的话,这一点儿也不会使我们不去认真地详细地研究它们,因为否则我们将误入歧途。但是现在就期望仅仅实现穆勒也谈过的有关经济关系最终结构的那些制度,还太早。难道那些在自己的纯理论著作中发挥只关心制度的正义性和彻底性想法的思想家们，不会把自己关于现在实际情况的建议仅仅局限于目前容易实现的那一部分制度？比方说，您将询问罗彼特·比尔[12]，关于国际贸易问题他认为怎样最好？大概他会这样回答：完全取消关税和海关。这个他已经说过多次了。可见，他只好是个幻想家，可以用下面的话摆脱他的思想："好的，不过对我们来说，考虑这点还为时太早！"不，您知道，除了有关绝对的、最终的和最好的论断以外，罗彼特·比尔还评论了这个最好的是哪一部分用什么方法现在就可以实现；他全然没有建议国会——一、二、三、乒（хлоп）！又是废除所有关税，又是取消海关。大家知道，他在国会中提的建议是完全实际的，是既容易实行又颇为有利的。

这就是我们感兴趣的问题。全面地在理论上阐明以一定原则为基础的一定生活制度，是决不可少的事情；应当知道，什么是真正的良好和公平；还有，谁不能完全合乎逻辑地和彻底地阐明这原则，谁就不仅头脑混乱，而且在工作中胡说八道。但是，如果世界上有过天才的思想家，并且给自己找到了相称的信徒又赢得了声望，那么，难道不应当认为，或者他们自己或者他们的某些信徒们已经领悟到，除了抽象的理论之外，也得讨论一下现实可能的问题吧。

好吧，就这样吧，论文篇幅不允许我们谈论所有这类对现代可行范围的建议，一一列举许多这类纲领，可能也是多余的。因为，本质上所有这些都是相似的。只举一个我在自己以前的论文（"劳动与资本"，《同时代人》1860 年第一期，《俄国文学》第 60—66 页）中引用过的例子，那时我们想起以路易·勃朗为例。[13]

不妨预先声明一下：路易·勃朗全然不是像圣西门、傅立叶、罗伯特·欧文等第一流的思想家那样的人。他和穆勒一样，仅仅是个很有才华的人：他比穆勒高明的地方是，他善于发现新的和可靠的根据。但他远不如穆勒具有丰富的学识；他穷得只能勉强受点教育，他干粗重的工作甚至还不够餬口，而做粗重工作却使蒲鲁东长期只能勉强受点教育。因此，只要你们愿意，就可以把他看做远远低于蒲鲁东和穆勒的理论家。就是说：我们恰恰在这里注意到他，并不是因为他本人比别人高明——他差得远！不过他有很多文学才能，并且是法国人最喜爱的才能：他写得很动人(因此他几乎是我们这里最受欢迎的人，现在我们更习惯于讽刺的文体)。因此，他成为1848年新经济学派所有的人当中最有声望的人。碰巧是他而不是别的什么人曾当过临时政府中巴黎工人要求的代表，至于他的任务完成得好还是不好，在这里对我们反正都一样。实际上只有一点是正确的，当他的形影还留在政府里的时候，就没有发生过巴黎内战，而可能他也因此有错，随你们怎样判断吧。但是他仍是巴黎工人要求的代表，所以对这些要求的全部憎恨，都落到他的头上，无数的书都详细说明他是个像万尼卡·凯隐①一样的恶人：他想杀害一半法国人，掠夺被杀害者的财产等等。你们看出来没有？所有这一切都是由于卑鄙的虚荣心和恶毒的、怯懦的嫉妒心。也许这也是对的。然而问题不在于他自己是什么样的人，我们只想说，由于特殊的历史机缘，他的思想具有历史的重要性。否则就不会具有这样的重要性，因为他很少独创性。

不过，正因为他很少独创性，才更适合于让我们以他做例子。

① 凯隐是一个曾杀害其弟的恶人，故事出于《圣经》。——译者

让我们来看看，他的建议是怎么一回事。

从穆勒那里我们读到过，他是个共产党人，他要求绝对平等——不是财产的平等：在否认任何私有的共产主义之下，哪有什么财产——而是每个国民的收入或工资完全平等，嘿！的确，这件事不仅我们这一代不容易实现，连我们的孙子甚至我们的玄孙都是不容易实现的。然而不对，穆勒补充说，这还不是一切，这还仅仅是他头一次想这么做，其实他是要求每个人为了共产主义利益而竭尽全力地工作；按照他的需要发给工资，也就是说，如果他认为，我能够以黑面包和燕麦粉为生，那么我将像牛那样工作，并且别人将吃我做出来的白面包和我饲养的牛肉，但不论是牛肉还是白面包，从来不肯让我闻一闻！嘿，这在目前就更不容易办到了；因为必须重新教育几代人，才能使他们听从收入的公平分配，除了对社会的忠诚之外没有任何其他标准。嘿，看来这个路易·勃朗有多么愚蠢！还有巴黎工人有多么傻，竟宠爱这么一个好幻想的白痴！

可能你们是这么评论的，也可能会忽然浮现另一种猜测：既然有一定学识的，读过相当多书的，生活经验相当丰富的群众——巴黎工人就是这样的群众——推举路易·勃朗作为自己的代表，那么他的要求可能并不是如此明显地在目前不宜于实现吧。读完我们援引的论文中的下列一段话之后，你们自己判断，这个猜测是否欺骗了你们。应当说，我们分析了那段论文中的一条常见的反对新经济理论的异议——据说，好像它们限制人的自由。顺便说说，如果没有这个庸俗的异议，那么穆勒也会稍微指出，在将来私有制原则按穆勒所设想的那样完善时，这一原则将会比现在谈论的另一种原则可能给人类带来更多的自由。下面，当我们分析能否达到穆勒所提出的目标和他所建议的改良时，再来谈论在遥远的未来，按穆勒所建议的完善将是怎样的。现在我暂时请读者不要比较，而只是不作任何比较地说：在你马上就要看到计划中，找得到哪怕是一丁点对人类自由的限制吗？——如果其中连一丁点儿限制的影子都没有，那么，大概以后可以告诉我们，相反的原则无论怎样完善，也不会以其无拘无束胜过自由。于是，我们在我们的论文中说：

> 我们提请读者注意，这个适合于各国风尚的计划，是否限制自由。这些国家已经丧失任何有关以前协会生活的意识，只有现在才开始回到早已忘却的劳动者在生产中协作的思想上来。还应当说明，在把这个计划作备用的国家里，政府每年投放数千万巨款来鼓励糖厂主、把鱼运往国外的批发商，以及一般的批发商。除这些以外，它还贷给铁路公司数千万巨款，并且把数千万巨款花费在各种富丽堂皇的建筑上。
>
> 政府根据其财政能力规定一笔金额作为创建工农业协会的创立补助金。政府由此得到普通利息，而协会从利润中逐步向国库偿还贷款。
>
> 不言而喻，国库补助金仅仅为了加速事业的发展。现在有许多不要任何外援建立协会的范例。但是，要是批发商和铁路公司都得到补助金，那就不能把劳动阶级也有某种权利期望国家的补助的设想认为是过分的苛求，而这种补助不用花费国库一分钱：由于它获得利息和逐步偿还资本，所以在这

里国库不是捐助者，而仅是交易所和劳动阶级之间的经纪人。

现在协会的想法还是件新鲜事，而为了实现它，还需要进行某些理论上的准备。因此，应当委托给政府认为其保证具备应有的知识和忠诚的人来首次从事这项工作。

邀请志愿者参与创建协会。每个协会应当由1,500到2,000名男女组成；他们参加协会要经过总经理批准。经理对有家眷的人比无家眷的人要偏重些，因此，协会由400到500户组成。其中有近500个或更多的成年男工和同样多的女工。他们每个人像自愿参加协会那样，如果他们打算退出的话，可以自由退出协会。

在计划所属的国家里，田野里有许多古老的房子无人照管，卖价低廉。协会最好购买一所这样的房屋，不需要用特别经费修缮它。但是，如果协会找到最佳方案，就可以建设新房屋；总而言之，这件事就完全按任何普通工业企业兴建或购置房屋那样精打细算地办。只是在房屋附近应有为协会劳力耕种所需要的适量的耕地或其他农田。



工人住宅同普通工厂的区别在于：住宅建设要有将来居住的工人自己认为必要的方便设施。例如，对于有家眷的人，住所的间数应能满足简朴而不错的生活。住宅单元的数目应与愿意住这种住所的户数大体上相当。不过谁要是不愿意住在这栋大楼里，他可以给自己租一套称心的住宅。这里没有任何必须照办的规章。

楼房附近应有为协会成员的习俗和利益所需要的附属建筑物。按照民族的习俗及其要求，这些建筑物是：教堂，学校，演戏、举办音乐会和晚会的大厅，图书馆。此外，自然还应当有医院。

根据建筑预算，即按照每个人可以核算其精度的数字看来，这种大楼及其全部附属建筑物和设施足以使搬进去住的人得到的住宅比他们现在的住所既好得多，又便宜得多。住宅的价格应该是这样的，扣除修理费外，用于楼房的资金应向这个国家缴纳的普通利息。

协会既从事农业，又进行手工业或工业生产，因地制宜。由协会出资购置必要的工具、机器和材料。

总而言之，协会与其成员之间的关系，就像工厂主和房东之对于自己的工人和房客一样。它和他们清算的账目，也和工厂主与工人、房东与房客一样。正如我们所看到的，这里新的和不宜实现的东西极少。

现在，当楼房盖好，并且工作所需要的一切都已齐备时，便开始工作了。

重要的经济打算之一，是在短短的播种和收获时期农业需用大量的人手，而在其余时间农活就不多了。协会应当尽可能精打细算地利用时间。因此在农忙时所有协会成员都请来参加农业劳动，而手工业和其他工作则在农闲时进行。其实，这里也没有任何强制性：谁想干什么，谁就干什么。每种行业中同工种工人的工资相同，和当地的普通工资一样。当农业需要劳力最多的时候，用什么手段吸引所有人手来务农呢？协会知道，工作量才是问题的实质。因此，在播种和收获时期给农活规定这样的工资，使得平日从事手工业的绝大多数成员看到暂时转向农业对自己是有利的。正如我们看到的，在这种场合协会将采取现在通用的手段：它在所有其他场合也将采用这种手段。在此以前没有干过农活的工人，头一年自然比名副其实的庄稼人耕种或收割得差些，但是，在后者的指导之下完成新工作也还说得过去，而在以后几年则完全习惯了。

我们说过，每个人都从事他熟悉的或他愿意选择的工作。毫无疑问，即使在这种情况下，协会还是以核算为指南的。鞋匠、裁缝、工匠当然是协会需要的，所以，它认为开这类作坊是有利的。但是，如果另一个成员想要生产首饰，协会就会判断是否需要这项工作：如果需要，它便开设首饰作坊；如果不需要，那就告诉首饰匠：既然他一定只想从事首饰生产，而不是别的什么工作时，那就让他随便到什么地方去找工作，而协会不能为他开办这类作坊。第一次选择可能或不可能，取决于招收工人的经理的才智。

但是，只有在加入协会的成员注册之前，经理的权力才是不受限制的；只要协会全体成员一经确定，其成员便按每个行业分别选出自己的管理委员会。凡与本行业有关的一切重大事件和问题都要经管委会同意，而协会的全体成员选出总管理委员会，该委员会经常监督经理及其挑选的助手。如果没有管委会的同意，协会里什么重大事情也做不成。

但一年以后，协会成员彼此已经相当了解了，并且获得了如何进行工作的经验，政府任命的前任经理的权力已成为多余的了，于是完全停止行使。从第二年起，协会一切管理权限转交协会本身；它选出自己所有的管理人员，就像股份公司选举自己的经理一样。可能，协会成员的经验和习惯指出第一年管理协会的章程中某些规定是不妥当的。在这种场合，究竟是什么会妨碍协会按照自己的需要和愿望修改它们呢？当然，如果首任经理是明白道理的，如果他慎重地接收人们加入协会，那么，招来的成员是理解他们联合起来所从事的工作的实质所在。想必他们明白，协会是为自己的成员谋取尽可能多的舒适和福利而存在的，其本质在于建立这样的组织，使得每个工人能够成为自由人，并且是为自己的利益，而不是为某个主人的利益而劳动。想必这些人总是人而不是野兽，也即人们将不会忘记，社会必须尽可能地关心孤儿和自己的其他无依无靠的成员；想必他们既不想取消学校，也不想取消医院，因为他们看到协会有足够的资金来维持这些机构。如果是这样，那么，当其章程的改变将取决于他们，随他们自己的便时，他们仍将忠于自己协会的精神和宗旨。如果是这样，那么，应当认为，他们不会破坏这个章程，而只是改进它。他们为了改进它究竟需要做些什么，这已经是他们的事情了，而我们的任务只是阐明原来的第一年起作用的章程在协会里建立了什么样的制度，它的有关生产的一部分，我们已经阐述过了。现在让我们研究有关分配和消费的另一部分。

看来可以设想，工人以普通方式从协会获得普通工资，将不比一般工人工作得差。我们假定，协会管理处未必需要由于懒惰而开除某个成员；如果需要的话——有什么办法！——它将开除他；就像工厂主解雇过分偷懒的工人一样。

但协会里的懒惰工人将比私营工厂里的少些，正如我们所看到的，协会成员努力工作而获得直接的利益，他们大概仍将忠于人类天性的共同品质，按此品质工作的努力是以其有利程度来衡量的。所以应当认为，协会的工作要进展得比私营农场和工厂更有成效些，因为农场和工厂的雇佣工人分不到自己劳动的利润。

如果扣除工资和其他生产费用之外，工厂主还剩下大量利润的话，那么协会里也会剩下。这笔利润的一部分将用来维持教堂、学校、医院和协会所属的其他公共机关；而其另一部分则用来支付国库贷款利息和偿还贷款；第三部分用作储备金，可以说它将用于协会各种意外事件的保险（如果协会很多，这种储备金将作为它们各种不幸的互相保险的基础。当储备金有可能增加时，也可用作对新建协会的补助金。）抵消所有这些开支之后，应该剩下一大笔金额作为所有协会成员按劳动天数计算的红利。

我们的章程就是根据留作红利的金额是相当可观的假定写成的。为什么我们要这样设想呢？只不过是因为私营工厂主也有我们从协会利润中扣除的一切开支：它同样按自己的债务付息并偿还本金。如果他是虔诚的人，同样要供养教堂、学校和医院（还应当指出，他用于他的工人的观念或利益所要求的这些设施的费用越多，他留下的纯利润就越大）；最后，他还要替自己的工厂保险——相当于形成协会储备金的费用——而除去这些开支之外，他还留下相当多的金额，其实只有这一项才构成他的利润；如果他手头这笔金额不多，他便会抛弃自己的工厂。没有理由认为协会的工作进展得不如他的顺利,倒有理由认为进展得更顺利些,所以我们说协会的红利是可观的。

这笔红利是协会使其成员赚钱的一个方面;红利来自生产;协会在其成员消费开支上的中介作用,构成赚钱的另一方面。

我们已经说过,所有志愿者在公共大厦中享用住房,比一般住宅既好又便宜。如果他们愿意,他们同样可以在协会商店里按批发价格选购他们需要的商品,价格比一般零售价便宜得多。例如,谁要认为买 20 戈比 1 俄斤的白糖比在小铺子里买 30 戈比 1 俄斤的合适,他就可以从协会商店购买。协会直接从交易所买白糖,因此比从小铺子里买要便宜 30%。但是毫无疑问,谁要是认为花 30 戈比买 1 俄斤比花 20 戈比合适,他当然可以随便到哪里去买。对于并不富裕的人们来说,主要开支是饮食。谁愿自己做饭,他可以随心所欲地做。但是,谁要是愿意,也可以从公共食堂把饭菜买回家来。公共食堂的饭菜比单个小经营的便宜得多;谁认为合适,他可以去吃公共伙食,这比从公共食堂买份饭拿回家去更便宜。

我们认为,在这一切里面根本没有任何特别可怕的或限制人的东西。愿意住在哪里就住在哪里,愿意怎样生活就怎样生活,仅向你提供生活方便和便宜的设施。并且除了普通工资之外,还可得到红利。如果连这也会令人为难,谁也不禁止放弃红利。

就是这个计划本身具有这样的特性:以其可怕的压制,以其与所有商业计算法规的矛盾，以其反常性以及轻视个人利益，而没有它便没有劳动积极性，引起落后学派的经济学家们的异常愤怒。一个好的落后经济学家宁肯变成黑奴，宁肯把自己全体同胞都变成黑奴，也不愿意说，这个计划并没有什么过分恶劣或不便实现的东西。

为什么如此简单而又容易实行的想法至今未能实现并且很可能长期不得实现？为什么如此善良的想法会激起千百万善良而又虔诚的人们的愤怒？这是些有趣的问题，我们下一次再找个什么时候来研究它们。

最后几句生硬的话与穆勒无关：他没有咒骂也没有说错，而是同情和维护。

我们摘录的话很可能不需要新的解释，不过我们还是加以注解以防万一。

在我们面临的计划中，事情是完全独立进行的，第一年政府有一点儿干预，仅仅局限于选举经理，而经理撇开企业成员自己选出的管理委员会，就毫无意义；从第二年起连一丁点政府干预的影子也彻底地没有了。但是开始有政府贷款补助金，我们已经在引证的一段话中说过，那里没有任何危害参加者自由的东西，但是一群法国经济学家却大喊大叫：“可怕呀！可怕！协会完全处于政府的从属地位啦！引进了民主集中制。在它面前，现在法国过分的行政监护还有什么价值呀！”当你们自己得知作品是被责备为如此不怀好意的作家写的时，你们也只能耸耸肩膀，听任他们哀号。原来他所属的党派想把民族变为原始的联盟议会，使每个区都成为独立的城市和乡的联盟,而省则成为区的联盟,法国成为省的联盟,怎么能够指摘对监护集中的爱,就像谁想出来去指责猫对狗的爱那样呢?

这里主要的根据就是:路易·勃朗不是研究自己的同情与不同情的抽象想法的理论家,而是一个评论家或几乎只考虑当前的国务人员。现在我们从法国人那里看到些什么呢?我们看到完全和英国的相反的管理机构;在英国,政府除了实际犯法行为之外,决不能在任何活动中妨碍私人。在法国,如果管理局想要干涉,任何商业、工业企业决不可能顶住。形式是无数的;警察在监督各种形式的执行方面非常专横,这不仅仅是现在,在复兴帝国才有;不,无论是路易·菲利浦还是波旁[14]时代就有和这完全一样的专横。不是新工业制度的任何经验具有一切经验中不可避免的不稳定,不是反对自己的交易所和一切资本家的任何事件。不是的,如果当局想叫它破产的话,最体面的商行半年便会破产。极端的场合将是这样的,总务处长因账本混乱被怀疑,被捕拘留。而管理局在其岗位上任命一个新的总务处长,这位新处长找到地方长官或部长并向他报告:商行的事业应当取消,它们也就被取消了。但是未必需要走极端:瓦解企业,除此之外还有上百种方法。

您也好,别人,比如路易·勃朗也好,喜欢或者不喜欢这个,问题不在这里。问题在于从太古以来法国人就习惯于这种秩序,他们从鲁塞尔时代起就习惯了,如果不更早的话。而在第一和第二帝国[15]的不过30年间自然不能过多地改掉这个习惯。许多代在概念中根深蒂固的东西,除非世代更替,是不会从习惯中消失的。

那么现在怎么办呢？政治形式可以更替——在法国也更换了，一些形式可能比别的形式更适合于在人民当中发展某些习俗以清除其他的习俗，一些形式可能更适应现有的习俗，其他形式按其趋势距现有的习俗较远；不过，不论在什么政治形式之下，管理局的许多行动终归符合人民的习俗。试一试把你想要的欧洲政治形式引到亚洲去：在这种形式之下，管理局将长期按照与从前极少差别的方式行动。为证明这点，请看在东印度的英国管理局——纯粹亚洲式的管理局，或者阿尔及利亚的法国管理局——正是埃及本身。自然，管理局可以接受其他宗旨，例如在阿列克塞·米哈依洛维奇时期，它让我们离开了欧洲形式；而在彼得大帝时期则引进了这种形式；英国在斯图亚特时期力求推广天主教，汉诺维尔王朝取消了它；在法国，第一共和国取消了贵族政体，而在第一帝国——创建新的贵族政体并尽可能保持事物的新制度，在波旁时期——恢复古老的贵族政体和尽可能恢复事物的旧制度。都是这样，宗旨可能千差万别，但行动性质却变化很慢：它不能迅速改变；人民的习俗既不提供材料，也不提供基础。您让樵夫当木匠吧，从第一分钟起他就得着手新的工作，他能很快地掌握木匠仔细而谨慎的方法吗？不能，他仍将长期上下挥动臂膀；或者让首饰匠去破碎公路用的石头，他能很快地习惯于大幅度动作和承受沉重的敲打吗？

在法国，有理智的人，不论他有什么意见，现在应该指望什么呢？按照法国的习惯，不论引进什么样的形式，管理局仍然长期对一切令人如此眷恋，并对一切私人事业保持着如此权威，以致反对它便无法进行私人事业；而不干预私人事业，管理局却办不到。不必管它经过40年、50年会怎样,而现在,你想要谁就由谁确定吧,无论是地方长官、市长、警察、专员、打猎者或看守人都好,每个人都异口同声:“我不能不关心社会福利,因此我和每件事情都有关系;如果我对什么事都袖手旁观,我将变成祖国和自己责任的叛逆者;不,好的,我应当促进;坏的,我应当制止。”想想看,看哪个管理人员会疏忽,会不去干预什么,全城都在喊叫:“先生,不尽自己的职责可不好!你看呐!你看那个胡同里有个人在闻鼻烟,你干嘛既不去帮助他,也不去制止他呀!”得啦,使人感到羞愧啦;良心发现了,去干涉了,去促进或制止了。

请问,对这种人应该怎么办呢?不是问将来打发他到哪里去,而是现在打算怎样给他安排什么工作呢?法国管理局对什么都不能漠不关心,它对每件事情一定想要或者帮助或者妨碍,社会舆论也要它这样做;你用任何力量也不能在短期内剥夺它的这种特性,也不能在短期内用任何方法办到,来使它放弃对私人事业的特别威力,以致它妨碍的任何私人企业都不能发展。凡是它不帮助的,它都妨碍。

请说说,无论怎样起了誓的英国人或者亲美分子认为应该〔行动〕,如果是个有理智的人,而不是设想明天法国人就会变成英国人的幻想家,那会怎样呢?自然,他判断:“如果我想获得成功,我应该让管理局站在我这边。”

就是这些?仅此而已。路易·勃朗想在英国人那里进行工作,所以没有想到管理局。但是当他想要在法国人那里开展工作,那该怎么办呢?他自然势必看到需要管理局的协助。显然,既然他说出这点,他就没有撒谎,也没有完全丧失健全的理智。

不仅仅是作者或演说家才需要这点儿理性，评论他的人们也同样应该有。

“但是政治经济学家评论得极妙的不干涉原则呢?”你们考虑考虑吧，亚当·斯密、马尔萨斯、李嘉图是什么民族的人，住在哪个国家，在为谁写作;原来他们是英国人，是为英国人写作的。这些聪明人是不是错在，其他国家没有一个信徒碰巧是同样聪明的人，具有独立思考能力，用来了解，由于大陆的习惯与英国的不同(大概是不合要求)对于实际进行工作的方法会产生什么样的后果?比如，英国政治经济学家们说，老百姓的最合适的服装是细平布的和印花的，那么，如果我们中间无论谁搞不清楚而反复地说，我们男人们不会精打细算，不穿细平布的和印花的服装而要穿粗麻布的服装，他们有什么错呢? 这位老先生搞不清楚，不知道我们这里细平布和印花布比粗麻布贵，因而重复了学者们的话;英国学者们又有什么错呢? 要是你们只说应该等待我们的棉织品降价，当降到和英国的一样时，我们的男人就有可能像英国人那样把它买来平日穿上了，那是另一回事。但这不知何时才有? 目前则完全不是这样的。

总而言之，管理局协助上述计划或其他什么公众事业和私营企业的理论，并不属于评论它的人的思想实质本身，而仅仅是出于对当地情况和人民习惯的考虑。你们以为目前当地的社会习惯和办事的实际可能性与英国的相似，那又怎么样。你们能发觉你们的事情不需要管理局的协助，而如果你们发觉了别的，那就没办法了，你们应当感到需要你们在其他的情况下不需要的东西。

然而这就足够了。正如我们所看到的，穆勒表示对新的分配原则犹豫不决地赞同之后，又找借口回避它，说什么研究这些为时尚早，而应该深切注意原有的分配原则，能否把它修改得比新的更好。穆勒承认，它现在的形式远不如新的。让我们来随着穆勒观察，并且用穆勒的眼光观察。

所有权的基础就是生产者对他所生产的东西的权利。这里首先遇到通常的异议："工厂的工人生产出产品，怎么会不属于他而属于工厂主呢？"这个疑虑也要用通常的方式解决：工人的劳动只是参加生产的劳动诸因素之一，另一个要素是资本，即体现在产品中的、生产所必需的（饮食和工人生产时的一切维持费、厂房、机器、工具和材料）以前的劳动，它属于工厂主，所以产品应该在先前的、使新劳动成为可能的劳动，即工厂主与新劳动即工人之间进行分配；他们以工资的形式得到他们应得的那部分产品。另一个常见的异议是："但这个先前的劳动通常不是工厂主个人的劳动；资本通常不是资本家本人的工作创造的。"这个疑问通常解答为："反正这个资本、即先前劳动的产品是以正当途径、通常按照生产者本人的愿望转到现在的企业主手中的。"第三种异议是："但是继承别人劳动果实的人在那些先辈们什么也没有留下的劳动者面前具有不少无功而得的优先权。"穆勒已经不用十分常见的方式来答复这一点了："我个人确信，对于那些认为为了自己子孙后代的利益应支配自己储蓄的果实的人们许可多少公道，这个无动而得的优先权就应该减少多少。"

从生产者对产品的所有权，可以得出另一个人对生产者自愿转让给他的产品的所有权，因为如果不然，就否定了生产者支配其产品的权利。

可见，所有权只涉及个人生产的或生产者转让给他的物品，所以按照基本原理，对于那位用另外的途径，例如暴力或欺骗或因对物品具有真正权利的人对自己权力的无知而获得物品的人，不承认其所有权。不过为了公众的利益，这个原理也有例外：如果某人长期占有财产是大家所公认的，那么长时期占有财产的本身就承认：保证财产是他的，尽管当初此人或者他从其手中正当地得到财产的另一个人，获得财产是不正当的。当然这多少有点不公平，但是问题在于，当不公平已经长期存在，那么，纠正这个不公平一般要用更大的不公平，因为在原来事实的基础上又发生了许多后继的事实。只有消灭原来的事实，才能消灭后继者。

穆勒认为，这就是私有制原则[16]的基本特征；他阐述了这些以后，转而研究：对私有制原则的必然后果要承认到何种程度，或者这个制度的基础在何种程度上证实了那些在各种社会形态下它赖以存在或继续存在的形式是正确的。

所有制仅仅使每个人对自己的才能、对这些才能生产的或由私人交易得到的物品获得权利。末了，还能获得根据自己的选择把这些物品出卖给别人的权利以及别人得到它们并使用它们的权利。

由此可见，遗嘱或死后赠送权是私有制思想的组成部分；但是不以遗嘱为转移的继承权不是私有制概念的组成部分。把生前没有处置的财产，转交给他们的子女，如果没有子女，则转交给近亲的这种决定，是好还是坏，不过，这种决定不是私有制原则的结果。

年代久远，这个论题的现在的概念，已不能成为有利于它们的证据。在原始时代，死者的财产转交给他们的子女和近亲是这样的自然和直接，以致不可能想象出其他的办法。第一，那时继承人一般在场；他们已经占有了，要是没有其他权，那么他们已经有了在原始社会如此重要的第一个占有权。第二，还在死者生前，他们就已经以某种方式参与占有了。如果财产是土地，与其说通常是国家给予个人，毋宁说国家给予家族：如果是牲畜或动产，那么，大概所有按其年龄能够工作或战斗的家庭成员共同努力来得到它，多半是保护和保卫它。那时的概念里，唯独没有按新含义的个人财产，而且当协会的主要当权者去世的时候，实际上，在他以后只留着分给他的那一份，而这一份便移交给继承他的权利的家族成员。按其他方式支配财产——意味着破坏一个由理性、爱好和习惯团结起来的小共和国，并且把它按地块拆散。这些见解，与其说是倾吐出来的，毋宁说是感觉到的。但是，它们对人们的思想有这样强烈的影响，以致创建了子女对其父的财产的天赋权利，父亲无权剥夺他们的这种权利。在原始社会不常承认遗嘱；如果没有别的证明，那么这一点就清楚地向我们证明了那时对所有权的理解完全和现在的不同。

但是封建氏族，族长制生活的最后历史形式早已消失：而现在的社会单位不是由共同祖先所设想的后代组成的氏族或部族，而是个别的人，并且无论如何也不多于一对夫妇和他们的子女。现在财产不是归氏族而是归个别的人所有；子女长大后不应当占有和使用父母的财富；如果他们得到了双亲的一部分资产，这就取决于父母的意志了。父母通常把部分财产转让给子女专有，而不是让他们参与共同占有和支配全部财产。在英国，如果不是替代或其他限制阻拦的话，父母可以剥夺子女的继承权而把自己的财富留给旁人。不如子女这样近的亲属一般是与家庭及其利益分开的，完全和局外人一样。据一般的看法，他们对富有的亲属能有的唯一要求是：如果没有理由认为局外人比他们好的话，最好给予他们友谊的帮助，万不得已时给予某些救济。



社会制度的这种巨大变革，应该在相当大的程度上改变继承财产的基础。新的作家们在证明未立遗嘱的死者之财产应当交给其子女，如果没有子女，则交给近亲时，通常引证下列理由：第一，应当认为，这样做法律可以最快地按照财富占有者的意志处理；第二，否则会残酷地剥夺富裕带来的快乐并使与自己亲人一起生活并分享富裕的人们陷入贫困和穷苦之中。

这两条理由不是没有根据的。法律无疑应该为儿童和为与未立遗嘱的死者有关系的人们做出他们的父亲或保护人一定会做的事情。除了前占有者本人之外，其他人能够熟知这个义务，法律应当执行这个义务。不过法律不能根据个别情况行事，而应该遵循一般规则。因此需要分析一下这些规则应是什么样的。

首先，应当指出，任何人没有特殊的个人原因，不应该给旁系亲属留下保证金。当他有直接继承人时，谁也不指望得到继承权，即使他没有子女，如果无遗嘱继承权的法律规定不提出等待的话，谁也不会去指望。因此，我丝毫也没有看到旁系继承权存在的理由。边沁早就建议：如果卑亲属和溯叙家谱中没有继承人，未立遗嘱的死者的财产应该交给国家；其他可尊敬的权威们同意他的这个意见。关于旁系远亲的问题未必有谁起来反对这个意见。很少有人会把某个无子女的守财奴的财产在其死后，像有时发生的那样，使他从未见过的远亲致富的这种法规称为有根据的，这些远亲在没有指望继承之前拥有的道义上的继承权决不比毫不相干的人多。不过，按性质，甚至最亲近的所有旁系亲属获得继承权，与这种情况相似。除了那些非亲属所能有的权利之外，这些亲属没有任何有充分根据的权利。如果有根据的继承权属于无论哪一个人，亲属或者非亲属，那么，满足这些权利的现实手段就是遗嘱。

子女的权利不是这样的：它们确实是公平的和不容置辩的。但是我以为，通常认为的这些权利范围的幅度是错误的；有些方面子女的权利太少了，而在另一些方面，依我看，又太多了。人的最主要的义务之一是生男育女，只有当他能够很好地从小抚育他们和教育他们，使他们长大成人后有办法养活自己时才生育。这条义务实际上被忽略了，而在理论上，带着人类可耻的轻浮，勉强提到过。但是，如果父母具有财产，我认为，子女拥有它的权利便成为另一个性质相反的错误论调。我不能同意仅因为他们是子女，便享有继承的甚至是父亲有责任让子女不需要任何必要劳动变得富有弄到的全部财产权。要是永远是这种情况，恐怕只对子女本身有利，那我也不能同意这些。不过就连对他们是否有利，也还非常令人怀疑，这取决于个人的本性。我不举极端的例子，而只大体上说说，如果给他们留下不是大量的而是适量的遗产，在大多数场合，不仅对社会而且对子女本人也好得多。这个想法既是古代的也是新的道德家的共同点：许多有理性的父母觉察到达是正确的，并且更频繁地按其行事，只要不陷进按别人的意见过多地注意对子女有利、而忽视什么是真正有利于子女的错误。



父母对子女的义务——是与父母使子女生存这一事实紧密相连的那些

义务，对于社会来说，父母有义务关心子女，使他们成为好的和有用的社会成员。而对于子女来说，父母有义务尽可能地向他们提供这样的教育，这样的工具和资金，使他们能够投身社会用自己的劳动安排好的生活。所有的子女都有这样的权利。但是我不能同意他们之中无论是谁享有比这更大的权利。有这样的情况，这些义务给人们展示最真实的方面，并没有被任何外界的情况所掩盖或掩饰；这种情况就是对私生子女的义务。谁都明白，父母有义务给子女提供足以使他们的生活大体上过得去的资金。我认为父母就如同一般对于所有儿童的父母一样，只有承认对于私生子女负有责任的那个义务。我还认为，任何儿子，任何女儿，只要对于他们实现了这点，就不能抱怨父母把其余的财产献给公共利益或送给父母认为财产对他们更有用处的人们。只有在子女另有要求时，他们才可能抱怨。

子女有权获得很好地安排自己生活的机会，为了给予他们这种机会，一般地说，不能从小就养成奢侈习惯，来促使他们在以后的生活中找不到资金来满足。终生以收入为生并且不能留给子女大量遗产的人们，又经常地和恶劣地破坏这条义务。自然像常有的事情那样，如果富裕的父母之子女成人后的习惯和父母家庭开支数额相适应，那么，父母给他们留下的生活费用，一般应该比按其他方式来满足培养的子女们还要多。我只说“一般应该”，因为问题还有另外一方面。在艰难的环境中给自己开辟道路的刚强的天性对于性格的形成和生活的幸福也是有益的，根据以前的经验感受到某些与富裕联系在一起的感情之后，这种想法并没有失去正确性。但是，我们假定，已养成了奢侈习气而将来又无力满足奢侈要求的子女有正当理由抱怨，并对与他们的教育方式相称的遗产享有有充分根据的权利：但是这权利很容易扩大到超出使其合法化的想法的要求。这要涉及贵族和地主阶层的年纪较幼的子女。在这些阶层中主要的大量的财产转交给长子。而其他儿子，一般为数很多，他们和长子一样养成了奢侈的习惯，则只能获得一份能够养活自己、但却不能按自己的习惯养活家属的遗产。要是养活妻子和子女的资金必须用自己的劳动来挣得，就谁也不应该抱怨了。

因此，我想，父母要送给子女的保证金数量，应该是私生子或次子认为是满意的，一句话，在所有只考虑公平的要求和所涉及的个人的和社会的实际利益的场合认为也是满意的数额；父母没有义务留给子女什么，国家也没有责任把什么给予将来去世不立遗嘱的人们的子女。如果留下的财产超过这个数量,我认为余额最好用于社会福利。其实,我绝不想说,父母从来不应该为子女们做事做得比子女们向来享有的道义上的权利更多。父母比一般义务所要求的做得更多,有时候是应该的,经常是受到称赞并且总是允许的。可是遗嘱的自由为此提供了手段。父母应该有权表示自己的眷恋、奖励功绩和牺牲,按照自己的意愿或按照自己对公平的理解去支配自己的财产——然而这是父母的权利,而不是子女的权利。

遗嘱权本身是否应该受到限制——这是另一个问题。并且是非常重要的问题。遗嘱是所有权的组成部分,不能撇开遗嘱而谈论继承权。如果所有者不能按照自己的意志在死后或生前转让自己的财产,所有权是不全面的。凡是有利于私有制存在的那些见解也都适用于所有权。但是所有权本身并不是目的,而仅仅是达到目的的手段。所有者可以像使用自己所有的其他权利一样,甚至比许多自己的权利更多地利用违背人类长远利益的遗嘱权。当遗嘱人不满足于遗嘱把财产遗交给某人,而规定在其人死后应遗交给其长子,然后再遗交给长子之长子等等时,他就损害这些利益。的确,永久地建立富有氏族的愿望,有时会激励人们为获得财产而更加勤奋地劳动;但是这种对事业的激励的价值,还不如永远受财产制约给社会所带来的危害,有办法致富的人们即使没有这种愿望,其获得财产的动力也是相当强烈的。当一个人可嘉地把财产留给公众事业,妄想规定永远使用财产的细则,例如,在创办学校时,他规定永远应当在学校里教什么和用什么精神教时,遗嘱权也同样会被滥用。人不可能知道在他死了几个世纪之后应当教什么和以什么精神教,因此,法律应该批准类似使它们要受到适当的政权机关定期审查的指令。

在这些场合自然清楚,遗嘱权是有限制的。但是连使用这个权利的最简单的方法——确定遗嘱者死后应立即接受财产的人——总是当作按照利益的要求可以受到限制或被改变的特权。至今几乎只局限于子女的利益。在英国,这个权利原则上是无条件的,唯一的约束几乎就是原所有者所做的安排;在这里真正的占有者不能遗赠自己的占有物,可是仅仅因为他没有可以遗赠的财产而只有终生使用权。按照作为欧洲大陆主要公民法的罗马法,开始绝对禁止遗嘱,而后来,当引进了遗嘱,则被迫保留了对于每个子女的合法部分,这个规则仍然是几个大陆民族的法律。按照革命时期以来的法国法律，父或母只能支配等于一个子女所有的那一部分财产，而所有的子女就各得到相等的一份。这个法律可以称谓有利于所有子女的每种财产量的一般转分遗产法。我认为原则上和有利于一个儿子的遗产转分法一样经不起批评的，尽管它没有直接地凌辱公平的概念。我甚至不能同意父母有义务留给子女道义上有权享有的那份保证金，正如我论证的那样。或者由于对父母的恶劣行为，或者由于根本不配，可以剥夺子女的这项权利；他们也可以有其他保证金来源，其他的创造自己前途的基础：父母以前对他们的教育和对他们的命运的安排的操劳已经完全满足了他们道义上的权利；最后，其他人可以享有比他们更多的权利。

按照法国法律，极端限制遗嘱权是一种摧毁长子继承权习俗和反对极力扩大继承所有权的民主手段。我个人同意，这些目的是非常好，但认为为达到目的所采取的手段却不是最好的。假如让我来制定法律，按照自己坚信其内在优点而不顾现存的意见和习俗，我将不去限制可能遗交的财产数量，而只限制按照遗嘱或继承权所能得到的数量。每个人可以按照遗嘱支配自己的全部财产，但却不能滥用这种权利以防止使一个人致富超过一定的限度，而其最大限度就是规定足以保证提供富裕的独立生活的数量。由于劳动、自制力、恒心和才能的不同，在一定程度上由于条件好坏的不同而产生的财产的不平等——是私有制原则的必然属性，如果我们同意它，那么，也就应该同意它的这个结果。但是，在确定本人不做任何工作而仅仅按照别人的安排能够获得一定的限度，以致他想要增加自己的财富他就应该去工作的时候，我没有见到任何反对意见。我不认为，那些按财产的现在的功用，即按用它可以博取多少快乐和好处，来评价大量财产的遗嘱人会把这种限制当成难堪的拘束。一个人有了比俭朴的独立生活所需要的多5倍的财产，就会有比这种生活更多的快乐和利益：但是不论怎样高度评价它们，仍然看到，如果给予他的五分之四的财产没有送交给他，那么比起其他人能够得到的享受和其他利益，占有者幸福的差别是很小的。不过现在实际上占优势的看法是，当他用那些花费大量财产买来的没有内在价值的东西以满足他所喜爱的人的时候，才是为他们做了最好的事情；要是还可以制定我所谈论的法律的话，则从中得利不多，这种看法还要占优势，因为大家都力求回避它；如果社会舆论不坚决支持它，它也就无力；在英国，现在不能指望这种支持，但是它却可以在社会和政府一定局势之下产生——可以这样评论法国社会舆论对强迫分遗产的法律所引起的强烈眷恋。如果对遗产数量的限制实际生效，那将带来很大好处。财产一旦不再用来使少数人过分致富，将可用于公共福利事业，或者留给一部分人，将在他们的多数之间分配。那些除了用于虚荣心或有害的势力之外，不用于任何个人需要的大量财产的数目将大为减少，而享受福利、消遣和财富带来的除了虚荣心以外的所有真正快乐的人数却显著地增多；民族应该期待自己的有闲阶层对自己的服务；由这些人去完成，将比现在要好得多；他们的工作和他们对社会的风尚和倾向的影响也会给民族带来更大的好处。此外，有成效的勤劳所创造的大部分积累大概将通过遗嘱交给社会支配，或者直接有利于国家，或者有利于有效的设施，就像合众国已经大规模进行的那样。那里遗产问题的概念和实践对于社会比在其他国家①要合理得多和有利得多。

现在我们应当分析一下，作为所有制基础的那些见解，是否适用于现在被特殊的所有权承认的全部物品，并且有什么其他根据可以捍卫这些一般根据对其不适用的物品的所有权。

所有制的主要原则——对每个占有者以自己的劳动所创造的和自己储蓄所积累的东西得到保证；此原则不适用于不是用劳动生产的物品，不适用于未开垦的处女地。假如土地例外地从大自然而不是从劳动获得其生产力，或者若能划分出来自大自然的部分生产力和来自劳动的部分生产力，那么就



① “丰富的遗产和赠品用于慈善事业和教育机关构成了合众国、尤其是新英格兰联邦新历史时期的鲜明特征。把一部分财产遗交给公众设施已成为富有的资本家的习惯，就是生前，富人们已向它们慷慨地捐献。在合众国既没有像法国的关于在子女中平分财产的强制法律，也没有像英国的指定预备继承人或长子继承权，所以富人能够自由地在亲属和社会之间分配自己的财产。那里不可能创立长子继承制，父母在活着的时候经常有幸见到自己所有的子女给自己安排了独立的地位。我见到最近 30 年在马萨诸塞州一个向祈祷的、慈善的和科学的机关遗赠和捐献款项的清单，总额竟接近 600 万美元或大约 100 万英镑（达 800 万银卢布）。”莱尔：《访美游记》，第 1 卷，第 263 页。

如果在英国一个有近亲的人遗嘱给某个社会的或慈善的事业任何可观的金额，他会担风险，在他死的时候将被宣告为最好的疯子，或者他的财产将在推翻遗嘱的讼争中消耗殆尽。——穆勒注

没有任何必要允许私人占有大自然赐予的那部分了，相反，这将是最大的不公平。在耕种时期，根据需要利用土地务农，是非常好的；应当允许耕耘者和播种者收割；但是，可能这个人只耕种一年，像古代德国人所做的那样；也可能按照人口的增长定期地重分土地；最后，国家可能是唯一的土地所有者，而它的耕种者则是定期或无限期合同的承租人。

但是如果土地本身还不是劳动产品，那么它的几乎全部宝贵品质则是劳动产品。不仅利用这个工具需要劳动，而且为了利用而准备这个工具同样需要劳动。最初往往需要大量的劳动来清扫土地以便开垦；随后也只有劳动和技巧才能赋予土地以生产力。耕地也需要围墙和篱笆；唯有用劳动才能生产它们。这一劳动果实不能在短期获得；费用却是一下子用掉的，而收益则按长年、也可能按整个未来逐年分开取得。如果劳动不利于使用土地的人而有利于别人，他就不会进行这项劳动和开支了。为了着手这项改良措施，他需要在将来有相当长的时期来享用这些措施的好处；而为了使他确信将来总会有这样的时期，我认为必须给他永久的土地权。

这就是以经济观点为土地所有权辩护的理由。读者看到，只有当土地所有者在对土地进行上述改良时，这些理由才有效。如果在某个国家里许多土地所有者都不再进行改良，政治经济学就说不出任何话来捍卫这个国家所规定的土地所有制。任何私有制的正确理论，从来没有认为土地所有者可能是只享有高薪和清闲职位的人。

在大不列颠，土地所有者经常进行改良。但是，不能说全体土地所有者都进行了改良。在大多数场合，土地所有者在有碍别人进行改良的条件下，才把上地耕作权让给别人。在英国南部不习惯用定期合同，除了用土地占有者的资本以外，几乎不能以另一种方式进行经常的改良；因此英国南部比其北部和下苏格兰在农业改良方面落后得多。只有少数土地占有者能够以另一种方式进行昂贵的改良，如借债、债台高筑，使继承人得到的土地几乎永远负担繁重。但是负债累累的土地占有者的地位如此窘迫，经济对表面状况大大超过他的实际资金的人来说又如此不愉快，而地租和价格又不稳定，好不容易才给他留下一点收入来支付利息，对于除此剩余外几乎一无所有的人来说，这一切是如此可怕，以致如果只有少数土地占有者有可能为了未来的利益而牺牲现在，那就不足为奇的了。但是，尽管土地占有者有一切愿望，他们之中也只有认真研究农业科学的人才能以应有的方式进行改良，而广大土地占有者很少是认真研究什么的人。他们也许能够做他们不愿意做或本身不能够做的事，给农场主带来好处。但在英国总是抱怨，即使他们同意定期合同，他们也要以借用陈旧和衰落的农业耕作制度为条件来约束自己的农场主；但是，大多数土地占有者决不同意缔结定期合同，他们不向农场主保证土地利用的期限比一个收获期长，因而使土地处于非常不利于改良的状态，差不多就像我们的祖先野蛮人那时一样，在没有分段划界的每年被他们弃耕的田野上生产粮食：

……immetata quibus jugera liberas
Fruges et Cererem ferunt,
Nec cultura placet 1ongior annuâ.

在英国，土地私有权远没有实现从经济方面证明它的存在是正确的那些条件。但是，如果这些条件在英国不能满意地实现，那么在爱尔兰它们也绝不会实现。除了少数例外（有时是非常可观的），爱尔兰的土地占有者只消耗土地的生产能力。在商讨什么使土地负担最重时，有一句准确地适用于他们的挖苦话："土地最沉重的负担是土地占有者"。除了保存居民免于饥饿、死亡所必要的马铃薯外，他们享用着土地的全部产品，什么也不归还给它；而当他们想要进行改良时，通常的做法是夺走居民仅有的这份微薄食品，逼着居民去乞讨，或者由于饥饿而死亡。一旦土地所有权变成这种状态，那就不再可能去捍卫它，而是想方设法另作安排的时刻就要来临了。

在议论"所有权不可侵犯"时，怎么也不应忘记，土地所有权决不像其他所有权那样具有这种性质。谁都没有创造土地：土地是全人类的基本遗产。它被个人侵占——仅仅是一般利益问题。当土地私有制不利时，它便是不正确的。剥夺一个人分占他人生产的东西——并不意味着对他的残忍：他们并没有义务为他而生产，他得不到倘若别人不劳动不生产就绝不会存在的那份东西，他什么也没有失掉。当一人诞生后，发现大自然的一切赠品全被别人侵占了，没有给新同志留下位子，这种状况才应当叫做残酷呢。当人们知道按照人类的尊严在不论什么道义的权利都应该属于他们时，那么要让人们安于这种状态，除非让他们确信特殊所有权对全人类包括他们自己都是有利的。但是，如果土地占有者和农人之间的关系到处都和爱尔兰一样的话，有头脑的人无论如何也不会相信这一点的。

土地所有制同其他类型的所有制不相似，甚至连土地所有权最顽强的捍卫者都明白这点。哪里的社会大众被排挤在已成为少数人的特殊所有的土地所有制之外，那里的人们总是让自己的正义感去迁就它，至少在理论上把它与义务联系起来，并把它提到道义或法律义务高度。但是，如果国家能够把土地占有者看成是社会显达，那么就只差一步说，它也能够撤他们的职。土地所有者的土地权完全依存于国家总政策。所有制原则绝不会给他们土地权，而只授予他们从土地上得到的、国家根据需要认为从他们那里拿来是有利的那部分利益而获得酬报的权利。他们的这种获得酬报的权利是不可剥夺的。土地占有者同国家承认的任何其他财产的占有者一样，有权得到从他们那里取走东西的货币价值，或者得到一年一次的收入和他们从这财产得到的一样多。这个权利是建立在所有权的一般原则基础上的。如果土地是现在的占有者或其先辈们用劳动产品和储金买来的，这一事实便可作为他们有权获得酬报的基础；假如说他们也不是用这个方法获得土地的，按照占有时间悠久的原则，他们也还是有权的。并且没有必要牺牲社会的任何部分来完成整个社会从中得到好处的工作。如果任何有特殊留恋的事物与所有权结合起来，报酬应该高于单纯的售价标准。但是，对这些条件，国家按照社会利益的需要可以自由支配土地所有权。必要时，它甚至可以像铺设铁路或新的街道时对待某些地段那样对待私有土地。在土地的适当耕种方面，在履行与土地占有相结合的条件方面，如果他们表现出没有能力尽到自己义务的话，社会不能听任土地占有者阶层任意摆布。要是立法权希望，就可以从全部土地所有者阶层收购土地，给他们公债券或养老金：尤其是可以把爱尔兰土地占有者的平均收入转换为固定收入：把他们的土地转交给农场主之后，农场主必须付给他们这些货币，自然是要有条件的，要是土地占有者不同意提出的条件，那么，他们有权得到土地的全部售价。

我们在别处将有机会谈论土地所有制和土地利用的不同形式，谈论每种形式的好处和害处。在这里我们研究土地权本身，证明它正确的观点，以及由这些观点得出的应当作为它的限度的条件，应该用最小的篇幅来解释土地私有权，并且在一切怀疑的场合，答案应当反对私有者——我认为这个规则几乎是公理。谈论动产，谈论对劳动所生产的一切的所有制则应该完全相反：私有者有绝对的权利特殊利用这物品，除非产生对别人真正的危害。但是不应当给予私人任何不同于由此将得到真正利益时的特殊土地权，得到对部分公共遗产的特殊权利，同时另外一些人却没有其中的任何一份——这本身就已经是特权了。不论谁用自己的劳动获得了多少动产，并不妨碍别人用同样的手段得到同样的财产。但是，土地私有权实质上使别人无法利用该土地。只能像必然的灾难一样申辩特权或专利权；如果到了从特权得到的好处不能弥补灾难的地步，它便成为不公平的了。

例如，耕种土地的特权并不包括在这块土地上通行的特权，并且只应该在保护产品免遭损坏和所有者摆脱不愉快的事以求安宁所必需的范围内，才承认在其土地上通行的特权。两个公爵硬要禁止其余的人进入苏格兰的一个多山地区，使所有其余的人不能看见方圆数十俄里的山地，免得野生动物惊慌，这种强求——是滥用权力，超出了土地所有制合法范围。如果没有预定要耕种，那么，一般就不能找到充分的理由说它已是私有财产；如果不论谁已经被批准把它称作自己的，那他就应当知道，他占有它仅仅由于社会的宽容，并且附有必须的条件，以期他的不能给社会带来任何好处的权利至少不要剥夺当土地没有归他所有时社会从这块土地上得到的利益。就是占有已耕土地的人也不应该想：只要法律从千百万人中只允许他一个人占有1千英亩，那么这块土地便完全归他支配，他可以随心所欲地处理它，谁也管不着。他能从这块土地上得到的地租或利润完全归他个人支配；但是对于土地本身他负有道义上的责任，必要时他应服从司法责任，让自己的兴趣和快乐符合社会的利益。凡是社会需要的就做，凡是反对它的就不做。人类对于他们居住的地球上的土地保留自己的基本权利，这与他放弃这种权利的某一部分的目的多少是吻合的[17]。

在结尾时，穆勒列举了在文明社会里一般被认为据为己有是不正常的物品中最重要的。这就是：把别人占为己有（奴隶地位和农奴的依附地位的各种形式）；把社会职务据为己有（例如至今在英国[18]还存在的买官衔，曾在古老的法国存在过的买各种公民职务等等）。

在这里我们没有必要对于穆勒深入研究过的有关方面的问题补充什么。第一，因为这些方面他已经充分研究过了；第二，对于其中最重要的部分他将在自己论文的后续部分中阐述，那时我们还来得及对他的观点加注释。不过在这里应当注意穆勒没有研究过的一个最根本的特征：私有制原则要求控制对财产和收入的分配的自然力量的总趋势是什么呢？

在创立占统治地位的经济理论的年代，这个问题还没有相当明确地提出来，或者说，在英国提出它的呼声被反对革命法兰西的破坏性意图的反革命号叫所淹没了。因此，亚当·斯密也好，马尔萨斯也好，李嘉图也好，在他们那里我们都找不到有关这个问题的重要著作。而当问题提高到已经不能不坚决地回答的时候，占统治地位的理论却没有那些能够认真地深入研究为斯密、马尔萨斯和李嘉图所没有解决的事物活动家。斯密学派建立的时候，和现在的情况一样，只有一些没有能力发展科学而光去寻找切题的事实（像罗和罗雪尔）的辛劳者，或者好说漂亮话的人（像萨伊学派的现在法国名人）；辛劳者不能从事这项工作，因为教员没有向他们指点和解说，而好说漂亮话的人却难不住，不必进一步询问，便空话连篇地回答，这对他们是最方便不过的了。意识和事件的进程已经把他们的学派逼到保守的和多少有点儿反动的地步。因此最好这样来解释："所有制原则控制分配的力量具有使分配结果平衡的特性。它们自己改正由它们产生的分配不均匀性。例如，从无子女的亲属继承下来的财产过分集中到一个家族，但是这个人或其子将有许多子女，这份遗产便将重新进行适量的分配。其他力量也完全这样起作用的。因此，偏离最佳路线往往是短暂的、偶然

的，来不及远离最佳前进路线便互相得到补偿，因此，总起来说，这些力量起作用的结果是与最佳分配条件相吻合的”。

……

# 阶级，阶级之间的产品分配

（第三一十章）

## 甲、竞争作为分配的准则

竞争原则。其作用的普遍程度；它与生产和分配最佳条件相适应的程度；存在于此原则中的经济真理的萌芽，以及科学在竞争中提出的最高经济原则。

普通经济学家判断，似乎除了竞争被垄断排除的情况之外，所有工业业务都是在竞争的控制下进行的，因此，它不起作用的情况是例外的，而受它的控制则是普遍法则。穆勒在第 4 章十分令人满意地揭露了这一错误。现在我们将全文引用如下。

在私有制制度下，产品在两种力量即竞争和习惯的作用影响下进行分配。了解这两种力量影响的大小以及一种力量受到另一种的影响后的变动，对我们来说是十分重要的。

一般地说，政治经济学家，尤其是英国的，习惯地认为竞争具有几乎是独特的重要性，差不多不考虑与其对立的习惯的作用。他们经常表示出俨然在思考的样子，认为竞争实际上总是实现理论上力求作出的结果。这部分地是因为政治经济学只有通过竞争才有权获得科学性。竞争确定利息，利润、工资、价格的数量为多少，这些数量便成为法律的根据。如果我们认为，它们唯独由竞争确定，那么便可以引申出它们变动所依据的原则，并且这些原则将具有高度的普遍性和科学的精确性。政治经济学家公正地认为这是自己真正的事业，同时政治经济学作为抽象的或者假设的科学，除此之外便什么也不应该和不能够做了。但是，竞争具有实际上的这种无穷力量的思想，却是对人类事业实际进程的完全曲解。我不涉及自然的和人为的垄断，不涉及改变生产和交换的自然进程的政权干涉——政治经济学家总是考虑了这些破坏竞争作用的影响。我讲的情况是竞争作用不受事物本质或者人为的困难的任何排挤或阻碍，但是结果仍然不由竞争决定而是由习惯或习俗决定，并且竞争或者完全不起作用，或者产生完全不是通常认为是它的自然结果的作用的这种情况。

只是不久以前，竞争才开始对人们之间的经济条件多少有些影响。距我们的时间愈久远，固定的习惯对一切契约和债券的影响愈独特。原因很明显，习惯——弱者反对强者的最强大的保卫者；在法律或者政府无力保卫弱者的地方，习惯是它唯一的保卫者。习惯——也是在人们最受压迫的状况下施行暴行多少得注意的障碍。竞争自由——在狂热的战时社会对于劳动人民是句空话；这里的劳动人民无论如何也不能为自己的劳动条件进行争辩；这里总有一位先生以武力威吓之，条件是他说了算。但是，虽然事件是按最强者的权力解决的，最强者并未得到好处，并且总是没有兴趣坚持彻底执行这些条件，而条件的每一次缓和都有变成惯例的趋势，各种各样的惯例便形成法。在社会的粗野状况下，不是任何的竞争，而是这样产生的法来决定给予生产产品的人一部分产品。尤其在社会发展的最近阶段，国家的惯例决定了地主与农人之间的一切关系以及农人给地主的一切支付。一般地说，只有最近，土地利用条件才成为竞争的课题；在此以前的全部时期，还不是这样；那时耕种土地的人通常认为在他执行普通条件的时候，自己有权保存这块土地，这样一来，好像变成有权与真正的所有者共同享有某些土地所有权的人。甚至在农人没有获得这种永久使用权的地方，使用条件也经常固定不变。

例如，印度和其他亚洲社会有同样的机构，印度村社农民[24]或自耕农不算是这样的农场主，这种农场主当地主想要或者甚至一到期满就可以把他赶走的。确实，几乎在所有的农村都有某些处于这种不巩固地位的印度村社农民；但是，他们是在这里走居不久的人们，或者是不十分久远、还记得定居时间的

人们的后代，而那原来居民的后代或者其代表只要付普通的地租，便有权保存自己的土地；如果移民早就已经租用自己的土地，也承认许多移民有这个权利。应该承认，关于普通地租原来的或者正确的数量概念，几乎到处都已经模糊不清了：篡位、苛政和外来的掠夺颇大地歪曲了赖以确定该数量的事实。当古老的纯印度公国[①]过渡到不列颠政府的统治或者其代理人的控制，以及开始重新审查收入制度时，通常是国库掠夺扩大了国家的、大地主的需求，从而模糊了这些需求的所有实际界限：但是仍然认为必须为每一项额外的要求巧立名目和特殊借口，以致有时超过所谓地租本身，还要求30或40种其他的支付金额。要是承认地主有权增加地租的话，大概不必转弯抹角地增加支付金额了。这种手段的运用证明过去曾经有过不能增加的普通地租，证明当印度村社农民按照惯例付地租时，他们不是口头上，而是实际上有过土地权的[②]、在印度的不列颠政府总是把所有的租税合并为一个，从而简化了农民义务制；借助这个，不仅在实际上，而且按照法律把地租变成任意的或者至少是应受特殊协定约束的事物；尽管在现在的改革之前几乎没有给他剩下比最贫乏的生活所必须的更多的土地（就连现在的改革也具有别的性质，还没有完全付诸实施），但是它仍严格地尊重印度村社农民的土地权。

在新欧洲，农人逐渐摆脱了个人的奴隶地位。征服西方帝国的野蛮人发现，对于他们来说，在被征服的土地上当家的最简单的办法是把这些土地留给原来的居民掌握；他们允许奴隶保留某些行动自由，务必向主人提供粮食和劳动，从而使自己摆脱了监视一群群奴隶这种不愉快的劳动。为此，普通的作法是把一块足以供给奴隶口粮的土地交给他独自使用，并且强迫他在主人的其他土地上完成一切应做的劳动。这些不确定的义务逐渐形成为确定的义务——提供规定数量的粮食或规定数量的劳动。渐渐地，主人喜欢把自己的收入用在购买奢侈品上，而不是花在雇用侍从上，因此，货币支付取代了实物支付。这些让步每一次最初都是主人独断专行做出来的，他可以取消它，但是逐渐地形成习惯势力，而最后被法律承认并且得到司法保护。这样，



① 这里俄译文为：Гиндусское владение应译为印度领地，英文原文是：Hindoo principality，据此我们译成印度公国。——译者

② 古代印度法称产品的六分之一或四分之一为必须地租；但是没有证据说明是什么时候遵守过这些法所确定的规则。——穆勒注

奴隶逐渐提高到自由农场主的地位，在不变的条件下拥有永久使用的土地。这些条件有时是非常艰苦的，因此人民极其贫困。但是他们的义务是由习惯或者国家法律确定的，而不是由竞争决定的。

其实，在农民从来也没有成为私人奴隶的地方，贫穷的或不发达的社会的需要产生了另外一种制度，这种制度也被引进到消灭了私人奴隶制的其他国家；在欧洲的某些部分，该制度是这样的有利，尽管他们的农业已高度发展，至今还被保存了下来。我谈论的是对分佃农制。在这种制度下，土地被分成小农场；每个家庭有一个这样的农场；地主一般根据当地的耕种方式所必须的数量进行投资，并且不收地租和利润而是得到规定的那部分产品。这个份额一般用实物支付，通常是产品的二分之一，如同义词所表示的：对分佃农、половник、métayer、mezzaiuolo 和 medietarius。但是在某些地区，比如在那不勒斯省的富饶的火山的土地上，地主拿三分之二，而由于优越的农业条件，农民仍然拥有生活资料。但是地主拿二分之一或三分之二，在任何情况下这个份额是不变的，对于所有的农场都是相同的，在更换农场主时也不改变的；国家的习惯就是全体的规则，谁也休想抬高或者压低地租，或者给农场主订个与普通条件不相似的什么其他条件。在确定地租数量上，竞争根本没有起作用。



以前，在没有垄断的地方，地租受到价格竞争的影响，而且竞争对价格的作用比它对地租的作用更少例外；但是就在这里，甚至就在目前的活动中，商业竞争不具有像某些作家宣传的那种绝对的影响。在政治经济学的著作中不断地遇见关于在一个市场上不可能有两种价格的公理。确实，这就是不遇到障碍的竞争的自然结果。但是每个人都知道，在同一个市场上，差不多总是存在着两种价格。在每座大城市，几乎在每个商业部门都有昂贵的小铺和便宜的小铺；此外，在同一个小铺里同一种商品以不同的价格出售给不同的买主，因此，一般地说，每一小铺中的价格标准适于它有什么样的买主。主要商品的批发贸易的确处在竞争的控制之下：这里既是买主又是卖主——买主或者工厂主，又在自己的购买中奉行商业标准，而不是无计算或徒劳。因此，可以一般地说，在批发市场上，在同一时间、同一种物品确实没有两种价格。在每处，在一定时间有市场价格，它可以用价格表表示。但是，在零售商业中，买主往往是真正需要用品的人，价格极其缓慢地并且不完全听从竞争的作用；甚至在有竞争的地方，其结果往往不是降价，而仅仅在大量商人之间分配高价格的利润。因此，买主支付的如此可观的那部分价格，被零售商人的利润吞没了。所以，谁想要知道零售价格中的哪一部分落到了生产他所买物品的人之手中，他往往会大为惊异，这一部分很微小。是的，如果市场是一座大城市，城市里零售商业允诺大资本家相当的利益，那么，他们用压低价格来损害其他商人之后，不满足于与他们共同使用经营场地，他们将会发现扩大自己的营业是有利的。在大城市零售商业的主要部门，越来越强烈地感觉到竞争的这种影响。运输的迅速和便宜，使买主较少地依赖近处的商人，导致全国逐渐与大城市相类似。但是，至今只有大的商业中心的零售价格（完全或者即使在颇大程度上）由竞争确定。在其他地方，它或者完全不起作用，或者只是价格的暂时波动才显示它起过作用；决定它们的普通力量仍然是习惯，后者有时被买主和卖主头脑里关于价格的某种公道或适当的概念所改变。

许多商业部门里，出售的条件由商人之间的正式协议确定，商人团体总有办法让每一个违背规定条例的团体成员处境困难和不愉快。大家知道，不久以前书籍经营就处在这种状况，因此尽管其中竞争活跃，竞争并没有产生真正的作用，没有破坏商人规定的价格。在一切自由职业中，报酬是由习惯决定的。医生、律师所得的工资，几乎对于所有的医生和律师都是一样的；所有企业代理人几乎拿相同的工资。当然，其原因并非在这些职业中缺乏大的竞争。但是这里竞争的作用不是降低工资，而是减少每个人获得工资的机会。



我们看到，甚至在竞争参加者人数多及其普遍积极追求利润方面竞争精神极其强烈的情况下，习惯非常顺利地经得住与竞争作斗争；如果是这样，那么想必可以预料，在人们满足于较少的货币利润，与自己的舒适和快乐相比不那么珍贵它们的地方，习惯还要更加坚定不动摇。我确信，在欧洲大陆我们将经常发现，在一些地方，某些或者是所有的商品价格比附近其他地区的高得多，而且除了历来如此、以致买主已经习惯了和不去寻求其他价格之外，对此差别找不出任何原因。精明强干的竞争者有足够的资本可以压低价格，并因降价而致富；但是这种精明强干的竞争者是没有的。资本家和从前一样，把自己的资本留作他用而不去寻求更大的利润，以免给自己添麻烦。

这些意见应该算作我对以后几篇关于竞争作用的论文中将要阐述的全部结论的事先说明:不管我们在什么地方还没有直接提到它,有关竞争的全部结论都应该有这项说明。一般地说,我们应该这样判断,好像竞争不摆脱任何认可的障碍时始终有效地产生其社会的、自然的后果。但是,在竞争虽然能够存在而没有存在的地方,或者在任何其他现象战胜了竞争的自然后果的地方,我们这些结论将不完全适用。因此,把政治经济学理论运用于实际生活事物时,为了避免错误,我们不仅应该考虑假定竞争充分起作用时将产生什么结果——我们还应该考虑如果竞争不发挥自己充分的作用[25],这个结果将如何变化。

这样一来,不论竞争原则是好还是坏,不能认为它是经济活动的普遍原则。仅仅从不久以前起,甚至还在先进的国家,即使是在经济生活的某些方面,它就开始占优势了;早先在这方面它还比习惯弱小呢。甚至就在先进的国家,甚至迄今为止,在工业生活的其他方面,习惯还对竞争保持着优势。大概可以在此领域划出这样的界限:哪里的买主是商人,哪里的交易条件由竞争决定;这是不为本身需要而为转卖的购买领域;这是交易事业和与交易业务根本相似的事业的领域。与此相反,哪里的买主不是商人,而是消费者,哪里的交易条件一般服从习惯;这是为个人需要的购买领域。物品作为日用品,例如食品、服装、燃料和各种家庭用品即统称动产,先由商人向生产者买来,消费者再向商人购买。这就是在购买物品方面竞争领域与习惯领域的分界线。购买不动产不是为了使用而是为了从它得到固定收入,它多少有一点儿另外的性质。要获得房子或地产一般并非很快能实现,并非不用询问,并非寻常的事情:这里买主虽然不是商人,但力求按商人的规章行事:忙碌地寻找、等待、使对象受到技术检查等等。因此,看来这里一切交易

应该按照竞争原则完成。的确，根据它所容许的购买对象的实质，买主也遵循它。但是，这里购买对象的实质本身十分顽固地摆脱商业竞争原则的符合实际的影响。在各种卖主的手中同时出售许许多多一样的棉织品、一样的细棉布、一样的同类的俄石粮食。就连这些商品的每一种都是很容易比较的，因为任何一种都不断地通过这些可以说是评价一切商品的鉴定行家的商人之手。不动产一般不经过商人之手——它从长期占有它的占有者直接转移给也蓄意长期占有它的买主，而不是只拿去转卖。如果对这件事适用术语“消费”(利用收入的间接含义，并且与不是为了利用收入、而是尽可能迅速地转卖而获利的商业购买相反)，那么，应该说不动产只知道消费者，而不知道商人。银行家购买房屋或者庄园，不是交易所的人，而是普通的消费者，反正就像是购买午餐一样。因此，不动产一般得不到像动产那样正确的评价。但是假设得到了，评价的结果也不会那么符合实际，因为不动产每种物品都有自己的特性，因此没有大批完全一样的、其价格可以它为依据的物品。曼彻斯特交易所的细棉布和加尔各答交易所的细棉布是完全一样的；运价计算到最小一个戈比。因此，在交易所业务的一般进程中，细棉布的加尔各答周转由曼彻斯特的决定，反之也如此。但是，难道你在整个世界上找得到哪怕就像两匹细棉布那样相像的两栋房子吗？能找到二所完全一样的庄园吗？大商人知道，1 千桶脂肪或者 1 千捆棉布他可以给几千几百几十几个卢布几十几个戈比——是的，一戈比一戈比地计算：多一戈比就贵了，就不经济了。但是这栋房子价值多少？大约 2 万卢布，但也可能不超过 1 万 9 千卢布，也可能多于 2 万 1 千卢布——这里有 10%，甚至

15%、20%不确定，是未知数。庄园——评价它就像评价人类的智慧或者任何图画这类东西一样。自然，傻瓜和聪明人是容易区分的，天才与一般的聪明人也容易区分，但是请你用精确的方法来确定智力的程度。这样不难看出，奥西诺夫的庄园（Осиновка）应该比依万诺夫（Ивановка）的价值高，而巴甫洛夫（Павлово）的庄园比奥西诺夫（Осиновка）的价值高得多；那么，到底高多少？自然，根据需要来决定采取任何一个数字。但是，这样的数字至少最后有两个零。难道什么时候在交易所出售贝尔科维茨（берковец）[26]油脂正好是 50 卢布？难道任何证券曾经正好价值 al Pari① 而没有任何差价和降价吗？这所房子怎么正好卖 2 万卢布，而不是 21,378 卢布 19 戈比呢？这就是说，它没有准确的估价；也就是说，它的价格中有相当的未知因素。



因此，两类财产中，竞争原则通常力求控制不动产的出售，但是由于这类物品不便于准确估价，这里也就完全不能确定，这正是它力量之所在；这里它经常起作用，经常极不稳定地作用着。在另一类财产的交易或类似于交易的出售中——在动产物品的出售中，它的作用是完全确定的；但是，由商人出售给消费者，它的作用又太弱，而经受第一种形式出售的一切商品，以及不以交易形式出售的无数商品，都要经过这种形式出售。

在最先进的国家，在竞争原则发展的最高阶段，有这种不完全的作用；在其他国家至今仍然存在，而不久以前，在所有的国家，它的作用范围还无比窄小。现在请问：关于这整个大多数经济交易，

① 这是意大利文，其意义与英文的 like 一样，可译为相同的。——译者

其条件或者全然不服从竞争原则，或者比它更强地服从经济生活的其他原理，占统治地位的政治经济学理论能告诉我们些什么呢？正如我们所看到的，穆勒以其寻常的诚恳直言不讳，该理论不能把这部分经济交易列入任何法则："只有竞争原则才使政治经济学具有科学性质。只有竞争确定其多少，地租、利润、工资、价格的法则才能指出是多少。"

据说："那些还没有由竞争确定的经济交易，还处在不发达、不令人满意的地位。"但是我们看到，绝大部分经济交易大概永远也不会听从竞争原则来达到成为唯独以竞争原则为基础的理论的地步；就算这部分经济生活是没有得到最高度的发展吧；但是如果它达不到又有什么办法呢？这就是说，它永远也不适合于现在占统治地位的理论；也就是说，不论这个理论本身如何的好，应该坦率地承认，它不是经济生活的理论，而仅仅是经济生活某些局部形式的理论；它不是科学，而仅仅是科学的一部分；它对于整个经济理论，就像手的解剖学对于称之谓解剖学的整个科学，如同有关英国的专题论文之对于地理学。

就像占统治地位的理论本身仅仅是整个经济理论的一个部分一样，其原则，竞争也仅仅是更普遍的经济原则的局部变态，这种变态从对它适用的那些经济生活方面的私有制借用自己的私有制。在我们作了评语之后，不难发现，什么是使普遍经济原则有局部性质的论据的特点，该原则的局部形式就是竞争。

我们看到，哪里买主是商人、是不为消费而为转卖才购买的商人，那里的事业便有竞争。这个交易原理，其用途只有是重新出售的手段，才构成了竞争范围内流通之特征。但是，转卖的形式，每个人当然只承认得到经济利益的局部形式，只承认他力求在经济关系中赢得什么的许多手段之一。让我们丢下这个局部特点，以便只留下更普遍的概念——每个人都清楚，我们留下了什么概念：留下了“经济利益的计算”，可以简短地说，不过是利益核算（因为只涉及利益时，经济科学不用预先声明，显然就是指经济利益而言的），再简短些说，就是“核算”或者“精打细算”（因为不言而喻，核算的目的就是赢利）。

当然，当我们把“经济核算”这样的普遍概念引进科学的普遍原则来取代“竞争”概念时，科学便已以更少明确特征的思想为基础，已经无须进行任何加工便可适用于任何已知场合。但是，在一切科学中，全套基本原则的本质是：金子或水比重的概念，是比重力定律的特征还要多的概念；而地心引力定律的特征，比万有引力定律的多得多；人体消化规律的特征，比动物体消化的普遍规律的多；而包括全体有机生物的喂养规律的特征则更少。没有办法！——自然的特性就是如此。数学的规律就是如此。每个原则或概念的特征数目是和它的普遍性成反比的。我们绝不是说，科学对象的局部科目之局部原则不重要或者本身不好，正相反，它们是非常重要的；正相反，要很好地关心对它们的探索；劳驾，请你们不仅解释一下一般人的消化是怎样完成的，而且也解释一下食脂肪的爱斯基摩人的以及食大米的庚徒斯人的消化是怎样完成的；劳驾，请你们再深入地研究研究局部情况——请把庚徒斯人分为拉吒[①]、地主、



① 拉吒（раджа）是现代及中世纪印度的公爵；古代印度奴隶制度国家的国王。——译者

平民，请描述每种人的饮食，请研究各类饮食的特殊作用吧！这一切都是非常好的和极其有益的；但是请考虑考虑吧，要是你们把只出现在物体的一种变态中的局部规律想象成物体的普遍规律，那将是荒谬的。比方说，本来不能把有关庚徒斯人的一切用于爱斯基摩人，或者把涉及人的一切全部用于有机生物。例如，建议绵羊吃牛肉，或者断言乌拉尔的小路旁生长着海枣树，难道不是荒唐吗！还有另外一种不可原谅的诡辩：把对象的不论什么形式想象成绝对的形式，在该形式之外，在一定条件下创造它的力量不能够出现，并且随着时间的推移，无论什么力量表现的无论什么形式都不会被另外的形式所取代。

占统治地位的经济理论及其竞争原则犯了这两条错误。它想把经济计算的效力只在某些特殊场合表现的形式看作是整个经济活动的普遍规律，并且宣称这一局部形式是经济计算的最高表现形式、最高目的，人们既不能创造，甚至也不能想出比它更完善的了。看来，现在已经充分揭露了第一个错误；要看到它，只须观察主要类型的经济交易便足够了。为了明显地揭露第二个错误，只须具有某些哪怕是少量的逻辑思维的技巧也就够了。

实际上，承认现象的已知形式不是什么十全十美的、无可责难的，而至少是多少令人满意的形式，那逻辑学将提出什么条件呢？逻辑学说，为此，事物的形式应该与事物的本质一致，即与所有基本性质的总和、而不是与事物的某个外部特征或征兆一致。例如，在北美南部联邦，不是人的性格而是人的肤色[27]决定人的法律地位，这种国民体制是否令人满意呢？不是根据对疾病实质的诊断，而是根据其表面病症的治疗，是否令人满意呢？不是按照整个机体构造，而是按照其某一部分，比方说按照牙齿的构造进行动物的分类，是否令人满意呢？所有这些情况都是经不起一丁点儿批评的。

不是根据物品本身的质量，不考虑生产它所耗费的元件，不根据物品的费用，而根据其价格进行的经济核算，也同样是不能令人满意的。自然，物品的价格差不多总是与其费用有某些联系，但是这种联系有时并不绝对准确，而绝大部分总是不准确的和极不可靠的。今年在每俄亩土地上花费了一定数量的劳动和资金——假定为 24——在 1 俄亩上生产了 6 俄石粮食；每俄石的费用为 4 个单位劳动和资金，又假定每俄石粮食的价格为 4 卢布。明年，在同样的消耗下只生产了 4 俄石，每俄石的成本将为 6 个单位，但是，谁都知道，其价格无论如何也不会是 6 卢布，而一定会高得多。第三年，耗费同样的费用，生产了 8 俄石；每俄石的费用将是 3 个单位，但其价格无论如何也不会是 3 卢布，而一定会低得多。现在请问：这种核算标准，既与经营所投入的力量的多少、也与经营结果的成绩大小没有准确的关系，是否适于农业的稳步发展？政治经济学家非常详细、热烈而又出色地证明，在货币单位不具有完全准确的确定性、完全不变的恒定性的社会，经济活动无论如何不能顺利前进。这是出色而又极其重要的真理。但是我们现在要问：在事业的成功程度及其收益数量之间缺乏不变的和准确的比例，其作用不正好是这样的吗[28]？现在有人把自己的商品以 10 法郎出售，而这 10 法郎一共是 50 克白银；一年之后，他还是以 10 法郎出售商品，但是从这 10 法郎只得到 45 克白银，即在国际市场上他有权得到的是去年所得的价值的十分之九。这种不稳定性毫无用

处;有了它,在经济活动中不可能有任何有益的秩序。是的;因此,在所有的文明国家都采用货币单位不变的原则。但是,即使它不变,难道在我们所研究的情况中没有潜藏着同样的危害吗?就算法郎不变吧。但是,当他今年花费200法郎耕种1公顷土地,收获了12公石,而每公石可得20法郎,即每公顷可进款240法郎,即20%的利润;第二年,收获10公石,每公石得30法郎,即每公顷进款300法郎,即50%的利润;而在第三年,收获13公石,每公石只收入15法郎,即每公顷进款195法郎,即损失2.5%,难道他在自己的经济活动中不会糊涂起来吗?须知这与货币单位不稳定一样,完全是同一类型的混乱,或者不是同类型的,是更坏的一类混乱:那里的波动与事业成就无关。因此,由于货币单位的变动不论他得到怎样不公正的亏损或者无功而得的利润,他的事业成就还是越大则亏损越小或者利润越大。而这里事业成就与进款的不稳定联系,使得事业的盈利与其成就直接相对立:农民收获的粮食越少,他们得到的利润越大;他们收获的粮食越多,他们受到亏损的机会也越多。请你们同意吧,这种核算标准,就是直接奖励无成效的劳动,直接惩罚有成效的劳动,直接激励社会状况停滞不前或者恶化,直接让人丢掉改善的兴趣。

我们绝不是想说,无论什么国家的社会状况变坏了或者停滞不前了,不是的,我们认为,在所有的文明国家,它正在逐步改善着。但是我们说,如果在文明、学术成就中有着改善社会生活的不可战胜的力量,那么在社会生活中就有妨碍这个进步力量的因素,而且该因素之一便是——在事业成就与为它而劳动的人们所得到的利益大小之间缺乏准确而不变的比例——由不能令人满意的核算标准即所谓竞争产生的不稳定性。

多少机灵一点儿的人[29]，听到墨守成规的政治经济学家关于竞争的必要性和必然性的议论，是觉得可笑的。我们知道，这项原则只适用于经济生活中的一种情况——购买与出售的特殊现象；我们知道，生产者个人消费的全部劳动与产品是不出售的，仍然不受竞争支配，并且无论如何不能受它的支配①。我们要问：难道进行劳动，进行生产而不计较任何经济利益吗？例如，如果妇女为自己的家庭而不是为了出售缝补衣服，难道她不关心她工作的成效、不关心材料和工具——线、针、印花布或粗麻布料——用得尽可能节约些，总之，难道她不关心使其产品成本最小吗？当她为自己家庭准备饭菜的时候，难道她不同样地精打细算吗？当她的丈夫进行各种家务修理时，难道他也不是同样行事的吗？这就是说，没有竞争的形式，也存在着经济核算。

那么，经济核算怎么会没有竞争而存在呢？一个人不论为了什么目的而工作，不论为自己还是为别人、为出售还是不为出售，

① 这里可能提出相当巧妙的异议：大家知道，当一个人估计到购买物品比较有利，或者一般地说，购买物品比较方便时，那他便会停止生产个人消费品。这样，人们逐渐不再自己生产家庭日用的粗麻布和呢绒而宁愿购买这种物品。因此，竞争原则控制着个人消费品的生产——它取消了后者，代之以购买个人消费品，用为了出售而生产的商品去交易。是这样，但是仍然有大量的活动和产品没有受到这种影响。如同午餐时，委托一个有特殊手艺的人即厨师准备午餐，他还要亲自做点吃的，比如亲自做凉拌菜（大概厨师要做得精致得多；但是我不想叫他做，你对我有什么办法！）在经济生产重要场合也有一些不受竞争影响的东西，不用购买，而在家生产。每个人都高兴有自己菜园子里的蔬菜，尽管买菜比在家生产要便宜。这种情况非常多，我们不必一一列举，因为当墨守成规的经济学家反驳法朗吉斯特[30]和一切共产主义者的时候，是会非常起劲地钻研这些清单的，其实，法朗吉斯特和一切共产主义者绝没有说过要剥夺人们享用自己的菜园、自己的房屋、自己的家具等等的快乐。——车注

难道他能不关心为了获得一定量的产品而花费尽可能少的劳动，或者使用一定量的劳动获得尽可能多的产品或尽可能优质的产品吗？不遵循这种核算，这是人们做不到的，如同他不能不关心让他大体上过得更好和更轻松①一样。

但是，如果劳动组合原则及由此产生的交换形式造成的经济发展程度，高于在家族中仅仅为本家族而生产的所有消费品的家长制制度所造成的经济发展程度，那么，大概连在比较高的发展阶段的经济核算所采用的竞争形式，虽说不能令人满意，也应该包含某些比家长制生产的核算形式优越的因素。当然是这样，并且不难揭示出这些因素。在家长制时代，生产者有些什么核算资料呢？只有自己个人的或者家族的经验，加上某些邻居的相当贫乏的生产知识。当出现交易或者至少产生交易的萌芽、集市和商人购买商品为了转卖时，比较的范围大大地扩大了。在集市、定期市场、

① 恐怕这里也要提出异议了，但这仅仅是由于不完全了解主题。他们可以说：雇佣工人，而更明显些——强制劳动的工人，既不关心产品质量好，也不关心产品数量多。自然，不对；他唯独关心减少自己的劳动，关心如何能劳动得更少些。自然，每个人都关心他所感兴趣的事。每当一个人为了自己的利益而工作时，他的主要思想是工作得多一些和好一些；要是他不为自己的利益而工作，那他的主要思想是花尽可能少量的劳动而得到工资。当你深入分析第二种情况时，你会发现它原则上同第一种情况是一样的，尽管其结果对于主人是矛盾的。雇用工人获得一定量货币，即由于自己的劳动有权获得一定量的产品；因此当他尽量劳动得懒惰、马虎的时候，他是企图在这一定量的产品上花费尽可能少的劳动量。强制劳动的工人也是这样核算的。主人收容黑人是为了劳动；而当他懒惰地工作时，其实他关心的是花费尽量少的劳动量获得规定给他的薪饷，工人一主人的目的和雇用工人的目的是一个——用最少的劳动量得到最大的效果；只是争取的形式不同，就看比例的两项中哪一项是定量：如果是劳动量（如工人一主人的），则有利的比率是增加产品；如果是产品量，那么，减少劳动量就可达到有利的比率。——车注

交易所,生产者看到自己的商品与整个广阔的范围或者全国、全世界的所有类似商品是可比的;这里生产成绩的比较形式是价格。已经不是生产者自己个人的观察和认识,而是无论是谁、无论是什么地方达到的任何改进,都激励着生产者关心改进。总而言之,竞争比家长制核算手段优越,它使更多的生产者的核算互相接近了。

它还有另一个优点,家长制核算时,甚至采用不采用生产者从当代贫乏的知识源泉中了解的那些改进措施,也由生产者个人臆断。而一个人除了经济核算,除了追求利润之外,还存在着直接与这种企求对立的倾向。其中主要是:迷恋因循守旧和迷惑于虚伪的自尊心的倾向——“唉!和从前一样地生活吧。父辈和祖父辈并不比我们笨”,等等;——“Славны бубны за горами。”[①]——“我自己不比别人笨”等等。没有必要说,这些敌视进步的倾向如何经常地让人屈服,以致不允许他学习和按照他的利益改变自己的活动方式。在竞争形式下,利益核算有自然必要的效用;在这种形式中,它既相当迅速地克服因循守旧,又相当迅速地克服虚伪的自尊心。



我们不再大谈特谈这些优点,因为在每本因循守旧的政治经济学教程中,它们都详尽而清晰地罗列着。但是,在承认竞争形式比家长制核算形式有很大优越性的时候,我们不能不发现,它终归远远不及科学理论所要求的那么合适。请读者不要把明显反对我们阐述的全部过程的思想倾向归咎于我们。现在或者将来,不论

① 这是一句成语,根据《当代俄国文学语言字典》第1卷第663页上的解释,意译:“并非别人的、未来的东西全是好的。”——译者

谁发现缺点的时候，一群保守的反对者将大喊大叫，说他想复旧。在大多数场合，这种大喊大叫是因受迷惑才出现的。但是，经济改革家或者使用不谨慎的语句，或者实际上在自己的概念中甚至也夹杂着对老规矩优点抱有的成见，确实也是相当常见的。例如，在证明竞争不能令人满意时，他们这样表达或者考虑，似乎还有比它更好的形式被它排挤掉了。我们自己的思想中没有任何类似的观点。我们尽力（不知道能否成功）这样表述，以免引起在这方面的思想错误。现在的丝毫没有使我们满意；新的也不是尽善至美的思想。但是从我们的叙述中显而易见，这里我们是按照科学的要求、按照科学提供给人类的工具，而不是按照古老的、还不甚令人满意的生活进行判断的。问题不在于是否新的比旧的好，现在的是否比过去的更令人满意；问题在于人类是否不应当寻求更好的，并且人类现在是否已经具备在生活中引用原则的手段，现在的原则比任何纯粹野蛮陈旧的好多少，引用的原则也就比现在的好多少。例如，如果我们看到，雇用工人的状况不令人满意，而他的工作成效甚微，自然，这里我们对任何形式的奴隶生活没有任何类似的偏爱——雇用劳动比奴隶的要好得多。这里没有什么可议论的，这在每本政治经济学教程中都已证明——不，我们心目中是另外的状况即主人的状况。我们讲的恰恰是竞争的原则，其缺点不是与家长制核算形式相比较的缺点，而是与理论所要求的形式相比较的缺点。

现在来看一看，甚至竞争比家长制核算形式优越的那些方面，是否令人满意地起作用。

竞争使生产者易于了解别人生产中所做的改进，并且对它们进行评价。但是用什么方法得到这些情报?——是否直接?是否最简便和可靠?当然,方法简便可靠是理论所要求的。普及有关某事业的情报的最简便和可靠的方法,就是人们直接了解事业本身,而不是只了解其结果。例如,什么是更好和更有利:是光了解某个生产者致富的事,还是除此之外再了解使他致富的生产方法?了解英国的钢制工具好,还是了解其制作方法呢?竞争只介绍结果,而不是取得成果的方法。这是一位皮涅季[31]:请看皮涅季吧,这位能手会做多么绝妙的东西啊。至于他是怎样做的,使用了什么方法以及如何发挥了自己创造该方法的才能,请你们自己去探索吧!是的,竞争是对方法保密的。一个人已经想出来的,在他之后千万人都应该想出来,这样经济吗?按照竞争原则传递情报的方法是不能令人满意的。当然,传播情报的方法不能令人满意时,实际应用情报的手段也应该是不会令人满意的。最好把事情交给已学会能做事的人去办。比我能干的人当我的领导者,对我有利。在竞争的时候,实际技巧也是和理论知识一样地保密。谁学会使用发明,谁的利益就要求别人尽量长久地不要使用它。我们且不谈欺诈的(也是会使社会受损失的)事情。下述的态度极经常地造成这样的后果:工厂主竭力阻碍别人开设工厂,手工业者竭力破坏其他手工业者的事业;这里有无数的阴谋与欺骗等等。我们只注意,每个无论多么忠实的生产者必须保持的事业的特征。如果他帮助别的生产者采用他学会的改良程序,他将有害于自己,即将背叛对自己家庭的义务。他的处境就像我们的巫医,一旦她教会任何别人使用药物,她的灵丹妙药便失去效用。这样一来,竞争时,技巧应由生手来完成,知识应由无知来传播。

有什么样的方法和手段，就有什么样的评价标准。这个标准是在物品之外，在物品的偶然归属中——在出售和价格中提出来的。有关这个问题我们已经讨论过了，指出了物品的生产费用及其售价之间的关系是不准确的，而为了有成效地生产，必须按物品的生产费用进行核算。

因此，在减轻生产者熟悉和判断革新的方面，竞争原则的作用是远不能令人满意的；在使生产者在生产中必须遵循所获得的革新知识方面，它的作用也同样是不能令人满意的。遵循这些知识，生产者将不得不参加竞争，这是实话。但是，在什么方面他必须遵循革新知识，是对社会好的还是坏的，有利的还是亏本的方面呢？这个问题，竞争原则并没有解决，或者比较正确地说，解答往往是在亏本方面。它只令人关心，让生产比别人更有成效，并具有对别人的优势；这个优势是靠别人工作的坏成绩、正像靠扩大自己的工作成绩一样来取得的。假如改进自己的工作来占优势并不困难，生产者将关心改进；但是，如果改进对他来说很困难，他就会改用最容易的方法——竭力妨碍别人。

我们从理论观点分析了竞争原则不能令人满意的地方，抽象地阐述了它的缺点。在许多著作中都非常详细地阐述了它在理论上不能令人满意的地方反映到实践中将有什么样结果。每一位读者都了解这个实际方面的问题：不同国家之间，一个国家不同省份之间，一个省的不同生产者之间的工业上的不友好态度；各阶层之间经济上的不友好态度；过分冒险的、以工业危机告终的周转——所有这些问题，思想家都论述过了。在他们以后，我们关于这些问题的意见，看来过于软弱无力了。我们提请读者注意，实际生活中的所有这些有害的现象，其根源在原则本身，在竞争的合理性本身，是无论如何也不能逃避它的。并且只求注意到这些实际关系中的一个方面，就是穆勒在每个合适的场合特别起劲地提出的这个方面。

穆勒的全部教程深刻体验到马尔萨斯理论的重要性。如果人口增长比按照国家工业发展所要求的速度快，那么人民群众必然贫困；只有减少人口增长，群众的状况才能改善——这就是穆勒经常反复申述的观点。我们力求证明，现在贫困的根本原因不在于过度地生育，而在于更为主要的因素；在排除了取决于人类本身的因素之后，现在也好，很长很长的时期之内也好，生育还不可能损害群众的福利。但是，假使这些因素还保留着，那么马尔萨斯是完全正确的。当一个人生病的时候，即使饮食无害，他也必须节制饮食，而对于健康的人，饮食倒是有益于健康的。这么一来，在现存的经济关系之下，生育对社会是有害的。让我们来分析一下，竞争原则与生育有什么关系。

竞争要注意到价格。产品价格是由各种因素组成的，最近的分析表明，其中主要因素是工资的变动。因此，在竞争中所有劳动的雇主都热衷于降低工资。工资由供需平衡决定。找工作的人越多，工资就越低；因此，每个劳动雇主的直接利益，就是希望找工作的人越多越好，也即希望平民增加得越快越好。现在让我们来看看，矛盾究竟是什么样的：为改善工人的状况，应当减少生育；平民群众越少，对每个平民越好；然而平民生育得多，却对劳动雇主越有利；所以，生育对整个社会和每个平民有多少损失，它对统治经济事物的阶层就有多少利益。

为什么穆勒提出竞争的这个结果时，不像提出马尔萨斯理论那样坚决呢？这不过是因为他并不指望经济核算形式可能取代竞争罢了。应该实实在在地说，让社会实际采纳这种可能比竞争更令人满意的经济核算形式——根据我们的习惯，这是非常困难的事情，它要求在理解程度和习惯方面有很大的进步才成。我们应该根据我们在竞争中发现的那些缺点的性质看出这一点。

竞争的根本缺点是，它不选取事物的本质，而是采取事物的外在属性（不是价值而是价格）作为核算标准。因此，为了用良好的核算形式来代替竞争原则，需要具有非常坚定地按照事物的本质、而不是按其外部特征或偶然后果判断事物的技能。为了自觉地和坚定地坚持这项原则，人们必须具有坚定的思想，不仅比大多数平民，而且要比大多数受过教育的阶层具有的思想坚定得多。如果在社会的群众中没有强烈引向这种巩固思想的因素，大概可以说，这个前景离我们的时代还太遥远吧！然而还是存在着这样的经济因素，它们会大力扶持着理论所要求的精打细算的发展。在经济方面，社会分为两部分。当然，一部分总是少数人，按照最近的分析，他们每个人从其自己劳动所得的收入，不如从一些人或许多其他人们为了他的利益而劳动的那部分收入多。对于处在这种地位的人，按照其本质来评价事物和功绩是不利的。他的全部或差不多全部的收入都是按照某些偏见、或者墨守成规、或者根据某些虚伪的特征来过高地估价他的劳动或功绩而得来的。社会的另一部分是不可比拟的绝大多数，他们的利害关系就不是这样的了。他们之中的每一个人不仅得不到对自己有利的他人部分劳动或产品，而且连自己的劳动或功劳的产品也不能完全享用。因为一大

部分或一小部分要留给社会上第一部分中的任何人享用。对于只应该指望自己的劳动、自己的实际功劳的人，按照其实际价值评价事物是有利的。这种人一旦具备了思索的习惯，他便渴望以自己的思想重新按照事物的本质来估价，因为在个人利益激励下，他发现按照以别人的劳动为生的阶级的利益来确定的那种估价是毫无根据的。诚实的劳动生活的必要性使得人们不喜欢受迷惑。现在每个文明国家的群众，即使不以令人神往的速度，毕竟也是相当明显地受到教育。因此，他们有能力按照自己的利益用自己的头脑来判断事物的时刻，已经为期不远了。与他们的精神生活的成绩相适应，符合人类利益的核算标准也将深入到经济工作中去。

竞争的另一个缺点——除了获利的好方法之外，它还留给人们相反的坏的方法：在竞争中，人们不仅因为自己工作的成就而获利，而且也由于别人工作的失败而取胜。显然，这第二个缺点是从我们刚才讨论过的第一个主要缺点派生出来的。物品最重要的价值在于物品本身的质量，而不在于它比同类的其他物品好一些或者差一些。据说："经过比较才知物品合格与否"。是的，但是和什么比较？和对此物品应有的要求、和人类天性的需要相比较，该物品应该满足需要。对于贸易事业来说，泰晤士河是不是一条好的河流呢？是非常好的河流。因为最大的船只都可以沿河自由航行。它是如此的宽阔，不论驶来多少船只，都能在河上自由航行。此外，还有什么必要来谈论密西西比河比泰晤士河宽阔得多，而某一条无名小河比它窄得多、浅得多呢？经过这种比较，对于贸易来说，泰晤士河丝毫也不会比没有这种比较时更方便或者更不方便。在供给人民饮水方面，泰晤士河是一条好的河流吗？毫无疑问，是一条不中用的河流，因为柯水是污染的，气味是难闻的。涅瓦河的水是非常好的饮用水，可是通过与涅瓦河的比较，泰晤士河又会损失些什么呢？要知道，即使没有这种比较，泰晤士河的水也是完全不适于饮用的。同样一条无名小何堆满了厩肥，以致河水不光是污染的和气味难闻的，而且是稠稠的厩肥浓浆，或许与这样的小河比较，泰晤士河会取胜？如果我们说，还有气味更难闻的河流，难道泰晤士河河水中的污物和臭气将会因此而减少吗？物品的比较标准是物品应该为之服务的人类事业的需要。同类物品按其对事业的适用程度分为好的和坏的，优秀的或很好的或坏的。然而某些物品对于事业的关系本身来说，也即该物品最重要的价值，丝毫也不会因为是否有许多物品的等级比它的高、或者比它的低而得胜或失败。随你们怎样评价这块两卢布1俄尺的呢子吧。你们需要呢子做什么用呢？是想做件比棉布的、或者比夏布的、或者比绸子的更暖和的衣服吗？如果是这样，那你就找不到能比这块更好地满足你所需要的呢子了：它结实、耐用、轻便、柔软。说实在的，它具备所有这些优点，十全十美。随你们拿它与什么呢子比较，它的这些优点是既不会增加也不会减少的。请你们尽量仔细看看这块呢子吧，以便确认它的质量，根本不必拿它去和原色粗呢和高级呢绒比较。

或者，不，有必要：需要证实它是否值两卢布1俄尺。可是这种必要性并不是事物的本质；它之所以产生，是因为你们既不了解这种呢子的价值，也不了解商人规定的价格是否正确。因此，为了按照物品本身质量，而不是根据与同类其他物品相比较来评价物品，必须有二个条件：物品生产必须公开进行，就像股份公司进行记账那样;必须同样公开地按照对谁都明显的价值来评价物品。这就是条件,没有这些条件就不可能用比较令人满意的经济核算形式代替竞争原则。——为了公开进行生产,消费者必须是独立生产者[①]。商业账目只对业务主人公开。为了按照物品的价值来评价物品,又必须做到:没有人由于物品的估价高于其价值而得到好处,也即必须让消费者本人也成为生产者。而在当前的生产形式下,在当前的经济结构下,这纯粹是不可能的。只要想一想:原来在这里设想,谁耕种谁就有粮吃,全民族谁也没有比他更好的粮食;谁想穿天鹅绒的衣服,谁就得坐在机床旁织出天鹅绒来(顺便说说,应该想到,在这种条件下,天鹅绒的爱好者是不会多的)。——读者都知道借以达到这些条件的经济结构形式。这里主要的经济问题在于工人掌握自己管理自己工作所在的企业的技能;新形式的宗旨是使工人从被雇用者变成为主人,而主人当然应该自己毫不松懈地监督企业和所有管理企业的某一部门的人。甚至在先进的国家,按其目前的发展,大多数平民对此还准备得太少。然而就在这里我们还应该说,新的形式对于平民无疑有很大好处,这会大大地缩短准备的时间。

经过这些阐释,那个经济核算最高形式的性质已经自然而然地清楚了,当对于用此形式代替竞争感兴趣的阶层具有独立思考和惯于管理工业企业时,竞争就应该被取代。按照理论要求,所计算事物的实质本身,即产品价值应该是核算标准。当然,为自己而劳动的生产者要考虑的将不是产品的偶然归属即价格,因为他们



① 这里,如按俄文直译应为:主人—生产者。——译者

的大量产品将不投放市场，将不从他们那里脱手，因此也不必为自己找价格；在为个人消费而工作的时候，他们将考虑事物的基本因素：我们拥有一定量的劳动时间和劳动力；为了满足个人的不同需要，应该按什么比例在不同的生产之间分配这些劳动力和这些劳动时间才对我们最有利呢？这里核算的基础是按需要分类。考虑究竟哪一部分劳动可以用于满足一定的需要而不损害其他的不大迫切的或更加迫切的需要。为了明确起见，让我们来分析一个假定的情况。

假设有一个由 2 千人组成的股份公司，其中有 500 个成年工人（为简化计算，我们用工人的劳动代表这个工人的一家人，包括女工、儿童或老人的劳动）。假定除节假日和生病之外，每人 1 年有 300 个工作日，1 个工作日按 10 小时计算。

在此情况下，公司一年之中共有 150 万工时，这就是它拥有的为满足自己需要的储备。现在它应该考虑自己的需要了。



刚刚够维持生活（数量上贫乏、质量上低劣）的食品，每人用 100 个工作时间的劳动量就能生产出来；为了向全公司供应这种食品，需要 20 万工时。要供给人们高质量的丰盛的和多样化的食品，则要多 1 倍的劳动量——每人 200 工时，或者全公司 40 万工时。而为了得到满足各种苛求的奢侈的伙食，又需要增加 1 倍的劳动量——每人 400 工时，全公司 80 万工时。

逐步筹备好的住宅和修理它们，加上燃料每人一共需要 150 工时，或者全公司 30 万工时。极其糟糕的勉强取暖的住宅，只需三分之一的劳动量——每人 50 工时，全公司 10 万工时。而豪华的住宅则需要增加两倍——每人 450 工时，全公司 90 万工时。

为了供给人们所需数量的衣着，每人要 100 工时，全公司 20 万工时，要是人们愿意穿得破破烂烂，或者半裸体，就只需要四分之一的劳动量——每人 25 工时，全公司 5 万工时，阔绰的服装将要花费 4 倍的劳动量——每人 400 工时，全公司 80 万工时。

把家庭生活所有琐碎需要合并成一项之后，我们假定相当好地满足它们，需要每人工作 50 小时，全公司 10 万工时；可是勉勉强强、艰苦度日，则只要五分之一的劳动量：每人 10 工时，全公司 2 万工时，而阔阔气气地满足这些琐碎的需要，则要求 5 倍的劳动量，即每人 250 工时，全公司 50 万工时。

但是，除了各组彼此亲近的人们的家庭需要之外，还有全公司的需要。例如，它需要社会关心教育、交通、保存产品和保全面子。很少满足这些要求，每人要花费 20 工时，全公司 4 万工时；很好地满足要求 5 倍的劳动量，即每人 100 工时，全公司 20 万工时；非常讲究地满足，当然要求更多的劳动量。但是，这里一切超过很好地满足需要的费用，显然都不是满足公共的需要而简直是公司办傻事；又一个花费劳动的对象可出现啦。



公司办傻事。我们刚刚说过，公司给事业增添虚伪色彩、毫无用处或甚至对事业有害所耗费的也属于公司实际需要物品的范围。但是，按照公司办傻事的种类，不仅在过分豪华的条件下完成的，而且在任何微薄的、中等的、奢侈的条件下完成的都是直接危害公司福利的，这是最广泛地消耗物品。例如，在威力或政治影响方面，主要是争夺自己的各种财产，为获取对其他公司的优势所用的耗费。在良好的公司核算之下是绝不会干这种傻事的。最少地满足这种傻事是要付出很高代价的。假定每人 200 工时，全公司

40 万工时，而奢侈地满足则是无比地昂贵的。比如说，每人要 500 工时，全公司 100 万工时。

现在我们已经具备了考虑在不同程度上满足集体需要和苛求所必须的费用资料。

| | 很少满足 | | 良好满足 | | 阔气满足 | |
|---|---|---|---|---|---|---|
| | 按人平均 | 全公司 | 按人平均 | 全公司 | 按人平均 | 全公司 |
| 食品 | 100 | 200,000 | 200 | 400,000 | 400 | 800,000 |
| 住宅 | 50 | 100,000 | 150 | 300,000 | 450 | 900,000 |
| 服装 | 25 | 50,000 | 100 | 200,000 | 400 | 800,000 |
| 琐碎的家庭需要 | 10 | 20,000 | 50 | 100,000 | 250 | 500,000 |
| 公司的需要 | 20 | 40,000 | 100 | 200,000 | 100 | 200,000 |
| 公司干傻事 | 200 | 400,000 | — | — | 500 | 1,000,000 |
| 合计 | 405 | 810,000 | 600 | 1,200,000 | 2,100 | 4,200,000 |

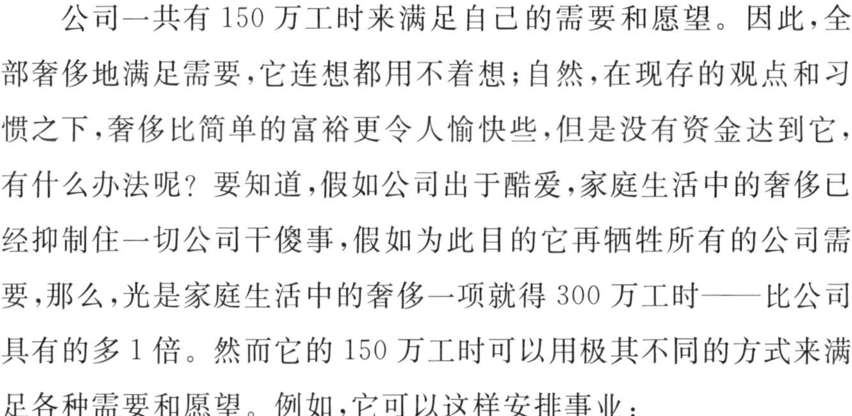

公司一共有 150 万工时来满足自己的需要和愿望。因此，全部奢侈地满足需要，它连想都用不着想；自然，在现存的观点和习惯之下，奢侈比简单的富裕更令人愉快些，但是没有资金达到它，有什么办法呢？要知道，假如公司出于酷爱，家庭生活中的奢侈已经抑制住一切公司干傻事，假如为此目的它再牺牲所有的公司需要，那么，光是家庭生活中的奢侈一项就得 300 万工时——比公司具有的多 1 倍。然而它的 150 万工时可以用极其不同的方式来满足各种需要和愿望。例如，它可以这样安排事业：

令十分之一的公司成员（200 人）拥有家庭生活充分奢侈；为此每人需要 1,500 小时，200 人共计 30 万小时。

令两倍的，即 400 人，或公司成员的十分之二，在家庭生活中很富裕，为此每人需 500 小时，即 400 人共计 20 万小时。

其余的公司成员，即十分之七或1,400人，让他们简朴地生活，为此每人需要185小时，即1,400人共计25万9千小时。

就让公司需要少满足些，为此需要4万小时。

150万小时中用于这些项目为79万9千小时。

所以留给公司干傻事的为70万零1千小时。

当没有准确地考虑资金的开支，不注意这一种或那一种人类需要的迫切程度，而是按照不会精打细算的苛求，按照各种偶然的变化无常的念头开展工作的时候，社会劳动通常就是这样分配的。迄今为止，历史的总形式大致就是这样的。只有很少的——而连这也几乎在一切场合都是短暂的——违背通常的不会精打细算。这里丝毫也不必怪罪人类的天性；就连社会资金的规模，也只有在完全野蛮的、还不知道有成效的劳动方法的社会里，才是有错的。在不是文明的社会里，甚至在所有那些虽然来得及摆脱最粗暴的野蛮，变成定居的农业社会里——不仅在现在的英国或德国，而且甚至在第九世纪的英国、第十世纪的德国、在现在的波斯、在现在的小亚细亚，按其内在的成效，劳动已经能够使社会繁荣昌盛。当人类不会精打细算，碰运气因而事业搞得不好的时候，人类天性仍然是没有错误的；这里有过错的仅仅是计算的缺点。不论银行家如何精明、善于管理、精力充沛，不论他在个人开支上如何谨慎，小心以及业务如何尽心竭力，只要他光凭自己的记忆和机灵主持工作，而不用账簿，那么他的事业会立即衰落，他自己也将破产，并且将使所有和他打交道的人都破产。但是，社会经济较之任何银行业务要无可比拟地广泛和复杂得多。当一个人的私营经济很小，他主持经营可以碰运气，凭记忆，靠估计，不论他如何深思熟虑，只

要他不记收支的账目，他的经营中也会经常出现漏洞的。可是连一个公司都没有采用这种账簿。就算在法国有多少劳动力呢？谁也不知道，只能胡乱猜着说，比如：大约有 9 百万，也可能只有 7 百万是有工作能力的成年男子；其中五分之四、也可能只有五分之三是从事生产劳动的；成年健康的辅助生产的女工可能也有这么多，也可能少得多，因为即使在工人阶级内部仍有过多的妇女把劳动消耗在太无成效的麻烦事情上面，而离开了有益的工作，那么在有益的工作中辅助男工的女工人数可能多于从事这项工作的男工人数，因为妇女不用参军，不担任官僚职务；因此，其工作可以算作生产劳动的妇女人数，大致为 350 万（7 百万的一半）到 8 百万（9 百万的九分之八）；这些妇女的劳动成效与男工劳动的比例，只能算一比二，或三比四。让我们来看看，从这些初步想法能得出怎么样的令人满意的精度：

法国生产工人的人数

由（7,000,000×0.6＝）4,200,000

到（9,000,000×0.8＝）7,200,000

参加生产劳动的妇女的劳动按

同样劳动单位计算

由（3,500,000×0.5＝）1,750,000

到（8,000,000×0.75＝）6,000,000

法国生产劳动单位总计：由　5,950,000

到　13,200,000

这是搞好事业的何等牢固的基础！你以为怎样，批发商人能否搞好自己的业务呢？当他自己提问：“我的资本有多少？”的时候，他只会回答：“不知道，大概不少于 6 万又不大于 13 万吧！”他又问自己：“我有多少工作人员在工厂里？”回答也不过是：“完全不知道，大概不会少于 600 人，也不会多于 1,300 吧”。你是怎样认为的，这位批发商人的经济业务能够搞好吗？它们又为什么搞不好呢？——是不是因为他的工人是不好的人，或者因为他的资本太少？不是，他的工人也许是非常好的，资本也是充分的；全部不幸在于他不遵守经济工作的第一个条件——不进行核算。

我们对社会拥有的劳动力计算谈论了些什么，同样也应该对要求很好地满足无论什么需要的劳动量谈论些什么。随便你们问谁，谁也不会告诉你们，为了大量满足一定数量人的全部真正的需要，应该有多少劳动日来生产。只有在建设住宅的时候，建筑师才进行这类计算，就连这也不计算彻底：只计算泥水匠、木匠、盖房工应该用多少工作日来建筑房屋；可是修理他们使用的工具、生产建筑材料值多少劳动量，谁也不去计算；预算中的砖、木、铁不是以它们值多少劳动力数量，而是以其市场价格来计算的，工具修理不是特殊项目，因此不作任何计算而包含在工资评定中。所以，就连住宅建设也不是按科学要求的方法进行计算的。但是，须知住宅建设，仅仅是在该事物上花费劳动的一个部分：必须修理建成的住宅；这一项费用，甚至也没有按照建设预算的不完全形式来完备地编制预算。

然而，不论是亚当·斯密经济学派的人，还是对社会事业具有直接影响的人，在满足家庭生活的其他需要方面，谁都一点儿也没有想到类似的问题。无论哪一种社会状况中，主要是平民生活和小官吏生活的家庭平均支出预算及其收入预算编制出来了。但是，支出预算是按物品的价格编制的，而收入预算则是以货币计算的工资编制的。然而，这一切都完全不是应该做的。

我们不知道，是否做到了使读者对于我们所研究的问题有个清晰的概念。如果达到了，他耸耸肩，说："这样缺乏计算，还能等待什么良好的结果呢？社会拥有的资金数量是完全不知道的；在无论什么程度上满足任何人类需求应该需要多少资金，也是完全不知道。在社会经济工作中还能期望什么秩序，还能指望什么样的谨慎呢？"

墨守成规的政治经济学家一点儿也不因此而觉得难为情：按照他们的意见，社会既不需要什么计算，也不需要什么机灵；不用社会方面的自觉论断，价格机制和个人利益的自然效用会把一切都计算好和解决好的。关于这点，在我们阐述穆勒第三卷关于交换的内容时，大概我们还必须详细地讨论讨论。可是现在呢，不必在技术上详尽地研究，因为下一篇论文中还要论述，让我们来评论这种意见的主要原则吧！

在自然界，影响人类事业进展和人的机体生存的各种自然力量是不是少呢？就在人的机体本身，能够起独特作用而又不需任何人类机灵预先考虑好的计算，这样的力量和愿望是不是少呢？那么，在这些无数的自然的和人的机体的力量中，有没有哪怕一种力量能够自然而然地、不用人类思想的自觉控制、像为了人类利益所需要的那样作用呢？瞧，下雨，降露，都自然而然的；那么，农田随时可以从它们那里得到作物茁壮生长所需要的水分吗？不，100年当中也许只有1年雨量和晴天自然而然地最有利于作物生长，而其余的99年降雨量不是比需要的多，就是比需要的少，或者不是在需要的时候降雨；或许这些年里有一半时间，偏离人类需要的标准不太远，因此庄稼生长得相当好。要是这次下雨再提前几天，下次下雨再推迟几天，这次下雨再大一点，下次不要这么大，庄稼会生长得更好。那么究竟有多少年是因雨量过多，或因过分干旱而严重歉收呢？这就是说，下雨和晴天力量的作用自然是不能满足人类需要的。你们可以说，人类还不能控制这些力量的作用；但是请不要说，人类不需要控制它们；它们自然而然地对人类起的作用已再好也没有了。就是人类现在还不能控制它们，你们也只有一部分正确：他已经能够控制某些东西，他已经正在控制某些东西：他建立人工灌溉网，他建设排水系统。自然，这些试验目前能量还很小，与大面积的农田比起来还是微不足道的。然而，只要他把全部力量都投在这上面，只要不把这些力量花在琐碎事情上面，只要学会按照事物真正的重要性去评价它们，而不要被成见弄得莫明其妙，说什么一切都自然而然地很好地进行着的话，人类的力量是在成长着，他很快将能做得更多；就是连现在也已能做相当多了。随你举出自然界的其他一种自然力吧，你们将同样看到：每种力量对人类需要的作用都没有任何不变的关系：有时是人类所需要的，下一次一旦发生就有害于它了；想在不论什么时候，不论什么样的力量完全按照人类的需要起作用，那是非常罕见的，而它非常有害于人类的作用，却是太常见了。你们就自己判断吧，当它自然而然地起作用，没有人类控制的时候，能成为另一种样子吗？难道它会考虑人类的需要或愿望吗？用豌豆粒投索罗莫诺夫(Соломонов)圈，有时它落到您想要的数字上，常常是落到这个数字的附近，那么大部分是怎么落的呢？绝不是您所想的那样。

莫非你们在想：人的机体本身的力量不需要理智来控制吗？要知道一旦我们不考虑自己的健康或不估量胃的负担过重会感到

难受，几乎我们每一个人都会变成贪吃的人，几乎每个人都会变成醉汉，我们每一个人竟会不停地把有毒的东西吃下去和喝下去——难道它们之中没有可口的东西吗？请看在这方面没有理解力的婴儿和布西门人(南非洲)：他们不停地贪吃并且准备吃和正在吃掉天晓得是什么样的废物。机体的任何其他需要，人类的任何其他愿望也同样需要由理智来控制。就拿自然爱好或理论上轻信来说吧，就拿善良、健谈来说吧——如果完全不受理智控制的话，任何一个这种倾向都会给人类带来无数的祸害。要不然就怎么样？要知道什么是理解力、理智、精打细算呢？就是一切资料、一切事实和情况、原因和可能后果的总和；本来只有这个理解力才是包含其全部需要、力量及依赖外界的人的整个机体的代表；本来只有通过它的作用，人才成其为完备的人。所有其他力量都是局部力量，片面的，既不包括整个机体，也不包括它的全部情况。自然，按照一种资料几乎永远得不出按照全部资料总和所得出的结论。

自然和人的机体的普遍规律中存在着经济倾向和作用的推动力，如果其中的每一个正是有利于整个人类的自然而然地经常起作用，如果不需要把各个个别的作用引导到整个机体的共同利益上来，这是怎么样的例外呢？这是不可轻信的意见罢了。

我们看到了一种方式，当社会既不考虑自己的资金，也不考虑其需要的时候，社会力量就是按这种方式分配的。尽管所有这些方式多种多样漫无边际，它们正如我们援引的例子一样，有着同样极重要的性质：必然会出现社会的一些部门资金不足，而另一些部门则挥霍浪费。在这种工作制度之下也不可能是另一种样子：假如既不知道力量有多大，又不知道需求有多少，怎么会根据需要合理分配力量呢？可是读者看到了，如果社会合理分配自己的资金，那么在同样的资金和需求之下，它将享有充分的富裕：实际上，大量满足全部社会的和个人的需要，只要120万工时，而社会拥有的资金等于150万工时，也即除了完全满足所有的合理需要之外，它还多余30万工时；现在，在满足了自己的迫切需要之后，他就可以随心所欲地安排这些剩余资金了——这就是理智正当地给予幻想、狂热，苛求的份额；满足了你们全部需要之外，你们还有富余；你们只要不怕变成轻率的人，可以用这些余款去享乐——可是不能比它更多。这120万工时，你们连1个工时也不能用到游手好闲或者干傻事上面——理智禁止这样做；而剩余的30万工时则随你们怎么用。你们可以用它来减少你们的劳动；1天工作8小时而不是10小时；或者，如果你们更向往豪华而不是休息，你们就用这每天多余的2小时来生产奢侈品吧。

这就是理论提出来的经济计算原则。然而我们已经不止一次地谈过，只有随着生产形式的改变才可能实现他们所要求的条件。这些条件中最主要的是：准确地计算社会力量和需求。在现存的生产制度下，对它们是绝不能得到多少会令人满意的评价的。的确，先进国家的政府为此目的已经着手进行广泛的统计工作了。比如在合众国中，10年进行一次的普查，不仅按年龄重新登记人口，而且还重新登记和估价财产和生产的主要项目。许多最重要的项目只按货币账单估价，后者太不反映物品的实际质量了。关于这方面的问题我们就不再谈了。最重要的是，科学理论上的愿望还不足以查明力求在这里确定的那些资料。事业只能由事业本身来确定。事业所不需要的事物，将无论如何也不会令人满意地实现。假如要求情报的人们自己没有任何实际需要来求得其资金的准确评价，抄写员或估价员可能达到准确的指标吗？这些人的大多数在当前的生产制度下连准确地按照科学要求的标准估价自己的资金都办不到。工厂主知不知道，甚至能不能够知道他的工厂生产的产品用了多少工时，他可能只知道工作日数，就连这点他也不会保留账目；他只保存着发给工人钱数的账目。而这笔款项该合多少工作日，经过半年，可能经过一个月或甚至过一个星期，他就不记得了；可是有关笔记也扔了，因为他的计算用不着它们。即使他保存了这些工作日账目，也达不到精确的要求：今天、昨天这一个或那一个工人一天中真正劳动了多少小时，而几小时无事可做，并且他竭尽全力地工作了几个小时，以及一天之中哪怕有一个小时也好，他是否在竭力地工作——除了他本人，以及和他在同一车间工作的相邻的至多不过2、3工人之外，这些谁都不太清楚。要求并指望其全部业务生涯只遵循需要与利润计算的成年人，在他们认为不必要或者他们不可能检查的正确账目上花费时间，是可笑与愚蠢的。现在的生产不是以准确的核算为基础，而是以其非常不准确的财产、价格为基础的。只有当生产是以准确的计算为基础的时候，才会准确计算劳动力、准确计算为获得一定量产品、为满足一定需要所必须的劳动量。

我们仅仅阐述了事物的一个方面——其普遍原则。实现它的方法应当是或者大概将是怎么样的，并且它将以什么形式实现呢？每项工作中，实现的方法多半取决于环境。同样的目标在有些场合是以个人的自由活动来达到，而在其他的场合则是靠社会政权的支配力来达到的。至于什么方法本身比较好，我们不必认真地去讨论:多少愿意深入研究我们的思想方法的读者应该清楚,我们关于这个问题是如何想的;就是问题本身也是十分明显的。然而历史上频繁地出现的是:问题不在于什么方法最好,而在于在一定环境之下,什么方法可以实现。如果我自己能够把不正确地妨碍我沿着自己的道路前进的人推开,我一定将推开他;可是如果我一个人不能捍卫自己的权利,我将请求社会政权来干涉这件事——反对不正确地妨碍我的人。由此还不能得出结论,说我喜欢警察的惩治或司法的讼争或刑事程序;但是设身处地地想一想,除此之外我该怎么办呢?在某些国家,那里的人民有类似英国或北美的风俗,事情毫无例外地或主要地是用私人方式完成是非常可能的。这些国家里私人力量做得还少吗?瞧,比如说,在世界什么地方听说过,不是由政府,而是靠私人的志愿协定来进行战争?可是现在它就在北美合众国进行着。个别的人聚集在一起而且决定:应该打仗。于是就宣战了。一部分人集合起来并且决定:需要派出多少军队,就由他们组成军队[32]。他们考虑,军队应当到哪里去,就派驻哪里。而政府仅仅收听和公布事实,这些事实不是按其主动精神完成的。在别的国家这种事难道还少吗?例如在印度,棕榈树成长着,大象在树林里散步;是否由此得出结论,在所有国家都可能存在这种现象呢?在社会风俗的另一种水平下,这种现象还少吗?例如,在北美自由联邦,姑娘可以独自沿着任何道路乘骑,而且不仅是沿着道路乘骑,她还能独自在大城市的街道上散步而不遭受凌辱;但是如果有个厚颜无耻的人想要和她纠缠不休,她不需要亲戚或者伴送者,每个局外人都会惩罚这个恶棍。是否由此得出结论,现在在所有的国家里都能同样期待这个呢?将来,——

噢,当然,将来到处都会这样,而且甚至会更好;那么现在呢?在不是这样的国家里,该怎么办呢?没有办法,只好让亲戚或熟人伴送姑娘。“量入为出”这句谚语不仅适用于一些经济工作,而且适用于一切经济工作;其实我们在这里就是在讨论与它直接有关的经济工作。换句话说,如果你不在英国而是在突尼斯生活,那你就别想按英国的而不是按突尼斯的方式进行工作。认为英国社会比较好,希望突尼斯变得不比它差,为此而斡旋,那是另一回事——这都很好;但是不定什么时候,由于你们的奔忙,而主要的是由于事物本身的进程,你们的希望就会实现;可是在此之前,你们要明白你们是在什么环境中生活,并且不要设想在这种环境中事物会以其尚不可能的方式向前发展。这对西欧全部大陆几乎都适用。那里的风俗几乎处处都是这样的:没有一件重要的工作不经社会当局的干预能够顺利进行。[33]

现在就如意的经济计算形式所要求的生产和消费部门的形式说几句。如果房子没有基础能站得住,如果不要炉子房子也暖和,当然,就既不需要基础,也不需要炉子;而如果不吃东西就能饱的话,也就不需要饮食了。如果按其内在的质量正确地评价产品和各种形式的劳动,如果很好地分配产品,如果最有成效地进行生产或者节约消费没有经济生活的一定形式也可能实现的话,那么,自然不需要有这些形式。但是,没有一定的经济体制,我们上面一一列举的全民福利条件就一个也不可能实现。例如,我们在生产理论中看到,为了使经济体制有成效,需要这样的生活习惯,让每个工人都是主人,而生产性的经济单位应该具有能够容纳数百名工人这样大的规模;因而,生产体制应该是这样的,使得每个企业中不是只有一个主人,而是成百名主人,使得除了主人之外谁都与工作无关。换句话说,让所有有关的人都成为它的主人,有多少,算多少。现在,我们发现,在如意的经济计算的条件下的要求正好完全相同。只有当每个消费者知道消费品的真正价值、生产用的劳动力数量,才可能实现经济计算。然而只有生产的主人才可能知道这些;因此,每个产品的消费者都应该是它的主人——生产者。可是按照劳动组合的原则,不仅各个人需要的全部产品,而且连其中的任何一个产品也不应该单个地成为一个人的劳动产品,而应该在其生产中经过几十双甚至几百双手(生产工序分为最简单的部分分得越细,生产就越有成效)。因而,也就要求用许多人的联合来取代各个产品的各个主人,而许多人应该联合起来按照人类的各种需要生产各种产品,并且在这种劳动组合中每个参加劳动的人都参与经济管理。



我们只讨论了理论上要求的经济形式的普遍原则。其细节我们将在下面评述穆勒专题论文的几章时再讨论;可是——何以知道?——大概与我们采取的常规相反的什么时候再来讨论它吧!——不谈论哪些应该谈论的;本来人类不是天使,所以有时是会违背最好的和最喜爱的常规的。

## 乙、在私有制原则下按照竞争原则或更加不满意的经济计算标准的产品分配形式

我们讨论了科学理论所要求的经济计算形式,可是这次按照自己的规定却放弃了阐述那种由良好的计算产生的分配形式。而按照理智的全部设想,现在我们却应该予以讨论。其实,我们并不

希望讨论它；为什么要用还不存在的事物的议论来占满篇幅呢？本来不存在的东西就不存在，因此，毫无意义。我们乐观起来，以致要是任何理论上的论断没有被载入法律的话，我们就想忽略它；要是警察和司法政权不捍卫任何理智的要求的活，我们就想要忽略它[34]。例如，你们告诉我，说我不应该用贪食来损害自己的健康，用挥霍来破坏和我亲近的人们的命运；我——请原谅"赤裸裸不顾情面地表示"——我把背对着你们：你们能用依法审判来维持你们批评的效力吗？你们能因为你们称之为无理性的和对己对人皆有害的生活方式而把我送交法庭惩处吗？不能吗？——那么我有什么兴趣听你们说这些叫我不愉快的因而我认为是愚蠢的话呢？我只尊敬法律，连这一点也只有当法律后面有司法权及其惩处的时候才有。因此我不能摆脱它。大概我在某种程度上还尊风俗，因为在风俗的后面有社会舆论及其惩罚，而且经常有警察的处罚。其余的我什么也不想知道。那么现在就让我们只来讨论按法律或风俗的要求已有的或现有的分配形式吧。这些形式已经证明了一定的可能性：实际上已经做到的或正在做的，当然是可能的。而一切其他的形式我定名为乌托邦的幻想，并且不想知道它们。

话又说回来，按我现在的心情，我的乌托邦的概念变得非常广泛了：我以为任何理智的要求就是乌托邦！"需要关心人民的教育"，是乌托邦！人民是这样愚昧无知，不感到需要受教育：为什么要把不需要的东西强加于他呢？人民的物质劳动负担很重，他没有时间受教育。"必须关心，不要让人们变成骗子、滑头、小偷"，也是乌托邦！坏蛋命中注定是坏蛋，而诚实的人能抗拒一切诱惑，甚至在抗拒它们的斗争中将更加诚实；但是终于无法排除这些诱惑：

什么时候,在什么社会里它们不存在呢?要使社会中没有大量的骗子和小偷,终于办不到:什么时候,在什么社会里会没有他们呢?因此,这一切都是胡说,就像与有关经济分配的某种好形式的幻想一样。让我们唯独研究证明是实际可能的形式吧。

生产有三个要素:土地、劳动和资本;要看这些要素的占有是按不同阶级划分还是集中到一个阶级手中,产品也就在不同阶级之间分配或者全部留在一个阶级手中。

经济制度形式中最不利的是奴隶制度。一切类型强制劳动在这方面都与其原型——奴隶制度相像。每一个多少熟悉政治经济学的人都很好地知道这个。因此我们没有必要谈论这个题目。

在奴隶制度和各种强制劳动的条件下,全部产品归地主所有。生产三要素即土地、资本、劳动者个人生都属于他的。奴隶得不到一份产品,只靠自己的占有者收养,就像由他收养的家畜一样。有几种另外的形式,在这些形式中产品在两个阶级之间分配,所以生产三要素之二归一个阶级所有。这种形式之一是对分佃农制。在西欧大陆上,顺便说说,在意大利和法国的许多省份,至今还作为最流行的形式被保留下来。它有许多形式。一种是工人自己应该储备农业资本。另一种是,由地主给他资本。第三种是一部分资本由地主给他,而另一部分应该由工人自己储备。在对分佃农制的一些形式中,佃农向地主交付实物,另一些形式中,则交付货币;一些形式中交付一半产品(由此才产生对分佃农制这个名称),而另一些形式只交产品的三分之一或四分之一,而三分之二或四分之三留给佃农。然而对分佃农制的所有形式的一般特征是:佃农交给地主的份额不是由竞争而是由习惯确定的。由此已经明确,只有在新兴的工业活动还没有转向农业，农业还保留在中世纪的经济状况的那些地方，对分佃农制才维持得住。一般地说，佃农比雇用农业工人享有略微好些的、而且经常是好得多的福利。但是，我们将不再推广这种制度形式，因为在迄今为止还保持的地方，显然应该在不久的将来废除它，而不能让它在它并不存在的地方流行起来。它会明显地消失的。或者代之以有雇用工人的领主经济，或者代之以按竞争原则的土地农场化，或者向地主交付一定份额的产品改变为不变的数额，后者已经不是产品分配的形式，而是一种确定的捐税——不过农民不把捐税交给国家，而是交给私人；过些时候（有时当然要过相当长的时间），这个捐税就资本化和赎买了。

那么，对分佃农制——两个阶级之间分配产品的一种形式，在这种形式下，分配比例是由习惯，而不是由竞争决定的。如果两个阶级之间的分配农产品是由竞争决定的，那么，就产生两种主要分配形式：第一，地主可以借助于雇用工人自己主持经营；第二，工人按竞争原则租用土地来主持经营。第一种情况应当称为有雇用劳动的领主经济；第二种情况，英国政治经济学家是非常熟悉的，在他们那里大家知道，叫做自耕农制。

关于有雇用劳动的领主经济，穆勒谈论得非常少，并且仅仅顺便提到，因为它在英国是完全不适用的。所有非常熟悉大地主的英国政治经济学家一致评论，大地主完全不能够有成效地主持经营。请看穆勒关于这点说了些什么：

各处的大地主都是有闲阶层，即使劳动，除非在比农业提供的快乐更多的那些部门，因此到处都吸引着高级阶层。约翰逊先生说，“期待受特权和爵位保护的特殊地位的利益和习惯吸引到军事和政治功名上来的贵族私有者阶层能够什么时候成为好的农业主阶层，是徒劳无益和不明智的”。每个人自己可以判断，假若领地的农业由占有者自己经营，甚至在英国会有什么样的结果。精通和积极的范例可能很少，成绩平平常常的例子，可能相当多。而农业的普遍状况可能任何时候都毫不中用。[35]

在强制劳动的情况下，许多国家领主经济形式占统治地位的原因，是那里愿意租用领地的资本家太少，而不自由的工人往往不能按占有者希望的数量交纳租金。但是，有雇用劳动的经济制度，维持不了多久。如果废除了强制劳动之后，不用立法途径赎回土地，或者也不用立法途径确定不变的租金，而让事业受竞争的影响，那么，两种情况就会发生一种：如果国内有许多资本和资本家，后者认为用自己的资本以贸易的方法从事农业是有利的，则出现农业资本家，并且在三个阶级即地主、农业资本家和雇用工人之间分配产品；可是如果既无资本，农业资本家阶级又无利可图，那么只有两个阶级即地主和自由工人，就产生了英国作家们称之谓小农制(Cottier)的形式。关于第一种情况下产品分配所遵循的规律，我们将在专门的论文中详细讨论。因为这种形式——三个阶级之间的农产品分配——亚当·斯密学派认为是正常的，比其余的经济生活形式更符合科学的要求。现在就请穆勒向我们介绍第二种情况的特性吧。在两章(第二卷第九章和第十章)中他非常有根据地分析了这些特性。我们将引用第九章的全文，第十章差不多是全文，只从中略去我们不感兴趣的几处。

我用小农制的一般名称表示所有的无一例外的制度，遵照这种制度，工人

不经中介人农业资本家租用土地，而租用土地的条件，尤其是租金数量，不是由习惯而是由竞争来决定。这种制度的主要实例在欧洲——爱尔兰。小农[1]一词正是从它那里借用的，爱尔兰所有的农民几乎都是小农。唯独在北爱尔兰例外。那里农场主有租户权利(tenant right)，的确，爱尔兰有无数这种工人阶级，他们甚至连一块最小的土地都不能得到永久使用，因为或者私有者，或者农场主，在租用土地之后就不愿意再把它分成小份。但是由于缺少资本，在爱尔兰盛行以土地而不是以货币作为工人工资的习惯；甚至佃农或大农场主(在爱尔兰会遇见大农场主的)短期雇用工人通常得到的工资不是货币，而是允许他一个夏天为他自己耕种一块土地。农场主给他的这块土地通常是施过肥的，因此叫做柯纳克尔(conacre)。为了这块土地，他们必须支付租金，经常每英亩几俄斤，但实际上支付的不是货币，而是按照货币估价[2]做几天义务劳动。依照小农制产品分为两部分，租金和工人的工资；显然，一部分的数量取决于另一部分的数量。土地所有人没有拿走的那部分就留给工人。工人的状况取决于租金的数量。租金则由竞争决定，取决于土地的供求关系。对土地的需求取决于参与竞争的租户，而这种租户就是全体公民。这样一来，这一制度的特定后果是：像在英国那样，人口原理不对资本起作用，而是直接作用于土地。在这种情况下，租金取决于人口和土地之间的比例。然而土地是有一定数量的，而人口却能无限制地增长；所以，既然不能用什么办法节制生育，需要土地的竞争将迅速地把租金抬高到极限，以致人民仅仅只能够活着。这样，小农制的后果取决于人们或者靠习惯、或者靠个人的理智、或者靠饥饿和疾病的减员来节制生育的限度。

不能绝对他说，小农制根本在任何场合都不容许工人阶级有福利。如果可以假设，人民生活富裕，他们高水平的生活已成为习惯。这种水平对于生

---

① “小农”(Cottier)一词表示一个农场主向另一个小农场主租用一间小木房带一英亩或二英亩土地；然而在经济著作中这个术语的意义早就扩大了。所以它既表示直接向地主租用土地的小农场主，也概括地表示所有的自耕农。它们的租金是由竞争决定的。——穆勒注

② 在1846年和1847年的饥荒之后，在爱尔兰不再使用柯纳克尔制度。但是在我们试图评述小农制的时候，它应当保留独特的位置，以作为小农制的自然属性和后果。因此，我们让正文保持1846年以前所写的原来的形式。——穆勒注

活舒适的要求如此之高，他将不再为土地提供租金，因为它不能给他留下好的生活资料。他们人口增加缓慢，以致他们中间并没有不工作的、以一定的竞争抬高租金的人，如果由于技术改进，农产品的增长不让人民有可能抬高租金而无害于自己，——如果可以设想这样的情况，那么，在小农制度下，农民能够得到的工资，决不比在任何其他制度下得到的少。他们能够享有可观的福利。可是在租金取决于专断时，他们连一点在土司康制度(Tuscan system)下佃农由于永久使用土地所得到的那些特殊利益也仍然不可能得到。他们没有支配属于地主的资本，因此，资本不足不能有力地激励他们勤奋地对待体力和脑力劳动，而在不变租金的制度下，在农民当中却是存在这种激励的。相反，由于农民的勤奋劳动引起土地价格的上涨，或者在下一年或者在原来的合同期满后，只能引起对他们有害的租金之提高。的确，地主也可能是忠实或精打细算的，以求不享用竞争可能带给他们的利益，然而并非所有的地主都有相同的自制力。但是，大概无论如何不能期望，无论什么阶层的人们起来直接违背一定的金钱利益行事；所以，这里最轻易的怀疑几乎和肯定的信念一样，是极其有害的。因为如果一个人考虑是否为了将来而现在就努力或牺牲的时候，只要有一点点最小的劳动果实或牺牲将从他那里被拿走的风险，那么，决心就会倒过来反对关心将来了。摆脱这些怀疑的唯一防护可能是产生一种惯例，只有当今全体居民的共同意见支持抬高租金的时候，它才保证农民不可剥夺地使用土地并抬高租金。这样的惯例是在北爱尔兰存在的农场主对酬金的权利(租户权利)。换下来的农场主由于割让农场①，从他的继任者得到一笔巨款，能够支付这笔巨款人不多，从而限制了参加竞争的人数。从这个事实也可以看出，甚至从这样有限的竞争中，地主也不完全享有利益，因为他得到的租金并不是新的农场主付出的全部金额。新的农场主将付给其前任赎金，充分相信租金将不会增加，惯例向他保证这一点。虽然法律没有承认惯例，但却因别的规定有强制作



① “没有合同的农场主经常只不过出卖使用这个他丝毫没有改良的农场的特权。这个农场每年支付的租金金额为 10 至 16 到 20 甚至到 40”(引自德凡勋爵委员会证词摘要绪言部分)。决算的编制者补充说：“北爱尔兰比爱尔兰的其他省份平静无事，可能主要归功于这一事实”。——穆勒注

用。爱尔兰[①]的每一个人都很好地知道这种规定。这些根据无论缺少哪一个,在有经济成效的国家都不可能产生用以限制地租的惯例。如果财富和人口处于静止状态,一般地说,租金也将处在静止状态,而在若干时间内不发生变更,大概就算作不应该变更的了。但是财富和人口的任何增长都会引起租金的提高。在对分佃农制之下,有完全定型的方法使地主一定能够得到增加的部分农产品。但是在小农制之下,只有改变合同条件,他才能得到这一部分,并且在进步中的社会这种改变几乎总是对他有利的。所以他的利益与给租金以不变值的惯例是根本对立的。

在租金不受法律或习惯多少限制的地方,小农制就具有最坏的对分佃农制度的害处,几乎没有一点他们用来在较好的对分佃农制度中酬劳的好处。在小农制下。农业几乎没有可能不处在可怜的境地。可是农民的处境却可能不是不幸的。就在这种制度下,阻碍人口增长可能抑制需求土地的竞争,因而能够防止极端的贫困;一旦理智和高水平富裕的习惯建立起来以后,就能保持下去。然而就在这些有利的情况下,深思熟虑的动机比佃农的、如同土司康的弱得多,习惯保护他们不丧失其地段。由于享有这种保护,佃农家庭只可能因为无节制地生育而变得贫穷,可是其他家庭在这方面不明智对此家庭并无损害。相反,不论小农家庭多么明智和有节制,由于其他家庭人口的增长租金可能被提高到有害于他的程度。只有当有义务或品德解救他们的感情普及全阶层的时候,小农才能找到使他们不受这种损害的保护者。应该说,这种感情可以给他们提供可观的防护。如果整个阶层平常的需要水平不高,那么年轻人就不想提供使其处境比其前任差的租金,同样也可以规定(并且在某些国家确实规定了)非在农闲时不结婚的一般风俗。

但是问题在于:我们怎么也没有机会观察,当高标准的福利在工人阶级的习惯中扎根时,一般情况下小农制的结果如何。只有在农业工人日常需要

① “在大多数场合,赎金——不是酬劳前农场主的费用或改良,而不过是人寿保险或收买个人安全。”(见上述摘要)——“北爱尔兰现在经营农场的租户权利应该认为是自耕农财产的萌芽,”——决算编制者正确地指出:“如果租户权利被破坏,并且农场主被赶走而不付给他折扣价格,那么一般地说,接着就是屠杀或纵火。”(第8章)——“蒂配拉列盛行的混乱以及全爱尔兰的农民的密谋应该认为是争夺北爱尔兰租户权利的有系统的战争。”——穆勒注

非常之低，农民人口增长到了要饥饿死亡的边缘，只有疾病和因缺乏维持生存的必需品而短寿来控制人口的地方才会遇到小农制。不幸得很，广大的爱尔兰农民的处境就是这样的。当人民落到这种境地而且是从远古以来就处在这种境地的时候，小农制几乎是摆脱这种处境的无法克服的障碍。如果人们习惯于只用不可能糊口来节制生育，并且如果人们只靠农业过活，那么有关租金数量的一切条件和契约纯粹是徒具形式的，为了谋得土地，租户不得不同意支付比他可能支付的更多。因此，在他们支付了他们能够支付的一切之后，几乎总是负债。

"关于爱尔兰的农民，——里文斯先生说道，——研究爱尔兰贫民法典的作用的委员会①秘书，——可以说，在每一个没有足以糊口的土地的家庭中，有一个或几个人过乞讨生活；由此不难了解，农民千方百计尽力租用小块土地，因而他们提供的租金既不根据土地的优点，也不根据他们交付所允诺的金额的可能性；他们只不过答应任何的租金，只求得到一块土地。几乎无论什么时候他们都付不起允诺的租金。因此，一旦开始使用土地，就变成其土地出租人的债务人。为了支付租金，他们支出除了其糊口所必需的土豆之外的全部农产品；但是所有这些支付通常比允诺的租金少，因此他们的债务不断增长。有时允诺的租金大于不定什么时候这块土地上才有的、或者在现存的耕种制度下，在最好的夏季这块土地能够生产的全部特大丰收的产品。所以，如果农民实现了几乎永远不能实现的与地主订的合同条件，那么他耕种土地也是白费劲，同时还得送给地主赠品以答谢允许他耕种土地。沿海一带的渔民，北方省份的农民都有织布机，经常为土地支付的金额比其全部产品按市场价格的价钱还多。可以设想，完全没有土地，他们会生活得好一些。但是捕鱼可能会中断一、两周，对织布机产品的需求也可能中断两周；如果他们没有赖以收获粮食的土地，在此期间他们可能会饿死。很少有小农付清自己允诺的租金的。农民经常对地主负债。卖掉他的可怜的财产：他的和他家庭的破烂的衣服，两三把椅子和几个陶器；卖掉他的可怜的小木房子的全部财产。也偿还不清经常的和总是增长着的债务。几乎所有的农民都应该在

① 《爱尔兰的灾难其原因及其补救》，第10页。顺便说说，这本小册子含有委员会收集的大量记述极好的证词汇编。大主教华脱莱便是其代表。——穆勒注

全年付清债务，并且因他们赤贫延误时间而请求原谅。如果任何一年中地块的产品将大于普通年景的，或者农民想方设法得到不论什么样的财产，他的财富也不会增加。他不能比从前吃得好或比从前吃得多，不能给自己添置家具和器皿，不能给妻子和孩子穿戴得好一些，他所得到的一切都应该交给那位出租土地的人，偶然地增加收入只能减少他的债务，如果由于未付债款而赶走他时，则可延长期限。但是他的期望不应当超过此限”。

在德凡勋爵主持下的委员会收集的证词中，我们举出开里省的皇室秘书格利先生证明的实例。从这一证明可以看到，需要土地的竞争走到了什么样的极端以及有时它把名义的地租提高到多么骇人听闻的程度："我知道农场出租的情形，正如我准确知道的，一年内付给 50 英镑；竞争把租价提高，使它以每年 450 英镑租了出去。"

在这样的情况下，最强烈地爱好劳动、最崇高的理智给租用土地的农民带来什么好处，而轻率又给他带来什么损失呢？如果地主要求全部付清，小农将剩不下自己糊口的粮食。如果他非常勤勉地使自己地块的产品增加了 1 倍，如果他理智地不再生育，他赢得的仅仅是他留下更多一点的产品支付地主；可是如果他哪怕有 20 个小孩，地主反正从他那里只拿走除了养活家庭之外剩余的东西。世界上所有的人当中，几乎唯独爱尔兰小农处在这样的地位，不论他如何行事，他既不能改善，也不至于恶化自己的处境。如果他热爱劳动和深思熟虑，只有他的地主因此而得利；如果懒惰或无自制力，也只有地主因此受到损失。任何的想象都不能提出一种制度，在这种制度下对劳动或明智的愿望会更少。这里消灭了控制自由人们的愿望，却没有用控制奴隶的愿望来代替。爱尔兰农民除了怕被赶出地块之外，既没有希望，也没有顾虑。可是他们用防御内战的罗基主义和怀特鲍伊主义[36]的 ultima ratio① 来保护自己和反对这个不幸。——这就是只能把现在吃的一口次饭称为是自己的，并且不愿失掉它去讨好别人的人民的命运。

因此在这之后，企图成为我们导师的人们把爱尔兰工业的落后，爱尔兰人对改善自己生活的缺乏干劲，都归咎于开尔特部族固有的特别懒惰和漠不关心。应该不应该把这称作对赖以形成有关人类天性和生命的最重要问题

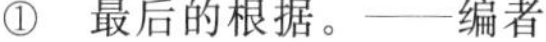

① 最后的根据。——编者

的意见的方法所给予的最辛辣的讽刺？把行为方式和性格的差别归咎于天生的自然差别——这是逃避考虑社会的和道德的影响对人类作用的必需性的所有庸俗方法中最流行和最庸俗的方法。在先见之明和爱好劳动不能带来任何好处的情况下，什么样的部族能不变成懒惰的和漠不关心的呢？如果部族就是在这样的环境中生活和工作，要是有机会让他真正为自己的利益而劳动，这种环境造成的漠不关心和冷淡会刹那间被抛掉，这会令人奇怪吗？非常自然，像爱尔兰人民这样喜欢快乐和敏感的人民，不像英国人那样喜好因循守旧的劳动，因为生活对他们有许多与劳动无关的美好方面，然而爱尔兰人的劳动能力并不比自己的法国人开尔特兄弟差，不比土司康人或古希腊人差。敏感的人比所有其他人都善于为勤奋劳动鼓舞起来，如果找到相当的劳动愿望的话。在没有劳动愿望时人们就不劳动，这绝不能证明他们不热爱劳动。在英国或在美国，谁的劳动都比不上爱尔兰人勤奋。但当爱尔兰人是小农时，他是不会勤奋劳动的。

在印度，耕种土地的众多人口就处在与小农制相当类似的境地，但是同时又与它如此之不同，以致对比这两种制度是很有教益的。现在在印度的大部分地区有、并且想必从来就有两个参与分配产品的阶层：地主和农民；地主总是老爷；只有一些例外情况，就是当老爷以特别契约把自己的权利让给另一个成为他的代理人的人的情况。可是农民——或者按印度的称呼，村社农民——交纳的规模几乎从来没有或者绝对没有像在爱尔兰那样由竞争来决定。地方风俗无止境的多种多样，但是没有一种实际上能够顶住老爷意志的风俗，然而在一定地区总有不论什么样的公共规则；征收者不与个别农民讨价还价，而是按照和其他人相同的标准课以酬金。这样，保留下来这种概念，就是农民具有土地所有权，或者至少是永远占有权。因此产生了农民－农场主继承地产与地主任意提高租金的不合常规的组合。

当印度大部分地区的土著印度执政者由蒙兀儿[37]取代的时候，政府开始按另外的原则行事。土地进行了详细的登记，并且在此登记的基础上分配税金，规定了从每块土地上应当向政府交纳多少。如果这个标准不被破坏的话，村社农民将处在自耕农的相当有利的地位，只支付沉重的但却不变的租金。实际上并非如此。由于没有任何躲避非法敲诈的重大措施，这种改变几乎只在名义上改善了农民的处境；但那些少见的情况不在其内，即本地的执政者是仁慈的和精力充沛的，除了村社农民不可能支付更多之外，实际上，苛捐杂税没有任何限度。

英国人在印度掌权之后的情况就是这样的。英国执政者早就感到必须结束这种土地收入的任意性和按照政府要求来确定准确的极限。他们不想回到蒙兀儿规定的税收标准上来。在印度的英国政府总是很少理睬土著制度在理论上是怎样产生的，而只限于研究有过和实际上尊重过什么样的权力，力图保护和扩大土著的这些实际权力。这个原则非常之好，可是英国执政者长期误解了这些事实，在看待现存的习俗和权力上大大地错了。他们错误的根源在于才智平常的人们不善于想象与他们实际上习惯了的生活根本不同的社会生活。英国习惯于大领地和大地主，所以英国执政者认为印度也有大地主和大领地是不容置疑的；他们开始寻找能迎合这种概念的人们的阶级。他们偶然发现了叫做籍民达尔(Zemindar)的一类税款征收人。“籍民达尔，——科学的《不列颠印度史》作者说道，——具有某些属于土地所有者的权力；他在一定地区征收租金，管理他的农民，生活豪华，并在他死后，由儿子来继承，由此不假思索地做出结论：籍民达尔是土地所有者，在印度成了占有领地的贵族阶级。可是地主征收了租金并没有把它留在自己的手中，而是扣除不大的提成后，把征收的全部金额都交给了政府——这是英国执政者没有想到的。他们还没有想到，如果地主管理村社农民，在许多方面他们有横行霸道的权力，那么就不像管理自己的农场主、不像管理按照短期的或无期合同租用他们土地的人们那样，去管理他们。村社农民继承占有自己的土地，地主无权把他们从这块土地上赶走；地主务必了解清楚从村社农民那里得来的每一个法新(farthing)，而且如果他超过酬劳给他的征收劳动的不大的提成，从他征收的金额中哪怕只扣一个安那(Ана)，那就是偷窃。”

“在印度给我们提供了历史上从来没有遇到过的情况，——穆勒[①]接着说，——在统治者之后，最主要的土地权归农民自己。不难充分酬劳籍民达尔即征收者的权力。为了改进农业，通过了牺牲统治者的所有权这一宽宏大量的决议。英国执政者公正地发现，所有权强烈地鼓舞着人们去改进农业；

① 詹姆斯·穆勒，《不列颠印度史》的作者，《政治经济学原理》的作者在这里所引证的是他的父亲。——车注

这种权利可以交给其作用比对任何其他阶级的人们不可比拟地强烈的人们，交给必须是一切国家农业改良的主要积极分子的人们，——把这个权利交给耕种土地的人们自己。这样的措施不愧称为最崇高的善行，它是不论什么时候，给予不论什么国家的善行。它会帮助印度人民克服由于他们这样长久地受到来自坏政府的灾难。但是立法者是英国的贵族，因此他们是按贵族的成见行事的。"（老穆勒著：《不列颠印度史》，第6卷第8章。）

就意志善良的立法者期待它的结果来看，他们采取的措施是彻底失败的。由于不习惯考虑甚至在一个王国的不同地区，一定制度的作用会经受什么变化，他们以为是在孟加拉省创造了英国的地主，而实际上却是他们创造了爱尔兰的地主。新的土地贵族辜负了寄予他们的一切希望。他们丝毫也不关心改造自己的领地。他们关心的是迅速毁灭他们自己。政府没有负责努力使地主有可能不害怕浪费的后果，像在爱尔兰做到的那样。因此，在孟加拉不得不扣押和出卖全部土地来顶债或未付的税款；在一代人的时间内几乎全部原先的地主都消失了。现在其他家族、大部分是加尔各答银行家，或者土著官吏的后代占了他们的位子，并且在给予他们的土地上无益地不劳而食地活着。政府牺牲了自己的金钱利益来创造这个阶级；这种牺牲原来是完全徒劳无益的或对国家直接有害的。

在印度，不列颠政权确立较晚的地区，英国人没有犯这样的错误，没有把国家收入赠给无益的大地主阶层。几乎在所有的莫特拉司总统和彭贝的某些总统的任期内，农民本人直接把租金文给政府。在西北各省政府与全部农村公社订立条约，以确定每个农民应当交多少，而且用共同的责任把他们在欠交税款中联在一起。尽管如此，印度大部分地区的农民没有获得永久使用土地而支付不变租金的权利。政府按照爱尔兰的好地主处理自己领地的原则主持自己的经济：它不让土地受到竞争，不愿从农民那里拿走他们答应支付的全部，而由自己决定他们能够付清多少，并且其要求也以此为限。在许多地区有些农民被认为是其他农民的农场主。他们被称为最初的移民或农村征服者的继承人；政府只对移民提出独特要求，在许多地区他们的人数是很多的。有时租金只定1年，有时3年或5年，但是现在政府力图签订长期合同。在印度北方诸省长达30年。这种规矩存在的时间还不久，其经验还不足以说明长期合同在鼓舞农民进行改良方面的作用比永久使用的弱多少。

然而年度契约和短期合同制度已经不可挽回地受到指责。只有与从前无止境的苛捐杂税相比较,这些制度才能称为有成效的。谁也不赞同它们,所以一开始就认为它们只不过是过渡措施,只要最全面地了解了国家的资金,为更加巩固的制度提供了资料,便打算停止它们。

当我编辑并发表本书[38]第一版的时候,所有实际问题中对英国政府最迫切的问题是对小农怎么办。人口达8百万的大多数人长期在小农制的统治下,在绝望的消极和极端的贫困中受苦受难,把他们弄到靠最坏的饮食过活并且除了这种饮食之外一无所有的地步,把他们弄到不能做点什么或想要点什么来改善自己的命运的地步;终于因粮食歉收使他们陷入这样的境地:不是饿死,就是靠别人救济,或者过渡到其他与他们至今生活在这种不幸的制度之下根本不同的经济制度,此外没有任何出路。这种状况引起了立法机关和民族的注意;但是很难说立法和民族能够顺利解决这个问题。灾难来自土地关系的制度,除了饿死的恐怖而引起的愿望之外,这种关系剥夺了人民对劳动和节约的一切愿望;而国会想出的手段连这个愿望也打消了,因为它给人民以靠乞讨度日的合法权利。为了排除灾难的起因,什么也不用做;动用国库1千万英镑收买了决议之后,只满足于空洞的抱怨。

"没有必要(我那时指出)白费地证明:爱尔兰经济灾难的根本原因在于小农制制度。期待爱好劳动、有益的活动、无论什么样的除死亡以外的不同的节制生育,当这些人民中的农民要支付由竞争决定的租金的时候期待不论什么样的减少人民的贫困——也就是期待牛蒡的无花果和一串串的荆棘。如果我们的国务人员还没有成熟到了解这个事实,或者他们只在理论上承认它,还没有如此明显地觉察它的实际威力以便在它的基础上确定自己的行动方式,那么就有纯粹物质上的论据,他们将没有可能回避它。如果人民迄今为止赖以为主的唯一植物在以后的年份也将提供坏收成,那就需要对农艺和爱好劳动有任何新的强烈的推动,否则爱尔兰的土地将不能养活现有的居民。现在列岛西半部的全部产品不扣除任何租金,年年都不能供养爱尔兰这半部的居民;后者根据需要每年由国家收入来负担维持,直到因迁居国外或饿死使人口减少到与爱尔兰工业的落后状况相适应为止。如果找不到使爱尔兰的劳动较有成效的手段的话,这是不可避免的。"

写完这段论述之后,谁都没有预见到的事件使爱尔兰的英国执政者摆脱了困境,这种困境是对他们的疏忽大意和毫无远见的正当惩罚。在小农制的统治下,爱尔兰不能养活自己的居民。国会采取了加强人口生育和一点儿也不加强生产的措施。但是,援助意外地出现了,政治人员的英明并没有给爱尔兰人民带来这种援助。人民开始不用政府的补助金迁居国外:第一批移民集资支付下一批移民的迁移费用;现在这种大规模地实施移民制度使爱尔兰的人口下降到在现有的农业制度下能够谋生的数目。1851 年的调查与 1841 年的调查[39]相比较,表明人口减少了 150 万。爱尔兰人给自己找到了通往那个繁荣的大陆的道路。在这个大陆上在几代人的时间内可以容纳全世界所有多余的人们而并不降低富裕水平;爱尔兰的农民开始注意大洋彼岸的人间天堂,就像注视既能摆脱萨克森人的压迫又能摆脱大自然残暴的可靠避难所;后来在爱尔兰普遍推广英国的经营方法,因此不管农业劳动如何减少,仍然没有工作的人开始以这样的速度向美国迁移,从 1848 年到 1850 年三年的时间内,向那里迁移了 1 百万爱尔兰人。但是迁移同样需要国家开支;爱尔兰的全部剩余人口刚来得及迁移到那里去,爱尔兰至少像索捷尔连斯基伯爵领地[40]一样变成了牧场。考虑国家的土地是为成千上万的地主存在的,只要支付租金,社会和政府对自己仍然是满意的,——这样的人们能够在这次迁移中看到爱尔兰的苦难幸运地结束。



但是现在不是能够坚持这些目空一切的意见的时候。而且理智也不赞同它们。爱尔兰的土地、各国的土地都属于本国的人民。按照道德与公正判断,称为地主的各个人除了地租或接地租售价的报酬之外,没有任何其他权利。至于土地本身,主要问题在于什么样的所有制和耕种形式能够使土地给其全体居民提供更大的利益。在居民群众及其先辈们生活和受苦的国家里,在他们感到没有一点儿希望得到公正之后,走上了另一个大陆去寻求在祖国被土地私有制剥夺了的一切。这对于租金所有者可能是非常有利的。但是国家立法者应该用另一种眼光来看待几百万人的被迫迁移。当国家的居民由于国家政府不愿意在国内给他们以生活的余地而大批地离开国家的时候,政府是受到指责的。国会务必改造爱尔兰的土地制度,从其合法极大的货币价值中连剥夺地主的一个法新的必要性也没有;然而公正要求耕种土地的人们有可能在爱尔兰成为他们迁移到美国以后将要成为的人——成为他们所耕种的土地的所有者。

政治上的深思熟虑要求这个，并且连少一点儿也不能满意。既不了解爱尔兰，也不了解任何外国的，把英国制度当做社会和经济繁荣的唯一标准的人们，建议把小农变为雇用工人作为解救爱尔兰贫困的唯一办法。可是这是改良爱尔兰农业的方案，而不是改善爱尔兰人民处境的方案。短工的处境本身没有神奇的力量以便给丧失了这些品质的人补充预见性、节俭和自制力。在保存现在的习惯和道德特点的情况下，如果爱尔兰的农民能够刹那间变成雇用工人，我们只看到4百万或5百万生活处于雇用工人状况的人们，与他们生活在小农状况下一样贫困：他们会同样消极地忍受一切贫困，同样无节制地生育，并且可能，甚至同样马马虎虎地劳动。因为无法大批地把他们全部赶走。而如果可能，这就是说不过让他们靠穷人的税款过活罢了。要是让他们成为自耕农，将完全是另一种结果。不知道精打细算和热爱劳动的、被所有的人认为是欧洲各族人民中在善于有成效地劳动方面最落后的民族之一的民族，需要最有力地唤醒他们热爱劳动和精打细算的愿望，而土地私有权就是这些动机中最强烈的一种。土地产品永远归农民所有几乎就是不知疲倦地热爱劳动的坚定保证；它如果不是完全不容置疑的，那也仍然是我们知道的所有预防人口过剩的手段中最好的。所以在它没有达到目的的地方，未必其他任何经济制度也能够达到目的，在这种情况下，只用一些经济手段是不能战胜灾难的。

爱尔兰的需求和印度的需求是雷同的。在印度我们有时犯过大错误，但是，究竟谁也没有建议借口农业改良从其土地上驱逐村社农民或农民一农场主；建议那里给予村社农民比较巩固的占有权，以达到改良的目的，并且争论的仅仅是有关永久占有还是长期合同就足够了的问题。在爱尔兰也提出了同样的问题。不能不承认，有时遇到一些地主的长期合同甚至在爱尔兰将会产生奇迹。但是，为此，长期合同上的租金必须很低。没有后者便不应该期望只靠合同的一个长期性就会废除小农制。自从小农制存在以来，爱尔兰的合同总是长期的；常见的期限为21年或终身。然而租金是由竞争决定的，规定得比能够支付的多，因此，农民从所租的土地上没有得到、并且用任何的爱好劳动也不能得到好处，所以实际上合同丝毫也没有保证它。在印度，政府没有冒失地向地主让出独有的所有权，它可以防止这个灾难；因为它自己是地主，它能按照自己的利益确定租金。然而如果土地属于私人，租金由竞争决定，而当参与竞争的是拼命挣扎的农民，那么，如果竞争本身按其人数众多而不是名义上的话，名义上的租金(nominal rent)是不可避免的。大多数地主渴求立即得到大量收入和权力；因此，只要有小农向他们提供任何租金，期望地主牺牲自己的利益而开始制止这个有害的图谋，那是徒劳无益的。

永久占有比长期合同更强烈地激励着去改良；在期满之前最长期的合同，要经过短期合同的一切渐进过程直至废除合同保证。除此之外，为了偏重永久占有，还有其他的更加重要的理由。甚至在单纯计算的事物中，忘记想象力的作用，将是个大错误；在“永久”的概念中有一种力量，这种力量使长期的期限丧失了。即使这个期限包含着子女及其全部亲近人们的生命，他也不会竭力勤奋地增加土地的价值，后者对他个人来说是与年俱减的。只有当一个人的智力发展达到了最高水平，才能从他那里期待相反的结果。在这种水平下他的主导思想将是社会的福利，为了它也需要永久地把个人利益与集体利益结合起来。同时，在所有的欧洲国家土地所有制总是与永久占有联系在一起的，在这种情况下，暂时的占有——尽管是非常长的时期——看来一定应当是不比土地所有制重要和可敬的。因此，人们将以较少的热情去争取它。而获得它之后，感到对它比对所有制的依恋要少些。但是在小农制统治的国家，与最重要的问题——限制租金比起来，永久占有土地仅仅是次要的问题。可以无风险地让竞争提供租金，该租金是由为了利润而不是为了养活自己才租用土地的资本家支付的；但是，如果工人还没有达到他们在任何地方都没有达到和未必能达到的文化程度和福利水平，当他们支付的租金由竞争确定的时候，不应该让竞争决定工人支付的租金。

农民支付的租金从来也不应该是任意的，从来也不应该取决于地主；这种租金必须始终不渝地由习惯或法律来决定。因此，在彼此的习惯还没有建立的地方，如在土司康的对分佃农制中，理智和经验要求国家政权来给租金规定一个不变的数值，也就是要把租金变为不变的酬金，而农场主则变为自耕农。

以彻底废除小农制的规模进行这个变革的最简单的方法，就是直接立法的方法：用国会法令来完成这件事。法令可宣布爱尔兰全部土地属于耕种它的农民所有，责成他们支付他们现在实际上支付的租金，也就是实际的而不是名义上的租金。在“永久使用”(“fixity of tenure”)的名义下，这是取消联盟在宣传它们的极盛时期的要求之一；柯纳尔先生、这个决议的第一个最热情的和不知疲倦的宣传者用“永久的估价”（“a valuation and a perpetuity”）一语来表达要好得多。[41]最近，以“租户权利联盟”（Tenant Right League）组成了同盟。顺便说说，它的宗旨就是把社会舆论导向这个决议。这样的措施本身没有任何不公平的，只要按租金可能上涨的现价付给地主酬金就成，而这点正是要求地主放弃的。当然，这里，现在社会关系的动荡并不比斯台恩和哈登堡（Stein and Hardenberg[42]）发生的动荡强烈，那是在本世纪初期，他们与敕令一起完成了普鲁士国家土地所有制的革命，并使自己的名字在祖国最伟大的善人的行列中流芳百世。描写爱尔兰文明的外国人冯劳默和古斯塔夫·德·博蒙特认为这个方法如此直接和正确对症，以致使他们难以理解，怎么至今没有实现这种事业。

这项措施不超过公正的立法权的权限，它不是对所有制的破坏，如果给予地主这样的权利，使其在不同意限制租金时，为自己的土地从现在的收入取得按普通百分比而资本化了的全部价值；但是我知道，有反对这种措施的重大异议：第一，这种方式是完全剥夺爱尔兰的上层阶层，按照我们阐述的原则，这种变革是完全正确的，但是只有它是获得伟大社会幸福的唯一手段的情况下才是可行的；第二，如果除农民以外已经全然没有任何土地所有者，这本身对民族是非常不利的。大资本经营的，归受过最高教育的、按其文化程度能够评价科学发明的，具有进行担风险的、长期和昂贵试验资金的人所拥有的大农场是良好的农业系统的重要部分。甚至现在在爱尔兰有许多这样的地主，把他们从领地上驱逐出去对民族是有害的。此外，在现在的地段之间当然有许多是过分小的，在这些小块土地上，所有者不能最有效地进行生产，而且在目前占有地块的人当中，不是所有的人都具备自己创业的自耕农所必备的品质。对于他们之中的许多人，用热爱劳动和节约来期望获得土地所有权，比直接得到所有权有利些。

但是，假如创造自耕农最直接和有力的方法有不妥当的地方，那么，它仍然比保持目前这种形式要好得多。如果爱尔兰的执政者不关心适时地用对于现存社会关系破坏性较小的手段达到伟大的社会目的，那么，大概他们将无权来领导执行这些条件，这种情况必然会强迫他们去这样做的。

但是，如果他们真诚地希望把这个幸福给予爱尔兰，并且关心的只是以最少破坏私人关系和期望来完成它，那么对于他们来说，不属于反对“租户权利联盟”的任何疑义的。因此竭尽全力实行的措施是可行的，可以在相当大的程度上实现所要求的事业。这种措施之一，在于希望开垦荒地的人将成为它的所有者，有义务向以前的占有者交付数量不变的租金，该租金占这块土地未耕种时现价的适中的百分比。自然，责成地主出让未耕种的土地（如果它没有装饰意义）给愿意耕种它的人，是这一措施的必要特征。[43]

当国家的社会制度要求的不是修改细节，而是根本改变的时候，并且当它给政府造成的困难，想必不能轻易消除，而是由能够超脱自己的疏忽大意以及自己的和别人的偏见的人们直接去排除的时候，那么，我们希望将会产生一个新的爱尔兰来代替现存的懒惰、无情、无忧无虑、不顾将来和没有法规的爱尔兰，这个新爱尔兰由有财产的并将爱惜它的自耕农以及有可能获得财产的雇用工人组成；我们希望自耕农像私有者一样将是热爱和平和精力充沛的，而工人将是希望成为私有者的人；希望那时爱尔兰农业一部分将按小经济的最优制度进行，一部分则按大农业的和劳动组合的最优原则进行。可以期待，如果雇用工人人数将与需要工人的土地面积相称，国家的安宁为英国资本安全地转入爱尔兰创造了条件，那么工资额将足以确立相当高标准富裕的习惯，而希望获得土地所激发的节俭精神将不允许因无节制生育而重新降低这一标准。[44]



人类事业错综复杂地联结在一起。动机的既有利又有害的作用实际上总是达不到完全的、理论所提的规模。但是历史上有不少这样的范例：有类似变化的变更，其轮廓又完成了。这些变更的结果又不无教益。法国历史上农民三次变为土地的买主，并且在这些时期之后，法国农业繁荣的三个主要时期就接着来临了。

“在非常艰难的时期，——历史学家米什列说①，——在普遍贫困的年代，连富人有时都不得不出卖的时候，穷人认为自己能够买：没有任何买主出现；农民衣衫褴褛地带着自己的路易多尔②来购买一小块土地。在这个破产时期，农民能够廉价地买到土地，接着总是他们不会解释的富裕突然增加。例如，大约1500年被路易十一弄得贫瘠的法国，在意大利结束了自己的破产，出征的贵族阶层被迫出卖；土地转到新的主人手中之后，一下子就繁荣起

① 见他所著《论人民》(《Le Peuple》第1卷第1章)。——译者

② 路易多尔(луидор)为十七和十八世纪法国的金币。——译者

来了。人民劳动着，建设着。按君主制历史的语言，这个非常好的时期叫做仁慈的路易十二时期。

“可惜，它太短暂了。好不容易使土地进入良好状态，危险①便落到它的头上；开始了毁灭土地上所有一切的宗教战争[45]，开始了可怕的灾难，吓人的饥荒年，在荒年母亲吃自己的孩子。能够相信国家会恢复元气吗？但是，战争刚刚结束，在这毁灭一空的原野上，从那冒烟的茅舍里出现了有钱的农民，钱是他及时积蓄的，他购买了；过了10年法国的面貌改变了；经过20或30年全部财产的价值增加了1—2倍。这个时期也以国王的名字命名，叫做仁慈的亨利第四和伟大的里舍勒时期。”

关于第三时期连讲也不需要讲——这是革命时期。

谁想研究与此相反的情景，就请把分散大的和建立小的所有制为标志的历史时期与伴随驱逐小富裕中农以给大牧场腾出地方的民族深重苦难、与十六世纪英国历史上伟大经济事件以及与在此事件之后工人阶级处境的长期恶化作一比较。

这些事实和思想唤起了许多对我们直接有兴趣的设想；但是不谈这个，篇幅已经太长了，因此把我们的评论放到其他最合适的机会再说吧。

其次，除了农业资本家主持经济的形式之外，还剩下一种农业生活方式——自耕农经济。在分配问题上，这种形式与奴隶生产形式表面上相同：那里和这里一样，产品全然不在不同阶级之间分配，而全部都留在地主手中。然而这个地主是为自己的利益而亲自劳动的工人，并且在所有可能的关系中——政治的、道德的、经济的——这一形式的结果与奴隶劳动的结果完全相反。一般地

① 这里原文是 фиск，应译为“国库”，但同上、下文连不起来，因此我们认为 фиск 恐系 риск 之误。我们改为“危险”，上下文就能一致了。——译者

说，在奴隶制度下工人除了维持生活所最必需的之外一无所得，在自耕农生活方式下，按照国家政治和工业状况，工人享有只有平民可能享有的一切福利。这种可能的福利最大的规模是高还是相当低则是与国家人口密度、气候条件和国内的文明程度有关的问题；但是不论是什么样的最大规模，工人是享有它们的。在一定地区，不论自耕农的福利是什么样的，在同一地区佃农的福利只及他们的二分之一，小农（在竞争条件下向占有者租用土地的农民）还要少，雇用工人的则更少，不自由的人就更不用说了。在劳动成效方面，自耕农生活方式的结果却是十分明显的。这个国家最大可能的劳动成效高或低，又是取决于政治和经济条件，以及应用什么样的生产方法问题。但是不论这个最大是怎么样的，自耕农的劳动总能达到它，与此同时在同样的条件下，佃农的劳动成效要少得多，自由雇用工人的还要少，更不用提强制劳动了。英国政治经济学家与全体英国人几乎普遍都没有关于自耕农生活方式的概念。这种生活方式只在英国为数不多的和新的商业生活还没有来得及深入进来的小黑暗角落保全下来。因此，穆勒认为这种农业生活方式的形式高于所有他一一列举的其他方式。非常详细地描述了它的结果，并且特别提出自耕农在劳动中惊人的勤奋——使像自幼没有看惯它的英国人那样的人们感到惊奇的勤奋。他以这样的腔调向自己的读者叙述自耕农对劳动的热爱，比如就像俄罗斯作家向我们的平民讲述水晶宫或热带大自然的神奇：每句话都一个劲地添上："了解了解这个吧，要知道你们从来没有关于它的概念；请相信吧，这是可能的，就是这样的，我没有用神话骗你们。"对于我们俄国人，这不奇怪，不稀奇；我们了解农民在自己的土地上怎样劳动的。因此，从穆勒收集的大量实例和证明中，我们只引用几小段作为他和英国群众对此问题的看法。这就是关于自耕农章节的开头，它说明这个概念在何种程度上对普通英国观点格格不入。

如果土地归于自耕农，那么如同奴隶制度一样，全部产品只给予土地私有者，并且不把它分为地租、利润和工资。在所有其他方面，这两种社会制度形式是极端对立的：其中的一个——工人阶级处于最受压迫和屈辱的地位，而在另一种形式下，他们完全独立掌握着自己的命运。

但是小土地私有制的有利性是政治经济学中最有争议的问题之一。在大陆上人数众多的私有者阶层存在的有利性，对于绝大多数人来说是公理，尽管还有某些人并不同意占统治地位的看法。然而英国权威或者全然不了解大陆农学家的看法，或者认为，说这些农学家没有机会看到在对大私有制有利的条件下它是如何有益的，便足以抛弃这些看法了。英国权威们说，大私有制的好处只有在农业生产单位也大的地方才显示出来，而大农场需要的资本积累比通常在大陆上见到的要大得多，因此大陆上的大领地，除变成牧场之外，几乎全部按小地块耕种。这几句话有一部分是对的。但是同样的论据也可以用来反对英国权威们：如果大陆根据经验较少了解有丰厚资本的大规模农业经济，那么英国作家们根据实际总是同样较少熟悉自耕农经济，并且几乎全都错误地认识他们的处境和生活方式。与此同时，连英国古老的传说都对大陆上流行的看法有利。富裕中农，当他们存在的时候，称之为英国的光荣；当他们消失的时候，就如此频繁地怜惜他们。这些富裕中农是小私有者或小农场主，如果他们大多数是农场主而不是私有者，那么他们享有性格刚毅独立自主的声望会更高。在英国有个地方，可惜是一个过分小的地方，那里还有许多自耕农；我说的是科别兰德和韦斯特姆兰德郡的“国务人员”(Statesmen)，他们是私有者，尽管(不过，据我所知，不是全体，而只是他们的大部分)支付某些普通的捐税；这些捐税是不变的，因此并不妨碍他们成为真正的私有者，就像地捐不妨碍他们一样。在整个英国，只有他们可以当作蓝本，乌兹沃思[46]就照他们写出了《农村生活素描》。

但是，英国农业的基本制度不是让英国人凭经验来了解自耕农经济的特

性和结果的那种制度;而其他国家的农业制度,一般地说英国人是不熟悉的。因此,自耕农概念本身对英国人的头脑来说是格格不入的,而且不能轻易贯彻进去。英国语言本身妨碍着这一点:通常用 Landlord(地主)来表示土地私有者——这个术语总是会引起关于向他租用的佃农的概念。当不久前,需要让爱尔兰农民成为私有者以改善爱尔兰情况的思想深入国会和报界的辩论中的时候,就有一些人希望熟悉问题、可是如此不了解 proprietor(私有者)一词的作家,以致想象所涉及的自耕农似乎是和爱尔兰的租用小块土地的小农一样。这样误解认识事物,必须在阐述其理论之前,关心一下事物实际状况的说明;按照这个需要,我将比我的论文各卷的一般规模应该把问题说明得比较详细一些;我提出几个除了耕种土地的农民之外,大部分土地既没有任何大地主,也没有农场主的国家或省份的有关农业状况,农民的福利和富裕的论据。[47]



我们援引这一段,是想让它证明,不直接处在创立科学的人们眼前的事实的影响是如何缓慢地渗透到科学中去的。看来,可能更合乎亚当·斯密理论的原则,怎么不承认自耕农的生活方式是经济制度最有利的形式呢?在这里我们看到,至今大多数英国政治经济学家甚至不明白,自耕农一语是什么意思,而穆勒则差不多是英国的第一个坚决承认此形式比其他形式优越的政治经济学家。在这里,我们还可以想一想:在不了解自耕农生活方式的情况下建立的理论,需要改造到何种程度呢?读者知道,盛行的学派不仅不进行这种改造,甚至还不认为需要改造。我们容许自耕农的概念理应参加确定政治经济原则,这正是我们的看法与流行的看法之间分歧的主要原因之一。

这就是穆勒引自伦格的自耕农经济的普遍特征:

“如果我们听从大农场主、有学问的农学家、(英国的)政治经济学家,那么，好的经济应当随着大农场的毁灭而毁灭；在他们看来，下列思想本身是荒谬的，没有大资本经营的大农场便可能有好的经济，排水、施肥、合理配置土地、清理土地，正确轮种、好役畜、好工具——照他们的话说这一切毫无例外地全部属于大资本和雇用劳动经营的大农场。在纸上是不难证明这点的。但是如果我们把视线从他们的著作转向他们的田野，并且冷静地比较最好的大农场耕种区的经济与最好的小农场耕种区的经济，那么我们将会看到，在佛兰德(Flanders)、东弗里斯兰(East Friesland)、荷尔斯泰因(Holstein)和从松特(Sound)到卡利斯(Calais)大陆上整个宜农地带的农业比对岸英国的福尔茨的弗里兹(Frith of Forth)到多维尔(Dover)的好，这里的土壤是相同的，纬度也是一样的。显然，在土壤和气候相同的条件下，在地主所有的小块土地精耕细作，土地有较高的生产率。正如我们在法兰德斯以及在荷尔斯顿的蒂特马希(Ditmarsch)所看到一样。我们的农学家们不敢肯定地说，甚至在贝里克郡(Berwickshire)和罗克斯巴勒郡(Roxburghshire)或洛蒂安(Lothians)地区，我们的大农场主接近于法兰德斯小农场主经营完善的特点；他们如此精心施肥、排水和清理土地，或者说，从土地上收获的产品就和在法兰德斯从土壤质地不十分肥沃的小块土地收获的一样多。甚至在苏格兰或英国经济最好的地区，大农场的田边地角白白地浪费着大量土地，田间道路也因其本身情况不好和宽度不够必须加宽要占不少地；许多没有耕种的土地白白地当成了公共牧场、很少使用的边缘地带、糟糕的灌木林，——如果把全部白白浪费的地块合并起来耕种，便足以养活该地区所有的穷人。但是，如果投入大资本，那么大资本自然只投到较好的土壤上。它不可能投到小的生产效能极低的小地块。想使这种地块高产，必须投入更多的劳动并且比迅速赚回资本所需的更长时间。雇用工人的时间和劳动用在耕种这样的地段上是无利可图的；但是如果工人是私有者，他会认为耕种它们是有利的。最初他将满足于自己的土地能够养活他。然而几代人的劳动会使这些地块高产和有价值的。生活资料会改善，并且会有非常高明的耕种方法。排水、整个夏天在牲畜栏里饲养牲畜、液体肥料——这些事物在法兰德斯、伦巴迪(Lombardy)、瑞士[①]的小

① 瑞士这个地名系根据穆勒原文(1891年版第185页)改的。车尔尼雪夫斯基译文上这个地名是 Венеции。——译者

经济中是通常使用的。我们这里，在大农场制度下，在最好的经济区，才刚刚开始采用这些改良措施。在土地属于小私有者一农民的国家，我们甚至发现以乳制品为基础的经济。许多小所有主①合作加工大量干酪，联合小业主的力量互相防火和防雹。生产一切新的农业作业中最难做的和大量的甜菜糖；这些小业主供给欧洲市场亚麻和大麻纤维；在这些国家里，甚至最穷的人每天餐桌上都有丰富的蔬菜、水果、鸡肉，而我们这里甚至中等阶级的饮食也根本没有如此丰富多样；这种多样性正是小农经济的重要的属性。所有这些事实迫使观察家怀疑我们农学家看法的正确性：好像用雇用劳动和大资本耕种的大农场从土地得到最多的产品，供给国家的居民最大量的必需品和提供舒适条件，似乎在另外的制度下，这是不可能的”。[48]

好像农场业主一资本家经济优于自耕农经济的预言，要用英国的第一种形式取得的结果与农业进步条件比英国差得多的其他国家中的第二种形式能达到的成果之间的比较，来证实其正确性。这里人们忘记了，应该在两种原则作用条件相同的情况下比较它们的优点，并且英国农业的成功并不是由于其形式好；而是因为英国任何工业企业总的形势是有利的。穆勒发现了在农业资本家起

① 值得注意瑞士农民把自己的资本联合起来加工干酪的方法。“每个瑞士教区雇用特殊人物，通常是格鲁耶(Gruyere)地区的人在弗赖堡(Freyburg)州加工干酪。40头奶牛应该有1名干酪加工工人及1名助手，或挤奶工人，以及1个牧人。每个主人有1本奶牛登记簿，每天记录每头奶牛的产奶量。干酪工人及其助手们挤牛奶，把牛奶倒在一起，用它做出干酪，并且在夏末每个农民按照他的奶牛产奶量得到数量相称的干酪。在这样的合作之下，农民不是用自己的三头或四头奶牛的牛奶制作量少质差的干酪去出售，而是出售大量合格的优质干酪；它们的质量高，因为它们是由专门从事这项劳动的人来制作的。干酪工人及其助手们从每头奶牛得到一定的酬金或干酪、或者向主人租用奶牛并且为此向主人付钱或干酪。”(《一个旅行家的札记》第315页——*Notes of a Traveller*，P. 315)法国尤拉(Jura)省有类似的制度。在这个有趣的劳动组合的实例中，非常显著的特点是信任制作干酪的人们的忠诚，——如果没有这种信任，并且不被经验证明是正确的话，就不可能产生这种事情。——穆勒注

作用的条件下，自耕农生活方式的实例，并且用这个实例说明：在条件相同时自耕农经济比农业资本家经济无可比拟地更有成效。

不列颠运河列岛便是这种土地归农民所有以后产生的有益成果的明显实例。我不能不在我引用的描述其经济制度摘录中，再加上这个例子。我从威廉·道恩顿(William Thornton)这位把个人观察与仔细研究别人收集的资料结合起来的作家那里引用了这一片断。他的《为自耕农请愿》('plea for Peasant Proprietors')一书可以称作关于论述土地归农民所有的好处的经典著作；书中出色地收集和整理了资料。这就是关于古安赛(Guernsey)岛经济制度的论述(第99—104页)："这个小岛送往市场的产品"，比英国这样的地区送出的数量要大得多，——这一事实本身证明了古安赛的农民应该是不贫困的，因为他们自己就是一切产品的完全所有者，当然他们只出售他们自己不需要留下的那部分产品。每位观察员都清楚他们的处境是令人满意的。希尔先生(Mr. Hill)说：我有机会见到的所有社会中，在古安赛小岛上我找到了最富裕的社会。乔治·海特先生(Mr. George Head)说：旅行家在这座岛上不论走到哪里，他将看到处处都是繁荣景象。沿彼得港街道走向或乘向田野的英国人首先惊叹遍及风景区的房屋形式。许多房屋如此好，在英国只能属于中层人们所有。英国人不能想象，什么样的人住在这些房子里，这些房子虽没有英国农场主的那么大，但对工人来说却又几乎全都太好了。除了几所渔民的窝棚之外，全岛简直没有一所房屋比英国农业工人的普通住宅差。古安赛前任法警德·雷伊斯尔·白劳克(Mr. de L'Isle Brock)说：看一看英国农业工人糟糕的住宅，再把它们和我们农民的房子比一比吧！古安赛岛上根本没有乞丐；无产者也几乎没有，至少在有工作能力的人们当中没有无产者。储蓄银行也证明了古安赛岛上的工人阶层普遍富裕。1841年英国约1,500万人口，在银行储蓄的人不足70万，即20个人当中有一个人储蓄，并且平均存款30英镑。同年在古安赛26,000人中有1,920人有存款，平均存款数为40英镑。关于杰尔赛和亚尔特纳(Jersey and Alderney)我们看到了同样的情况。

道恩顿先生详细指明不列颠运河诸岛上小农经济的成就和生产率，并从这些细节得出结论，表达如下："我们看到，在诸岛的两个主要岛屿上，农业人口比大不列颠的多得多——一个岛上多1倍，另一个岛上多2倍。在大不列

颠每个农民有22英亩耕地，而在杰尔赛每个人有11英亩，在古安赛每人7英亩。除农民以外，这些岛屿的农业还供养非农业人口，后者也比大不列颠的密集得多——在杰尔赛多3倍，在古安赛多4倍。差别并非由于不列颠运河诸岛的土壤或气候较好——不，岛上的土壤天生不大肥沃，气候则和英国南部地区的一样。全部差别只是由于农民不知疲倦地关心备至和丰富的肥料。"(道恩顿前引书第38页)

"在1837年——他在另一个地方(第9页)说，——英国大农场小麦平均产量只有每英亩21蒲式耳，而在所有地区中最高产区的平均产量不超过26蒲式耳，在英国只听说过最高平均产量——30蒲式耳。在杰尔赛农场的规模平均只有16英亩。1834年照英格李斯(Inglis)的说法，小麦平均产量为36蒲式耳。而按1829年到1833年五年中的官方报表，我们知道是40蒲式耳。在古安赛，经营规模更小，按英格李斯的说法，每英亩4夸脱的产量算是好的，但又是非常普遍的"。"中等土地每英亩30先令在英国算是非常好的租金，但在不列颠运河诸岛只有非常差的土地每英亩出4英镑的租金也不出租。"(道恩顿，前引书第32页)[49]

最后请看穆勒关于自耕农的总结：

我认为，我以土地所有权对农民直接作用和间接影响的考察，证明了在土地所有制的形式同生产技术不完善之间没有必然联系；如果它在某些方面不利于最有成效地利用地力，那么它有利于利用地力的另一些方面也不无重要的：在现存的所有农业制度中；它对人民热爱劳动、智力发展、节俭和明智产生最有利的影响，并且最强有力地制止人们无计划地生育；因此，现存制度中没有一个如此有利于人民的道德和物质状况的制度。与英国用雇用劳动耕种的土地制度比较，它应该是对工人阶级特别有利的。在这里我们没有义务把它与工人协会公共占有土地的制度相比较[50]。

穆勒谈到，在某些方面自耕农经济不是农业制度最有利的形式；这里指的是大经济比小经济优越的某些方面：更大的劳动组合，使用更有力的生产方法，以及在某些农村工业专业部门，如绵羊饲养业中，许多人预料的大经济的优势。这一次我们只限于援引我们对穆勒第一卷中一般原则地分析生产的大规模和小规模问题一章的补充（穆勒译文第1卷）[①]。没有正当的理由把农业排除在工业活动的普遍规律之外，指出这点就足够了。改进程序，要求大规模的生产，它给事业带来的好处如此之大，以致经济生活任何部门的小经济也不能经受得住与大经济的竞争，只要工艺和技术进步迅速开创了在此事业中改善工序的机会，就开始投入大量资本：如果大业主有了小业主不能达到的改良过程，无论怎样勤奋劳动也解救不了小业主。倘若在现存社会制度下，在西欧大陆上还存留着自耕农，这仅仅是因为这些地区大经济的农业仍然保持着不发达的生产过程。一旦农业变为（它已经开始变为）不是守旧的而是贸易的事业，在现在的经济制度下便应该牺牲小经济。为了保全他们和为了用工人一业主的勤奋劳动使改良过程生机勃勃，为此需要另外的制度，就是其有利性和不可避免性在用心研究经济科学每个个别问题和一般原则时所发现的制度。

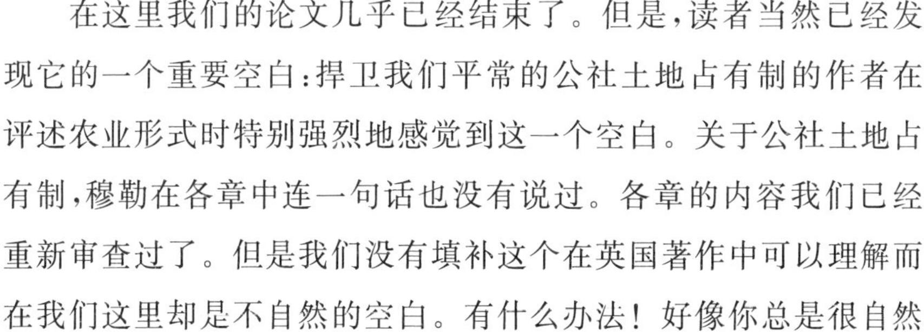

在这里我们的论文几乎已经结束了。但是，读者当然已经发现它的一个重要空白：捍卫我们平常的公社土地占有制的作者在评述农业形式时特别强烈地感觉到这一个空白。关于公社土地占有制，穆勒在各章中连一句话也没有说过。各章的内容我们已经重新审查过了。但是我们没有填补这个在英国著作中可以理解而在我们这里却是不自然的空白。有什么办法！好像你总是很自然

① 见《经济著作选集》第3卷第1册第300－310页。——编者

地行动的:下次这样行动,以致自己要耸耸肩膀。这个问题下一次再谈;与其说公社土地占有制是属于我们所研究的在其间分配产品的阶级的个别问题,毋宁说是属于整个分配理论的一般原则问题,因此,它将更加可以原谅的了。如果我们得以讨论这个一般原则,我们将讨论许多现在搁在一边的问题,也顺便说说公社土地占有制。

农业中占有资本和占有土地经常是分开的。在工厂和工业其他部门这是非常罕见的。即使有,与资本家的份额相比,土地所有者的份额是很少的。在所有的大工业企业中,(农业的除外)工业企业所占地段以及它所在的厂房,通常都是用自己的资本主持企业的人的财产:工厂归工厂主所有,制造厂归制造厂主所有,等等。所以,这里只有两个阶级:资本家一土地占有者和工人。如果另一种情况,比如,如果工厂或制造厂出租,租户一企业主向出租工厂的私有者一业主所付的大部分金额不是为土地,而是为厂房及其设备,也即属于固定资本类的资本而支付的。扣除这些之后,为土地本身而支付的部分就已经不多了,不值得多注意它。而分出的往往是数量大的那部分产品,就是由一个资本家分给另一个资本家的。的确,这里有两个资本家:一个占有流动资本和某一部分固定资本(例如租户安装或至少修理机器),而另一个占有一部分固定资本(厂房,可能还有机器)。这两个资本家分配留给每份资本的部分产品,按照每个资本家投入总额的资本数量遵照通常的比例进行分配。这样,其他生产部门的产品分配比农业简单得多,并且各种形式也少得多。那些小手工业者和工匠在自己的作坊里一个一个地劳动,只有自己的家属帮忙,但至多不过两三个未成年的

学徒，他们与自耕农相当。那些手工作坊的工人从大业主那里获得工作在家从事劳动的与贫农相应。但是所有制造厂、工厂和手工业生产部门的工人群众迅速转入雇用工人的处境，而在生产过程最完善的工业部门已经全部转入这种状态了。

## 产品的三项分配

（第十一—十六章）

正如我们前述评论中看到的，在一个不知道存在自耕农的社会里产生和发展了占统治地位的经济理论。法国的和德国的政治经济学家了解这种生活方式，他们之中许多人高度地评价过它。但是他们之中没有一个人的才智可与亚当·斯密、马尔萨斯和李嘉图的相比；他们全都没有能力深入到理论基础本身中去，以便根据他们熟知的事实，填补亚当·斯密在理论中漏掉的、马尔萨斯和李嘉图都没有填补上的空白。他们对自耕农生活方式的同情好像是表面的事情，没有深入到理论中去。他们只不过是普及工作者（例如让·巴蒂斯特·萨伊）和有经验的编辑者（例如罗和罗雪尔），可是他们没有创造精神：他们只会把别人的思想解释清楚，或者给它们选配事实。穆勒的逻辑能力不可比拟地比他们高明，但就连他也不是一个能修改科学的人。他的主要力量在于他是真正诚实的思想家和支持做好事的人。要他摆脱其导师马尔萨斯、特别是李嘉图建立的观点是办不到的。他只会评价从这个观点观察到的一切美好的东西。他注意到，有这样的思想家，他们把工人一主人的地位认为是唯一正常的。作为善良的人，他深入这个观点

并发现它是正确的。因此，在任何适宜的场合，他都表示希望工人提高到主人的地位。但是，他不能按照他赞同的思想，重新建立不具备这项原则的人们所创建的理论。所以他对产品分配各种形式的评价几乎是没有成果的。我们看到，在这种评价中，他怀着高尚的喜悦教导英国人了解自耕农生活方式比社会生活方式的其他形式在一切经济上的优点。然而在评价社会制度各种现存形式之后，接着他就按生产三要素分析产品分配——按亚当·斯密和李嘉图的精神分析。他们不具有穆勒所指出的意识，推论时假定三个不同阶级之间的产品分配是经济制度最完善的形式，——这种观点与穆勒关于自耕农的思想本身是不一致的。

我们不是说，科学中不需要分析产品生产时生产三要素的每个要素分占多少；也不是说，科学中不需要把产品分为三部分（地租、利润和工资）来和生产三要素（土地、资本和劳动）中的每一个要素相适应。恰恰相反，这是非常需要的，对于理论是完全必要的。理论必然应该力求把事实分解为最基本最简单的组成部分。大地测量学必然要把任何地区分为最简单的组成部分即三角形，如果多角形不分成三角形，就无法计算出它的面积。所以，政治经济学也必然要把产品分解为符合生产不同要素的部分：地租、利润和工资。我们看到，把这三部分中的每一部分再按土地、资本和劳动的不同类别分成新的份额，对科学来说，进行这种更深的分析不是没有好处的。但是，全部科学任务不限于占统治地位的理论所研究的这方面问题。几何学不把自己的思考力局限在以大地测量法把已知平面分为三角形。它也考虑，怎么样的三角形组合最能满足人类的不同需要。例如，它指明如果要求面积一定时周边尽可能短，那么就需要绘制边数尽可能多的正多边形，因此，十角形将比三角形令人满意，百角形更令人满意，这样看来，理想的形状是圆。几何学补充说：实际上数学的精度是达不到这个理想的，自然界中根本没有正圆，而且人类也不能把它画出来；但是，同时又说，理想达不到，不必伤心，并且不应用它来反对把已知面积弄成圆的必要性。如果人类不能画出绝对准确的圆，那么，人类不难画出一个与圆没有任何显著差别的图形，以致实际上它与数学上真正的圆没有任何不同。然而只要在实际中看得出所画的图形与圆的差别，人类就不应该放下心来，应该变动图形，直到它接近于圆，直至实际上完全看不出与它的差别为止。

经济理论的任务与严格要求正是这样。产品分成与不同的生产要素相对应的份额之后，应当寻求这些要素和份额如何组合才能得出最有利的实际结果。每个人都清楚，任务是什么，需要寻求，生产要素在怎样的组合之下，一定量的生产力能提供最多的产品。如果理论指出这种组合形式，那么不言而喻，在实现这种形式的时候，人类不仅现在，而且肯定永远也不可能达到绝对完善的地步。任何科学一切要求的普遍特性就是这样的；任何一项要求都不可能绝对完善地实现。因为一般地说，任何时候任何事物都没有也不可能有绝对的完善：不能画出绝对规则的圆；既不能画出绝对等边的正方形，也画不出绝对等边的有任何角的多角形，一般地说也画不出任何几何图形。同样，在任何其他事物中也不可能是绝对完善的：不可能获得绝对纯净的水或把脸或手绝对洗干净；也不能十全十美地掌握哪怕是自己的国语。由此可得出什么呢？是否应该把关心得到纯净的水或者关心整洁称为乌托邦，并且像空想一样把它抛弃，以致不再需要洗手和研究语言呢？每个人都清楚，如果一个人得出这种结论，他不过是表示自己是愚笨（如果他相信他自己所说的话）或自己是敷衍塞责（如果他用这种论据不过是为了辩论的目的，他明白自己所说的是多么庸俗的话，但是他预料到大多数人不习惯于科学地思索）。每个人都知道，在所有这些事物中，人类不难达到根据已知情况的特性人类在实际上认为是绝对完善的那种完善程度。你要水做什么用呢？为了解渴吗？许多河流和泉水中的水都有这种纯净程度，你品尝时感觉不到有什么不干净；而且任何水都可过滤到这种纯净程度，你凭你感觉的标准是分辨不出绝对纯净度的。可是也许你有另外的要求，你需要水是为了研究化学，需要无比纯净、没有任何掺杂物的水吗？自然界没有这样现成的水，而且过滤也不能令人满意；你们应该把水蒸馏一下，就不难得到任何试剂都不能发现其中还有任何掺杂物的纯净的水了。这是不是说，你们得到了绝对纯净的水呢？全然不是：不论是如何好地进行蒸馏，水中仍然有气体和矿物微粒。如果凭你们锐利的感官也觉察不出它们来，如果这水与绝对纯净的水没有明显区别，你们有什么苦恼的呢？你们为什么要洗干净呢？为了整洁吗？每个整洁的人每天都会达到这种完善程度。在显微镜下你们可以看到他的手上有点儿汗，有些尘埃。但是你们没有在显微镜下观察它们，你们不是没有看出来吗？所以，实际上他双手的纯净度与绝对纯净是相同的。但是也许你们有特别的需要，要求更高程度的纯净，也许你们想在显微镜下观察皮肤脉络中生理过程的进程吧？能把手清洁到这种程度，即只要用技术手段就能达到所规定的技术目的：用比肥皂薄的药片洗手。用任何语言讲话的艺术也同样如此。你愿意讲本族语言。你想这样讲话，使得你在其中生活的社会上的人们从你的谈话中对语音的正确性方面觉察不出任何缺陷吗？每个人都能达到这种完善程度：每个人都用自己的语言讲话，使得他从中学会讲话的人们以为他的话是非常标准的。你想达到十全十美吗？为了这个，可需要技术手段了：学习文法，研究用好的文体写的书，仔细琢磨你的措词；那么你便不难做到，使用最标准的语音讲话的人们认为你的语音也是完全标准的了。

任何事情都是这样的；最有利地组合生产要素也是如此。绝对完善是难以达到的，但是可以做到按照人类实际需要所要求的任何程度的完善，要让人类实际上感觉不出理想的完善与实际情况的差别。如果这点还不能达到，如果实际上看得出该情况是不完善的，可见人类还没有关心做到为完善事物所应当做的一切，可见他还应该在事物的完善方面想一想，做些工作。

不言而喻，这种完善前进的每一步，某些场合事业进行得比其他场合顺利些，以致第二种场合与第一种场合相比，实际上将是不能令人满意的。在那个进步时期，第一种场合实际上与理想的完善是相似的。为了使较少令人满意的场合与这种完全令人满意的场合相等，人类将发明新的改良措施。由于对先前最顺利的场合采用这些新的改良措施，这些场合本身将比以前的好，因此实际完善的标准提高了。与这个标准相比，较少令人满意的场合将成为不完善的了，尽管对它们进行过改良，达到了以前认为是实际完善的高度。自然，由此产生了发明新改良措施的愿望。这样一来，进步的进程无穷无尽：永远有比其他场合较少令人满意的场合，而由于发明了改进它们的手段，也将改良成为最令人满意的场合。因此永远存在着最有成效的和较少成效的进程的差别——要求新改良的差别。但是，如果经常需要新的改良，由此绝不能说，较少成效的场合不能令人满意的感觉仍然没有减少。换句话说，随着每次改良人们不感觉到越来越满意和幸福；随着每项新的进步，绝对完善和完善达到的程度之间的距离越来越小，而人类的需要则日益得到充分的满足。而绝对的和已经达到的满意程度之间的差别越小，对此差别的感觉则越弱。因此在重大需求方面很快能达到这样的满意程度，以致悲痛或惋惜绝对满足和达到充分满足之间差别的感觉完全消失了。所以人们感觉到这种差别的印象有了另外的性质——当一个人感到"我现在就很好，但是如果我将为改良而工作，我将更好"时的喜悦心情的特性。人类重大的实际需要用不太高的完善程度就能满足这种幸福喜悦的程度。例如食用菜牛良种的改良是无限的，烹调技术的提高也是无限的。但是很容易得到这样的牛肉，用它可以做出非常好吃的菜，并且很容易烹调这份牛肉，使它非常可口。任何其他种类的相当好的饮食也一样；服装和住所也一样；满足一切其他实际重大需要也一样，——这是那些来自机体的需要，是理智承认的、基本的、合理的需要，不满足它们，会引起人们身体或精神上真正的痛苦，善良而聪明的人们称之为真实的痛苦。那些虚伪的需要，当某个人得不到满足时，明智的人们不会同情他的抱怨，反而要嘲笑他或蔑视他，这是另一回事。这些需要永远不可能满足到这样程度，使得被沾染它们的人经常喜悦幸福：它们给予他的痛苦永远大于满足。然而科学并不论述有关满足这类需要的问题。它论述有关根除使人类遭受这种精神上的病症的问题。

我们讨论的一切都是为了说明,科学只能最抽象地提出生产要素绝对最佳组合的公式,不向我们设想任何确定的景象,只能以最概括的说法来表达它。为了清晰地提供细节,来决定数学上的精确性,并且用来决定比现实更接近于它的任何程度完善的实际轮廓,光用想象力是十分不够的。想象力是非常薄弱的能力,它不能脱离现实。除了现实提供给它的以外,它不能为自己的景象创造一个要素。实际上,关于劳动产品的使用权问题,我们的想象力所熟悉的最高深的部分是自耕农的处境。一切根本改善人类生活方式的理论都是建立在这个概念上的。当然,现在将为更加完善的理想逐步地提供资料,但是现在谁也不能清晰地为别人描述,或者至少不能自己想象出另外的以更高的理想为基础的社会制度。是的,一切所谓乌托邦都是从这个平凡的基础上产生的,并且实际上只注意到这个平凡的目的:给我们一种生活方式吧,在这种生活方式之下,每个人都可以占据自耕农的地位,或者占据意义与它相同的、每个人都能真正为自己的利益而工作的地位。现在你们自己判断吧,这种平凡的要求应该在何等程度上称为乌托邦。

当然,为了清醒地设想满足这个平凡要求的结果,有足够想象力的人们预见到,随着要求的实现,富裕水平将提得特别高;当然,其中某些人用非常鲜艳的色彩描绘了应该从他们所建议的改良中期待得到的富裕;当然,也有一些人力图在一切细节中猜测由于经济地位如此明显的改变而产生的感情变化;当然,在类似情况下,色彩有时过分漂亮,有时把细节设想得不无错误。然而这又是什么呢?难道每一个理解了任何有益事业的利益的人不发生类似情

况吗？每个发明家或在任何事业中引进新办法的人，从 cachenez① 到电报，从彩色石印术到星期日学校，难道不在某些方面夸大他的事业带来的好处，并且在发挥自己的思想时不在某些细节上犯错误吗？由此得出什么呢？[51]

当然，为了实现最简单、平凡和实际的要求，有时需要大大地改造环境。但是如果你进行这种改造十分困难，这困难并不在于要求本身的性质而在于某个人或某个社会所处的环境。例如，让人们不要把俘虏当奴隶出售，还有什么要求可能比这更简单更平凡的呢？我们看到，一切多少有点文明的民族会绝对同意这项要求的，在他们看来即使想一下破坏这项要求都是不自然的。判断一下试试看，为了让非洲西岸部族实现这项要求，必须如何改造生活方式。他们需要彻底地重新受教育，抛弃大部分自己现有的观点和习惯，获得对他们来说是崭新的思想和习惯。很可能，对于他们来说，你的平凡要求就是乌托邦。这种异议是否使你不安呢？难道你不准备确切地回答它吗？你大概会说："在现存的生活方式之下，西非部族实现这项要求越困难，说明他们现存的生活方式越坏，更有力他说明越需要改造它。"当然，你还要补充说，这种改造是历史赋予他们的必然性，因此在任何情况下，不论他们现存的制度对他们之中任何人如何可爱，他们不能摆脱这种必然性。对，是有异议，这些异议只不过是最有力地证实表示反对事业的必然性的好处。例如，如果你认为人不应当变成醉汉，如果有个人起来反对你，你只产生一种看法，你的想法正是最有力地适用于他的。大

① 领带。——译者

概是他，或者是不幸的醉汉，或者站在某种有害于社会的立场上。在这种处境下，他因醉汉生存而得到好处。他同你争论得越固执，你就更加确信：他应该换个环境，环境的影响妨碍他接受有关醉汉害己又害人的思想。

但是，我们不再假定生产要素的组合比占统治地位的理论所承认的形式更为有利，在这种形式下有三个不同的阶级，他们按照生产三要素在彼此之间分配产品，使得一个阶级得到地租，另一个得到利润，第三个得到工资。我们看到，甚至在占统治地位的理论的追随者当中认为另一种制度比这种制度好的那些人，是所有熟悉自耕农生活方式的、并且是多么能独立思考的人们，所以没有成为学舌者来重复不知道这种生活方式的政治经济学的第一批创建者的话。但是同时我们看到，甚至穆勒，他们之中最有智慧的人，对于自耕农生活方式的同情也仍然没有成果的，或者至少没有影响理论的普遍特性。是否不应当由此得出结论，说对于自耕农状况的同情不过是出于在事物的必然性面前无能为力的慈善行为呢？是否不应当考虑，不论三个阶级之间产品三项分配的结果如何，这种分配必然要求工业进步，任何其他形式，尽管它对群众来说是有益的，还是应该让位给三项分配呢？在占统治地位的理论本身不难找到答案。我们看到，占统治地位的理论本身只有在农业方面找到三项分配。[52]现在我们要问：在制造厂和工厂工业方面为什么没有类似的三项分配呢？要知道就在工业方面也有可以赖以建立类似制度的要素。厂房及其下面的地基以及永久性的机器可以归私有者所有，他与用自己的流动资金租下制造厂管理权的资本家是分开的。然而本来并不存在这样的分配，如果管理制造

厂的资本家同时又是工厂所有者的话,对生产要更有利些。其实工厂工业在生产过程的技术完善方面比农业高得多,而且工业周转比农业周转更接近于经济理论的条件。由此我们可以作出结论:有产品两项分配的这种形式。按照占统治地位的理论,它们也应当被认为是高于只有在技术完善方面最落后的生产部门才大规模采用三项分配的。如果在两要素一定的组合方法之下,一个阶级的生产将变得比三项分配时更加完善,那么,自然会考虑到,为了进一步改善生产,需要把全部三要素组合在同一个人的手中。这种生产形式的条件应该是什么,以及由此产生的产品分配应当根据什么来考虑,我们下次不定什么时候再来研究。现在让我们来评述占统治地位的理论推荐的三项分配的特点吧。这次简评将向我们提供最终承认这种分配是不令人满意的有关资料,并且指明,为了符合占统治地位的理论的原则,现存制度需要怎样变更——这种原则是与三项分配相矛盾的。而三项分配又是该理论中非常不合理的。其实一般地说,该理论是有许多这样的原则的。



正如读者所知道的,三项分配形式假定生产三要素中每个要素专门归一个阶级所有,并且提供给这个阶级的产品份额是由竞争决定的。在这种形式下,劳动所属的阶级是获得工资的雇用工人阶层;资本归获得利润的工业企业主阶级所有;土地则归不动产的占有者阶级所有,他们任何个人不参加经营企业,但是从企业家那里获得地租,允许企业家使用不动产(土地),就像使用工业企业的工具和处所一样。穆勒从工资开始分析分配的三个部分。

# 工　资

不同的行业有不同的工资。占统治地位的理论非常令人满意地阐述了这种差别赖以确定的原因。因此有关这方面的问题我们将在本章的最后讲几句就足够了。主要注意力应该集中到有关一般工资数量的问题上来，或者集中到大量普通重劳动、既不要求特殊训练、又不需要非凡体力或智力的劳动工资数量上来。在产品三项分配制度下用什么来确定这个普通工资的数量呢？穆勒说：

与其他经济要素一样，工资或者由竞争或者由习惯确定。在我们的国土(英国)上很少发现这类劳动，如果主人充分享有竞争利益的话，其报酬会不比现有的低。然而在现在的社会状况之下，竞争仍然应当是工资的主要调节者，而习惯或个人特性只不过改变情节，并且与竞争相比是软弱的。

那么，工资主要取决于劳动的供求关系，或者正如经常说的，取决于人口同资本之间的关系。这里人口指的是工人阶级的人数，或者更准确地说，是从事雇用劳动的人数；而资本则指的只是流动资本，甚至不是全部流动资本，只是用于直接购买劳动的那部分流动资本。但是，在这里还要给这部分加上付出交换劳动的一切金额，比如说，士兵、仆人和所有其他非生产工人的工资，这些金额不是资本的组成部分。可惜，没有通用的、可以用来表示我们用某个国家的"工资基金"一词所表达的术语。生产劳动工资几乎构成这个基金的总额，因此通常不重视其数量和重要性都小的那一部分，表明了工资是由人口和资本的数量决定的。为简单起见，我们将运用这个表达式。但是不应该忘记，其字面的意义不完全符合事实。

这样来理解"人口与资本"这一术语之后，应当说，在竞争盛行的情况下，由资本与人口的相对数量来确定的工资，只取决于这个比例。工资(自然也即其总额)只能因用于雇用工人的基金总额的增加而提高，或者由于参加雇用劳动竞争者的人数之减少而提高；或者由于支付劳动所确定的基金之减少，或者由于获得工资的工人人数之增加，工资才会下降。[53]

有些事实初看起来与这个理论不合拍；但是只有通过最精确的分析用事实才证明理论是否正确。例如，据说，在同一个国家，当工人人数一定时，当工业和贸易事业顺利进行的时期工资是上涨的，而在萧条时期则是下降的。因此，工资数量不取决于资本与人口的比例，而取决于商业的成功与失败。提出这种异议，意味着不了解你所引证的事实。在萧条时期，以前用于工资的一部分资本仍然留着不用作工资，以等待最好的形势；在商业繁荣时期，一部分其他时期没有动用的或用于非生产的资金改为用作工资的资本。因此，在这两种场合，工资数量随着作为工资基金的资本量之变化而变化。

这种解释完全正确；但是它能否引起这种思想：为了工资高，也即为了群众的福利，需要这样一种制度，在这种制度下，国家把尽可能大的一部分资金转为工资基金并且尽可能少的一部分资金留下不用或用于非生产性的开支呢？为了评论穆勒关于提高工资的各种方案，我们下面来研究，能在多大的程度上从这个来源期待可靠的利益。



反对工资取决于人口与资本之间的比例的另一个异议是：工资数量随粮食价格而变化。穆勒说：

经常肯定地说，工资（自然是指工资的货币量）随粮食价格而变化：粮食价格上涨工资就升高，价格下落工资就降低。我认为，这个意见不完全正确，只有一部分正确，而且它的正确方面，与工资取决资本和劳动之间的比例，一点儿也不矛盾。因为如果粮食价格影响工资数量，那么是借助于这个规律去影响它的。粮食价格的季节性差价对工资没有影响（如果不是人为地、用法律或慈善事业规定这个影响的话),或者不如说,具有某些以违背通常意见的方式影响工资的倾向:如果粮食储量少,工人总是应当多劳动,因此,他们降低了工资害了自己。然而如果粮食价格贵或贱是长期的,并且是能预知的,那么它可能影响到工资。第一,如果工人所得不够他自己维持劳动能力和养活通常数量的子女(工资经常是不超过此水平的),那么,当粮食长期涨价而不提高工资时,过早地死亡的儿童将比以前更多,因此工资最后会提高,然而这不过是因为人数比粮食便宜时减少而已。第二,如果工资甚至还有这样高,以致粮食价格可以提高而不至于减少工人供养其家属的可能性,那么工人可能不愿意经受人的身体能够承受的贫乏。可能某种舒适对于他们来说,已经成为习惯上的需要了,他们宁愿开始比从前更加节制生育也不肯放弃舒适,以致工资将不会因死亡人数的增加而增加,因新生人口的减少而提高。我们看到,在这两种情况下,工资与粮食价格是一致的。但是这种一致只有经过几乎与一代人生活相等的时期才能达到。李嘉图认为,一切可能的情况都可以归纳为两种情况。他认为到处都有最少的工资数量,它或者等于在这种工资之下人民不致死于饥饿的最低工资,或者等于在这种工资之下正好人口不会减少的最低工资。他认为,工资的一般水平总是接近于这一最小数量;低于这个水平的数量只能是暂时的,在为了削弱人口增长所必需的时间之内;而高于这个水平的工资无论如何是不能长久维持的。这样的理论有如此多的道理,以致在抽象的科学见解中是可能被采用的;李嘉图从该理论作出了结论,就是在长期计算中工资按照粮食价格的长期变化而上升或下降——这个结论几乎与李嘉图的全部结论一样,是假定它正确,也即在得出结论的前提条件存在的情况下,它是正确的。但是在实际运用时,不应该忘记,工资最低数量的标准也是会变化的,如果这个标准不是由物质的而是由精神的需要来确定的话,尤其是这样。如果工资如此之高,以致可以减少,而且如果减少工资的障碍是工人习惯于高标准福利,那么抬高粮食价格和任何其他不利于工人的状况改变都可能导致两种结果:这种变化可以通过工人计划生育的逐步影响使工资提高来平衡,或者,如果他们从前的有关生育的习惯比其从前的有关福利的习惯更强烈的话,就可以降低工人福利。在这种情况下,给他们带来的害处是永久性的;新的、比以前差的处境将变成新的、最低量的工资,并且这个数量将有维持下变的倾向,就像有过原先的、不这么贫

乏的最少数量一样。不幸的是,应该认为,粮食价格提高的这一最后结果几乎是经常的,或者至少是普遍的结果,以致认为似乎是工人阶级所受的灾难可以自己治愈的理论,实际上是没有任何力量的。有大量事实证明在我们的历史上,英国农业工人的处境不止一次地遭到大规模的长期恶化,原因就是对粮食的需求减少。如果工人节制生育,使其人数适合于原先福利标准的要求,那么,这些原因只起暂时的作用。但是,不幸得很,他们遭受多年的贫困使他们抛弃了这个标准,而下一代从来不知道原先的福利,也开始生育,不做任何尝试来恢复原先的福利。

如果工人必需品的价格由于农业改良、废除粮食法和其他类似原因而降低,如果工人用从前的工资可以得到比从前多的福利条件,那么就会发生相反的现象。工资不是立即下降的,它甚至可能提高了;但是,如果在适宜的期间内不巩固地提高工人认为自己所必需的福利水平的话,最后工资将降到使工人的处境不比从前好的程度。很不幸,无论如何不能指望这种有益的后果。福利标准,工人认为享有福利标准是比结婚和有家庭更需要的事情——这个标准是不难降低的,可是提高它就绝不会那么容易了。如果工人刚刚开始享有较多的福利——只要它还继续着,还没有习惯把它当作是必要的,他们在从前的生活方式标准之内会生育。如果从前他们由于贫困不能很好地喂养子女,现在他们将比从前更多地喂养子女,并且当子女也长大了,那么,由于自己的竞争将使工资降低,大概按粮食价格下降的全部比例降低工资。如果不用这些,那么就用其他类似的方法,例如增加结婚的数目、早婚或增加每对夫妇所生的子女数,都可以产生同样的结果。全部事实证明,在粮食降价和实际需要劳动的时期内,结果必然导致结婚数量大大增加。因此我不认为废除粮食法对于工人福利是重要的。这种重要性是经常归因于它的;也不能把重要性归因于略微改善工人处境的任何方案,也不能归因于先后成为时髦的这些方案之一。工人处境改变不大,便不能巩固地改变其习惯和要求,因此它很快就会降到自己原先的处境。为了进行可靠的改善,作用于他们的临时原因应当有威力,能大大地改变他们的处境,使处境能改变多年,这些并不考虑在整个一代人的生活期间工人生育因此也将增加。如果改善具有这样大的力量,如果将出现从小就习惯于改善了的处境的一代,那么,这新的一代关于生育的习惯将按最低工资的最高标准形成,因此工人的处境将会巩固

地改善。这种情况最出色的范例就是革命后的法国。大多数居民意外地从赤贫走向独立和良好的生活环境；尽管那时还有毁灭人类的战争，它的马上见效的后果就有人口空前迅速地增长。由于情况改善，许多儿童成长起来，如果没有这种改善，他们早就死了，于是出生率也提高了。但是新的一代仍然在完全不同于从前的习惯中成长，虽然法国从来没有像现在这样富裕，年出生人数几乎没有增加，而且人口增加得非常缓慢。

那么，工资是由工人人数和资本或用于收买劳动（为简练起见我们将只说资本）的其他金额之间的比例确定的。如果此时或此地工资较彼时或彼地的高，所以被雇用的工人阶级有较好的饮食和更多的福利，其原因不过是资本所占比例较人口为大。对工人阶级来说，重要的不是积累或生产的绝对数量，甚至不是在工人之间分配的金额的绝对数量，而是这些金额和参加分配的人数之间的比例。工人阶级处境的改善，可以借助于改变这个比例使有利于他们。因此，任何不以此为基础的改善计划都是不能提供任何可靠利益的诱惑。[54]

这个观点有非常严格的一方面，因此大陆的政治经济学家有勇气始终不渝地像穆勒那样坚持它的人是不多的。但是，如果是这样的话，那怎么办呢？在分析马尔萨斯的理论时，我们力图证明，在每个国家里，不论其现有的人口有多稠密，如果富裕水平只取决于自然规律和国家的自然资源，则可以在几代人的时期内连续地以尽可能高的速度生育，同时并不降低富裕水平。但是如果利润和地租与工资分离，正如我们在那篇短文中指出的，将人为地延迟产品应有的增加，以致随着工人人数的增加每个工人所得的份额必将减少。马尔萨斯定律对产品的三项分配也是完全有效的。这个制度倾向于把尽可能多的人手从有利于社会的生产吸引到亏本的生产上来，力图把尽可能少的人手留给有利的生产（穆勒译文第1卷①）。只有



① 见《经济著作选集》第3卷第1册第86—102页和第208—212页。——编者

那些由于工人人数不足工人阶层影响到盈利行业与亏本行业之间劳动分配比例的罕见场合才是例外。这种场合只有在刚刚开始移民的国家才有;在这些国家工人由于有可能安排自己的命运,将在社会工业中引进这样的制度,使得工业首先照顾平民必需品的生产。所以,说实在的,根据这种情况,根据平民的需要对于社会工业进程的巨大影响,在新兴的国家里必需品的生产迅速增长,所以这里的居民可以生育而无损于群众的福利。在所有其他场合,当产品三项分配时,社会工业过分强烈地受利润和地租的影响而转向使社会受亏损的生产,以致平民需要的那部分产品增长得非常缓慢。为什么会这样,我们已经部分地在论述马尔萨斯理论的短文里说明了,而在本文的以后几页将更为全面地加以说明。在这种情况下,人口确实不能迅速增长而又无害于群众的福利。因此,这里穆勒的话是完全正确的。如果不用任何手段来节制生育,工资会迅速地降到极小(minimum),只有当最低的工资不足以维持物质生活时,它才不会继续下降。长期发生的过剩人口,经常被物质贫困的后果——恶习和疾病夺去生命。因此在三项分配制度下,必须找到人为的手段,以便阻止人口繁殖过度,把社会从致命的后果中解救出来。穆勒转到一一列举这些手段上来。



如果不论什么地方,除了工资之外,既没有财产,也没有希望得到它,工人阶级节制过快地生育,那么,依我的意见,这里总有特殊的原因:或者实际上是立法阻挠;或者任何习俗,由于这个习俗能够非故意地、逐渐地引导工人的行为方式,或者鼓励他直接考虑不结婚。人们很少知道,在很多欧洲国家法律直接阻挠缔结考虑不周的婚姻。在我们的大使和领事从审理穷人法第一届委员会(Original Poor Law Commission)欧洲各地送来的工作报告中有大量关于这方面问题的报道。西尼尔先生在这些报道的前言中(委员会的工作总结报告的附录,也以单行本出版[55])说道,在法律承认穷人救济权的国家,“到处禁止得到救济的人结婚,并且很少允许没有独立生存资料的人结婚”。所以在挪威,如果不向牧师出示关于保证能够养活家属生存的可靠资料的证件,就不能结婚。[56]

在有许多德国人的国家,也有类似禁止结婚的立法措施。在瑞士这个立法权属于平民自己的国家里,尤其令人惊奇地存在着类似的措施。

凯(KЭ)说道,“瑞士人民根据经验很好地知道,让年轻人不要急于结婚是多么有利:4、5个最民主的州国家委员会通过,年轻人若不向地区官长证明有供养家属的资金(不要忘记,这些委员会是由州内全体成年人选举出来的)而结婚,便要交付法律规定的重大罚款。在卢萨恩、阿尔古、温特瓦尔登,如果我没有记错的话,还有在圣加冷、什维茨和乌利,都早有这样的法律。”[57]

当没有类似的法律时,有时人民的习惯也有同样的作用。只有当一个人筹备好了独立家业之后,双亲才把女儿嫁给这个人的习俗,就是明显的例证。或者这样的习俗,按此习俗,雇用的男工和女工与主人的一家住在一套住宅里,以致如果他们结婚的话就没有地方住;当然,由于在同一所住宅里有另一个家庭在一起,让主人全家受挤,主人不会感到方便。

不了解比我们现在分析的三项分配制度更好的制度的人们,能够仔细地和深思熟虑地分析这两种节制生育制度的相对好处和害处。如果我们对事物的原则本身不满意,我们就不应当论述其细节。说一说下面这点就够了:立法阻碍成年人完婚,只能导致用另一种实质上完全相同的但因形式不正确而被社会抛弃的、因此使男子喜欢利己主义、妇女注定有无数的痛苦和凌辱的婚姻关系来替代正确的婚姻关系。至于习俗，它就是属于家长制度生活方式并且随着独立个性的发展而消失的一股力量。因此，大城市中它哪儿也保不住；就是在农村，随着新的生活方式的普及也减弱了；例如，在英国，甚至在农业工人中已完全不存在了，更不用说其他平民阶级了。由于立法措施和习俗不能令人满意，按照占统治地位的理论来说，人口增长问题是非常困难的问题。我们指出，在大陆的政治经济学家当中，几乎谁都没有刚强的意志来理解他们面临的问题的全部严肃性。大多数群众就理解得更少了。因此穆勒说：



实在可惜，通常人们不根据理智而根据温情来论述这类课题；对不幸穷人的同情和同意承认他们有权得到别人的救济的心情与日俱增。但是与此同时，几乎谁也不想直接注意他们处境困难的真正原因，谁也不愿意考虑按照自然规律来改善他们物质生活的必要条件。全世界任何时候和任何地方都没有像现在英国有这么多的关于工人处境的议论、对其困苦的同情、反对对此漠不关心的人们的越轨举动和改良它的各种方案；但是评论者好像不约而同地完全不考虑决定工资的原则，或者顺便说些什么话敷衍一下，如“冷酷的马尔萨斯主义”一类用语；好像不对人们说他们可以生无数的、大概注定贫困并且几乎必然注定有缺陷的人要比对人说他们不应该这样做冷酷1千倍。这里人们忘记了，习惯——否认它就称为残酷的事——这种习惯对父亲来说是侮辱性的屈服于动物的本能，而对母亲来说通常是孤立无援地屈从于可恨的滥用夫权。[58]

当人们还处在半野蛮状态的时候，具有野蛮人的无忧无虑和不周全的需要，而节制生育可能是有害的。在这个发展阶段，物质需要可能是唤起人类热爱劳动和脑力活动的必要的动机，以实现人类生活方式中一切历史性变革中最伟大的变革,——按照这个变革,工业生活战胜了狩猎和游牧以及好战的或掠夺的生活方式。在那个时代极端贫困有独特的好处,就像甚至奴隶制度有其独特好处一样,可能现在地球上也还存在这样的国家,在这些国家里它还没有失去独特的好处,尽管借助于比较开化的社会它并不难丢掉这种好处。但是如果在欧洲不论什么时候曾经有过,那么物质上贫乏多少能够促进人们更加勤奋地劳动或变得文明些的时代早就已经过去了。相反,每个人都看到,如果农业工人的处境改善了,他们将变成更加勤奋的工人和更好的公民。现在我要问:如果他们的人数再少些,他们会得到更高的工资,对不对呢?问题就在这里。因此攻击马尔萨斯的或者其他任何作家的任何次要思想并且使人确信反驳这个思想就是反驳人口原理,以此来转移对上述问题的注意力,是徒劳无益的。[59]

的确,再没有比大陆上大部分亚当·斯密的追随者和同一学派的许多英国政论家驳斥马尔萨斯理论的言论更可笑的了。他们通常以完全不了解马尔萨斯理论的含义为根据。这些驳斥者不是去填补在马尔萨斯考察后留下的空白,而是往往驳斥马尔萨斯已经发现了的那部分真理。用提高工资来减轻雇用工人群众的负担的各种方案就是建立在这种无知的基础上的。

适于它的最简单的方法就是用立法的途径确定工资的最少数量,为它规定保证工人相当好的生活资料的费用。穆勒反对这条意见说:

如果不采取措施让每个需要者找到工作或至少找到工资,确定工资最少数量是徒劳无益的。这是方案的必要部分,并且许多不同意用法律或道德来确定工资最少数量的人们都承认它。社会上流行着一种意见,认为富人或国家有责任给予所有的穷人以工作。如果社会舆论在道义上的影响没有迫使富人限制自己的需要以便让全体穷人为了“满意的工资”而工作,那么为此目的，国家就有责任按地区或按全国规定捐税，打算用此方法来改变劳动和工资基金之间的比例，不是通过节制生育而是通过增加资本使工人得到好处。

如果这项对社会的要求能够局限于当前这一代，如果只需要积累足以供给现有人数获得较好工资的经常性工作所必需的资金，那么谁也不会像我这样热衷于捍卫这项建议了。社会主要由从事体力劳动的人们构成，因此，如果社会，也即如果工人以自己的体力来保卫享有余额的人们的安全，那么他们只有为了社会的利益在征收这个余额作捐税的条件下才有权保卫他们，并且总是只有在这个条件下，保卫才得以实现。然而在社会利益中占第一位的东西是人民的粮食供应。谁也不会为他的出生而受到惩罚，因此，没有这样的捐款。富裕的人们并没有责任来捐这样款，使每个已经出世的人得到满足。

但是，要求已经生产和积累了资本的人们节制需要，直到不仅向一切现在生存的人们，而且向这些人们或他们的后代认为应该生存的一切人们供应饮食和服装，那完全是另一回事。承担并实现这种责任，会废除一切肯定的和预防性的节制生育；人口会以尽可能高的速度无阻碍地增长，而资本的自然增长无论如何不会比前者更快；因此为了抵补日益增长的赤字，捐税也将以人口增长的巨大比例开始上涨。当然，社会将试图要求以劳动来代替救济。可是经验已经指明，由社会慈善事业供养的人们应该期待怎么样的劳动。如果不是因劳动取得工资，而是为了工资才去劳动，则劳动无成效，这是大家都知道的事。强迫无法拒绝的工人有效地劳动，只有用鞭子才能做到。当然，有办法消除这条异议。一般地说，用捐税征集来的基金可以按整个劳动力市场分配，不让一个没有任何负担的工人有权要求在任何特殊的地方从特殊的官吏得到救济——看来法国“工作权”(droit du travail)的信徒们就是建议这样做的。那时个别工人仍有可能拒绝劳动；在劳动缺乏的场合，政府才开始创建补充劳动，来给自己挑选工人的机会，就像其他主人挑选的一样。但是日益增长的人口不论怎样有成效地劳动，也不能按照人口增长的比例增加产品，关于这一点我们已经讨论过多次了；以全部产品与人口相比较，除供养全体社会成员之外，剩余部分的比例越来越少了：当人口按不变级数增长而产品按递减级数增长时，全部剩余将逐渐消耗掉，供养穷人的税款将耗尽国家的全部收入；交税的和靠它过活的人们汇合成一大批人，那时业已不能再拖延实行节制生育了；死亡或者理智应当一起马上开始节制它。其实，在

前一时期,人类比蚂蚁或海狸社会高明的一切都已经消失了。

著名的作家在人所共知的通俗著作中如此多次地和如此鲜明地说出了这些结果,以致有知识的人们还不知道它们是不可原谅的。有这样的人,他自负地告诫社会,却忽略了这些论据,沉默地略过它们,并且如此论述或装腔作势地谈论有利于穷人的捐税,好像这些论据是不能够被驳倒的,好像它们完全不存在似的。这种人更加卑鄙可耻。

每个人都有权活着。我们假定这是不容争辩的。但是谁也没有权利把生命给予必须靠别人供养的人们。谁想坚持第一个权利,就应该放弃对第二个权利的任何要求。如果一个人没有别人救济甚至不能养活他自己,这些救济人就有权说,他们没有责任养活他有能力生出的所有子女。其实,有许多作家和演说家,其中包括最爱夸耀自己高尚情操的人们,他们对生活有如此无理性的看法——他们把妨碍乞丐在济贫院[①]生育世袭的乞丐称之为残酷无情。某个时候,后代会非常惊奇地发问:这是什么人民?怎么他们当中这样的传教士居然能找到新信徒?

国家能够保证已经出世的全体人民有优厚工资的工作。但是如果它这样做,为了自卫,依照政府为之存在的一切宗旨的要求,国家应当采取措施,规定未经国家的同意,一个人也不能诞生。在解除了普通的自然的鼓励自制力的时候,应代之以其他的鼓励。必须限制完婚权,后者并不比在一些有德国人的国家现存的完婚权不严格,或者严厉惩罚那些生育其无力养活子女的人们。社会能够养活穷人,如果监督他们生育,或者抛弃对不幸儿童的一切道义上的同情,可以让穷人任意生育,但不救济他们本人。可是听任穷人自由生育而不负起供养他们的责任,社会是不能不受制裁的。



慷慨地以慈善事业或工作的名义给人民以救济,如果与此同时人民不处在鼓励他们自恃的环境影响之下,这意味着浪费慈善事业资金而达不到目的。把人民留在这样的处境中,使其福利鲜明地取决于人数——在这种场合,为了改善现在一代人的物质福利和通过它来提高正在成长的一代的技能,所做任何捐款定将带来最大的可靠利益。但是如果你取消工资与人数的依存关系,如果用法律或社会舆论来保证人们一定的工资,那么,不论你给予

① 这里俄文是音译渥克浩兹,我们是根据英文原文 workhouse 译的。——译者

人们什么样的福利，他们和他们的子女也不会明白：个人的自制力应该是维持这种福利的真正手段；他们只将倔强地要求你继续保证他们的和他们会有的全体后代的命运。[60]

这种异议，应用于产品三项分配制度，是相当充分的。如果在建议不论什么时候确立“工作权”或责成社会给每个愿意和有能力工作的人以工作的作家当中，不论谁的思想考虑到产品三项分配制度，就像考虑到经济制度的最终形式一样，如果在社会有提供工作的责任的同时，却不责成社会采取任何强制手段来节制生育，他就确实说了不合道理的话。实际上我们看到，在所有古老的国家，人口的增长已经到了产品三项分配制度所允许的极限。所以在此制度下，群众的福利水平确实取决于生育的节制程度。在允许国家充分利用国家自然资源的制度下，将是另一回事：在分析马尔萨斯理论时我们看到，在现有的技术知识状况之下，现在人口最稠密的国家能够为居民生产比当前多 8 倍的粮食，而且生产这些产品所用的劳动比例不是大于而是小于现在的比例，也即不是加重而是减轻群众的生活负担。而在生理上可能的最大生育速度下，3 个加倍①时期不能少于一个世纪的时间②；在此期间技术知识当然能向前发展，而且它们的发展期限又延长了。这样一来，在这里，我们有非常长久的、没有必要节制生育的远景。并且可以让我们遥远的后代享有这种关怀，大概他们的爱好将与我们的不同，所以还不知道，这些遥远的后代究竟关心些什么：是关心那时的人口不

① 为使人口增加 7 倍所需要的。——车注

② 没有迁居国外，如果有迁居国外的，则此时期会延长几个世纪。——车注

要再增加呢，还是关心那时人口不再减少。我们赞成这种观点。但是须知它的基础是假定制度允许国家从国家的自然资源中得到充分的利益。在使劳动丢开盈利的工作而转向赔本的工作的三项分配制度下，这是不可能的。在这种制度下，不到一个世纪的期限国家将感到人口过剩，在这种制度下，每个国家已经有过剩人口，不久便不再是荒无人烟的地方。在这种制度下，对每个欧洲民族的确存在着二者不可兼得的取舍：或者社会不能保证每个愿意工作的人有工作干，或者被迫采取措施反对增加人口。

但是，这是乌托邦，仍然是二者择一，也即在两个答案中选择一个的可能性，而不是只有一个唯一的必然解答，正如使人确信"劳动权"的因循守旧的概念的拥护者所坚信的那样。甚至在现有的经济制度之下，这一点儿也不是乌托邦；这种事情，就是在现有的经济制度之下也是很容易实现的。但是在这种制度下，社会在保证工人福利的同时，将必须使某部分工人受到一些限制，正如我们上面阐述过的，现在无数工种的工人，或者依照习俗或者依照法律受到这种限制对自己或对社会几乎没有任何好处。这里没有乌托邦，但是有必要对相当多的人的自由作某些限制。[61]如果我们是限制的信徒，我们会十分满意地宣布"工作权"能理想地解决社会问题。如果我们承认产品三项分配制度是经济生活方式的最终形式，我们会说："工作权是与我们关于个性自由的概念的不利条件结合在一起的，但是工作权仍然是能解决社会问题的最好办法"，正如我们在后面援引的穆勒在文章中所说的一样。但是。我们既不是限制的信徒，也不是不善于摆脱三项分配制度的理论的信徒，我们想，社会问题将会圆满地解决，比起那些没有决心进行到底、

但却不冷淡的愚笨地说社会为群众利益什么也不能做的人们所宣称的简单的"工作权"来，它将无比优越。"劳动权"——是模棱两可的人们的思想，我们珍惜这些人们的诚挚和善意，但是逻辑却不允许我们附和他们。[62]

单纯的"工作权"，不会给社会带来从三项分配制度提高到更有利的制度的措施，其坏处是要对一部分工人进行某些限制。它不能令人满意的是，它保证的富裕程度比更好地解决问题时可能有的程度要低得多。但是应当说，它确实保证工人一定程度的富裕，而且这个程度仍然比他们现在的状况高得多。[63]改善工人命运的其他方案具有完全不同的意义——这些方案不是建立在模棱两可地承认正确的原则基础上(完全承认这项原则要好得多)，而是建立在不了解三项分配制度下控制工资的规律的基础上。

这些方案的共同特点是，社会在使工人受雇用而找到工作的同时，给他以某种形式的附加工资，工人在竞争的影响下用自己的劳动才得到这类工资。在各种类似的形式中，对我们饶有兴趣的是在英国以配地制度(Allotment System)著称的制度，所以这一次我们仍然沿用英国的名称而不去寻找对应的俄国名称。这种制度就是给工人一小块不足以完全保证他生活的土地，以便让他要求受雇当工人。关于这个问题，穆勒是这样说的：

用净增国家总产品的手段来调整工资之不足，当然不是用征集税款来抵补这个不足。通过工人自己的劳动来帮助工人，当然不是用助长其冷漠和懒散的方法给他以救济。在这两个关系中，配地制度比增加收入补贴的制度具有无可争辩的优点。但是，认为这两种制度对工资和生育的影响本质上有差别，我没有看到根据。所有补加工资的补助金使工人有可能领取较少的工资，因此最终结果是降低劳动价格，其下降额正是工人从这些来源得到的全部金额。如果工人阶级的观念和需要发生变化，如果他开始认为满足自己本能比增加自己的和自己亲人的生活福利较次要，只有在这种场合，才可能截然不同。我认为，不能期待配地制度能够引起工人性格的这种变化。某些作家就此问题对我们说："占有土地使工人成为有远见的人"。土地私有或与它作用相同的在不变条件下的永久占有权使他成为有远见的人，然而单纯的租用一年土地从来没有发现过这样的作用。占有土地能使爱尔兰工人成为有远见的吗？[64]的确，有许多关于获得地块对工人的性格和状况有好影响的证据。我对这些证据的准确性不提出异议。在只有少数工人有地块的时候，当这是些享有特权阶级的高于一般水平并且不愿下降到一般水平的人们的时候，其结果就应当是这样的。同时，这总是一些从一开始就经过精选的、是工人中间最优秀的人们（然而这个优点是和害处联结在一起的，正是使那些比谁都准备好要以理智节制生育的人们容易结婚和生儿育女了）。但是我认为，这个制度在其对工人阶级状况的影响方面是微不足道的或有害的。如果地块只给予为数不多的工人，自然是给予没有地块也比别人生活得好的人；因此对整个阶层没有任何好处。然而如果制度普遍化了，每个或几乎每个工人都有了地块，依我的意见，其结果就和如果每个或几乎每个工人得到了补加工资的补助金一样。如果上世纪末全英国用配地制度取代补助金制度，那么毫无疑义，它同样会废除从前的人口节制，以致人口开始以同样的速度增长。20年之后工资和地块一起同样不会超过从前没有任何地块的工资，正像工资和附加补助金不超过从前没有补助金的工资一样。在配地制度方面会有一个优点，就是按照这种制度，人民自己给自己生产出补助金。

我情愿完全同意，如果工人群众有土地，甚至不是私有而是以合适的租金租用，那么，在一定情况下工资不是降低而是提高。但是所以会有这些情况，是因为土地使工人在获得生活资料方面成为不依赖雇用劳动的人。靠工资生活和只从土地得到附加收入的人民的处境，与必要时只以其土地的一些产品为生、而雇用劳动仅仅是为了增加自己福利的人民的处境，是完全不同的。在谁也不是万不得已才出卖自己劳动的地方，工资不见得是不高的。"具有能够借用地产进行劳动的人们，不会为了不给他比饮食土豆和玉米更好的工资去出卖自己的劳动，尽管为谨慎起见，他们主要吃土豆和玉米。沿着大陆旅行的时候，那里与丰富而廉价的食品相比，工资之高常常使我们大为惊异。这是因为大陆上很多地方的人民群众占有土地；那里没有必要也没有人乐意去从事雇用劳动，因此雇用劳动是罕见的，与粮食价格相比是高价的。”[65]（《一个旅行者的札记》第456页）在大陆上有这样的地方，那里甚至在城里人中间任何一种生活资料也不受其特别从事的唯一职业所限制；只有这个才是那些对于其是否有被雇用而工作漠不关心的人们要求为自己的劳动支付高工资的原因。但是，如果土地和他们的其他生活来源只能给他们一部分食物，并不减少他们在过饱和的市场上为挣工资而出卖自己劳动的必要性，结果就完全不是这样的了。那时他们的土地只会使他们有可能拿较低的工资和比现在较多的生育，同时把最低工资的限度降得更低，低于这个限度他们将不能够或者不愿意再降低。[66]

穆勒指出了这些弥补办法毫无价值之后，转向他认为最好的办法。只有在改变工人习惯的条件下，才能可靠地改善工人的命运。他说：



在对人民的观念和习惯不发生影响、通过它们也不发生影响的各种手段中，一个也不具有一点顺利提高工资的最小可能性。如果观念和习惯仍旧不变，甚至那些暂时改善最穷人们的处境可能有成效的方法，也只不过减少了从前用以节制生育的束缚，因此，只有那种场合，如果刺激捐税的吸引力迫使资本以人口增长的速度增加，它们才有可靠的影响。但是这个过程持续的时间不能太长，而一旦终止，国家会增加最穷阶级的人数，减少除最穷阶级以外一切阶层的比例；如果它延续到极限，除了最穷的人们之外，谁也不会留下。排除自然节制生育而又不以其他节制措施取而代之的一切社会指令必然会导致这样的结果。[67]

完全正确。但是，人的性格和习惯不管是什么样的称呼，——不论工人的、商人的、中国人的、英国人的都一样——能得到改善不外是由于情况改变所产生的这种改善。须知无缘无故的事是没有的。如果一个人表现不理智或不道德,这是有缘故的;排除这些缘故,他就会变好,然而舍此去期望他变好,就意味着用天真的幻想来安慰自己,对真正的科学来说这是完全下流无耻的。穆勒有关这方面的评论非常古怪,——一半评论是非常正确的,而另一半则陷入幻想。他说,如果没有可能把工作安排得使雇用工人得到优厚工资,政治经济学就是可悲的科学。

对人类事业的这种观点是毫无根据的。与几乎所有其他灾难一样,贫穷的存在是因为人们没有应有的理智而跟随了自己的动物本能。正因为人能够不成其为动物,才能有社会。文明在其一切方面就是与动物本能作斗争。它证明了,人可以充分控制最强烈的本能。它以自己人为的影响这样改造人类大部分群众,以致未必在他们当中会留下许多自然习气的痕迹或回忆。如果文明还没有按照需要的程度来控制生育的本能,那么不要忘记,它还没有严肃地关心这件事。[68]

在这里穆勒指出支持人们当中有害的漠不关心的偏见。是的,偏见是有害的。但是,只用它们来解释重大现象是非常不够的。偏见一违背明显的利益就不能长久维持;如果维持它,就是说,无论什么样的利己主义打算都在支持它。在现存制度下,生育对群众是有害的,但是它是否不给任何人带来利益呢?由于人口过剩产生的低工资,这对工人来说是不愉快的。但社会上是否有人为此高兴呢?穆勒自己作了回答:

可以怀疑,不论什么时候,除最穷阶层以外的无论什么社会阶级中是否真挚地和严肃地希望工资高。其他阶级总是非常强烈地希望有利于穷人的捐税不要太大。可是随后他们非常竭力希望工人阶级贫困。在本人不是工人的人们当中,几乎每个人都雇用工人,不惋惜工人廉价地出卖自己的劳动。[69]

这就足够了。在三项制度下社会分为两大阶层,在工资问题上他们的利益是直接对立的。低工资对其有利的阶级控制着经济事业的进程。工资又低、生育又过多的原因,现在明显了。这原因就是产品三项分配制,工资和利润分开,一个人受雇佣,另一个人雇用劳动。但是穆勒忘记了他自己提出来要注意的情况,却期待着借助于某种命运可以在雇用工人阶层中普及坚决不生育,期待靠信念的力量——确信一个人把子女生下来,却不能保证他们的命运,这是不道德的——将建立起这个决心。好吧。但是难道没有这么多的事情吗?每个做这种事的人都认为这是坏事,可是在有一定地位的人当中几乎谁也没有去制止它。例如,社会上什么阶级的全体成员不坚定地相信酗酒是吃亏的和恶劣的行为?可是,难道这种普遍的信念妨碍了酗酒在那些有利于发展这种恶习的阶级中占控制地位吗?因为涉及穆勒评论问题本身,举个更加令人信服的实例。在天主教宗教界的人当中,找不到一个这样的人,他会非常坚定地不知道,如果贞节的誓言一破坏,他的行为是恶劣的。谁还不知道,大多数天主教界的人没有按照这种信念生活呢?例外是很多的,但是他们终究是例外。他们对这个阶层的一般生活方式并无影响。[70]问题在于,在现实的引力面前思想本身太软弱了,在生活需要面前大多数人的信念显得软弱无力。因此,所有关于自制力的提示对大多数人来说是白费力气。需要比较实

际的手段，以使人们在生活中开始遵循为他们推荐的关于人口过剩有害处的理论的规则。穆勒亲自觉察到这一点而且寻找根据，用以证明，他的期望是正确的：大多数人接受了有关人口过剩的害处的思想之后，有良好影响。他说：

不应该忘记，如果我们讨论的意见推广开来，那么在广大妇女当中将有有力的帮手。多子女从来不是妻子希望的结果，妻子除了肉体痛苦之外，还要承担由于子女过多而产生的不堪忍受的家务，她所忍受的贫困比丈夫的只多不少。对于广大妇女来说，摆脱这种处境就是幸福。她们现在无论如何也不敢提出这项要求，但是如果社会舆论道义上支持他们，她们是会提出来的。在还享受法律和道德观点保护的一切野蛮行为的残余中，最令人厌恶的显然是允许人们自以为有权占有别人。[71]

如果为了工人的福利需要对其子女人数作某些限制的意见在工人阶级当中已确立起来，那么性格庄重又受人尊敬的工人将遵照这些要求行事；只有那些一般地说不重视社会义务的人们才起来破坏它。那时把道义上的义务——禁止可能成为社会累赘的子女出生——变为法定的义务，当然可以证明是正确的。我们有很多这样的情况，由于社会舆论，最后法律使顽固的少数人负担这样的义务，即为了公共利益所有的人都应该遵守的、并且大多数确信它们有利而自愿承担的义务。但是，如果给予妇女与男子一样平等的公民权，毫无疑义地也应该给予她们这种权利，那么立法决议就不必要了。就让习俗不再把一个身体功能变为妇女唯一的谋生手段和唯一的起作用的源泉，那时妇女在关心这项功能的问题上将获得同男子平等的发言权，这是他们从来没有过的。我们现在能够展望未来的一切有益的改良当中，应该认为在道德和社会关系方面，这项改良具有最为丰富的各种各样有利于人们的后果。



现在我们必须研究是否有希望，在工人阶级中普及根据工资取决于人口数量的规律建立起来的信念和规则，以及用什么手段来普及这些信念和规则。当然，许多人简直愿意不加分析地说，期望这个就是荒谬；因此在阐述希望的依据之前，我将指出，如果不能满意地回答我提出的问题，那么在英国占统治地位的经济制度将不可挽回地会受到指责。按照这种制度，社会上的全体工人阶级以雇用劳动所得的工资为生,这个制度,许多作家都把它当做是 nec plus ultra① 文明。现在我们分析一下,是否应该认为过分地生育和工人阶级卑微的地位是这种制度的必然的后果。在雇用劳动制度下,如果不能在合理的范围内节制生育,那么这种制度是致命的。所以,政治经济学的主要宗旨应当是:无论是怎样地改造所有制和改变生产方式,它能使工人受到最强烈的和最简单的鼓励作用并有理智地生育,这种理智是雇用劳动制度所不同意的。[72]

这种观点的前半部分完全正确。如果妇女的发言权与男子的发言权平等地参加组成社会舆论、民族习惯和制度,当然生育问题将处在令人满意的状况。但是承认女权本身是以群众智慧和道德的高度发展、也即群众高度的福利为条件的。因为没有福利,不论智慧还是道德都不能发展。所以,有益的变更程序,看来必定是与穆勒在这里所假定的相反。在承认女权之前就应该提高群众的福利;如果女权将被承认,她的利益使社会避免人口过剩;自然地把动物繁殖的本能纳入社会福利所需求的范围,已经是社会福利的最终结果,应该去寻求产生这种福利的其他源泉。

穆勒似乎考虑得截然不同。他问,节制生育与雇用工人阶级的生活方式是否能结合得起来。按照他的意见,由于节制生育应该产生高工资和工人的高福利。他甚至是很肯定地回答这个问题的。雇用工人能够理解,工资数量是受资本与人口之间的比例制约的。明白这一点,他们会节制生育。连所有墨守成规的政治经济学家都是这样解决问题的。然而此后穆勒好像明白了,这种回答过于天真。他意识到广大雇用工人至今仍然不能理解和保持节

① 最后阶段。——编者

制原则，并且把这个归咎于两个情况：愚昧和贫困。按照他的意见，为达到目的，必须排除这些障碍。

这样一来，为改变工人的习惯必须同时对他们的智慧和他们的物质处境施加影响。首要的是对工人子女的全民的认真的教育；同时必须有一整套措施来消灭整个一代人的极端贫困，就像法国革命消灭了贫困那样。[73]

墨守成规的政治经济学家通常满足于推荐第一个手段："向人民传授吧，别的什么也不需要，"——他们说道。穆勒正确地认为，只关心这一点，意味着白费口舌。

旨在发展人民的理智并向他们传授人们必要的知识，以使评论自己的行为——这样的教育大概会鼓励社会舆论来否定各种无节制和无远见，尽管它还不能直接激起这种舆论；那时缺乏预见性充斥了劳动市场，它将像有害于公共福利一样受到严厉的谴责。我以为，如果产生这样的看法，那么它无疑地足以在应有的范围内节制生育；但是不应该只让教育来形成这样的看法。教育与极端贫困是不能并存的。严肃地教育贫穷的人民是不可能的。难以做到让从来没有享受过福利的人们开始觉察到福利的价值，让对日复一日的生活习惯变成漠不关心的人们理解无保障生活的灾难。个别人经常摆脱贫困走向富裕；然而只能期待全体人民善于保持富裕。如果不想出办法把整个做粗活的短工阶级提高到相称的福利水平，并且一直保持到新的一代成长起来，要改善他们的习惯和提高群众的需要，将是一项困难和缓慢的工作。[74]

自然，这是正确的。但是用什么方法才能给予雇用工人群众这样的福利，而没有这种福利，便不能受到教育呢？穆勒建议两种方法：用政府的资金大规模地迅速进行殖民化，以便把大部分工人居民一下子迁出国境，并且把未开垦的村社的土地分发给雇用工

人和(从公共资金中)付给他们安家的补助金。这时他公正地指出:

> 但是,如果不使全体留在国内的农业雇用工人群众不仅得到工作,而且还得到在现有工资以外的大量附加工资,无论哪一种方法,或者两种方法结合在一起都不能大量减轻工人阶级的负担。这种附加工资使得他们能在他们至今仍然感到陌生的富裕和独立中生活和教育子女。如果我们的目的是可靠地改善人民的生活方式,那么小规模措施甚至产生不了细小结果,所以也完全不会产生任何结果。如果不能让整个一代像现在习惯于贫困一样地习惯于富裕,那就等于我们什么也没有做到;软弱的敷衍办法只会浪费资金,把资金保存起来要好得多,直到社会舆论和教育的进步创造出热心于改良计划——因为它的保证是非常有益的——的国务人员为止。[75]

当然,就是这样。有些事情如果在太小的范围内进行那是毫无作用的。然而我们想,不论以什么规模采用穆勒建议的手段,这些手段本身自然而然地应该受到这样的评语:它们太软弱了。在每一个人口稠密的国家里,符合穆勒定出的三项条件——没有居民、没有变成私人财产和土质良好——的土地面积很小。即使(空闲的?)土地到处都有许多,甚至就在英国也很多,但是它们几乎全都不是太坏,就是已经变成了私有财产。在殖民化之前,它只能维持而不能颇大地提高现存的生活方式水平。一个人只有当“在祖国我过得太坏了”的思想驱使他,也即当他在祖国过得比他习惯的生活还差的时候,他才会离开祖国。如果对他来说,留在祖国并不比从前差,他是不会自愿离开祖国的。(当然穆勒谈论的是自愿移民;关于强迫移民连想也不该想)穆勒推荐的治标办法实质上是无济于事的。

回忆一下,我们从他本人那儿听到:低工资对劳动雇主有利;他们是不愿意提高工资的,因为这会违背他们的利益。在此之后,不论谁来关心减少过剩的雇用工人,把土地发给他们当中的某些人,归他们所有,或者把他们的任何一部分迁出去,这能带来什么好处呢?当工业的领导权还在企业主的手中,而低工资是对他们有利的,也即希望受雇用的人数特别多才对他们有利的时候,这些措施能带来什么好处呢?假定由于迁居国外或分发村社的土地,英国的劳动涨价了,——假定这种情况发生了。尽管为达到这样的结果,由于资金不足不可能发生这种情况。英国雇用工人变贵了。劳动雇主寻找廉价的工人,把德国人、比利时人招到英国来。这是众所周知的事实,在产品三项分配制度下是不可避免的。只要某个工业部门的工人要求提高工资,英国的劳动雇主每次回答说:"我们将从国外招收廉价的工人"。的确,每当英国工人拖延放弃要求的时候,他们每次都去招收。

让我们简短地重复一下我们从不是我们的而是穆勒所做的分析中得出的结论吧。

国家在该状况下,工资数量由用于工资的资本总额与雇用工人人数之间的比例决定。这种人数越多,工资水平就越低。工资水平越低,劳动雇主的利润就越大。这是穆勒自己说的。由此可见,只有当工业的进程将不是建立在雇用工人的基础上的时候,生育才可能受到应有的节制,工资才可能提到令人满意的高度;换句话说,只有当实际上不存在雇用劳动,也即不存在工资的时候,当实际上这个要素将与利润组合在一些人的手中,当个别雇用工人阶级和劳动雇主阶级消灭了,而代之以既是工人又是主人的同一阶级的人们时，工资数量才会令人满意。

*　　*　　*

迄今为止，我们跟着穆勒讨论了普通的没有任何专门特征的重体力劳动的工资规律，在每个国家，雇用工人的主要群众都在从事这种劳动。但是大家知道，有许多工作交给雇工做，工资与普通劳动的工资不同。这种偏离普通水平的原因，在占统治地位的理论中阐述得十分令人满意。这就是其中的某些部分：

如果工作特别令人愉快，工作愉快本身就是一部分酬金。因此工资与之相应地减少。反之，工作不愉快，工资相应地提高。从事可靠工作工人的工资比危险工作的低。如果训练工作要求较长时期和大量教育费用，工资会提高到使训练工人会做这项工作所花费的资金得到补偿。根据从这些局部情况中所明显地揭示出来的规则，不难编制非常长的无数情况的清单。这些情况具有提高各种工作的工资使之高于一般水平或者降到低于一般水平的特性。一般地说，一切特别愉快、轻松或容易了解的工作都有为它降低工资的趋势，而一切相反的情况，则提高它。为了指出理论上相当重要的事实，这样几句话对我们就足够了，即：在工人所得的工资中包含有许多除了应当称之为真正工资的因素以外的许多因素。

第一，雇用工人的工资通常多少有一点保险费。水手的工资有一部分是作为他的职业不无危险的酬金。在街头巷尾或市场上等待雇主的搬运工人的工资中有一部分是作为对他有一天会冒失业风险的报酬。

第二，工资中总有一部分是补偿培训工人所花费的资金的。

木工比挖土工人得的多，顺便说说，因为学会木工的时间应比挖土工人的长。在专业性强的劳动工资即医生或律师、工艺师或工程师的工资中这一部分达到相当大的数额。然而就连教育从事最简单的重体力劳动的人，也要花费可观的资金。成年工人得到相当部分的工资，说实在的，只不过是因为成年工人一般地说应该花费自己的一部分工资来教育子女。这里好像是几代人的连环担保：每一代人在工作的年代要抵偿上一代人花在教育他身上的资金。

还可以指出构成工资的组成部分，但是就我们的目的提出这两点已够了。我们想说，假定为参与生产的每个要素而存在的各个阶级人们制订的经济制度是尽善尽美的，那么，就不应当停留在产品三项分配上，而需要采用复杂得多的分配：生产三个主要要素之中的每个要素再分解为几个因素。保险费和补偿资本——这是占统治地位的理论对利润类的分类。我们现在看到，它们包括在工资内。是否不应该期望它们与工资分离开来，让雇用工人只得到地地道道的工资？可以想出一种制度，在这种制度下将会是这样的。特殊的企业主阶级可以从事教育子女和为专门职业培训年轻人。企业主以后让他们所培训的工人在这样的条件下受雇用，使工人从所得工资中交给他们相当部分，就能收回这方面的资本。要是像墨守成规的经济学家那样理解其含义的话，也即每种职业应当各自具有单另一阶层人，除了从事这个职业之外什么也不做，那么，这样的制度就与分工原则更合拍，难道不对吗？要不然，你们自己判断吧！雇用工人除了劳动之外还要教育子女——这跟什么相似呢？须知一个职业应当妨碍另一个职业，难道不对吗？

至于保险费，它已经被保险公司把它从工资和利润中分离出

来了。这种保险公司的组成不是通过需要保险者相互保险，而是通过组建特殊的保险公司，从这项业务中吸取特殊的收入。至今这些公司没有考虑为同意分给他们一部分自己工资的工人进行劳动保险。然而这都是非常重要的。的确，工人除了自己的一定部分工资之外，那时还要丧失独立性；可是这有什么特别的？因此他不会没有工作。

如果按照墨守成规的经济学家的概念来推断，就应该得出这样的结论。确实，为使生产的各个要素真正个别地为一个特殊阶级的人们所有，应该把保险费和资本消耗从现今的工资中分离出去。否则雇用工人仍然不仅仅是雇用工人本身，而是工人和投保人以及企业家的某种混合体。完全划分职业还没有做到。当然，如果实现它，那么，雇用工人会进入被教育他的资本家和为他保险的资本家所奴役的那种人的地位。然而不应为此发窘：为了满足于对职业划分原则的墨守成规的观点就应当是这样的。墨守成规的政治经济学家并不因说工人从比较独立的地位转入较少独立地位这类蠢话而发窘。然而这就是不幸：连续不断地采纳他们对职业划分原则的观点，就会连雇用工人阶级都被消灭。被别人无论用什么来奴役的人，会形成奴隶的经济特性。就是说，只剩下不同类型的资本家，他们把自己奴役的人们、自己的奴隶出卖给其他资本家为其劳动；就是说，除去其他因素的掺和之后，连工资本身也消失了，剩下的是主人对奴隶培训和赡养费用。按照占统治地位的理论，这点已经不中用了。

当然还没有达到这种地步，也不会达到。因为开始向与被占统治地位的理论评价过高的形式相反的另一种制度转变了。它还

来不及全面发展，就即将被性质截然不同的原则从科学和生活中排斥出去。然而如果它没有遇到这个反对者，它会因自己的发展而自我消亡。它将以新的任何样的名义使奴隶制度复辟。

请看穆勒对三项分配形式还指出了什么样的特点。它本质上与东方的制度意义相同。政治经济学家从盖洛道特读到它的时候，竟如此痛骂这种制度。[76]大家知道，埃及有过种性。每一个政治经济学家都知道，凭自己的身份他应该认为种性的存在是最荒谬、最不合乎自己的理论原则的东西。请看看吧，正直的穆勒是如何交代的：

至今不同工种的工人之间的划分仍然如此分明，他们之间的分界线仍然如此清晰，其结果几乎等于按种性来继承划分：每种职业主要由已经从事它们的、或者社会舆论认为与其相等的职业的人们之子女来补充，或者由那些出生在较低等级，但以自己的努力得以提高的人们的子女来补充。自由职业几乎只由从事这些职业的或有闲阶级人们的子弟来补充：高级机械制造职业由从事过它们的人们的、或与他们站在同一等级上的商人的子弟来补充；低级机械制造工作中也完全一样；而做粗活的工人，除个别情况之外，仍然继承自己原来的状况。因此迄今为止，每种工种的工资数量，与其说由全国总人口增长程度来决定，不如说是由本工种工人的增长程度来决定的。[77]

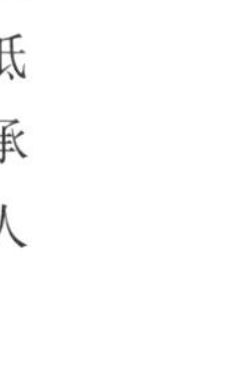



正如读者从这段的最后几句话所看到的，他说这些是为了解释工资与生育的关系。我们举出一个由他证明了的事实来评论一下：这个事实是偶然属性呢，还是占统治地位的理论评价过高的根本特性之一？不过，大可不必评论太久：问题当然是一目了然的。

有些位置比其他的有利一些。一般地说，谁将占据这些位置呢？现在占着这些位置的人是否愿意关心一下把它们传给自己的子女呢？根据人类天性的规律来判断，应当期待这个。父亲们的企望能成功吗？他们按照自己优越的地位有办法使自己的子女做好接班的准备；而其他的父亲就没有这些手段。结论是不容置疑的。

还要指出穆勒也指明了的一个情况。如果一个家庭中不是一个人，而是有两个人能工作，那么，只让其中一个人去工作，另一个人由他供养，不工作或者做点没有意思的、只是为了消磨空闲时间的而不需要什么麻烦的事，来让人由于空闲把时光耗费在胡言乱语上，这样做对社会有好处吗？对社会来说这是不利的；但是对于家庭本身来说，在产品三项分配下，这并没有害处。请听一听，穆勒说了些什么。他指出，如果雇用工人除了自己主要的受雇用的劳动之外，无论从什么样的家务劳动中得到某些收入，那么他主要职业的工资会照着这个附带收入相应地减少。要知道，由于自己的附带收入，他可能靠降低了的工资生活，因而，他可能满足于降低了的工资；如果他能够，那么他还要求什么呢？竞争强迫他满足于低工资，指出这点之后，穆勒接着说：

由于同样的原因，在其他条件相同的情况下，一般地说，在有妇女和儿童辅助工人劳动的行业中，工资往往较差。在这些行业中，阶层的习惯所要求的收入——由于多生育，工资几乎必然会降低到这种收入的水平——形成了全家工资的总和，然而，在其他行业中这样的收入应该由一个男工的劳动来获得。很可能，甚至全家的全部工资总额比其他行业中一个男工的工资还少，因为结婚以后理智地节制生育是非常差的。有时结婚的唯一直接后果好像是生活得到了改善——两个人的工资合起之后，男工和女工可以在婚后把家务操持得比婚前好一些。手摇机床的织布工往往就是这样的。几乎所有的纺织部门女工可以得到并且得到的与男工一样多。其子女从很小的年纪起就劳动。但是，像纺织工阶层中全家收入这样少、人们结婚这样早的行业，几乎连一个也没有。值得注意的是，有这样一些纺织劳动部门，它们的工资比普通纺织工资高得多。正是这些部门，是既没有妇女、也没有儿童在其中劳动的部门。考察纺织工人状况的委员会(Handloom Weavers Commission)证实了这些事实。委员会的工作报告于1841年出版。但是不能由此得出关于排除妇女在劳动市场自由竞争的论据。如果男工和女工的劳动工资甚至不比一个男工可能得到的多，那么，女工的利益，即她的生存不依附于丈夫是非常重要的。但是儿童应当处于依赖地位，因为由于他们在劳动市场上的竞争而降低工资，便成为有关限制他们劳动以便使他们能更好地受教育这一问题的重要因素。[78]

这个三项分配原则是非常可爱的东西。你研究得越深入，它与经济科学的基本思想美妙的协调一致性就揭示得越清楚。如果丈夫一个人工作，他得到一定的工资。如果妻子不把时间白白地浪费在无稽的烦恼上而是像丈夫一样有益地工作，她同丈夫一起得到的工资将不比从前丈夫一个人得到的多。如果子女也来帮助父母，父母和子女的处境丝毫也不会改善。多么出色地鼓励每个能劳动的人都去从事有益的劳动呀！多么好的激励对劳动的热爱！多么正确地合乎按劳付酬呵！

分析三项分配制度的一项，给予我们相当大的一堆对这个制度有利的建议。让我们看看，分析其余的两项会发现些什么。

## 利　润

在产品三项分配制度下，资本家支出生产费用，扣除这些费用以后，以产品中给他留下的那部分叫做利润。利润由几部分组成。一部分是给资本家的酬金，因为他把自己的资本投入生产；这一部分严格地说叫做资本利息；扣除这些利息之后，从剩余的利润中有一部分是给企业担风险的酬金。另一部分剩余是作为管理工作的酬金。利润的这三个组成部分，每一个都经常与其余两个分离开的。资本家有时雇用管理人，他自己就全然不干预这件事；这个管理人得到管理工作的酬金，资本家则只剩下资本利息和保险费。但是企业主经常向另一个资本家借用资本经营企业给那个资本家利息，他自己只得到保险费和企业管理费，——如果这时还雇用管理人的话，那就只得到保险费了。为了在产品三项分配制度下发展工业，利润的数量应该根据当时的社会状况足以形成所有这三个组成部分所必需的数量。但是在不同的社会状况之下，利润的每个组成部分的数量往往很不相同。社会越安宁越完备，保险费和利息就越低。社会上管理贸易事业的知识和精神素质越普及，付给他们的管理酬金往往就越少。



利润各组成部分的平均水平如何变化，要看各国处境的差别，就像不同行业中偏离平均水平的大小要看行业性质的差别一样。在冒险性较大的行业保险费高于平均水平，在特别令人愉快的行业给管理人的酬金往往低于平均水平；一句话，不同行业工资之间的差别赖以确定的全部意见，在这里都适用。除去这些与各行业特点相应的不均衡现象之外，所有行业中的利润量具有均等的趋势。构成资本利息的那部分利润，很容易服从这个趋势，以致在保证价值相等的条件下，所有行业中的利率实际上是相同的。债主的资本将用于什么行业，对他来说反正都一样；因此，如果有不同行业的两个人来借贷资本，向贷款人提出同样的保证，贷款人总是选上给他付大利息的人；这些人互相竞争不得不使利息提高到这样的数值，以致所有准备贷出的资本在同等条件下按他们的需要和按他们提出的保证数量成比例地在他们之间分配。根据贷给其资本的人们之间的竞争,利率停留在使企业主认为借入全部贷给的资本是有利的水平上。如果资本家用自己的而不是借来的资本开展业务,他也完全这样考虑。所以,如果把资本用于一种行业比用于另一种行业使他得到的利息小,他便力求把它转移到另一种行业。

然而除资本利息之外,利润还包括保险费和企业管理技能的酬金。这两个组成部分不这么容易服从平衡趋势的影响。在同一个行业中,本事较高的管理人会较好地避免损失和不必要的浪费,也即比本事较差的管理人员得到较多的利润。这多数取决于机会;所以同一个行业中不同的管理人有不同的总利润。但是在不同的行业中相同的企业主得到利润的平均概率应该是相同的;如果一个行业的这种机会将比另一个行业的好,资本将从利润小的行业流到利润大的行业中去,直到两个行业中期望利润的平均值相等为止(当然,由于各种行业的特性产生的差别要除外,这个我们上面已讨论过了)。

这就是所谓利润的平均值或一般值或利润的平均水平的概念。但是我们看到,这个平均水平,时而下降,时而上升。平均水平值取决于什么呢?英国的经济学家、尤其是李嘉图的著作出色地说明了这个问题。[79]穆勒——李嘉图的优秀学生——也阐述得再好不过了。兹援引穆勒的论述如下:

不熟悉科学的人以为,商业利润好像取决于价格。看来,生产者或商人获得利润是因为出售自己的商品的卖价比它的价值高,所以可以想到,利润好像是买与卖的结果。不了解科学的人以为,似乎生产者获取利润只不过因为有商品的购买者;似乎需要,就是购买者,商品市场,就是资本家获取利润的原因。这些资本家出售自己的商品来恢复自己的资本和增加其数量。

然而这样考虑,意味着只看到社会经济结构的表面现象。实际上我们认为,从一个人转向另一个人的资本从来不是经济现象问题的本质。如果我们再深入一些来观察生产者的工序,我们会注意到他因商品得到的货币,全然不是他有利润的原因,而只不过是用来向他支付他的利润的方法。

产生利润的原因是劳动所生产的比维持劳动所需要的多。农业资本提供利润是因为人们能生产出的粮食比用来在粮食生产的时期(加上他们制作工具和完成所有其他必须的准备工作的时期)供养他们所需要的多。由此可得出结论,如果资本家着手在获取产品的条件下供养工人,那么,除了偿还自己的费用之外,他将得到某些剩余。换句话说,这条公理表达为:资本提供利润是因为饮食、服装、材料和工具的寿命比用来生产它们所需要的时间长;所以,如果资本家把这些物品供应给一批工人,其条件为获得他们将生产出来的一切,那么他们除了再生产他们所需要的必需品和工具之外,将有剩余时间来为资本家的利益劳动。正如我们看到的,利润的产生并不是由于其他的情况,并不是由于交换,而是由于劳动生产力。因此国家的一般利润总是与劳动生产力相适应的,即使没有发生任何交换也完全一样。如果没有行业划分,那么,就既无买、也无卖,可是利润仍然会存在。如果国家的工人总共生产的将比自己的工资多20%,那么,不论价格如何,利润将为20%。价格的偶然数值暂时向一类生产者提供大于20%的利润,而向另一类提供的比它少,这要在某一种商品的售价相对其他商品来说高于其自己的真正的价值、而另一种则较低的时候,才会出现,况且这种情况将继续到价格重新平衡为止。但是总起来说,生产者必定正好得到20%的利润。

为了发挥这些扼要地表达出来的思想,现在我来比较详细地介绍决定利润数量的方法。

我假定在工人和资本家组成不同阶层的整个社会中,只有很少例外的那种习惯上的办法占唯一的优势——假定资本家提前支出一切费用,其中也包括全部工人的工资。[80]

在这种假定下,资本家把一切费用投入生产就得到全部产品。

他的利润(穆勒继续说)就是比费用多的剩余产品;利润率则是这项剩余与费用总额的比值。可是资本家的费用由什么组成的呢?

直接付出的工资构成每个资本家的大部分费用。此外,材料和工具,包括建筑工具,也构成他的费用。但是材料与工具是由劳动生产出来的,我们所假定的资本家应当不代表个别企业,而是全国生产工业的典型。因此我们可以假定,他自己制造自己的工具和获得自己的材料。他通过预先支出来制造和获得它们,这些支出又唯一地是由工资构成的。如果我们假定,他不是自己生产,而是去购买工具和材料,事情的本质是不变的;在这种情况下,他向以前的生产者支付被其花光了的工资。的确,他支付该生产者的工资是有利润的。如果他自己生产这些东西,那么,他自己会在自己支出的这一部分上获取利润,就像在一切其余部分上获得利润一样。但是还有一个事实,就是在一切生产过程中,从材料和工具开始并以成品告终,一切费用无例外地都由工资构成。差别仅仅在参加生产过程的某些资本家在工序结束之前就已经得到了付清自己的那一部分利润——这样对于他们和对于其余的资本家都比较方便。凡是不组成利润的那部分最终产品都用来偿还资本家支付工资的费用。

这样一来,结果是,资本家的盈利唯一地取决于两种情况:第一,取决于产品量,换句话说,取决于劳动生产力;第二,取决于工人本人得到此产品的那一部分,取决于工人工资与工人生产总额之间的比例。这两个因素是已知的,它们决定了在一国全体资本家之间进行分配利润的总额。但是利润率即利润与资本的百分比,只由第二个因素决定——由工人得到什么份额,而不是由工人与资本家之间分配的总额来决定。如果劳动产品增加一倍,而且工人将得到和以前的比例一样的那一部分产品,也即他们的工资如果也比以前增加 1 倍,那么,资本家确实比以前多得 1 倍。然而,因为他们支出的比以前多了 1 倍,所以他们的利润率并没有增加,仍然和以前的一样。

这样一来,我们得出了李嘉图和其他政治经济学家的结论。他们证明了:利润率取决于工资。随着工资的下降而提高,并且随着工资的提高而下降。[81]可是,在赞同这个理论的同时,我认为必须在其术语上更动一下——绝对必要的改变。我们说:利润由劳动费用决定,以此来取代利润由工资决定。实际上李嘉图在做结论的时候,也想到了劳动费用。

工资和劳动费用——工人因劳动得到的金额和劳动花费资本家的开支——这是两个完全不同的概念。因此了解两者之间的差别是非常重要的。为了不混淆它们，必然不能用一个术语表示它们，像几乎所有的政治经济学家所表示的那样。在公众讨论[①]和文献中，从支付者的观点看待工资较之从获得工资者的观点看待工资要常见得多；因此，当只考虑劳动费用的高与低的时候，就要不断地谈论工资的高与低。问题的实质大都是相反的：在工资最低的时候，劳动费用经常最高。这有两个原因。第一，廉价的劳动可能无成效。在所有欧洲国家中，最低工资在爱尔兰（至少从前是这样），爱尔兰西部农业工人的工资不超过英国工人获得的最低工资（多塞特郡〔Dorsetshire〕工人的工资）的一半。但是如果按其较少的技能和勤奋来说，一个爱尔兰人在两个工作日完成的劳动不比一个英国人在一天内完成的劳动多，那么，爱尔兰人的劳动费用并不比英国人的劳动便宜，即使爱尔兰人获取的少得多。资本家的利润取决于劳动花费多少，而不取决于工人得到多少。无数证据证明爱尔兰人的和英国人的劳动成效之差别确实是如此大，而主要事实是：尽管工资很低，爱尔兰资本的利润却从来没有比英国的高过。



工人必需品的价值不同，就是不能把工资作为劳动费用标准的第二个原因。如果这些物品便宜，就其对工人的重要性来说，工资可能是高的，其实劳动费用却是低的。如果这些物品昂贵，那么工人能得到的太少，尽管他的劳动对资本家来说要耗费很多。人口比土地数量过多时，土地的状况也如此：那时粮食昂贵，工人的实际工资微薄，对买主来说，这并不妨碍劳动得花费很多；在低工资的情况下利润也低。相反的实例是北美洲。那里的工人享有如此丰富的日常生活上的方便设备，除了某些新殖民地之外，世界上哪儿都没有；但是由于这些设备（和劳动的高成效）价格低廉，为资本家的劳动费用比在欧洲的低得多。这我们从那里的利润率较高这一点可以看出来。正如利率所证明的：当伦敦付 3% 或 3¼ %时，纽约则付 6%。

那么，用数学语言来说，劳动费用是三个变量的函数：劳动成效，工资（实际的而不是给工人的货币酬金）和能借以生产或购买组成实际工资的

① 这里与车尔尼雪夫斯基的译文（парламентские прения）稍有不同，系根据英文原文 Public discussions 译的。——译者

物品的价值。显然劳动为资本家的劳动费用取决于这三种情况中的每一种，而且只有这三种情况对它有影响。所以，利润率由它们决定，而且也只能由它们的作用起变化。一般地说，如果劳动变得比较有成效，劳动工资没有提高；如果劳动工资下降，而组成这个工资的物品价值没有提高，而且劳动本身并没有变得较少成效；或者如果组成工人工资的物品变得便宜了，但工人得到的物品并不比以前的多——那么在这三种场合中的每一种场合下，利润率都会提高。反之，如果劳动变得较少成效（可能由于人民体力减弱或由于其教育变差了）；或者如果工人开始得到较多的工资而组成其工资的物品价格并未降低；或者如果他将得到的也不比从前的多，但是他得到的物品费用将大一些——那么，在所有这些情况下利润率将会降低。除了这些情况，全国所有工业部门中再没有一般利润率能下降或上升的其他组合情况了。[82]

这里阐述了一个方面的问题，已说得完全令人满意。但是这里阐述的不是问题的各个方面。利用这个机会提请读者注意有关我们对经济问题的观点与墨守成规的政治经济学家当做绝对正确的观点之差别的根本特征。差别的第一个特征——我们以其伟大的创造者斯密、马尔萨斯和李嘉图所提出来的那种形式的经济理论作为自己概念的基础，而不是以可怜的改编（这个理论受到大陆上饶舌者或编纂者的改编，他们不正当地或无意义地歪曲它的严肃的但却高尚的性质，不加挑选地把一切废话都填进这个理论中去）为基础的。你看，比如李嘉图证明了利润是扣除了劳动费用之后的剩余产品，或者假设有雇用劳动，利润是扣除工资之后的剩余产品。大陆上的政治经济学家却用繁琐哲学或修辞上的胡言乱语来歪曲这一严肃的真理。我们不同意这种庸俗的篡改并跟着李嘉图说：在当前的生产状况之下，利润量与工资量成反比。随便你由此得出什么结论吧，然而我们是不愿意隐瞒真理的。

这就是我们的观点不同于占统治地位的理论的第一个原因。我们不能容忍大陆上有口才的空谈家和编纂者对科学的歪曲。但是，我们把伟大的英国创造者的主要成果当作真理，并不认为全部真理都局限在他们的著作中。一般地说，凡是他们细心研究过的那些方面的问题，他们都非常令人满意地解释清楚了；然而他们毕竟不是神，而是人，所以他们注意到了许多问题，还有许多问题却没有注意到。他们的著作需要增补充实。这些思想家完成了这种增补，他们是我们真正的导师。

你看，比如就拿利润问题来说吧。李嘉图也好，斯密学派的政治学家中的另一位也好，对于因利润的特性，尤其是利息按几何级数增长的特性而产生的结果，都没有予以应有的重视。这种健忘的部分原因，应当是实在的事实与数学定律明显的不一致。然而这个健忘毕竟是非常不正常的，因为利息和一般利润增长的规律与马尔萨斯的理论是完全相同的。每个人都知道，如果利息加上原先的总额再重新生利息的话，资本将会以何等的高速度增长。谁都知道为了好玩，用计算证明：如果亚当把一个戈比存入银行，那么现在我们每一个人应从银行得到的金子，比以太阳系到海王星的轨道为直径的球形口袋装的还要多得多。我们将不用类似好玩的计算来使读者开心，只把我们的计算局限在不长的很容易观察到的时期内，比如说一个世纪。下面列表说明，最初等于 100 卢布的资本，若在 3－10 的不同利率情况下，经过 25、50、75 和 100 年，会增加到多少卢布。

最初的100卢布会增加到多少卢布

| 利率 | 25年 | 50年 | 75年 | 100年 |
|---|---|---|---|---|
| 3 | 209 | 438 | 918 | 1,921 |
| 4 | 266 | 711 | 1,894 | 5,050 |
| 5 | 339 | 1,147 | 3,883 | 13,150 |
| 6 | 429 | 1,842 | 7,906 | 33,930 |
| 7 | 543 | 2,946 | 15,988 | 86,772 |
| 8 | 685 | 4,690 | 32,121 | 219,970 |
| 9 | 864 | 7,436 | 64,119 | 552,900 |
| 10 | 1,083 | 11,739 | 127,190 | 1,378,050 |

读者知道，就在利率最低的英国，其利率最小的贷款（按公债基金）利息也经常高于3%，最高质量的贸易期票（按在英格兰银行贴现的期票）一般地说，要高得多，通常由4%至5%，经常达到6%甚至7%。然而这些贷款只是英国贸易贷款的极小一部分：在最可靠的保证之下，主要贷款支付的利息高于英国银行所要求的。大陆国家和北美的利息比英国的高。在法国、德国的商人认为，如果只应该支付6%的利息，那就是非常有利的借款；通常支付的比这要多些。我们从表中看到，利率为3%时，在一个世纪之内，资本增长了18倍多；利率为6%时，增长338倍多，利率为8%时，增长近2,200倍；最后，当利率为10%时，增长近13,500倍。利率为10%的优厚贷款不仅在我们这里，而且在大陆上的西欧都绝非罕见。甚至在英国也不是太少有的。

其实所谓贷款利息只是贸易利润的一部分，一般地说利润要不可比拟地大得多。例如在英国，照穆勒的话说，商品零售价格比批发价格要加价50%已成为定则。[83]当然，这50%应该用来抵偿小铺的费用和由于在某些买主身上失掉债务带来的损失。但是，如果扣除这些之后留给本事不高的零售商人的纯利润不很多，而留给能干的商人的纯利润是大的，30％，可能40％，也可能比流动资本还大，因为他的资本一年之内能周转几次。让我们来看一看，如果利润率为10％到40％，资本将如何增长。如果这里按四分之一个世纪计算，并且一直算到整个世纪，那么，这些数字在一行表格里就容纳不下了。例如，利润率为40％时，经过100年，100卢布将变为41,000,950,000,000,000卢布。为了明确起见，试说出这个数字：四亿一千万亿零九千五百亿卢布。整个地球上的全部财产的总数同这个数额相比是极小的一小部分；如果假定地球上有10亿人口，并在他们之间分配这个数字，每个人可分得41,000,950卢布——每个人有这笔巨额财富，全罗特舍里多夫(Ротшильдов)氏族未必有这么多财富。为使我们的设想能应付得了我们将要得到的数字，我们的计算时间应该与一代人的活动时期即30年相对应；现在按每10年进行计算：



最初总额100卢布将增长到多少卢布

| 利率 | 10年 | 20年 | 30年 |
|---|---|---|---|
| 10％ | 259 | 673 | 1,741 |
| 15％ | 404 | 1,637 | 6,621 |
| 20％ | 619 | 3,834 | 23,738 |
| 25％ | 931 | 8,674 | 80,780 |
| 30％ | 1,379 | 19,004 | 262,000 |
| 35％ | 2,011 | 40,427 | 812,850 |
| 40％ | 2,892 | 83,663 | 2,420,240 |

商人是否可能按40％获得纯利润呢？是的，这是很可能的。否则就不会有这样的例子，一个大约二十多岁的人，以100卢布开

始自己的商业周转之后，会变成拥有5千万卢布的富翁。这种例子不多；为何不多，我们下面会看到。然而纯利润40%却绝非罕见。我们不断看到这样的例子：在任何5年中开始经商的小商人会把自己的资本增加4倍。这就是说，每年资本由于加上其纯利润而增加40%。但是我们不研究这40%，既不研究35%，也不研究30%、不研究25%，甚至也不研究20%；我们只研究纯利润15%。这个利率已经是非常适度的，太适度了。一个不能在一年之内用自己的1千卢布的资本赚得150卢布小商人是很不好或很不幸的。所有的同事必然可怜他或讥笑他。在这种低于常见的利息之下，在一代人的期间资本增加了65倍。

现在我们要问，是否曾经有过，是否什么时候可能有过，一个民族的财富总额在任何30年中间，且不说增长65倍，哪怕是增长29倍、增长19倍呢？合众国是社会财富总额增长最快的一个惊人的例子。社会具有如此多的财富，以致可以称之为经济上独立完整的社会。从1800年到1860年，合众国的人口增长了5倍，如果每30年财富就已增加到20倍，那么60年将会增加到400倍($20^2=400$)；把这个增值除以人口增加的倍数，即可得到，1860年合众国每个居民平均比其祖父在1800年富裕59倍以上。这是明显的荒谬。未必能够设想，哪怕他富裕3倍——大概连3倍也不到——在这60年间，一般的富裕水平未必提高1倍。然而我们假定它提高了5倍，就是说财富总额在60年当中增加了35倍，就是说，每30年增长了5倍($6^2=36$)。

现在我们有什么呢？按照过高的估计，在最高增长速度的情况下，国家财富总额在30年当中增长到6倍。而按照过低的估

计，利润在这30年当中增加到20倍。由此得出什么呢?

我们知道，利润是扣除工资(这里，地租不计算在内，因为正如我们将在后面看到的，地租不过是在某些场合按某些生产部门剩余的利润。如果涉及利润，只计算工资)以后的剩余产品。我们看到，产品的两部分中的一部分增长得比产品总额增长快得多。这就是说，另一部分产品在减少。为明显起见，按照我们假定的增长情况列表说明合众国产品中工资和利润所占的比例。

我们假定，30年当中产品总额增长到6倍；就是说产品年增长率为6.15%。我们假定，30年当中利润只增长到20倍；这就是说，利润年增长率为10.5%——显然这数字太小了，因为它接近于合众国的贷款利率，而后者只是全部纯利润的一部分。

让我们来算算看，在这种假定条件下，每10年产品总额和利润总额将如何增长，产品总额中哪部分将组成利润总额以及哪部分产品将用于支付工资。假设最初产品等于1万，而利润占十分之一，等于1千。我们将具有：

| 年份 | 产品总额 | 利润总额 | 产品总额中用于工资 | 产品总额中用于利润的% | 产品总额中用于工资的% |
|---|---|---|---|---|---|
| 第一年 | 10,000 | 1,000 | 9,000 | 10 | 90 |
| 第十一年 | 18,171 | 2,714 | 15,457 | 15 | 85 |
| 第二十一年 | 33,019 | 7,681 | 25,338 | 22 | 78 |
| 第三十一年 | 60,000 | 20,000 | 40,000 | 33 | 67 |
| 第四十一年 | 109,030 | 54,088 | 54,942 | 48 | 52 |
| 第五十一年 | 198,120 | 147,360 | 50,760 | 74 | 26 |
| 第六十一年 | 360,000 | 400,000 | −40,000 | 111 | −11 |

深入分析一下表内的含义。我们假定社会上产品增长比人口增长得快些。应该期望，社会上各个阶级的财富将会增加。至少在这方面没有自然阻碍。

然而我们知道的事实是：在产品三项分配制度下，这种产品中的一部分即利润比产品总额增长得快些。为了看出这一事实的结果，我们假定第一年的利润总额与产品相比是很小的。由于最初利润总额很小，在头几个10年之内，它还不能吞没全部增加的产品。它占有了越来越多的部分产品，因此工资部分就相应地减少了，但是工资基金的绝对总额仍在增长。过些时间之后，利润大大地扩大起来，以致已经占有产品的全部年增产量，然后还超过年增长量。工资基金绝对数已开始下降了。这个过程逐年加速，因为利润增长很快，所以它很快就吞掉全部产品，甚至准备吞没得比全部产品还要多，留给工资的为零，继为负数。

显然，这个最终结果，实际上是不可能的。它表示说明了一种理论倾向，即利润消灭工资和吞没从前雇佣工人从工资得来的一切。

这里我们没有考虑，雇用工人是增加了，还是没有增加。即使人数没有增加，显然过一些时间以后工资仍然会下降。如果人口增长了，那么在利润占有的最初产品为数不多的情况下，在我们假定产品总额的增长比人口增长迅速时，工资显然也将提高。下面列表对比这两种情况。表格的左半部说明人口不增加时的工资量。在表格的右半部我们假定在60年当中人口增长了5倍——此数字与合众国的数字很接近。在此情况下年增长率为3.03％。

| | | 人口不增长 | | 人口增长 | |
|---|---|---|---|---|---|
| 年份 | 工资基金 | 工人人数 | 工资 | 工人人数 | 工资 |
| 第一年 | 9,000 | 1,000 | 9.00 | 1,000 | 9.00 |
| 第十一年 | 15,457 | 1,000 | 15.46 | 1,351 | 11.47 |
| 第二十一年 | 25,338 | 1,000 | 25.39 | 1,8l7 | 13.94 |
| 第三十一年 | 40,000 | 1,000 | 40,00 | 2,449 | 16,33 |
| 第四十一年 | 54,942 | 1,000 | 54.94 | 3,302 | 16.66 |
| 第五十一年 | 50,760 | 1,000 | 50.76 | 4,451 | 11.40 |
| 第六十一年 | -40,000 | 不可能的社会状况 | | | |

我们看到在这两种情况下,事情的进程是相同的。当利润还没有增长时,工资增长了;过段时间之后,利润增长到了因其侵占致使工资基金额减少的地步,因此工资开始下降;工资下降得比其增长速度快得多;的确,由于利润是按照比产品增长速度快得多的级数增加的,所以工资下降了,从前产品的部分增产量是用来增加工资基金。人口增长也罢,不增长也罢,事情的进程是一样的。差别仅仅在于,当人口不增加时,工资增加的速度比人口增长时要快一些。

现在我们看到,在产品三项分配制度下,工资的降低其实并不像马尔萨斯证明的那样,是由于人口的增加而引起的。在现存的制度下,这种现象的原因完全不是这样的。原因在于制度本身。在分析马尔萨斯理论时,我们已经看到其中两点:现在的社会生活方式是增长的人口全被城市吸收了。在非农业的工业部门工作的人数或什么也不做的人数,比农业人口增长得快得多。农业人口或者几乎全然不增加,或者甚至减少。正如我们分析马尔萨斯理论时已经讨论过的,另一个原因在于,为了民族的富裕所必需的相当多的农业改良对资本家并没有充分的利益。这两个原因说明了农产品之不足，也就是说明了工资的不足。构成工资的主要项目是粮食。现在我们看到工资低的第三个原因：利润的增长具有从工资基金中侵占尽可能大的份额之不变趋势。利润力图吞没全部工资基金，只因工人物质上没有一定的工资数量就不可能生存，利润的这种企图才会终止。

然而我们所有的表格都是以实际上不可能的数字结尾的。按照利息增长表，贷出的资本很快地超过地球上已有的或不论什么时候可能有的财富总额；按照纯利润增长表，每个商人以 200 或 300 卢布开始经商，如果不是特别不走运，大约经过 25 年或 30 年之后，应当成为百万富翁。按照纯利润增长的其他表格，利润应当吞没全部工资。利润如此拼命地力图达到这种结果，又为什么总是达不到类似的结果呢？是什么在妨碍利润扩大，是否是由于利润的本性呢？

每个多少深入分析平常事物过程的人，都知道阻碍利润发展的原因，原因在于人类天性。

如果商业主不遭受特别的不幸，甚至把一部分纯利润用于扩大商业，按照利润的本性商业会迅速扩大。这是复利的威力在起作用。这种威力使资本迅速地扩大到 5 倍、10 倍、100 倍、1000 倍。可是在利润使事业如此迅速地扩大的趋势下，事业主人对事业的关系会怎样变化呢？大家都知道这种关系是如何变化的。

事业变得越广泛，主人就越多地摆脱对其细节的直接监督。对事业的监督越来越多地转到雇佣管理人员的手中。谁也不知道雇佣管理人员是怎样操持事业的。几乎总是疏忽大意，在大多数情况下免不了敷衍塞责。雇佣管理人员竭力把主人的钱财据为己有。大家知道，诈骗会引起多大的开销。为了盗窃一个卢布，几乎总得牺牲许多卢布，有时要牺牲几十卢布。那么，如果雇佣管理人把十分之一的利润据为己有，这就是说，除了落到他们手中的十分之一以外，还损失了整个二分之一的利润，谁也没有得到这一部分。而那部分不是由于诈骗，而仅仅由于雇佣管理人员疏忽大意造成的损失，全部都是净损失了。

大规模的事业需要雇佣管理人员。他们是一些漫不经心的人。然而，大部分主人漠不关心也是随着其资本的增长而相应地发展的。照我们的俗话说，“爱惜戈比成卢布”（积少成多）；但是对于已把从前的卢布积累了成千上万的人来说，注意戈比是无聊的。

主人的眼睛能深入监视全部事业已越来越少了。随着事业的发展，监视本身也变得差了。因此，随着用利润来积累财富的增加，利润率正在下降。这一事实普遍到这种程度，以致如果你说商人从其资本中得到的利润率与他的资本规模成反比，在英国谁也不会起来和你争辩。用百万英镑经商的人，从每千英镑得到的利润，比用1万英镑经商的人得到的少；用1千英镑经商的人从1千英镑得到的利润率比用1万英镑经商的人从每千英镑得到的利润率高。事业规模越大，由于管理上日益疏忽大意和敷衍塞责，利润率变得越小。但是这还不是全部。当人的福利增长到与其合理的要求相称的时候，人就变得越来越审慎了。然而还有超越普通人类理智力量的资金规模，每个人都知道，俗话“因钱多而胡闹”是否正确。如果一个人的收入比他真正需要的大得多,他就会做没有意思的愚蠢的消耗,养成胡闹的习惯。这种胡闹很快会变为挥霍浪费。经常有这样的实例:人们随着致富变得愚蠢起来,更常见的是,发了财的人,当他还没有感到自己非常富裕时,却把他如此困难得到的并适当地珍惜的金钱荒唐地浪费掉。然而,如果也经常遇到相反的实例,如果以自己的勤奋而致富的人们始终是节俭的和理智的。那么他们的子女就很少会这样:父亲积累的一切,儿子全都荒唐地挥霍光,——这是普通的事情。许多人讥笑这种极端的浪费,就像可以讥笑由人类天性的根本特性产生的事物一样,讥笑这种事物,虽然它本身形式极端,仍然与事物本性中的财富关系是一致的。为了需要才积累财富。不把财富用掉是荒谬的,是违背它的天性和人类的天性的。如果积累了如此多的财富,以致它超过了合理利用的规模,这是怎么一回事呢?自然,这就要求合理使用财富。如果往杯子里倒的酒太多,酒会从杯子的边缘溢出来,白白地流掉,无论对谁都毫无益处,甚至沾上酒的东西会被弄坏(把桌布、桌子弄脏,把地板搞湿弄脏),这有什么奇怪?自然规律就是这样的。

这就是当利润与工资分离的时候从利润本身发挥出来的力量,它经常妨碍利润达到其经常渴求的目的。这些力量是:敷衍塞责、疏忽大意和挥霍浪费,这些纯粹经济力量对社会福利的作用同火灾和洪水的力量完全一样。[84]

把利润与工资分开,单独分析利润的性质,使我们对三项分配制度没有好的看法。让我们来看看,把地租同利润和工资分开,单独分析地租会得出什么结论。

## 地　　租

地主得到一部分产品，叫做地租，这并不是因为他用什么参加了生产，而是因为他允许别人使用归他所有的土地。不同地块的肥力是不相同的。有的地块除了通常的工资和利润之外还能提供剩余；有的地块没有这种剩余，但是提供平常数量的利润，——这种土地，只有在扣除工资后全部产品归资本家所有的情况下，资本家为了利润才会耕种。不能提供平常数量的利润的劣等土地，资本家就不能为了利润去耕种，只有工人为了餬口才会去耕种它。然而在三项分配制度下，资本家是为了利润才经营工业企业的，所以后一类土地是不耕种的，而耕种的土地等级要不低于扣除工资之后还留给资本家平常的利润而没有任何剩余的土地。为了有权耕种这类土地，资本家什么也不能支付给地主。如果地主要求支付，那么，资本家连平常的利润也剩不下了，他会放弃耕种。地主只好让他白白地使用这类土地（自然，应该这样理解这类地块：面积不大，而且就在好地的中间。耕种这类地块是因为它们的地理位置优越，但是地主从好的土地得到的地租并不因此而有所增加）。可能土地中的这种最低等级的就作为决定每类较高等级的土地地租数量的标准。穆勒说：

即使耕种的土地中，向在土地上花费劳动和资本家提供最低收入的那一部分土地，只提供资本的平常利润，没有给地租留下任何东西，就这样定出了决定任何其他等级土地地租的标准。每个等级的土地比总支出的平常利润提供多多少的利润，就正好是比各等级已耕种土地中最差的多多少。这个剩余就是农场主能付给地主的地租总额。然而如果他不支付这个余额，他将获得的利润会比平常的利润多,因此其他资本家的竞争(平衡资本的各种开支的利润的竞争)将使地主有可能得到这个余额。这样一来,某种等级土地提供的地租就是剩余产品,它超过把同量资本用于耕种可耕地中最差的土地所得到的总额。租给农业资本家的土地无论如何不能经常提供大于这个的地租。然而如果提供的较少,那么只不过由于地主让给了农场主一部分余额。如果他想要,他便可以得到这部分。[85]

这就是李嘉图的著作在科学中巩固地建立起来的地租理论。[86]面对这种理论有许多异议,然而这些异议不过是由于不了解事实才产生的。只有凯里想出来的一条异议应当在这里提一下。因为由于著名的巴师夏因袭了凯里的异议而又把它当成自己的发现向大陆的读者推荐。这条异议扰乱了许多人和我们的思想。[87](其实,说不定巴师夏确实不是因袭,而是亲自发现了它。本来有时发生过这种情况,两位彼此互不联系的思想家完成了某项伟大的发明——牛顿和莱布尼兹各自独立地发明了微分学,那么,为什么两个对立的头脑不能彼此独立地发明相同的胡言乱语呢?)我们自己不必讲任何反驳这条谬论的话,因为穆勒已经相当好地揭示了它的荒诞无稽。就是这么一回事。

通常还把某些款项加到地租上,其实这些款项不是地租的组成部分而是组成资本利润的。例如,农场承租人由于使用住宅和其他建筑向地主支付的一部分金额。严格地说,这部分款项不是地租,而是用在建筑上的资本利润和偿还被时间耽误的资本利息。但是如果资本用于改良土地,按照穆勒的意见,用这部分资本所得的收益,与其叫做资本酬金不如叫做地租。如果是这样,某些土地上的部分地租是资本酬金,同一土地上的另一部分地租和其他土地上的全部地租是对大自然力量的酬金。指出这点之后，穆勒继续说：

美国政治经济学家凯里抹杀了这两种地租来源之间的差别，完全否认其中的一种。他认为任何地租都是花费资本的结果。为了证明这一点，他确信随便什么国家，比如说英国或合众国，全部土地的货币价值远远小于为了把这个国家从原始森林的状况改变到目前状况所花费了的金额或现在需要花费的金额。巴师夏和其他作家抓住了这个尖锐的想法，就像抓住了比一切其他论据都更加有力地用以捍卫土地私有制的工具一样。如果一下子在英国土地上再加上与此土地的自然肥力相同的未耕种的土地，那么，英国居民是不值得去耕种这种土地的，因为这样做的利润要少于为此所花费的资本的平常利润。凯里理论最明显的含义与上述的意义是不同的。如果想要对这种意见做出回答，那么只要指出，在英国经常在开垦质量不是与已耕地相等而是差得多的土地，而且用于开垦的费用在不多的几年内就可以用这些土地的地租来完全抵偿。指出这些就已足够了。

但是凯里的想法，不加其他说明而单用他的几句话是不能完全表达清楚的。他确信的不是随便什么国家的土地都不值得花费金额去改良，也不信对于主人来说改良土地总是不划算的。他在估价投入土地的资本时，包括修筑道路和运河的全部费用，即不是用于提高已耕土地的价值，而是用于开垦与原有耕地竞争的其他土地。但是加上这个修正，他的理论几乎同样是没有根据的，如果要给它加上只不过是他的结论的基础这层意思的话。正如我们假定的，假定向现在的英国加上第二个英国，土质是同样地肥沃的，有谁会怀疑，得到了新土地的人们会发现随着开垦土地修筑把产品运往城市所必须的道路是赚钱的事情呢？大概凯里会回答说，他们修筑这些道路可以提高自己的地租，可是大概会降低原有英国的地租。回答完全正确，并指明了凯里采用的标准是靠不住的。也许全世界所有土地都没有等于把它开垦成目前这种状况所花去的全部费用加上修筑全部现有交通的费用的总和的售价。改进交通具有降低现有地租的趋势，因为会减少相邻土地与广大用户聚集地点的垄断权。修筑道路和运河并不是为了提高已经供应市场的土地的价值，而是为了（顺便说说）让别处较远土地的产品能投放市场以降低商品供应价格；

因此这个目的越能顺利达到，地租就降得越低。如果设想合众国的铁路和运河不单是降低了运费，而且事情进展得如此顺利，以致完全取消运输费用并使密歇根州的产品到达纽约市场与长岛的产品到达的一样迅速和便宜，那么合众国全部土地(除了其位置适合于建筑用地之外)的一切价值全将消失，或者更确切地说，最好的土地只能以清理它的费用出售，并且政府在划拨新土地时，每英亩只付 1¼ 美元。因为用这些费用可以在密歇根州得到无限多的与合众国最好的土地有同等价值的土地。然而奇怪的是，凯里认为这一事实是与李嘉图的地租理论相矛盾的。如果同意他所论述的一切，下述论点仍然是正确的：当没有提供地租的土地还存在的时候，那么提供地租的土地由于其肥力好或临近市场而比没有提供地租的土地优越才提供地租；所以这个优越的标准也就是地租的标准。而这块土地之所以提供地租的原因，是由于具有与它同等好的土地面积不足以满足市场的需要，因此，它具有天然的垄断。这些思想构成李嘉图阐述的地租理论。因此，如果这些思想是正确的，我没有看到这种情形有什么重要性：现在土地提供的地租大于或小于用来提高土地价值所花费的资本利息与用于降低土地价值所耗费的资本利息。凯里在以后的著作《过去、现在和将来》这本书中举出反驳李嘉图地租理论的另一根据：他引证一个历史事实——最早耕种的土地不是最肥沃的，而是不毛之地。他说："我们发现，移民总是在上游地带耕种，那里腐殖土层薄，土地容易清理而且不需要排水，但收成不多；然后他们总是越来越向下游迁移。随着人口和财富的增加，不断清理下游肥沃的土地和进行排水。当人口很少而土地很多的时候，总是应当从不肥沃的土地开始耕种的。随着人口和财富的增长，总是扩大耕种其他比较肥沃的土地，所以对于用在它们上面劳动的报酬总是不断上涨的。"

的确，从那些需要最多劳动来清理和排水的土地开始耕种是罕见的。大概在新兴国家也通常在丘陵地带开始耕种，然后从丘陵移向盆地，也是正确的。因此可能经常出现(自然，尽管这里没有一定规则)，比起自然生产能力较小、甚至耕种所需要的劳动和费用也较小的土地来，最肥沃的土地留着不耕种的时间要长些。但是凯里未必能说，不论在什么古老的国家未开垦的土地总是最宜于耕种的土地。不过就退让一步与凯里一起假定，庄稼地是向着较好的土地扩大，从不毛之地向肥沃的土地扩大；而不是向着较差的土地、不是从肥沃的土地向不毛之地扩大。比如说，英国、苏格兰和爱尔兰的未开垦的土地就是这些国家逐步向农业劳动提供酬金最多的土地。读者会同意，这是相当大的让步。然而就连这个让步也不能成为反对我们在本章中阐述的地租规律的异议。如果像达姆尔或歇菲尔(Dartmoor or Shap Fells)这种沼泽和岩石也是英国最肥沃的土地，那么一旦开垦它们，它们将提供最高的地租，而那时全然没有提供地租的土地将像埃塞克斯平原(Essex Levels)和高瑞的卡斯(Carse of Gowrie)一样是现在最肥沃的土地。不论以什么方式开垦土地，农产品的价格必然由那些按照耕种土地花费的劳动比例提供最小进款的土地来决定，一切其他土地支付的地租将直接等于其产值超过这最小(minimum)值的剩余产品。[88]

与不支付地租的劣等土地相比较，地租乃是优质土地的所耗费用积储。由此可见，支付地租，只不过使耕种不同质量土地的资本家的花费均等，然而丝毫不会使耕种劣等土地必需的费用增加。然而，在竞争条件下，尽管一部分产品是用一些费用得到的，另一部分产品则是用另一些费用得到的，产品价格应该是一样的。由此得出结论：地租本来是不增加生产费用的。如果在产品三项分配条件下只从售价方面看问题，事情似乎确实是这样。如果资本家不支付地租，那么似乎他出售粮食的价格仍然与他支付地租时是一样的。可是如果我们不停留在价格(表面的和偶然的现象)上，而分析问题的实质，那就完全是另一回事了。

假定社会有1千个工作日可以用在耕种上；假定这个社会需要40俄石粮食；假定这个社会所有的土地分为3等。头等土地每收获1俄石粮食要用15天。头等土地的面积足以收获20俄石。二等土地每俄石粮食要花30个工作日；三等土地——则要花40个劳动日，从这两种土地的面积上各可收获10俄石粮食。假定这个社会只有一种经济——这个假定不超过现有的经济规模。40俄石粮食相当于约15口人家庭的用量。让我们看看:在假定向别人支付和不支付地租的情况下,这个家庭对农产品的需要有什么变化。

如果这家庭不向别人支付地租,它当然要把安排搞农业的力量全部投入农产品生产。家庭经济的农业部分将具有下列形式:

| 土地等级 | 生产每俄石粮食所需工作日 | 产品收获量 | 为收获产品所用的工作日数 |
|---|---|---|---|
| 头等 | 15 | 20 | 300 |
| 二等 | 30 | 10 | 300 |
| 三等 | 40 | 10 | 400 |
| 合计 | | 40 | 1,000 |

家庭会得到其所需要的全部农产品,因为把能用于农业而不致损害其他需要的劳动日全部用到农业上去了。

现在假定向别人支付地租。其实一切支付都通过劳动进行的,货币只不过是劳动所得的票据。用产品支付来取代劳动支付,其意义仅仅为收款者缩短了收入与消费之间的时距。为简化起见,假定支付的形式与其实质是一致的,地租形式上也是以工作日支付的,如同实质上用工作日支付的一样。这样我们将有:

如果家庭只耕种头等土地,就不会支付任何地租。但是从这等土地上只收获20俄石,需要的却是40俄石。1千个工作日中只用掉300个;还剩下700个工作日由家庭支配。当然,家庭会把这些工作日用来增加农产品。着手耕种二等土地。二等土地提供10俄石粮食,花去300工作日。二等土地还不支付地租,可是头等土地已经支付地租了，即生产每俄石粮食支付 15 个工作日。让我们现在来进行计算吧：

| 土地等级 | 生产每俄石用的日数 | 产品收获量 | 用于收获产品的工作日数 | 用于支付地租的工作日数 | 工作日总计 |
|---|---|---|---|---|---|
| 头等 | 15 | 20 | 300 | 300 | 600 |
| 二等 | 30 | 10 | 300 | — | 300 |
| 合计 | — | 30 | 600 | 300 | 900 |

但是产品仍然不够，而且只花费了 900 个工作日，还有 100 个工作日可供家庭支配。当然，这些工作日将用来增加产品。你是这样认为的吗？如果是这样，要扩大耕种第三等土地。让我们看看那时将会怎样。三等土地生产每俄石粮食要花 40 劳动日，就是说从二等土地上生产每俄石将支付 10 个工作日，而头等土地上生产每俄石要支付 25 个工作日作为地租。假定开始只把收获 1 俄石粮食的工作日数用于三等土地。我们将有：

| 土地等级 | 生产每俄石用的日数 | 所得产品 | 用于收获产品的工作日数 | 支付地租的工作日数 | 工作日总计 |
|---|---|---|---|---|---|
| 头等 | 15 | 20 | 300 | 500 | 800 |
| 二等 | 30 | 10 | 300 | 100 | 400 |
| 三等 | 40 | 1 | 40 | — | 40 |
| 合计 | — | 31 | 640 | 600 | 1,240 |

我们看到，家庭要不损害其他需要而能把工作日用到农业上的只有 1 千个；但是须知，除这 1 千个工作日之外，它还有用于其他需要的一定量工作日。现在他就得选择怎样办有利了：或者不耕种三等土地，因而农产品数量不足，或者挪用用于其他需要的工作日来增加农产品，而其他需要就不能完全满足了。

实际上，问题的解决要看家庭是否有足够的劳动日用来从事农业，以便生产出需要的40俄石农产品。假定其他行业的工作日总数为800个。如果把补充生产农产品所需的全部工作日都挪到农业上，计算为：

| 土地等级 | 生产每俄石的工作日数 | 所得产品 | 用于收获产品的工作日数 | 支付地租的工作日数 | 花费工作日的总数 |
|---|---|---|---|---|---|
| 头等 | 15 | 20 | 300 | 500 | 800 |
| 二等 | 30 | 10 | 300 | 100 | 400 |
| 三等 | 40 | 10 | 400 | — | 400 |
| 合计 | — | 40 | 1,000 | 600 | 1,600 |

按这种计算，对农产品的需要是很好地满足了；但是用于所有其他需要只留下200个工作日，而不是800个。对它来说工作日缺得太多了，所以采用折衷的方案：把一部分工作日从其他行业挪到农业上来，但是挪用的数量不能完全满足农产品的需要，不过其他的需要也不像获得全部农产品的时候那样只满足四分之一，而是满足一半或者八分之五——假定满足一半；那么家庭情况将是：

从满足所有其他需要的800个工作日中，挪用400个搞农业；农业就有1,400个工作日；农产品收获量将为：

| 土地等级 | 每俄石的工作日数 | 收获产品 | 用于收获产品的工作日数 | 支付地租的工作日数 | 所花工作日的总数 |
|---|---|---|---|---|---|
| 头等 | 15 | 20 | 300 | 500 | 800 |
| 二等 | 30 | 10 | 300 | 100 | 400 |
| 三等 | 40 | 5 | 200 | — | 200 |
| 合计 | — | 35 | 800 | 600 | 1,400 |

没有所需要的40俄石①粮食，只有35俄石②，就是说稍微有点儿吃不饱，可是按需要吃了这些之后也可以说是饱了。用于衣、住等等只需要一半劳动；就是说，衣着是不好的，住所是极坏的，然而总算不是没有衣穿和住处。还要什么呢？生活是过得去的。

当把地租与工资分开，这就是地租起的作用。要是愿意，你可以证明地租不包括在生产费用之内，它不是多余的费用，而只表示条件较好的劳动比条件较差的劳动要经济些。假定一切都是这样的；然而不论什么地方地租都是产品的一部分；如果地租与工资分开，意味着给从事生产的人留下产品少的部分正好等于从产品中分出的地租部分。这就是问题的实质。在现存制度下，当分配是借助于交换来完成的时候，地租是如何表现的，在我们分析价格问题的时候将会看到这一点。



大家知道，地租像利润一样，具有侵占越来越多的产品份额的趋势。任何一个严肃的政治经济学家都不怀疑这一点。从我们所列的小表已经可以看出，地租量具有比产品总额增长快得多的特点。然而为了使这个过程更明显，我们来列表说明这方面的问题。

假定某个国家的土地按其肥力分为10等，其中最好者花一定量的劳动每俄亩可提供10俄石小麦，二等地——9俄石，三等地——8俄石，如此类推，而最低等的土地每俄亩只生产1俄石小麦。为了简化计算：假定各等土地的面积是相等的，比如说，每等土地各100俄亩。现在来看看，随着扩大耕种低等的土地，地租份

①② 这两处，俄文原文皆为“лот”（＝12.8克），但前文皆用“четверть”（＝209.21公升）这两个字含义完全不同，决不能互用！我们根据原文意义把它改了。——译者

额是如何增长的。

只耕种头等土地的时候，没有地租。产品为 100×10＝1,000 俄石。

当扩耕二等土地时，产品增加 900 俄石（100×9）；头等土地每俄亩交 1 俄石地租；总共收获 1,900 俄石产品；其中 100 俄石交地租。

一直计算到最低等的土地，我们将得出下列表格：

| 扩大耕地的等级 | 累计产品的总额 | 交地租的产品数 | 工资与利润 | 地租占产品总数的％ | 工资与利润占产品总数的％ |
|---|---|---|---|---|---|
| 一等（10 俄石） | 1,000 | 0 | 1,000 | 0％ | 100％ |
| 二等（9 俄石） | 1,900 | 100 | 1,800 | 5％ | 95％ |
| 三等（8 俄石） | 2,700 | 300 | 2,400 | 11％ | 89％ |
| 四等（7 俄石） | 3,400 | 600 | 2,800 | 18％ | 82％ |
| 五等（6 俄石） | 4,000 | 1,000 | 3,000 | 25％ | 75％ |
| 六等（5 俄石） | 4,500 | 1,500 | 3,000 | 33％ | 67％ |
| 七等（4 俄石） | 4,900 | 2,100 | 2,800 | 43％ | 57％ |
| 八等（3 俄石） | 5,200 | 2,800 | 2,400 | 54％ | 46％ |
| 九等（2 俄石） | 5,400 | 3,600 | 1,800 | 67％ | 33％ |
| 十等（1 俄石） | 5,500 | 4,500 | 1,000 | 82％ | 18％ |

这里我们看到，对利润和工资而论，地租起的作用同利润对于工资所起的作用是一样的。地租的发展速度快于产品总额的增长级数。但是最初地租量是很小的，所以在初期，地租的发展还没有吞没全部产品的增量；只有留给利润与工资的百分比在下降，然而这部分的绝对值仍在上升；以后地租就变得如此之大，以致吞没了产品的全部增量；再往后全部增量都不够了，地租从以前留给利润和工资的产品部分中侵吞越来越大的部分，以致留给利润和工资部分的绝对值开始越来越快地减少。[89]

但是，实际上地租很少有力量来减少留给工资和利润的产品绝对量；通常地租增长的限度是，只降低在日益增长的产品中构成利润和工资的比例，但是利润和工资的绝对总额并不减少，甚至还有所增加，只不过在任何情况下增长得比产品总额慢得多。是什么在阻止增长的地租吞没产品的增量呢？在三项分配的制度下，阻力来自影响社会福利的截然相反的两种力量，但它们对地租的作用却是相同的。

第一种力量是与产品三项分配制度完全无关的力量，是文明、进步、改良的力量。任何进步的基本公式是：进步减少不平等的力量。[90]每项适于农业生产的改良措施，在良好的条件下能提高事情的成效，在较差的条件下通常提得更高，而在任何场合，在以前曾是条件最差的土地上，便没有必要再进行耕种。例如，用好犁取代原始犁，在头等土地上的产量将由原来的 10 俄石增加到 12 俄石，那么，在大多数场合，第五等土地上的产量将不是原来 6 俄石，也不是 8 俄石，而是 9 俄石。所以在任何场合，由于前五等土地上的产量显著增加，就没有必要再去耕种六等土地，这种从前耕种过的土地每俄亩只产 5 俄石。这样一来,工作成效的最低标准即决定地租的标准大为简化。例如,甚至假定五等土地改良之后的产量不超过一等土地的产量,同时假定社会需要 4,500 俄石产品,我们将有下列改良前后各种不同的情况(同上面的假定一样,假设各等级土地的面积相等)。

改良前:

| 土地等级 | 每俄亩产量 | 总产量 | 每俄亩地租 | 地租总数 | 留给利润与工资的产量 |
|---|---|---|---|---|---|
| 一等 | 10 | 1,000 | 5 | 500 | 500 |
| 二等 | 9 | 900 | 4 | 400 | 500 |
| 三等 | 8 | 800 | 3 | 300 | 500 |
| 四等 | 7 | 760 | 2 | 200 | 500 |
| 五等 | 6 | 600 | 1 | 100 | 500 |
| 六等 | 5 | 500 | — | — | 500 |
| 合计 | — | 4,500 | — | 1,500 | 3,000 |

改良后:

| 土地等级 | 每俄亩产量 | 总产量 | 每俄亩地租 | 地租总数 | 留给利润与工资的产量 |
|---|---|---|---|---|---|
| 一等 | 12 | 1,200 | 4 | 400 | 800 |
| 二等 | 11 | 1,100 | 3 | 300 | 800 |
| 三等 | 10 | 1,000 | 2 | 200 | 800 |
| 四等 | 9 | 900 | 1 | 100 | 800 |
| 五等 | 8 | 800 | — | — | 800 |
| 合计 | — | 5,000 | — | 1,000 | 4,000 |

这样,在产品因改良而增加 500 俄石的同时,地租减少了 500 俄石;改良之前地租侵占了三分之一的产品,改良之后只侵占了五分之一;地租的绝对数也比原来的减少了三分之一,而留给利润和工资的产品绝对数却比以前增加了三分之一。

在三项分配制度下阻止地租增长的另一个力量在于地租过分企求上涨本身：地租要吞没利润和工资，也即要推翻产品三项分配制度，要用更不令人满意的制度形式来取代它——在这种形式下企业主和工人会丧失独立性，会变成地主的附属品，成为地主的一部分财产。在三项分配制度下地租要复辟奴隶制度，就像利润也要恢复它一样。但是，在这种制度下利润[91]让工人服从资本家，而地租却要工人和资本家一起服从地主。不言而喻，这种反动倾向在生产上的反映是生产成效的降低，也即在三项分配制度下地租不仅使留给利润和工资的产品份额减少，而且导致产品总额的减少，也即导致人口的减少。而当人口减少时，自然不必耕种从前耕种的最次的土地，所以地租自己损害着自己。当然地租的这种减少产品数量的倾向与力图提高产量的进步力量斗争着，在新时代进步力量已强大到足以经常取得胜利。因此在新的历史时期地租的作用已不是减少产品，只不过是减少产品的增量。



*　　*　　*

根据穆勒著作的特征，我们对这部书的概括具有纯理论性的、抽象的；我们仅仅分析了诸原则，把实际中与原则相符的事实留给读者自己去思考；我们几乎既没有援引统计资料，也没有引证历史事实，因为每位读者都记得相当丰富的有关材料，而我们和穆勒一样，力求缩短终究还是太长的篇幅。只在某些极端需要的场合我们才离开自己的规定把简单指出的事实当作理论概念。这样，比如说，我们应当在这里引证历史和统计，以便证明全部事实以何等精度说明我们的理论分析是正确的。

我们看到，进步与地租的增长是对立的，得到地租的阶级总是奋起反对任何改良的、保守的阶级。其历史作用的根源实质上在于其经济地位。[92]

我们看到，地租过分地企求扩大，就会为实现其吞没利润和工资的倾向而拒绝最有成效的生产形式，致使产品总量减少。全英国都证明了这一点。大地主敌视定期合同，定期合同比起大地主有权随便想把农场主打发到什么地方去的无期限合同要有利一些。地租力图让利润和工资服从自己——这反映在现实事例上就是大地主敌视农场主和工人的独立性；所以我们在英国看到大地主力图让他们依附于自己，甚至不惜使所有人也包括他自己受到损失。

我们看到，利润竭力吞没工资；这意味着资本家必须让工人同样依附于自己，就像大地主必须让资本家和工人依附于自己一样。一切文明国家的历史，就是这种倾向永恒性的一个连续的见证。



我们看到，地租的利益同利润和工资一起的利益是对立的。面对获得地租的阶层，城市资产阶级和普通人民总是同盟军。

我们看到，利润的利益与工资的利益是对立的。只要资本家阶级和工人阶级以其联盟战胜了获得地租的阶级，国家历史的主要内容就是资产阶级城市阶层与人民的斗争史。1830 年以来的法国历史便是极好的例证。

我们看到，利润与地租本身力图摧毁产品三项分配制度：地租力图吞没利润与工资，利润则力图吞没工资；并且通过这个制度，它们成功了，可是它们的成功，这个制度也就被推翻了。我们看到历史上获得地租的阶层或者获得利润的阶层胜利之后，每一次接踵而至的必然是推翻这个阶层的变革。[93]

*　　*　　*

我们是否需要简明地一一列举从分析三项分配制度中得出的结果来结束这篇论文呢？也许这是必要的。因为论文很长，所以应当提示一下分散在论文中的结论。然而须知一个问题的结束正是另一个问题的开始；为什么作为本文结尾的清单不能成为另篇论文的开头呢？就让它什么时候都行吧。我们认为，这一次不做任何结论也会给读者留下相当清楚的总印象：三项分配制度不符合经济理论的要求。

理论认为，劳动成果取决于劳动质量，也即取决于工人的质量。理论承认这个公理：无论什么优秀的质量都取决于人的福利状况。因此，劳动成效取决于工人的福利。在产品三项分配制度下，工资不可能令人满意，工人也不可能是质量好的。在这种分配制度下，利润力图给工人留下尽可能少的产品份额。

理论认为，利润应当激励事业心和节约。在三项分配制度下，利润总是发展到过剩的程度，使人们变得游手好闲和挥霍浪费。

理论关心排除工业进步的障碍。把地租同工资和利润分开的制度给地租增添了敌视进步的力量。

产品三项分配制度的天性中就存在这些特点。它与经济理论的要求有矛盾[94]，不是由于任何偶然的属性，而是由于其实质本身。与科学和人类福利条件的矛盾，不在于保持原则时能变化的细节中，而在于三项分配制度原则的本身。

# 交 换

（穆勒，第三卷）

## 价值与生产费用

（第一一六章）

在分配理论中，我们已接触了占统治地位的理论的创建者相当深入地分析的、穆勒也阐述得完全令人满意的章节。在交换理论中，我们将会遇到更多的类似篇章。在这里我们也将说明，那些认为我们赞同的学说与占统治地位的理论之差别似乎在于推翻斯密发现的、由李嘉图准确地表达出来的理论的人们完全错了，这样过多地重复同样的观点恐怕会使读者厌烦。全然不对。几乎所有这些公式完全都对。因此面对力图以各种空洞异议来掩饰这些公式威力的、占统治地位的理论不忠诚的信徒们，我们甚至起来捍卫这些公式。比如说，我们当中就有李嘉图地租理论的热心捍卫者。但是我们认为，李嘉图留下的、穆勒又略加改进的科学形式只不过是经济科学的基础。基础有两种含义：一种意义是，科学是在这种基础上继续发展的；另一种意义是，在进一步发展中对李嘉图公式的意义进行深入全面的研究，从中得出起初没有得出的结论。下面也可以说这是庸俗的、但却是非常正确的比喻：算术的第一部分与全部算术。最初的整数和不名数的四则运算是所有其余部分的基础。也可以说,它们单个地与所有其余部分分开是非常重要和有益的。然而四则运算的信徒们不应当隐瞒这一点,即:不从中得出名数和分数理论、比例理论等等,在要求算术来解答日常问题时,是不会有什么结果的。

交换理论最主要的概念是价值,而且是交换价值。有过这样的政治经济学家,他们把这个概念视为以交换理论作为几乎唯一论题的整个科学的基本概念。他们论述生产和分配只不过为了说明进行交换的规律。穆勒正确地起来反对这种不仅是大陆上的而且正是在英国的大多数亚当·斯密的现在的大部分追随者的明显观点。穆勒在自己的五卷论文中,有整整两卷几乎没有涉及价值,照他的话说,这个事实本身就足以证明他所反驳的观点是极其肤浅的。

显然,政治经济学的两大部类中,价值概念只与财富分配有关,而同财富的生产无关;于是只有在竞争、而不是习俗或习惯成为分配力量的情况下,它才涉及分配。如果社会制度不取决于交换或者不允许交换,生产的条件和规律将仍然和目前的一样。甚至在现存的工业生活制度下,当行业分工很细以及一切参加生产者的酬金由无论哪一种商品的价格决定的时候,这里就连交换也不是产品分配的基本规律,正如道路与大车不能当作运动的实质性的规律,只不过是运动赖以进行的一部分机械而已。照我的意见,混淆这两种概念,就是不仅犯逻辑上的、而且也犯实际的错误。人们经常在政治经济学方面犯这样错误:不能区分由于事物本质而产生的必然性与社会制度造成的必然性。我以为这总会产生两个对立的恶劣后果。一方面,政治经济学家经常把研究对象的暂时的真情当作其永恒的普遍规律;另一方面,许多人同样把永恒的生产规律(例如赖以建立必须节制生育的规律)看作现在社会制度的暂时和偶然的结果——这是在创造新的社会制度时可以忽略不计的后果。[95]

然而在现有的分配制度下，价值概念是非常重要的。也可以说，在比较令人满意的分配制度下，价值概念也同样是重要的。但是那时具有重要意义的将不会是现在提到首位的这个修正概念，而是另外的、占统治地位的理论很少论及的概念。读者知道，这个理论本身划分两类价值：内在的和交换的。占统治地位的理论刚刚顺便提到除了交换价值之外还有内在价值，马上就忘记内在价值而把自己全部注意力集中到一个交换价值上了。我们认为这是个缺点。因此，在分析交换价值规律之后，在论文篇幅许可的范围内，再研究一下，如果由于理智的发展人们开始比现在更加勤奋地观察物品的内在价值，这个必然的变更应当对社会的经济命运产生什么影响。这样，首先论述交换价值。

有一种借以非常容易掌握交换价值概念的好方法，尽管这个概念是高度抽象的。什么是物品的价格，每个人都很清楚。现在：物品的价格就是以货币表示的物品的交换价值。用不名数代替卢布和戈比等名数，简单地说，丢掉卢布和戈比这几个字，只留下数字，那么，你便得到物品的交换价值了。假若某时某地每俄石小麦值 5 卢布，木工每个工作日付给 1 个卢布，每立方俄丈白桦树劈柴值 15 卢布。这是价格。现在把卢布一词丢掉，那么给你留下的就是交换价值即数字 5、1、15。只要有这些数字，你就不是研究需要用多少钱去购买某个物品，而是研究按何种比例用一种物品去交换另一种物品。货币的概念把你的注意力从下列事实转移开了，这些事实是：1 俄石小麦(5)换 5 个木工工作日(1)或者换三分之一立方俄丈白桦树劈柴(15)。然而问题的实质就在这个关系，这个比例本身。物品的交换价值就是物品的购买力，用此物品去换取其他物品的能力的比率。在现存的社会制度下，交换价值一般地说与价格是一致的。因此很长时期不仅实际上甚至理论上都混淆了这两个概念。然而科学应该力求把一切复杂概念分解为基本概念。我们看到，价格概念由两个概念组成：交换价值与货币。因此科学应当分别地研究这两个概念中的每一个。穆勒着手分析交换价值概念的时候，事先做了评语，指出占统治地位的理论及其所适用的唯一制度的缺点，这对于我们专门的目的不无益处。这就是穆勒的论述：

在开始研究价值规律和价格之前，需要再提一条意见。我应该一劳永逸地事先告知，我所研究的场合，是价值和价格唯一地由竞争决定的场合。只要竞争在什么程度上决定价值和价格有多少，就可以在什么程度上为它们找出确定的规律；应当认为，买主关心廉价购买的程度与卖主关心高价出售是一样的。那么，适用于我们结论的价值与价格是交易的价值与价格。比如说，价目表上列出的价格，是批发市场的价格。在这种市场上既买又卖——贸易事业，总而言之，在这种市场上，买主操心了解，并且一般地知道能借以买到一定质量的商品的最低价格。因此，在市场上公理具有实在的威力；在同一市场上，同一质量的同一商品不可能具有两种价格。把我们的结论用到零售商业的价格，用到小铺中为了个人消费而购买的商品价格上，无疑远非如此。在这里一种商品不仅往往有两种价格，而且在不同的小店铺，甚至就在同一个小铺，都有许多不同的价格。因为在这种场合，习惯和机会的作用并不比一般原因小。就连商人也不总是按照贸易原则购买个人必需品；他们用得到并花费自己收入来支配事业的感情经常是非常不同的。由于懒惰或漠不关心，或者由于自尊心不让在买东西时讨价还价，能付出比现价高的价格的 4 人当中有 3 人将会支付比可能有的价格要贵得多的价格；而穷人付出的比规定的价格还贵，则是因为不知道或不机灵。因为没有时间去调查和询问，而且常常出于明显的或不明显的迫不得已。由于这些原因，零售价格不受决定批发价格理由的影响，其准确性有的人是可以预料的。最后在零售市

场上发现了这些原因的影响，并且后者就是那些具有普遍性和可靠性的零售价格变动的真正根源，但是这种适应性是无规律的和不准确的。同类靴子在不同的小铺按很不相同的价格出售，因此由于皮革价格下降，可能富裕者买靴子的价格并不下降。但是靴子的价格有时终究会下降的，而且如果下降了，其原因总是什么一般的情况——类似皮革价格降低：而当皮革便宜的时候，如果在买主是富人的小店铺里靴子的价格仍然不改变，那么，工匠、粗工一般先购买比较便宜的靴子，供应给兵团的士兵或贫民习艺所的靴子的包工费也敏感地下降。在考虑价格的时候，应当暗示附带条件："假定全体参与事业的人都关心自己的利益"；忘却这些限制，经常导致错误地把政治经济学的抽象原则应用于实际，而且更加经常地导致动摇对这些原则的信念，由于把它们应用于不适合它们的实际，因此不能与其协调一致。[96]

在读者看来，也许当我们在上篇论文中讨论了称谓竞争的经济计算形式不能令人满意的时候，我们论述了什么新的(又怎么知道呢?)不可靠的东西。现在读者看到，我们正是从占统治地位的理论中选出了这种想法的。比如，穆勒谈到，按照竞争计算商人只不过为了转卖才购买，而且在这种形式下，购买个人消费品没有得到充分的保证。在指出竞争不能令人满意的时候，我们实质上就只论述了这一点。我们的概念与穆勒本人的概念有什么不同呢?也可以说根本没有区别。然而我们把我们与他共同的思想提到了首位，当时穆勒把它藏在角落里，马虎的读者是注意不到它的。我们注意到穆勒仅仅顺便提到的问题。由此又产生了另一个差别：如果这个形式是不能令人满意的，那么必须寻找另一个令人满意的形式，于是着手寻找它。请赞同从占统治地位的理论也理会到的事实中必然会得出这个结论。然而这个理论没有指出这个事实是重要的，所以没有关心考虑由此事实应得出什么结论。按照现在的制度，交换（购买个人消费品）多半是在买方不善于维护自己利益的条件下进行的；卖方在其余的购买（商人为了转卖而向生产者购买）中大部分也不善于维护自己的利益。该不该由此得出：经济制度需要另一种能维护在现存制度下受损失的消费者和生产者利益的交换形式呢？在现在的制度下，最重要的一部分交换是在无知、草率、懒惰的影响下进行的。这符合国家经济福利条件或至少符合正规贸易的条件吗？

但是我们在这里指出这点只不过为了顺便重新证实前一篇论文中阐述的思想是正确的，而且此时我们应当赶快分析交换价值。为了让物品具有交换价值，按照买主的意愿，它首先必须适于某种需要。谁也不会为毫无用处的东西付任何代价。用政治经济学的语言是这样表述的：只有那些具有内在价值的物品才具有交换价值。可是，如果只要一有愿望就能获得它，并没有任何困难的话，那么，谁也不会为最需要或有用的物品付出任何代价。于是获得物品的困难程度便是构成交换价值必要的第二个因素。

获取物品有各种各样的困难。有些物品其数量是无法增加的，比如说，古代雕像。但大多数可交换的物品不是这样的，要获得它们，是只在于生产它们所必需的劳动量和费用。它们中的一些物品不必提高生产所要求的劳动比例，就可以生产出任意的数量。工场手工业所生产的商品就是这样的。其他商品的数量也可以不确定地增加，可是随着其数量的增加劳动比例必定不断提高。农产品就是这样的，尤其是马尔萨斯理论和李嘉图的地租理论从这方面提出了农产品的特点。

如果某物品的数量可以任意增加，其交换价值由供应①与需求的平衡来决定，也就是这些物品的交换价值有能使供与求彼此相等的数值。价值上涨，需求便减少，而供应却增加；价值下降，则相反。因此，如果在一定水平的价值之下求过于供，物品的价值开始上涨，直到供应也增加，而需求则减少到供求平衡为止。如果相反，供过于求，价值降低会产生同样的后果。

这就是交换价值的基本规律。它只对不多的、其数量绝不可能增加的商品直接地和实际上必然地起作用。但是有垄断时，如果垄断者[98]有可能不生产或出售他能生产或出售的全部商品，而只生产或出售扣除生产费用后商品向他提供最大纯利润总数的那个商品量，那就可以人为地把任何物品置于基本规律直接作用之下。然而所有其他商品是间接地、借助于叫做生产费用的因素来受到供求平衡的作用的。这个因素不仅适用于建立在竞争基础上的生活制度（在这种制度下只存在一个与内在价值分开的交换价值），它还是一切经济制度体系的基本因素；像交换价值一样，它不是个别历史事实的结果，而是从物品不变的本性中产生出来的；因此它应该引起我们的重视。全力以赴地提出它是很有益的，因为普通政治经济学教程中，它被交换价值派生的形式过分地掩盖了，正如全部自然基本规律在政治经济学认为或者是唯一可能的、或者是最好的形式之下被这些规律的局部事件所掩盖了的一样。所以我们特别精减了穆勒论述因循守旧的教程也充分发挥了的论题

① 我用“供应”这个术语来代智“供给”，后者是 l’offre 一字的翻译，是法国人不成功地从英文术语 supply[97] 翻译过来的。——车注

的第三卷的章节。在这里只引证穆勒论述生产费用的两章全文。

能还是不能无止境地增加用劳动和费用生产的商品数量,反正都有为不间断地生产商品所必需的最小(minimum)价值。每时每刻商品价值都是求与供的结果,其价值总是为了让现有的供应找到销路所必需的。但是,如果这个价值不足以抵偿生产费用并加上按通常计算的利润,是不会继续生产这种商品的。资本家不愿意经常赔本,就连利润小于他生活必需的数量,他也不会进行生产的。其资本已经投入企业并且不能轻易从中提出来的人们,即使没有利润也要相当长期地继续生产,甚至有时赔本也继续生产,以等待好时机。如果没有迹象表明时光对他们有利的话,他们就不会无限期地继续这种生产了。要是看情形企业没有利润,并且也没有此时此地按其性质具有同等诱惑力的其他行业有希望得到的利润,新的资本是不会投入这类企业中去的。如果显然不能期待这种利润,那么资本或者从企业中抽回,或者至少随着资本的消耗不再补充新的。所以,附加普通利润的生产费用可以称谓用劳动和资本生产的全部物品的必要价格或价值。预料要赔本,谁也没有兴趣去生产。谁在进行赔本生产,只不过是估计错误,一有可能他便会纠正这个错误。

如果用劳动和资本生产出来的商品可以无限量地生产,这个必要价值,这个能使生产者满意的最小值(mlnimum),也就是自由和积极竞争时他们能期待的最大值(maximum)。如果商品价值是这样的,用它偿还生产费用还有较普通利润率为高的利润率,那么资本会集中到这个多余的利润上来,并且在商品供应增加之后,商品价值就会下降。这不是简单的推测或猜测,而是每一个熟悉贸易业务的人都知道的事实。如果有一种新的、看情形利润非常大的营业,或者如果现有的工业或商业部门提供比普通利润多的利润,那么,大概商品生产或输入总值很快会增加到不仅剩余利润会消失,而且还会低于标准利润。所以价值比必要值降低得与从前高于它的值一样多,直到最后暂时停止或减少生产来消除供应过剩为止。正如我们已经讨论过的,生产规模的这样波动的结果也可能是谁也不必改行。其营业进行得生气勃勃的那些人们,较有力地利用借款,正扩大着自己的生产:而那些没有得到普通利润的人们,减少着自己的周转,按工厂的说法,还开工时间不足。用这种方法,即使不是各个行业的实际利润,那么也是可能的利润,必然会迅速拉平。

可见，一般规则是这样的，物品具有按照向每位生产者付出有普通利润的生产费用的价值来彼此交换的趋势；换句话说，这个价值向所有生产者对其费用提供相同的利润率。然而，为了使相等的开支，也即使相等的生产费用有相等的利润，物品应当平均计算与其生产费用成比例地互相交换；其生产费用相同的物品应当具有相同的价值，因为只有在这种场合，等量费用才有等量进款。如果农场主用等于 1,000 夸脱粮食的资本能生产出 1,200 夸脱，向他提供的利润为 20%，那么当时用 1,000 夸脱作资本生产的任何物品都应当值 1,200 夸脱，也即用 1,200 夸脱交换；否则生产者得到的利润就不是 20%，而是比这多一些或少一些。

亚当·斯密和李嘉图称物品的按比例的生产费用为其自然价值（或它的自然价格）。他们用这个来指出价格在其上下波动和经常力图向其恢复的数值；按照亚当·斯密的意见，是指出物品的市场价值经常向其吸引的中心价值以及对中心价值的任何偏离只不过是暂时的偏差，这个中心价值是以其存在本身引起了力图修正它的作用力量。如果选取足以使沿中心线两侧的波动互相抵消的年数，那么平均市场价格便与自然价值吻合；但是在任何给定时刻要它们完全吻合是非常罕见的。大海总是力图成为水平的，但它永远也不会是真正水平的，海面上总是波浪起伏，经常还会激起怒涛。至少在辽阔的大海上没有一点是经常高于另外一点的，提这一点就足够了。大海的每一点都轮流地上下起伏，可是海洋保持着自己的水平。

迫使物品价值平均计算与生产费用相吻合的秘密影响在于，要是不这样，商品供应规模就会改变。如果物品继续以高于与其生产费用相称的价格出售，供应会增加；假如使物品价值降到低于这个相应的价格，供应会减少。然而我们不应由此作出供应必须是实际上减少或增加的结论。我们假定，物品的生产费用由于什么机械发明而降低，或者由于税捐而增高。在第一种场合，物品价值即使不立即降低，也会很快下降的；在第二种场合它会提高。这是因为，不这样，在第一种场合，在价格不下降的时候，供应会增加；而在第二种场合，在价格不上升的时候，供应会减少。因此就按照错误的概念，好像价值是由供求之间的比例决定的，许多人认为，只要商品价值一改变，这个比例就应当改变：如果供应不是连续增加，价值就不会因生产费用的减少而降低；相反，如果供应也不是连续减少，价值就不会升高。然而这是不对的，供应规模确实没有改变的必要；而且如果它不断地变化，那么它的变化并不是价值改变的原因，而是价值改变的结果。假如供应不能增加，那么生产费用的减少确实并不降低价值；但是绝无必要来使供应实际增加。经常有一种可能性就足够了：批发商人懂得他们应该期待什么，而且互相竞争迫使他们用降低价格来预防这个结果。商品供应是否由于其生产费用降低而不断地增加，这取决于截然不同的另一个问题，也就是取决于商品价值降低时是否需要比从前更多的商品。几乎总是需要比从前更多的商品；然而也可能不是。昆帅先生（Mr. De Quincey）说："如果立即用于个人消费的商品减价了，人们也会愿意大量地购买的。"（《政治经济学逻辑》第230—231页）假如绸手绢减价一半，大概买手绢的会增加3倍。可是蒸汽机如果减价，人们不会买得比以前更多。人们对蒸汽机的需要量几乎总是事先由他的处境情况决定的。即使人们受经费数量的限制，那也不是购买机器经费的限制，而是制造机器所需费用的限制。也有许多这样的商品，其销售规模绝对地和无例外地由现存制度决定，在这种制度下，这些商品是附属零件或部件。我们是否能人为地以降价来使表盘卖出的比表的机芯或发条多呢？是否能增加酒桶的销售量而不增加酒的销售量呢？在不增加修造船舶的时候，是否能增加造船的木工工具的销售呢？……向有3千居民的城镇提供几口棺材吧，无论如何降价也无法怂恿这个城镇多买一口。提供几辆快艇吧，这里主要的费用是乘务组的薪金和生活费，快艇修理费；无论谁如果按照他的习惯和爱好已经不愿意买快艇，那么快艇本身降价也不会诱使他去购买它。关于主教、律师、牛津大学生的特殊服装也同样可以这么说。但是谁也不会怀疑，当这些物品的生产费用降低时，它们的价格和价值也会降低。降低的原因是担心出现新的竞争者和供应增加。其销售量不能大量增加的商品的新竞争者会冒很大风险，这使得原来的商人保持原来的价格的时间，比更多鼓励竞争的商品的价格能保持的时间要长得多。

反之，比如说，假定由于商品课税提高了生产费用。因此，想必价值将立即提高。供应是否会减少呢？只有在价值提高将减少需求的场合下，供应才会减少。需求是否会减少，可立即发现；所以如果需求减少了，那么提高了的价值将因供应过剩而有所降低，直到生产减少为止；那时价格又会上涨。有许多必需大幅度地提高其价格以使需求灵敏地减少的商品，尤其是必需品就是这样，例如在英国作为人民主食的白面包。白面包价格相当昂贵和相当便宜的时候，其消费量大概是一样的。然而特别在这类物品中，大多数人把高价与储备不足混淆起来了。比如说歉收之后面包可能因储备不足而昂贵。然而，比如说，由于捐税或由于粮食政策而产生的物价昂贵与供应不足毫无共同之处：由于这些原因，国内粮食数量不会大为减少；其他物品的数量倒会由于这些原因而比粮食减少得更快些，因为人们为购买粮食而支付的多了，只能减少在其他物品上的花费，所以这些物品的生产会随着需求的减少而相应地减少。

这样一来，数量可以任意增加的物品的价值，只是有时候是由供求平衡来决定的，就连这点也是在其生产所必需的期限内；可是事物的一般进程却截然不同：这些物品的价值不是由供求平衡决定，其实正相反，这种平衡本身是由价值决定的——这就是符合实际的规律。按照商品的自然价格对某数量商品有需求，供应也就经常力图与这个价格相吻合。假如有时它偏离价格，其原因或者是估计错误，或者是任务的某部分（在自然价值也即生产费用中）有什么变更，或者由于社会的爱好或需要的数量或财富的变化在需求方面有什么更动。这些波动的原因经常出现，其中之一一出现，物品的市场价值就偏离其自然价值。供与求的自然规律，供求之间的平衡，在这里继续起作用：既然为了供求平衡必须让价值偏离自然价值，市场价值将偏离自然价值；但仅仅是暂时偏离。因为供应本身经常趋向于与需求相一致，根据经验在按自然价值出售商品时，需求是极重要的。如果供应高于这个标准或变得比它低，这只是暂时状态，并且在这种状态下得到的利润或者高于或者低于普通利润，而在自由的激烈的竞争时这是不会长久的。

这就是我们的几点简明结论：供求平衡支配着其数量不能任意增加的全部物品的价值；但是如果它们是工业品，就连对它们也存在由生产费用决定的最小（minimum）价值。而在那些数量能无限地增加的一切物品中，供求平衡只能在由变更供应数量所需要的、不可能是较长的时间内的价值波动所决定。在控制这些价值波动的同时，要是不产生使价值背离这一点的新的经常的作用波动，供求平衡本身会服从更主要的力量，这个力量使价值依靠生产费用，并且规定了价值和永远使价值维持在这个数值上。供与求时时刻刻趋向平衡，但是“稳定的平衡”（按我们的比喻）状态是在物品以与其生产费用相符的价值互相交换的时候，或者按照我们原来的术语，在物品具有自己的自然价值的时候。[99]

在我们著作的第一卷中，说明了生产费用的组成成分。我们认为，其中首要的是劳动，比起劳动来，所有其他成分都是微不足道的。花费在物品上的劳动值多少，一个生产者或若干生产者的物品也就值多少。如果我们把支出费用的资本家看做生产者，就可以用“工资”一词来取代“劳动”一词：生产者为物品花费的工资有多少，他的物品就值多少。的确，初看起来似乎这只是一部分费用，因为资本家不仅付给工人工资，而且还供应他们工具、材料，可能还有房屋。可是这些工具、材料和房屋是靠劳动和资本生产的，所以它们的价值，就像用它们生产出来的物品的价值一样，是由生产费用决定的，后者又折算成劳动费用。呢绒的生产费用不光由直接从呢绒工厂主领取工资的那一部分织工的一种工资组成。它还由细纱工和梳理工的、还可以加上牧人的工资组成。呢绒厂主购买细纱的时候，向他们全都付过钱了。该费用也包括建设工厂的和制作建筑用砖的工人的工资。呢绒厂主向他们付了钱；交给了建设工厂的承包人。它还部分地包括机器制造工人的、采矿和炼铁工人的工资。工人队伍中还应该加上把一切生产所必须的物品运送到纺织呢绒的地方以及把呢绒送到销售地点的工人们。



这样一来，商品价值主要取决于生产商品所必需的、包括生产和运送到市场所需要的劳动数量。（下面我们会看到，价值是否唯一地由这个主要因素决定。）李嘉图在其所著《政治经济学及赋税原理》第一章第三节中曾说：“例如，在评定袜子的交换价值时，我们就会发现它和其他物品相对而言的价值取决于制造它和把它运到市场上所必需的劳动总量。首先是耕种生产原棉的土地所需的劳动；其次是运送棉花到织造地的劳动，其中包括以运费形式收取的制造运棉船舶所投下的劳动的一部分；第三是纺纱工人和织袜工人的劳动；第四是修建织袜厂房和制造织袜机器的机械工、锻工、泥瓦匠和木工的一部分劳动；第五是零售商人以及许多其他无需一一列举的人的劳动。以上各种劳动的总和决定袜子所能交换的其他物品的数量，而对于其他物品所投下的各种不同劳动量的这种考虑，也会同样决定其与袜子交换所要付出的数量。”

“为了使我们确信这是交换价值的真正基础，让我们假定原棉在织成袜子运上市场以交换其他物品以前所须通过的各种过程中，有一种节省劳动的方法已经获得了某种改良，再看看由此会产生什么结果。如果种植原棉所需人手比以前少，或者航运所用水手、建造运棉船舶所用的造船工比以前少；如果建造厂房和机器所需人手比以前少，或建成后效率提高，那么，袜子的价值就必然下降，因之其所能换取的其他物品也会减少。其价值之所以下降是因为生产所需的劳动量减少了，因而在交换没有能像这样节省劳动所生产的其他物品时所能得到的数量也会减少。"

"节省劳动，必然会使商品的相对价值下降，无论这种节省是发生在制造这种商品本身所需的劳动方面，还是发生在形成用来协助生产这种商品的资本所需的劳动方面。不论织造直接需用的漂白工、纺纱工、织袜工减少，还是关系较间接的水手、搬夫、机械工、锻工等减少，袜子的价格都会跌落。在前一种情形下，所节省的劳动全部落在袜子方面，因为这一部分劳动完全用在袜子上；在后一种情形下，只有一部分落在袜子方面，因为其余部分是应用在一切可以利用这些建筑、机器和车船进行生产的其他各种商品方面的。"①

读者看出，李嘉图好像在说，生产物品和把它运到市场上所花费的劳动数量是决定商品价值的唯一东西。但是对于资本家来说，生产费用不是劳动，而是工资，在高工资和低工资时劳动数量都是一样的；由此看来，产品价值不是唯一地由劳动数量决定，而是由劳动数量和劳动工资的数量共同决定，并且价值部分地由工资数量来决定。为了解答这个问题，应当考虑价值是相对现象，用商品"价值"一词表示的不是物品本身任何内在的和实质性的质量，而是可以用该物品来交换的其他物品的数量。在讲"物品价值"的时候，其意思总应当是"关于其他物品"，或"关于一般物品"。然而物品的相互关系并不因同样作用于两个物品上的原因而变化。工资普遍提高或降低是同样作用于全部商品上的，因此没有提供改变彼此交换比例的根据。假定由于高工资而涨价，也就是假定可能有普遍提高价值的现象；而这个现象是逻辑上的矛盾：某些物品价值提高与其他物品价值下降意义相同。这个错误是因为人们只看价格而不看价值才产生的。普遍提高价值是不可能的，但是普遍提高价格则是可能的事情。只要我们清楚地理解什么是价值，我们就会看到，工资的高或低对价值不能有任何关系。然而由于工资高而涨价，这个意见是非常普遍的。只有当我们研究货币理论的时候，我们才会充分理解其全部错误。现在只要这样说

① 这里我们参考了郭大力和王亚南两位先生的译文，见李嘉图著《政治经济学及赋税原理》，商务印书馆 1976 年版，第 19－20 页。——译者

就可以了:如果这种意见是正确的,那么真正提高工资便是不可能的;假如没有成比例地提高所有物品的价格便不能提高工资,那么就是提高工资也不会有任何实质性的意义。这个 reductio ad absurdum ①充分地指明了这些意见惊人的荒谬,它们在大多数人的脑海里还能成为并将成为并且始终是政治经济学的公理。同时应该记起,如果价格普遍提高了,那么这种提高无论对生产者或商人,都不能给他们的事业带来任何利益:如果他们的货币进款增加了,那么他们所有的费用也会同等程度地增加。资本家无论用什么办法也不能弥补劳动费用的提高:无论怎样改变价值或价格都不能弥补,也不能阻止由于劳动费用的提高带来利润的降低。假如工人的确开始(将要?)比从前得到的更多,也即开始得到大于劳动数量的产品,那么留给利润的比率当然比从前的小。这个建立在算术规则上的分配规律是任何方法也阻止不了的。交换和价格的机制(mechanism)可以挡住我们掩盖它,但是决然无力改变它。

工资普遍的高或低对价值没有影响。然而如果一种行业的工资高于另一种行业的,或者一种行业的工资长期地增加或减少,而其他行业的不变,这种不均衡现象确实对价值有影响。在前面一章中我们已经分析过了不同行业中工资不同的原因。如果某行业经常存在高于平均数量的工资,此行业生产的物品的价值也相应地高于由简单劳动数量决定的水平。例如,机械劳动生产的物品能与数量大得多的粗工劳动产品交换,其原因不过是机械劳动的工资要高一些。倘若教育普及到如此程度,以致由于能从事机械行业的工人人数增加而缩小他们的工资与粗工工资之间的差别,那么,高级劳动生产出来的一切物品的价值与粗工生产的物品相比会降低,那时也可以说粗工产品的价值提高了。我们已经讨论过,按照从某种行业转到更高级行业的困难程度,以非常分明的特征与其他等级划分开来的每种工人等级中,要求比其他所假定的高得多的劳动工资,至今取决于这个阶级本身单独离开其他阶级后人口繁殖的程度;我们也讨论过,要是全体工人群众的竞争实际上涉及每个专门行业时,工资的不平等要比现有的大得多。由此可见,不同行业的工资不是同时提高和降低的,而且有时并不长久的,而有时甚至是长期的,几乎是一个行业与另一个行业毫无关系。显然,所有这些不平等都改变着不同商品



① 导致荒谬。——编者

的相对生产费用，所以完全反映在商品的自然的或平均的价值上。

由此可见，如果某些第一流的政治经济学家认为，好像工资不包含在价值计算之内，那么他们便使得自己的理论与他们自己所理解事物的真理和实质相差太远了，……工资包含在价值计算之内。生产各种商品的相对劳动工资数量决定了商品的价值，就像劳动相对量决定价值一样。工资的绝对数量不影响价值，这是正确的；然而劳动的绝对量也不影响它。如果在一切行业中劳动绝对量同时地和一样地改变了，那么价值并不改变。比如说，如果所有劳动的一般效率都提高了，以致一切物品无例外地可用少量的劳动进行生产出来，产品数量还与从前相同，那么在物品价值中不会发现该生产费用普遍减少的任何痕迹。价值中只可能发生所进行的改良对各种物品有不同影响这样的变化。这种变化在于其节省劳动量最大的物品降价，而其节省劳动量较小的物品则价值提高。这样，严格地说，工资数量对价值的影响与劳动量对它的影响完全一样。无论李嘉图还是别的什么人都不否认这个事实。然而如果我们着手研究价值变化的原因，则最重要的就是劳动量：假如劳动量变比，那么此时通常只有一种或不多几种商品的价值变化；而工资变化（除了一闪而过的波动），通常与所有物品都有关系，但对价值没有重大影响。

我们讨论了生产费用的一个因素：劳动或工资。但是，在第一卷分析生产要素时，我们发现除了劳动之外还有另一个必要要素即资本。资本是节制的结果，所以，除了对全部所需要的劳动报酬之外，产品或产品价值还包括其费用作为不同等级工人的报酬的全体人员自制力的报酬。利润就是对节制的报酬。正如我们所看到的，利润不光由留给资本家抵偿其耗费的一部分余额组成。它几乎总是组成耗费本身的相当重要的一部分。亚麻纺纱厂主的一部分费用是购买亚麻和机器，在其价格中他除了支付培植亚麻和制造机器的工资之外，还向培植亚麻的主人、揉拢亚麻的主人、矿山的主人、铁厂主和机器制造厂主支付了利润。在支付自己的原料——亚麻纱的价格中，纺织厂主提前付清了包括纺纱厂主的利润在内的这些利润的全部总额；与此同时，他还向若干其他机器制造厂主和矿山主以及向他们供应铁制材料的铁厂主付清了利润。所有这些费用是亚麻布生产费用的一部分。所以，利润和工资一样包含在决定产品价值的生产费用内。

然而，价值作为纯粹相对现象，不能取决于利润的绝对数量，如同不能取决于工资的绝对数量一样。价值只取决于各种利润的相对不均等。普遍提高利润与普遍提高工资一样,不能提高价值,因为普遍提高价值——是荒谬的,在逻辑上是矛盾的。包含在所有物品生产费用内的部分利润,对任何物品的价值都没有影响。只有包含在某些物品生产费用中的剩余利润才会对物品的价值发生影响。

比方说,我们看到,由于某些原因一些行业中的利润率必须经常比其余的行业高,来作为对冒险、麻烦和不愉快的报酬。只有按照比生产所必须的劳动量相应价值高的价值出售商品,才能得到这种利润率。倘若用火药交换不高于用在火药全部生产过程中的劳动量的其他物品,谁也不愿意建设火药厂。毫无疑问,肉商得到的比面包商的多,大概冒风险并不比面包商的大,人所周知,因为他们破产的并不比面包商多。当然,他们获得的利润比面包商的高,只不过因为他们的职业不令人愉快和有些不受欢迎,所以对他们来说竞争比较少。如果他们得到较高的利润,这就是说他们的商品售价比与劳动及其费用相应的价值高。利润的一切必然的和经常的不均等都在商品的相对价值中表现出来。

但是如果两种行业之间在利润率方面没有差别,在一种商品的生产要素中利润所占份额可能比在另一种商品的要素中所占的份额要大。一种商品要获得利润可能比另一种商品要花更长的时间。通常以酒为例。假定用相同的劳动量按相等的工资生产出一定数量的酒和一定数量的呢绒。呢绒没有改进,酒却因为变陈而改进了。假定为了达到要求的质量必须把酒搁置 5 年。如果 5 年之后,生产者或商人不能以高于呢绒的价格(高出部分为在 5 年中按复利增长的利润数量)出售,他们就不会把酒保存 5 年。生产呢绒和酒的初期费用是一样的;因此,这两种商品的相对自然价值已不单与一种生产费用相符,而且还与另一个附加因素相符。其实,为把这种情形纳入普遍公式,我们可以在酒的生产费用中加入五年当中酒商暂时放弃了的利润,并且可把这笔款项看作他除其他费用之外所用的附加费用以及为此作为他应当得到报酬的特殊形式。

对用机器生产的所有商品所应当讨论的,大致与我们讨论上述关于酒的例子差不多。在这种商品的生产费用中,利润所占比重比只用直接劳动生产的物品中的大得多。选出两种商品,生产它们同样需要一年时间和 1 千英镑的资本。商品甲只用直接劳动生产,所以直接用作工资的 1 千英镑全部进入商品。商品乙用价值500英镑的劳动和价值500英镑的机器来生产,机器寿命为1年。两种商品将具有完全相同的价值。如果把它算成钱,假定利润为20%,价值就是1,200英镑。但是这1,200英镑中商品甲的利润只有200英镑,或者是价值的六分之一;商品乙除了200英镑之外,还有包括在价格中的为机器向机器制造厂主支付的利润;如果我们假定机器生产也用1年,500英镑(机器的价格)的利润也占六分之一。这样,商品甲的利润只占全部进款的六分之一,而商品乙则除全部进款的六分之一以外,还要加上其余大部分进款的六分之一。

由机器、房屋、材料和其他应该在直接劳动开始之前就准备好的物品构成资本的部分越大,生产费用中的利润就越大。由机器和厂房组成的部分资本的经久耐用,与资本数量很大具有相同的意义,这点初看起来不甚明显,但却同样正确。我们假设了极端的情况:机器工作1年之后完全报废了;现在假设相反的和更为极端的情况:机器可永久使用而且不需要修理。在这种假设的情况下,(它同样适于说明实际上有可能的问题)厂主永远也不需要在产品中得到为机器支付500英镑的进款,因为他的价值500英镑的机器永远是完好的;但是和从前一样,他应该为它得到利润。所以商品乙在前例中要以1,200英镑出售(用1,000英镑来偿还资本,200英镑作为利润),现在可以只卖700英镑(500英镑用来偿还工资,以200英镑作为全部资本的利润)。这样,商品乙的价值700英镑中的200英镑是利润,也即七分之二或$28\frac{4}{7}$%,与此同时,正如我们所看到的,商品甲的价值中利润只占六分之一,或$16\frac{2}{3}$%。自然,这纯粹是理想的情况,因为任何机器、任何固定资本的其他部分都不会永远完好;但是它们的寿命越长,它们就越接近于这个理想情况,进款中利润的份额就越大。比如说,如果值500英镑的机器工作1年之后就失去五分之一的价值,那么,为了抵偿这个损失应当加上100英镑的进款,所以商品的价格将为800英镑。于是800英镑中利润占200英镑,或四分之一,仍然比商品甲在1,200英镑中的200英镑所占的比例六分之一大得多。

不同行业的利润在资本家的费用、因而也是他的必要进款中所占的份额不均等,产生了有关价值的两个后果。第一个是,物品的交换不是简单地按照生产它们所必需的劳动量、甚至也不考虑各种劳动等级的固定报酬不均等的程度来衡量的。我们已经以酒为例说明了这一点;再举用机器生产的商品价值作例子。和从前一样,选取商品甲,生产它的直接劳动费用为1,000英镑。但是不选取用价值500英镑直接劳动和500英镑机器来生产的商品乙，而选取商品丙，它是用500英镑的直接劳动、借助于也用500英镑的直接劳动生产的机器来生产的。假定制造机器需要1年时间，而且机器工作1年就损坏了，和从前一样，假定利润为20%。用获得相同工资的等量劳动来生产商品甲和商品丙：用于商品甲的直接劳动费用为1,000英镑；而用于商品丙的只有500英镑，但是这个数字要达到1,000英镑，因为制造机器也花费了劳动。要是劳动（或者劳动报酬）是生产费用的唯一因素，这两个商品就彼此交换了。可是现在是否如此呢？当然不是。花了500英镑在一年之内制造出机器，而且利润是20%；所以机器的自然价格为600英镑；结果工厂主丙除了其余的支出之外还有附加费用100英镑，这也应该以20%的利润向工厂主丙进款。这样一来，商品丙的固定价格不能少于1,320英镑。与此同时，商品甲却以1,200英镑出售。

第二个后果是，价值必然由于利润普遍降低或提高而变化。变化不在于价值普遍上涨或下降（正如我们经常讨论的，这是逻辑上的矛盾和不可能），而在于各种物品价值的份额变化了。由于包含因期限不同的利润部分在内，所以不以相同的比例变化。如果用等量劳动生产的两种商品，由于一种商品因年数或月数较另一种的多而应该提供利润，所以具有不同的价值，那么，这种价值差别在利润增加时会扩大，在利润降低时会减小。酒在5年之后应该提供比呢绒多的利润，当利润为40%时，比利润为20%时，酒的价值将比呢绒的高得多。等量劳动生产的商品甲和丙，其售价一个为1,200英镑，另一个为1,320英镑，两者之差为10%，如果利润减少二分之一，它们的售价是：甲为1,600①英镑，丙为1,155英镑，差别仅为5%。[100]

由此可见，如果普遍提高工资与实际提高劳动费用结合起来，那么，连价值也会起一些变化。这种变化并不像人们通常想象的那样，它并不提高所有的价值。然而由于劳动费用提高，利润便减少；所以那些在价值中利润所占份额比平均数大的物品的自然价值便降低，而那些价值中利润所占份额比平均数小的物品价值会上升。利润降低时，主要用机器（尤其是如果这些机器非常坚固时）生产的所有商品的相对价值就下降，或者同样，与它们相比其他

① 应为1,100英镑。——译者

物品的价值将提高。有时这条定理表述为：由于提高工资，用劳动生产的物品较之用机器生产的物品价值上升。这种表述方式很简要，可是不正确。机器生产的物品也是用劳动生产出来的，就像其他物品一样，正是用生产机器本身的劳动来生产的，差别仅仅在于用机器生产的物品，其利润比率较大，虽然这时主要的开支项目也仍然是劳动。因此把这事实看作是利润下降的结果比看做工资提高的结果为好。何况后一种表达方式意义非常含糊：它提出的是在这里完全无关的提高工人实际工资的思想，而不是有关的对主人提高劳动价值的思想。

除了生产费用的自然的和必要的因素（劳动与利润）之外，还有其他人为的和偶然的因素，比如说收税。纸张税和麦芽税与工资一样组成这些商品的生产费用的一部分。法律加上的费用与事物本质加上的费用一样，应该以通常的利润由产品价值来偿还，否则物品的生产会停止。然而收税对价值的影响与工资和利润的影响一样，应该受到同样条件的限制。价值不受收税普遍高或低的影响，而受其数值之差的影响。如果所有产品的税款都是从所有利润中提取相等的百分数，价值之间的比例丝毫也不会改变。如果只对某些商品课税，其价值会提高，如果只有某些商品不纳税，其价值会下降。如果一半商品纳税，另一半免税，根据对等价格，则前一半提高，后一半下降。为了平衡一切行业中的利润概率，这种价值变化是必要的，否则纳税的行业如果不是立刻也过不了多久便会被废弃。但是，由所有物品平均负担的又不改变产品相互比例的普遍捐税，对价值不能有任何影响。

至今我们假定商品生产费用中的一切力量和属性本身在其价值中由生产费用所决定。可是其中有一些却属于其数量不能任意增加的物品，因此，如果需求超过一定限度，这类物品就会获得昂贵的价值。意大利制作的许多装饰品由所谓 rosso、giallo 和 verde andico[①] 物质为原料的，关于它们（不知道是否正确）人们确信，似乎只有毁坏古塔和其他装饰品才能得到这些物质，因此好像最初从中采石的采石场已经枯竭或消失了。如果对这类材料有大量的要求，它便具有极高的价值；这个价值将包含在生产费用内，因此也包含在制成商品的价值内。看来贵重皮货的价值受到材料短缺影响的时刻很快

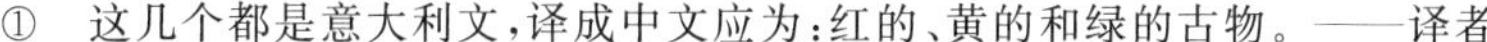

① 这几个都是意大利文，译成中文应为：红的、黄的和绿的古物。——译者

就要到来了。至今在西伯利亚荒原和爱斯基摩海岸上提供这类皮货的、其毛皮有经营价值的野兽数量的减少,对皮货价值的作用仅仅是为了获得一定量的此类商品所需要的劳动越来越多——在某一时期内,用比现在多的劳动当然还可以得到比现在多的这类皮货。

然而,生产费用增加主要是由于在大自然本身生产的物品中数量不足。如果它在生产中起作用的力量不变为私有财产并可能掌握在每个希望者的手中,它们就不包含在生产费用之内,而只有使之适用于事业的必要劳动才包含在生产费用内。即使它们变成了私人财产,正如我们看到的,它们获得价值也不是由于这一事实本身,只不过是由于短缺,也即由于它们的供应受到限制。但是它们经常具有短缺价值,这是确实的。假定在需要磨坊的地方有瀑布,而能够提供的水量不足,利用这个瀑布,就具有短缺价值,这个价值的高度是或者使需求降低到现有的供应水平,或者创造人为力量(蒸汽的或任何其他的)使其作用与水力相等,以得到补偿。

大自然的力量是永恒的财富,它用经常不断生产产品为人类服务;所以从这种财富获得利益的通常办法是从利用它的人所得的产品中收取每年付款。这种付款总可以称谓并且通常已经称谓地租。因此经常以下列形式提出把大自然的力量变为私有财产对价值有什么影响的问题:地租包括在生产费用内吗?优秀的政治经济学家对此的回答是否定的。这些无条件的定理甚至对那些看出了对类似意见应该采用什么限制的人们都是非常有诱惑力的。的确,他们在头脑里留下的普遍原则的印象,比它在理论上被现实中出现的所有例外情况隔绝起来要坚定些。但是与此同时,他们感到发窘,导致错误和产生不利于政治经济学的印象,好像政治经济学轻视明显的事实。不能不同意,有时地租包含在生产费用内。如果我购置或租用一块土地,并在那里建设一个呢子工厂,这块土地的地租的确是我的生产费用的一部分,这些费用应该由产品来偿清。然而所有的工厂都是建在土地上的,并且几乎所有的工厂都建在土地特别昂贵的地方,因此地租的平均数量应该在工厂生产的全部物品的价值中得到偿还。但是地租不包括在生产费用内和不影响农产品价值这一定理在何种意义上是正确的,我们在下一章就会看到。[101]

我们从马尔萨斯定理和李嘉图的地租理论中得知,农业产品的每一增值都比原来产品部分的生产费用高,因此就连这个增值的自然的或必要的交换价值也高。可是较高的价值会传给所有其他部分产品。因为如果 1 俄石小麦的必要售价不低于价值 5,那么,任何其他同类的 1 俄石小麦也很容易按 5 出售,虽然这另 1 俄石小麦的生产费用比较小一些。这样一来,比生产者为最后产品花费少的原先那部分产品,由于按最后产品相同的价值出售,将给生产者提供多余的利润;这个多余的利润以地租的名义由租用土地的资本家之间的竞争力量转给地主。可见地租并不抬高由不付地租的最后一部分产品的生产费用所决定的产品价值。农产品也一样,在这方面其数量会不确定地增长的一切产品也一样,可是在其数量每次增加时生产费用也提高。

一切所谓半成品或未加工的产品都属于这一类。

我们摘录穆勒的一大段著作,除了对次要的细节有些无关紧要的意见之外,对他所阐述的观点,根本说不出什么。凡是我们从他那里听到的,应当完全赞同他。可是我们从他那里听到了应当了解的有关物品的一切吗?

要是你去读他的作品时只带着一个想法(检验他所论述的一切是否正确),你读完他的分析,会找不出他的任何错误。但是如果你以另一种思路较广的想法去重读那些篇章,看一看这个分析是否有疏漏,你就会为某些直接说出分析不全面的意见而感到难为情。只要提出其中之一就够了。在他论述其价值由生产费用决定的商品的时候,他发现,在生产一定数量这种商品的时候,如果其自然价值不符合通过这种生产与其他生产的利润平衡来起作用的供求平衡，那么这种商品生产就会根据利润平衡来增加或减少。完全正确；可是他又补充道："所生产商品数量的这些变化不要求任何人改变自己的职业。如果事业进展得非常顺利，可通过加紧利用信贷来扩大生产；如果生产进展不顺利，则通过缩减业务范围和减少工作时间来缩小生产。"那么，这些由于生产规模的变化"谁也"没有必要改变自己职业的人们又是谁呢？有一个呢子工厂，有500工人；呢子企业盈利很大；没有必要兴建新工厂，从事其他业务的资本家不必成为呢子工厂主；原来的工厂主扩大工厂业务；生产比以前多1倍。如果企业没有盈利，他没有必要抛弃自己的业务，他只减少自己的业务，只生产一半呢子。资本家确实"谁也"没有必要由于这些变更而改变自己的职业。如果我们指的只是资本家，穆勒说得完全正确。可是工人呢？工人也是这样吗？如果呢子工厂把生产扩大1倍，它将雇佣1,000个工人而不只是原先的500个。新增加的500个工人是从随便什么其他行业转到呢子生产上来的。如果工厂的生产缩减一半，它只雇佣250个工人来取代原先的500个。其余的250人必须放弃呢子生产而转向其他行业。可见穆勒的言论对工人是不适用的。他的"任何人"只指资本家。而他的工人"却一个也没有"！他完全忘记了工人。你要直接证明是这样吗？这就是例子。过了几页他说：生产费用的主要因素是劳动。"如果我们把支出费用的资本家算作生产者，'劳动'一词可以用'工资'一词代替：对生产者来说产品费用就是他花在产品上的工资数量。""如果，如果"，那么"是的"，而"如果不是"，那么是什么？究竟是什么，这不清楚。穆勒忘记了，他的"如果"没有绝对的意义；他没有必要考虑这个"如果"所不适用的场合。没有资本家就没有生产，或者至少没有值得理论来考虑的生产。

是的，对我们读过的生产费用的全部分析，只注意到资本家，对他来说这便是一切了。顺便说说，资本家也是真正的生产者；工人只不过是资本家的附属物。看问题还值得涉及他们吗？自然不值得！“如果”是资本家，就是“生产者”。

如果不是呢？如果不是，那么生产费用的分析是不全面的。交换价值的分析也是不全面的。我们看到穆勒多么详细地研究了这个交换价值的规律。我们援引了整整两章全是专讲工场手工业产品的；我们只简短摘录过的整整一章是专讲农产品的；甚至还有讲到“古代雕像”的地方。如果他连经济关系中如此不重要的商品也没有忘掉，可见他列举的商品是非常全面的。但是我们怎么没有见到任何有关最主要的商品——有关劳动的论述呢？难道穆勒什么也没有讲吗？怎么没有！有！这就是他讲的。在分析其数量不能增加并且直接服从供求平衡的商品交换价值末尾，穆勒说：“最后，有些商品，其数量可以增加或减少到相当大和甚至不确定的程度，但是它们的价值总是唯一地取决于供求平衡。尤其是称之谓劳动的商品就是这样的；我们在上一卷中已详细讨论过它的价值了”。仅仅如此而已。后面一个字也没有了。可是须知，上一卷中也详细阐述了李嘉图的地租理论，而与此同时穆勒发现在分析交换价值时必须有新的一章专讲地租问题。为什么关于劳动就不需要这么做呢？原因十分清楚：是从资本家的观点进行分析的，对资本家来说劳动只不过是生产费用的要素；有关生产费用论述得相当多了，所以关于劳动就没有什么可说的了。

但是如果我们回忆起来，劳动对于大多数人来说是唯一的或

最主要的商品，那么比较用心地注意一下劳动的交换价值，大概就不是多余的了。

如果不提出有关这个奇怪的商品的根本问题，那么关于其交换价值就没有什么特别可说了：商品就是商品；服从供求平衡，仅此而已。穆勒是正确的，并没有扩大这一点。然而根本问题在于：劳动是否应该成为商品，它是否应该具有交换价值。

商品是什么？或者是人类的产品，或者是变为私有财产的大自然的物品；在这两种场合，商品是一种独立于人类而存在的东西。劳动呢？劳动是什么？也是一种独立于人类而存在的东西吗？不是。它不外是人体的一部分，无论如何也不能离开人类而独立存在。出售手套，可是人的手是不卖的；出售书籍，可是市场上是没有作家的脑子的。我们简直表达得不确切：如果作家为了钱必须奉命写书，那么他的脑于是出售了。[102]但是要知道，也不说这个作家出卖自己的脑子，只是说，他出卖了自己。人的双手也是这样出卖的：巴西的葡萄牙人买来黑人，其实只不过买来这个黑人的一双手。总之，确实要出卖人的头脑和手，就只能是非和本人一起出卖或购买不可。劳动也一样。劳动的买与卖，不外是人的买与卖。如果劳动是商品，那么不外乎人也要是商品才行。人是否应该成为商品，这个问题可以作各种不同的考虑；但是政治经济学断言，人不应该成为商品。如果是这样，那么劳动的买与卖同占统治地位的理论的基本要求是矛盾的。它提及劳动交换价值所用的调子与谈到巴西黑人的交换价值的之所以不一样，只不过因为忘记很好地考虑劳动对人的身体的关系，考虑劳动不是独立于人体之外的物品，就是说不是可买可卖的物品，不是应当具有交换价值

的物品。

推翻了奴隶制度的国家，法律禁止人们出卖自己。政治经济学并不认为这条禁令限制了人的自由。相反，它只保卫人们的自由不受其冒失的致命作用的伤害。购买劳动和这些国家的法律禁止的购买活人有什么区别呢？只有两种情形：第一，出卖的持续时间；第二，出卖自己者给予购买者的权力大小。然而，显然这两种差别，只是数量上的，而不是质量上的；只是程度上的，而不是基本性质方面的差别。此外，就这两方面，所谓购买人可以采用与所谓购买劳动简直毫无区别的形式。

存在奴隶制度的国家里，人可以不是终生、而仅在一定时期内出卖自己，不是永远、而是暂时受奴役。如果工人出卖自己的劳动一个月或一周，那么他只有一个月或一周受奴役；第一类契约在文明的国家是不允许的；为什么称第二类契约是允许的呢？“然而如果卖身契与出卖劳动的定期合同不能区别开来，那么，他们之间在出卖自己和只出卖自己劳动的权力限度方面的差别却是非常大的”。当然，除了有权要求奴隶完成劳动之外，奴隶制度通常授权主人本人判断，奴隶是否在执行自己的义务，如不执行义务就处罚他们。[103]但是这只存在于奴隶制度最粗野的形式中。在比较温和的形式中，主人审判和执法的权力逐渐减少，从而有这样的形式：主人只有权抱怨奴隶。[104]于是在主人自己是法官和执行者的形式中，这项权力仅作为主要权利（要求劳动的权利）的附属品；给予他这种权力只是为了减轻真正法官和管理人员的负担。要是后者取代主人负责评论他的要求，他们当然会改善奴隶的处境。可是同时也减轻毕竟仍然是主人的负担。奴隶制度的实质不在于这种审判和管理权力上，而特别是在劳动权上。我们绝不是说，出卖劳动等于奴隶制度最粗野的形式；相反，我们只想说，这种形式与其最温和的形式本质上是相似的。它为主人本人清除了奴隶制度粗暴的令人难堪之处，保留了它的基本特征——个人对于另一个人的经济力量的权力。

法律家和管理人员可能对购买劳动与奴隶制度之间的区别感兴趣；可是，如果发现一个人被迫为另一个人劳动的契约与奴隶制度有重大区别，那么，认为奴隶制度的实质是强迫劳动的政治经济学家往往会不相信自己。[105]

关于在目前的社会状况下，经济的或其他任何科学的要求是否容易实现，是可以争论的。还有这样的政治经济学家，认为期待某些国家哪怕消灭最粗野形式的奴隶制度还为时太早。同样，其他政治经济学家大概可以认为，在任何一个先进国家中关心消灭称之谓购买劳动的奴隶制度的最后形式的时机还没有来临。这将是个实际问题，而灵活的辩证家能非常妥当地从实际方面捍卫违反公益的利益。然而在抽象的理论中谎言更明显地被揭穿。理论上很明显，强迫劳动就是强迫劳动，不论强迫是如何产生的——是战场上抓到的俘虏呢，还是市场上买来的人呢，或者与人签订了合同，他必须为另一个人劳动。[106]

实际中的商品还少吗？爱情也是商品，劳动也是商品。但是理论应该承认人体的这两种功能是构成人体不可分割的所有物的物品。是这样的所有物，人们自己不应当剥夺自己对它们的权利，就像不能放弃自己有意见的权利或按照个人的信念行动的权利一样。智慧或良心，感情或诚实，神经的强烈的感受性，肌肉的活动——这些都是属于与交换价值概念不相容的一类现象的东西。这些品质或身体活动的某种状态或流露能给人类和整个社会带来经济利益；然而按其实质，如果本人不是出售的东西，则这些都不是出售的东西。

当然，懂得人生的某些其他功能比如像良心或感情是不能出卖的概念是比较容易的，要了解劳动是不可出卖的概念，却不那么容易了。然而这个差别只取决于我们已经习惯了的生活方式的特点。有过其他社会状况，在那种状况下，每个人都清楚这个问题。自由的希腊人或罗马人认为雇佣劳动对自己是如此有失体面的事情，就像现在我们这里认为一个男人供养任何一位女资本家一样不体面。许多人错误地认为在古希腊罗马世界里劳动本身对于自由人是不体面的。不对，只有雇佣劳动对他才是不体面的。我们不止一次地有机会讨论，在目前的社会状况下，很难获得某种信念丝毫也不证明违背这信念，而只证明生活方式是不令人满意的，在这种生活方式下人们承认众所周知的真理是困难的。[107]

既然劳动由于其与人本身的不可分割性而不应该成为买与卖的对象，就是说不应该具有交换价值，那么占统治地位的理论为决定其他商品的生产费用所采用的依据就是不充分的。的确，我们看到，它由用于生产物品所需劳动的交换价值和该劳动的利润组成。如果两个因素之一，并且是最重要的一个不应当具有交换价值，那么用什么来决定生产费用呢？显然，它应当具有任何其他标准，并且不难看出这个新标准是什么。

我们认为，劳动概念不应该与交换价值的概念混在一起。所以应当抛开原标准的交换价值概念，那么我们还留下了什么呢？

只留下关于劳动量的基本概念。

不晓得我们是否已这样清楚阐述了自己的观点，以使读者认为我们进一步解释是多余的。

把交换价值说成是劳动所有的，意味着拿劳动和与人不相干的物品作比较。比方说，假定我们估价 1 俄石小麦值 5 个工作日，每个工作日 12 小时。这就是说，我们把一个人 60 小时劳动与 1 俄石小麦等同起来。请读者来判断，这两种概念之间画等号合适吗？劳动是人的肌体的活动，除了同样肌体活动之外，与什么也不能归纳为一类。我们仍然说，比如，要是某人比关心健康更嗜好饮酒，另一个人对待两者都一样，而第三个人却更关心健康。好吧，这种说法是正确的；这里比较的对象是同一范畴的概念或现象。同样可以互相比较任何其他爱好或嗜好、人的行为动机。可是要知道我们是不比较普特与俄丈或者光与声的；我们才不会说 2 英寸等于或不等于 1 所洛特尼克[①]，钢琴的声音比硬脂蜡烛的光强还是弱呢。

劳动产品同样可以互相比较，可是不能把它们与劳动相比较；这是两种不可比的东西。假定劳动变成产品，同样还是不应当把它们相互比较，就像不应该把钢琴的声音与发出这种声音的木料和钢铁进行比较一样。当然，劳动越多，产品就越多；当然，劳动越好，产品也越好。可是同样的，弦越粗，音越强，金属和木料越好，音色越好。不论什么样的物品变成不论什么样的另外物品，或者不论什么样的现象变为另外的现象，这种事情还少吗？虽然一种

① золотник 旧俄重量单位，等于 4.266 克。——译者

现象是由另一种变来的，只要它们完全不同类，就仍然不能比较它们。

但是，假如是这样，如果劳动和产品是数量上不可比的，那么根据什么来做经济核算呢？为了发现这个依据，只须深入到建立产品交换价值概念本身的方法中去。

我们指出过，完全不同种的物品是不可相互比较的。怎样把呢绒与面包、劈柴和图画折算成交换价值的同一标准呢？我们知道，它们价值比例是，或者直接地或者间接地通过生产费用由供求平衡得出的。现在再说说什么是需求和什么是供应呢？需求，这是人类想获得某种物品的一定动力；供应则是人类想生产某种物品的一定动力。这样一来，全都归纳为一类了——人类愿望的动力。于是我们找到了任何经济核算的基本标准，这就是人的愿望、爱好和需要。按照这个分析，供求平衡正是表示想要生产物品的力量与想要使用物品的力量相适应这一事实。人对物品的需要或对它的爱好越强烈，他就越拼命地着手生产它，如此而已。而每个人从日常生活经验中都知道这一事实。

墨守成规的政治经济学家马上会说："才这么点儿！为了得出这么个结论值得解释老半天吗？本来我们学校的每本教程的头几行就写着你们的发现。我们自己就是从一切经济现象的基本动机和基本标准是人类需要开始的。没什么说的，你们有了发现。"正是这样：每本政治经济学教程都是从这个真理开始的。遗憾的只是在墨守成规的教程中这个真理没有超过第一节。我们的事情就在于我们不忘记这个基本原则并力求把每个问题都归结于它。与此同时，墨守成规的学派却完全忘记了它，在每个局部问题上用任何墨守成规的幻想代替它。

过不多久,墨守成规的政治经济学家说:“但是对不起,在考虑了,似乎从你们关于人类需要的论断中对交换价值问题得不出什么重要的结论之后,初看起来我们失望,不,由此得出你们想否定交换价值,这怎么行呢?要知道,全部科学因此就落空啦!”我们不想否认交换价值,而是墨守成规学派的信徒们自己称之谓政治经济学主要起因的原则本身想要否认它。科学不会因此崩溃,而只是修正其中由于在分析个别问题时忘记了基本观点而产生的错误。然后“怎么能够”,也就是说怎么能修正错误,我们马上就能看到。

通过把关于交换价值的局部问题归入整个经济科学的基本观点,交换价值的概念便转化为内在价值的概念。的确,用人类需要来衡量价值,提供的已全然不是交换价值的、而是内在价值的标准。我们看到,按照问题的本质,交换价值应该与内在价值相吻合,所以会偏离它,只因错误地把劳动看作商品,而劳动怎么也不应该成为商品的。因此,区别交换价值与内在价值的可能性只证明它们之间的差别赖以存在的生活方式在经济方面是不令人满意的。理论应该分别对待交换价值和内在价值,就像对待奴隶制度、垄断、保护主义一样。它能并应该尽可能仔细地研究这些现象。可是不应该忘记,它在这里描述对合理的和有利的制度的偏离。它能发现,无论消除哪一种经济生活的不合理现象,都需要非常长的时间和巨大的努力;然而无论治好任何经济病态现象的日期多么遥远,它不应该不设想事物合理的状况应当是什么样的。比如说,本来法国没有一个有理智的政治经济学家不希望明天或者后天他的国家就废除一切关税;可是他仍然说,自由贸易的原则是他的理论允许的唯一原则，并且他还解释这一原则的作用，虽然他也知道，自己是等不到把它完全应用到法国生活中去的。[108]

我们谈论区分交换价值和内在价值，正如谈论理论所排斥的病态现象一样。实际生活是否能轻易而迅速地完全克服这种现象——这是另一个问题。如果科学影响生活的意见是正确的话，那就不得不考虑，普及有关这个问题的正确的概念应当有助于在实际中实现这些事，而理论家亲自支持墨守成规的错误概念会阻碍进步的进程。[109]不论谁要是说，例如疥疮——其实这种病是不应当存在的，在现在害这种病的阶层的生活方式进行某些有利的变更情况下，病必然会被消灭，是否会因为这是脱离实际的而否认他呢？其实，随便你怎么判断他的观点是符合实际还是脱离实际吧！然而如果他认为他的观点是正确的，他对它们应该怎么办呢？难道应该隐晦这些观点以免被当成乌托邦主义者吗！

任何民族的生活方式和习惯能否很快发生这种变更，使得劳动不再成为商品、交换价值同内在价值相吻合，这是将来的问题，我们不准备叙述其逐年发展过程。如果我们知道事物向什么方向发展和迟早会达到什么目的，就足够了。[110]我们看到，进步导致奴隶制度的灭亡，在先进的国家进步早就废除了奴隶制度最粗野的形式并逐步消除其继续以温和的形式存在的残余。在某些国家，人本身不再成为商品；其他国家人也逐渐地不再成为商品；应当考虑，将来劳动也不再成为商品。

是否需要讨论，交换价值与内在价值合为一体（由于劳动不再成为商品而产生的合并）对经济生活有什么影响？我们看到，当与内在价值分开时，交换价值是以何等复杂的方法确定的。这里借以达到自己的效果的形式很复杂，使得人类机体需要的作用不清楚和混乱，以致不但生活而且理论本身都忽视了隐藏在货币价格及其波动中的原始力量。如果把问题归结到内在价值规律，也即直接归纳到计算人类需要，会使问题简化，那么，在区分经济生活中需要的与不需要的、亏损的与盈利的，或者同样区分愚蠢的与聪明的、轻率的与审慎的，就容易多了。

就以巴黎为例。1859年巴黎有1,500,129人，我们假定150万居民。假设每个人都有一个需要饮食的胃(可能这个假设是错误的，但是我们不把它当做事实，而仅仅作为假设)。假定这150万人当中有100万人的饮食需要没有很好满足。妙极了(也即很不好)，这100万人怎么办呢？他们非常勤奋地工作。他们做些什么工作呢？他们制造钢琴、青铜制品、香水、化妆用香膏等等，等等。他们使用自己的力量聪明不聪明呢？你们开始按照交换价值与内在价值分开的机制分析问题：在你们眼前开始闪现出这样无止境的卖与买(其中每个卖与买本身都是对自己非常有利的)，使你们一直数着只要还有兴趣就会一直数着，但是仍然数不完，于是疲倦地叹道："大概这一切都是非常聪明和有利的！"你们，博学多识的人，可能是学者，数不出任何明确的结果来。这些可怜的巴黎人上哪儿去数到真正的平衡呢？试想一下，就是这个巴黎人在著名的埃拉尔那里工作，[111]他因自己劳动而得到货币。埃拉尔把大钢琴发送到喀山，从喀山用它把油脂发送到伦敦，从伦敦把硬脂蜡烛运到设菲尔德市，在那里用蜡烛购买剃刀，这些剃刀又运到纽约，从纽约用它把棉制品运往利物浦市等等，等等，每次交易都是盈利的。高兴，非常高兴！只是请允许问问你们，最后怎样从埃拉

尔的工人的工作中生产出他需要的牛肉或小麦呢？难道它能从他的工作中生长出来吗？当然你们会这样说。因为他不能不饮食。所以不管怎样，他在大钢琴之上工作首先生产了小麦。也许照你们的猜测就是这样（本来你们只是猜测，你们没有彻底研究，对于从这架大钢琴开始的一系列交换你们也不可能研究到底，你们不知道这架大钢琴是如何变成小麦的，你们只是随便猜想大钢琴变成了小麦）；如果你们在赞赏一系列交换之余，你们由于其复杂性不能彻底研究它，而它还可能欺骗你们——如果你们费心从交换价值机制转向问题简单的实质，那么你们是否认为从埃拉尔的大钢琴生产出小麦是逼真的呢？如果把这架大钢琴烧掉化成灰土变为肥料，那么毫无疑问，会从它生长出小麦来，除了这个方法之外，我没有见到使这架钢琴变得有利于胃口的其他方法。

墨守成规的政治经济学家大声说道："这是蛮横无知的诡辩！制造钢琴的工人用自己的劳动生产了小麦，因为他并不是没有粮食嘛。"是这么一回事，他一点儿也没有生产，他食用的小麦纯粹是从别人那里让给他的。一个人生产的粮食分成两份——这就是为什么谁也不缺粮食，这就是为什么制造大钢琴的巴黎工人和养活这个工人的诺曼底省的农民的伙食都不好。墨守成规的政治经济学家继续说道："不，不是这样的，有些人有多余的粮食，这些人购买大钢琴，就是说把自己的一部分粮食让给制造钢琴的工人；购买钢琴的人不缺粮食，他不用拿自己需要的粮食，是用剩余的粮食供养埃拉尔的工人的。"就算他用别人的余粮，就算大钢琴的买主不缺粮；但是埃拉尔的工人缺粮。因此，如果不为其他什么东西，那么对于他自己的粮食来说，不利的是他从别人那里得到粮食，而不是自己生产它。如果某项工作不提供好的生活资料，那么这项工作是否有利呢？沿着一连串无止境的交换徘徊，你会在其复杂混乱中惊惶失措。但是把问题引导到最简单的形式，引导到埃拉尔工人的粮食不足这一事实，那么你就会意识到这个工人应当关心他所需要的粮食生产，而不是关心他既不需要又不使用的大钢琴的生产。墨守成规的政治经济学家喜欢反复申说类似下列格言：laissez faire，laissez passer，“工作自由”，——chacun chez soi，chacun pour soi.“人人关心自己”等等，诸如此类。他们以为用这些格言会很牢固地保卫他们的制度。相反，只须牢牢地抓住任何一句格言，就可看到每一句都会破坏他以为在保卫的制度。关于格言 laissez faire ，laissez passer，我们下一次不论什么时候从这方面讨论讨论。现在来讨论格言 chacun chez soi，chacun pour soi。墨守成规的政治经济学家说出它的准确意义是：“让每个人都成为他自己事业的绝对主人，让人人都为自己工作。”好吧，依我们的意见，这是出色的假设，我们完全接受它，——只是在实际上产肃地接受，让它不要成为任意发出的和经常忘却的空话，而是经济工作牢固的准则。“让人人都成为自己事业的绝对主人”，chacun chez soi，呵，我们正是要达到这一点。让每个人都成为主人，那么雇佣工人是什么主人呢？让人人都为自己工作，chacun pour soi，好极了，正好关系到我们现在的问题。好吧，就让人人为自己工作。那么，谁需要大钢琴，就让他自己去制造吧。自然，处境相似，需要相同的人们可以交换自己的同类产品，我需要大钢琴，需要马车，需要金表；你们也需要所有这些东西；我们的和你们的朋友格·皮诺契金也需要所有这些东西。好吧，按照劳动分工的原则，我们可以让每个人从事一项工作:我来制造钢琴,你来制造马车,皮诺契金制造金表。这样我们每个人都可以用自己的产品通过交换去供应其余两个人。我们的产品和需要是同类的。但是我们,正派的人们,有优雅需要的人们,与潘节列依、西道尔、普洛柯夫、康德拉奇等人如何交换呢?我们能把这些粗野的庄稼人组成什么公司呢?扎哈尔农民的上衣配上金表好看吗?马卡尔的合法夫人乘坐在马特连的马车里姿势怎么样?乌里扬的女儿坐在杰勉奇也夫的大钢琴面前不可笑吗?我们和你们的出色的职业和可爱的物品与他们不相配。他们并不需要它们。我们用什么去和他们交换呢?他们不需要我们的产品。他们——粗野的贪吃者,只想到吃(如果让他们每个人都吃饱,他们能吞下多少黑麦面包呵!真可怕!我们三个人:我、你和格·皮诺契金加起来也吃不下波塔普一个人吃的那样多)。他们只想到吃。我,作为一个正派的人带着应有的蔑视对他们叹息道:"Chacun pour soi!"我,一个正派的人,将为自己和为你们这些正派的人们制造大钢琴,并且不再从这些人们得到什么,也不给予他们任何自己出色的产品。像大家知道的那样,就算他们没有我也行。而我,一个正派的人连想一想我会需要他们都觉得难为情。对吗?

如果交换价值应当与内在价值吻合,而内在价值是以人的需要来衡量的,那么不难得出下列结论:

只有同类的需要才能直接彼此衡量,例如属于人体物质福利的各类需要。所以第一需要的物品应该具有彼此交换的价值。但是完全不同的需要是不应该直接相互比较的。比方说,你将怎样决定饮食与阅读、或者鞋与音乐这些需要之间的关系呢?所以连满足各类需要的产品也绝对不应该具有彼此交换的价值。人类需要小提琴比需要靴子小或大几倍呢？他需要青铜比需要住宅又是小或大几倍呢？这些东西是不可直接相比的。

这样一来，在价值问题方面，在我们这里出现了需要的分类问题；从经济学观点，它们分为物质福利需要、精神活动和艺术享受的需要。这三类当中的每一种都具有自己独特的特性，特别地改变着评价满足它们的物品的标准。

美感享乐[112]的需要无论如何不能与物质福利的要求相提并论。只有当人类的物质需要满足的时候，他才能以什么雅致的方式享乐一番。大概表达得过于严肃了，但是完全正确。应当说，尤其当人们或者由于没有任何必要，或者因先前的劳动而筋疲力尽已不能做其他事情的时候，艺术享乐才合适：它永远或者是休息或者是闲散。然而休息与闲散当然不应具有交换价值。因此艺术享乐的对象也不应具有交换价值。自然，我们很好地知道，它们现在具有交换价值：进戏院要收费，图画和雕像在出售。但是我们说，这是对类似物品本性的侮辱。美丽和雅致不应当具有任何价格。如果你们认为这句话对你们尊重的物品太生硬的话，可以用对它们最相称的话来表达这个原则；它们是无价的或不可估价的。随便你们把它们看做不可比拟地低于或不可比拟地高于物质福利需要的物品，但是它们之间却没有任何比较。如果你们从它们满足的需要转向其起源方式的话，你们还应当说同样的话。它们的一部分是大自然的产物，没有人类的劳动，如像大自然的美景和人的美丽。为了生产另一部分，则需要人类专门预先考虑好的活动，这就是舞蹈、话剧演出、图画；但是从经济字义上讲，生产它们的活动不能叫做劳动：对于从事这项活动的人来说，它本身就是一种享

乐;它属于用饭或恋爱一类的活动。对这类活动,报酬不应当是什么外在的,它们本质上是排斥任何有关报酬的想法的。谁朗诵或演奏小提琴,他本人就在享受自己的朗诵或演奏,——只有当它对于朗诵者和演奏者[①]是一种享乐的时候,它才是真正好的和对于别人也才会是享乐的源泉。因此产生美感享乐对象的活动除了从事它的人感到满足之外,不应当具有任何其他报酬。从这方面看也不应当有任何交换价值的影子。

旨在发展从事该活动者本人的脑力活动也同样不应当具有交换价值,其根源是需要探求真理。这里包括:第一,一切学术性的活动;第二,学习者的活动。学习者应该认真学习只是出于学会的愿望,求知的需要。同样,学者应当从事科学研究,只因热望掌握它和推动它向前发展。在这两种情况下,最大的成就可以说是与对于事业自我欣赏的热爱超过任何其他打算相称的。

然而有另外一类脑力活动,它不是自我享乐,而是从事者的牺牲。这就是教育事业。当然,教育家或教师,只有当他勤奋、认真地从事自己的工作时才是好的,但为此也需要对事业的热爱。但是,按其内在性质和此人对待其他的感情来说,这种热爱与任何正直的工人、木匠或手工业织布工的热爱没有任何区别;本来泥水匠应该热爱自己的事业,勤奋而认真地从事工作。这种热爱不过是诚实的人对完成自己承担的义务的热爱。它的产生只是由于不愿成为骗子和认清了该事业的效用。这是(还远远不像是对某个对象感兴趣

① 如果你们看到演员不是出于本性爱好来演出,而只是受雇佣演出,那么他的演出就会令你们讨厌了。——车注

的生理上需要这样的感情)创造了画家、创造了演员、又创造了学者的需要,不是属于与外在报酬概念相对立的活动的需要,教育家就像是农民或裁缝一样的粗工,他的劳动应该具有经济价值。

然而只有在某些个别场合,教育劳动的经济价值才能直接与生产外在物品的劳动价值相符合。这应当说是职业教育和一般的技术教育。教木工只带来一个好处,使人成为能较有效地生产其价值可以用来决定教育价值的外在物品。但是发展人类智力和道德品质,其最终产品不是与人不相干的物品,而是人本身的培养或教育——这完全是另一回事。满足这些事业的需要完全是另一种类别,不像对房屋或椅子、靴子或衬衣等等的需要。这里无法找到直接的可比性,所以普遍道德的或科学教育的教育劳动不能与生产外在物品的劳动相比较来估价。

至于这种劳动,其不同的部门具有共同的标准,因为它生产的物品具有一个共同的用途,其价值标准在于为这个共同的效果对每种物品需要到什么程度。前几篇论文中我们已经有机会研究了这些物品和需要的分类。我们讨论了第一需要的物品、舒适品和奢侈品;我们讨论了在目前状况下基本的和非基本的需要、盈利的和亏本的生产。

需要比舒适强烈得多,而在舒适面前奢侈是微不足道的。如果一个人没有靴子,手套对他是无用的;如果一个人没有手套,镶宝石的戒指对他是无用的。我们的话与建立在交换概念基础上的而不是在需要或有用概念基础上的占统治地位的术语是一致的;按照术语应该是:如果有宝石戒指的人没有手套,理智要求他卖掉宝石戒指来买手套;如果他没有靴子却有手套,他应该卖掉手套去买靴子。但是在这种场合，占统治地位的术语没有满足政治经济学方法的两个基本方法。第一个方法在于为了不是研究现成的静止的事实，而是研究产生这一事实的力量，不是要研究已经生产出来的物品，而是要研究正在生产的物品(实际上也应该是这样，因为在社会需要不断使用的大量物品面前，现有的物品总是少量的：农产品生产要一年，社会上其他产品的储备则更少)。另一个基本的科学方法是，把经济力量或事实的每种状况，作为独立完整的状况进行研究，不要把它与事情无关的现象混淆起来。按照这些方法，我们应当选取个别的人或整个社会作为生产自己使用的消费品的独立单位。在此场合我们有三种物品：靴子(必需品)、手套(舒适品)和宝石戒指(奢侈品)。按照我们叙述的方法来研究有关它们的问题，我们仍然应该像最初表达的那样说：在没有靴子的时候，手套是无用的；在没有手套的时候，宝石戒指是无用的。或者：没有靴子就不能从事手套的生产，没有手套就不能从事生产宝石戒指。没有用处的东西就没有价值。

这样一来，我们看到必需品、舒适品和奢侈品三者之间的下列关系：在没有足够数量的必需品的时候，舒适品不应当具有任何价值；当没有足够数量的舒适品时，奢侈品不应当具有任何价值。

即使没有让我们要注意实际并不符合我们叙述的原则——大概，只要问题涉及找到实际状况与应有的状况不一致时，我们自己也会很好地注意这些的。[113]

那么，应当按照什么标准来确定必需品与舒适品或奢侈品价值之间的关系呢？明白这点很简单。

正如在前述论文中多次假定过的，假设一个家庭比如说由 20 个人组成，其劳动总额等于10个工人的劳动。假定每年有300个工作日，我们将有3,000个工作日。假设全部必需品归纳为下列4类：

一、折算成小麦的粮食；家庭每年需小麦60俄石；生产这样的小麦要用1,500个劳动工作日。

二、折算成呢绒的服装；每年需呢绒100俄尺；要500个劳动日去获得。

三、燃料，以立方俄丈劈柴计算；需10立方俄丈，用500个劳动日。

四、有设备的住宅，折算成千块砖；每年需5,000块，用500个劳动日得到。

全部3,000个工作日用于这些必需品；没有时间生产舒适品，它们不具有任何价值，因为它们不存在。你们愿意知道必需品的价值吗？你们自己看吧，它是如何确定的：

每俄石小麦值 ……………………………… (1500÷60)=25工作日
每俄尺呢绒值 ………………………………… (500÷100)=5工作日
每立方俄丈劈柴值 …………………………… (500÷10)=50工作日
每千块砖值 ……………………………… (5000÷5)=100工作日

现在假定，由于作了改进，必需品生产所需劳动量比从前减少了五分之一。3,000个工作日中，用于必需品生产的只要2,400个，剩余的600个工作日可以（现在又为什么不应该呢?）用在舒适品上。为简化起见，把它们折算成一类好家具，以沙发计算；假定用60个工作日生产1个沙发，价值计算为：

每俄石小麦………………………………………………………… 20
每俄尺呢绒 ………………………………………………………… 4
每立方俄丈劈柴…………………………………………………… 40

| | |
|---|---|
| 每千块砖 | 80 |
| 沙发 | 60 |

假定有了新的改进，生产劳动量又减少四分之一；又多余600个自由工作日，用它们做什么呢？从前的舒适品数量够了吗？假设还不够。为了充分舒适需要20个沙发而不是10个。那么，我们将有：

| | 需要量 | 价值 | 合计 |
|---|---|---|---|
| 小麦 | 60 | 15 | 900 |
| 呢绒 | 100 | 3 | 300 |
| 劈柴 | 10 | 30 | 300 |
| 砖头 | 5 | 60 | 300 |
| 沙发 | 20 | 45 | 900 |
| | 总计 | | 2700 |

还剩300个自由工作日。可以把它们用于奢侈品的生产，以丝绒计算。每俄尺丝绒用5个工作日生产；其价值为5。

墨守成规的政治经济学家说："听我说，要知道你们原来什么新东西都没有讲呀！按照我们的理论，价值同样是由生产费用决定的"。果真如此，那就更好。的确，差别只在于一个情节：什么物品作为每种物品总产量的价值总额的标准呢？差别仅仅在于数量，在于这一类或那一类物品的生产数量，在于劳动力如何分配。我们后一种计算得出，如(甲)：

| | | |
|---|---|---|
| 小麦 | 900＝60俄石 | 按 15 |
| 呢绒 | 300＝100俄尺 | 3 |
| 劈柴 | 300＝10立方俄丈 | 30 |
| 砖 | 300＝25千块 | 12 |
| 沙发 | 900＝20个 | 45 |
| 丝绒 | 300＝60俄尺 | 5 |
| | 3,000 | |

在同样的生产工艺水平之下，换句话说，在同样的生产费用下，价值总额可以截然不同。比方说，不是(甲)而是(乙)：

| | | |
|---|---|---|
| 小麦 | 720＝48 俄石 | 按 15 |
| 呢绒 | 240＝80 俄尺 | 3 |
| 劈柴 | 240＝8 立方俄丈 | 30 |
| 砖 | 240＝20 千块 | 12 |
| 沙发 | 900＝20 个 | 45 |
| 丝绒 | 760＝152 俄尺 | 5 |
| | 3,000① | |

虽然在这两个协会(общество)中商品价值及其生产费用是相同的，但按其经济生活方式协会(乙)与协会(甲)有很大差别。差别不取决于人口数量，也不取决于技术工艺水平(根据我们关于生产力状况相同的假定，这些因素也是一样的)，不，差别是由于不同行业之间生产力分配的不同所产生的。

不同行业之间任何一种劳动力的分配是由什么决定的呢？在直接以生产者的需要为基础的生产制度下，或者在为个人消费而生产的条件下，这一因素当然直接由生产者的需要决定。在以交换为基础的生产制度下，或者在为出售而生产的情况下，不同行业之间的生产力分配由协会中购买力的分配来决定。下一章我们将研究在现存社会制度下的购买力的特点。现在先就直接建立在生产者需要的基础上的生产制度的特点讲几句。

第一，在两个因素之间存在直接联系时，两个因素彼此决定的比一个因素只能通过一长串间接因素影响另一个因素的间接关系的情况下所决定的要准确得多，这是不容争辩的问题。比如说，在

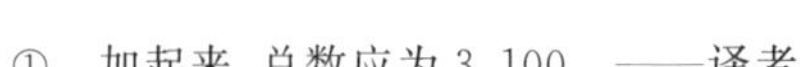

① 加起来，总数应为 3,100。——译者

你当面与另一个人谈话时，他所知道的你的意见，比从你传到他的，也即通过许多中间人传过去才知道的要准确得多。同样，如果你直接按总司令部的标准钟对表，比你按照任何一个遇见的人对表要准确得多。其实他的表也是与调整彼得堡所有钟表快慢的标准钟多少有些联系的。同样，如果生产直接由需要决定，比仅仅经过漫长的间接的交换途径来确定这个产品性质和数量与消费者需要之间的协调一致，要准确得多。

可是只有当生产者本人是消费者的时候，生产才由生产者本人的需要直接决定。在生产工艺不发达的状态下，小家庭经济可作为生产单位。但是随着技术的改进，随着劳动分工原则的建立，像家庭这样的小生产单位的这种可能性就消失了；生产单位应当随着劳动分工的进步相应地扩大。

也许不妨再提一条意见。我们说的决不违背生产经营单位之间的产品交换。它们之间怎么没有、又为什么没有交换呢？须知整个国家之间都在进行产品交换——在各省区、城市、村落之间交换的必要性和方便条件就更多了。但是国家运往国外去交换的或从国外交换得来的产品数量只是一小半，并且一般只占国家消费和生产总额的一小部分。国家产品的主要部分是为国内消费生产的。这才是我们讨论的关于生产单位方面的问题。理论要求每组生产者生产的产品主要部分用于该组本身的内部消费；如果尔后某部分产品用来交换，这不影响什么——相反，可能非常有利。

穆勒在结束其价值理论分析时，提出了这项研究主要成果的简明提要：

一,价值是相对现象。物品的价值——这就是一种物品交换任何其他物品的数量或者一般物品的数量。所以全部物品的价值既不能同时上升也不能同时下降。价值普遍的上升或下降是不可能的事情。某价值的任何上升与其他价值的下降有关系,反之也如此。

二,物品之临时的或市场的价值由供求平衡决定。需求提高时就上升,供应增加时则下降。然而需求与价值一起变化,一般地说,物品降价时,需求比物品昂贵时增多;并且价值总是这样适应的,使得需求与供应相等。

三,除临时价值之外,物品还有永久价值,或者可以说在每次波动之后市场价值经常力求向其恢复的自然价值;而且这些波动互相补偿,以致平均计算是商品大致按其自然价值交换。

四,某些物品的自然价值——短缺价值;但是绝大部分产品彼此自然按生产本身的费用比例或者按可以称之谓费用价值的价值进行交换。

五,自然而经常具有短缺价值的物品,就是那些其供应或者完全不能增加,或者不能增加到满足按其费用价值对它全部需求数量的物品。

六,垄断价值就是短缺价值。只有限制物品的供应,垄断才能给物品以价值。



七,其供应可以通过劳动和资本无限增加的每种商品交换其他商品,按照所需供应的费用最大的那部分产品的生产费用和投放市场的运输费用的比例进行的。自然价值与费用价值的意义是不同的。物品的费用价值就是费用最大的那部分物品的价值。

八,生产费用由几个因素组成,它们之中有一些是经常的和普遍的,另一部分则是偶然的。生产费用的普遍因素是劳动工资和资本利润。偶然因素是租税和由生产任何附属品的短缺价值产生的一切多余的费用。

九,提供地租的商品的生产费用中,地租不是一个因素;只有当地租是短缺价值的结果和代表的场合(与其说实际场合,不如说是抽象理论可能的场合),才是例外。可是如果耕种中能提供地租的土地用于其他目标——它提供的地租构成把该土地用来生产的商品的生产费用因素。

十,如果把价值的偶然因素搁在一边,那么,其数量能不确定地增加的物品自然而经常地按照需要用于其生产的工资额与支付该工资的资本家应该得到的利润额的比例来彼此交换。

十一，工资额之间的比例不取决于工资的绝对量。工资高并不提高价值，工资低也不降低价值。工资额之间的比例，在某种程度上是由所需的劳动数量之间的比例所决定的，在某种程度上是由劳动报酬之间的比例所决定。

十二，同样，利润的相对比例不取决于利润的绝对数量；利润率的高或低既不提高也不降低价值。利润的相对比例，部分地是由生产占用资本的持续时间所决定，部分地是由各个行业中的利润相对量所决定。

十三，如果两种物品由工资相等的同等劳动量进行生产，如果应该在相同的时间内为其付清工资，而行业本质不需要它们之间利润率的经常差别，那么这两种物品的平均结果是彼此同等交换。不论工资和利润高或低，不论所耗费的劳动量大或小，反正都一样。

十四，如果一种商品的价值，平均比另一种的高，其原因是：或者生产它需要的劳动量较多，或者该类劳动经常得到较高比例的工资，或者为了维持这类劳动花费的资本或部分资本需要较长的时间，最后，或者为了生产本身的平衡附带要求经常较高的利润率。

十五，这些因素中最重要是生产所必要的劳动量；其余因素的影响不那么大，即使其中每一个都是相当重要的。



十六，利润越低，生产费用次要因素的影响就变得越弱，商品偏离生产商品所必需的劳动数量和质量成比例的价值就越小。

十七，然而利润的任何降低会略微降低那些机器参加很多或经久耐用的机器参加制造的物品的费用价值，并提高用手工劳动生产的物品价值；而利润的提高作用则相反。[114]

这些结论全都完全正确；但是读者知道，我们现在还可以再补充几条其他的相当重要的结论。

十八，上述结论全部都是唯一地关于交换价值的。如果人的劳动是商品，换句话说，如果工人不是主人，而是被雇佣劳动，它与内在价值是分开来的。[115]但是，这种情况无论对于工人本人，还是对于社会都是不利的。因为雇佣劳动比为自己的劳动质量低。

十九，如果劳动不算、也不应当算是销售商品[116]，那么交换价值与内在价值相符。求、供、生产费用等概念直接来源于经济活动的基本因素,来源于人类的需要,它们获得最准确的特性。这时供应规模由生产力数量决定;需求规模由生产者对产品的需要强度决定;生产费用直接由劳动量决定。通过计算各行业为最好地满足人类需要应按何种比例分配生产力来获得供求平衡。

## 甲、购买力

(第七—十三章)

“用产品交换产品”。我们完全承认占统治地位的理论这一基本格言是正确的,同时,对它只提出一条意见:占统治地位的理论根据什么不想知道,按照现在的制度其基本法则经常受到破坏呢?有雇佣工资时,用劳动交换产品,难道劳动是产品吗?不是,劳动是生产力。那么,二者必居其一:占统治地位的理论或者应当承认雇佣工资是一种像行会制度或等级制度一样违反合理的经济制度的现象,或者应当承认不了解自己所发现的原则的意义。

我们是顺便说说这件事。[117]现在我们的主要目的是研究购买力的概念,在不是以生产与消费直接组合为基础,不是以生产者与消费者同一性为基础,而是以交换为基础建立起来的生活方式下,购买力起着多么重要的作用。它是交换的中介术语。占统治地位的理论非常清楚地提出产品与产品直接交换的困难和货币这种可以和任何产品交换的普遍工具的必要性。它出色地证明了交换的好工具或货币所应有的特性,并且非常有根据地证明了贵金属胜任货币的作用,比所有其他产品和物品都好。所有它论述的这些方面问题,我们假定读者全都知道,或者让读者从普通政治经济学教程中去了解,而我们则把注意力集中到一个非常重要的问题上来。这个问题正是这些论文的作者们忘记深入研究的,连穆勒自己也忘记了:购买力与用来消费的部分产品分离,对产品分配和消费,并且通过它对生产性质有什么影响?货币或纸币的购买力集中、集聚和永存,使社会的经济生活方式朝什么方向变化呢?

让我们设想一下,在所谓(与"货币"相反的)货币不起重要作用的"自然"经济中,非常富有的人和很富裕的人之间的关系。吉尔吉斯人阿布达拉的马群里有 1 万匹马;吉尔吉斯人尤苏夫的全部马群一共只有 100 匹马。如果他们在货币经济还没有渗入的大草原上游牧,阿布达拉以其财富能对尤苏夫施展什么经济权力呢?假定尤苏夫是普通性格的人,我们不能不说,他一点儿也没有考虑在经济上依赖他的富有的同部族人。阿布达拉能给他一些什么他特别需要的呢?尤苏夫的马匹和马奶足够了,他不需要这些物品①。而除了它们之外,阿布达拉②什么也不能向他提供。现在假定货币经济引进了这个部族。就按整数计算,每匹马价值 10 卢

① 由于墨守成规的政治经济学家平凡的洞察力,在这方面至少需要估计到整整两条异议。第一,在加尔梅克人这样半野蛮的部族中,暴力占统治地位。阿布达拉可以借助于许多亲友白白地掠夺并杀害尤苏夫。当然,此外,加尔梅克人是多妻者,没有文艺、剧院等等——发发慈悲吧!要知道总不能把一切都混成乱七八糟的一大堆哦!其实,我们是在谈论经济关系,并且只谈它们。要不然我们就得在这里评论用马奶治疗肺结核了,就像在评论关于道布林·尼克奇契的任何一首歌的时候,布斯拉也夫先生评论米克利·安德热洛的画一样。[118]另一个异议也是这类性质的:在阿布达拉的马群里有这样一匹马,由于尤苏夫酷爱这匹出色的跑马,他要获得它,准备为阿布达拉做出一切(请看莱蒙托夫的小说《当代英雄》中"贝拉"的故事,以资证明)。——自然,在酷爱影响下发生的事会少吗?但是请不要忘记,我们在这里叙述的不是酷爱的理论,而是以尤苏夫没有充分的理由让自己依赖阿布达拉的普通估计的想法为基础的经济规律。——车注

② 这时可能提出第三条异议,一点儿也不比前两条差:"怎么什么也没有?阿布达拉除了马匹和马奶之外还有马车、毡子"以及诸如此类的东西。自然,不过这一切尤苏夫也有,也有相当的数量。——车注

布。阿布达拉拥有总数为10万卢布的财产，尤苏夫只有1千卢布财产。每个人从日常经验中都知道，在货币经济下，不怎么富裕的人对比他富1百倍的邻居的关系是怎样的。这是依存关系。依赖性由何而来？由于货币是一般购买力，它不像直接用来消费的产品一样能满足一种不论什么样的需要，而是一般地能满足一切爱好和愿望。人能感觉到他不需要这一种或那一种物品，觉得某种物品对他是多余的；但是他无论如何不能确信他永远什么也不需要。为了不垂涎货币，就应该有这种信心，并且不仅是现在或最近的将来，而且在全部未来：我们不是随便使用"永远"一词的。几乎所有直接用来消费的物品都是非常不耐用的。只有作为货币原料的贵金属可以称谓这种惯例重大的例外。金锭或银锭同货币很少差别，尽管没有使它们成为名副其实的货币的戳记。其余的在经济方面重要的物品不具备自然而然地长期保存的特性。只有货币才有这个特性。有许多种类的产品，不论如何细心照料也保存不了几年。粮食就属于此类产品，在一切农业国家按其价值是最主要的产品。这类产品只能以再生产来保存，就是说通过与第一次生产所必需的同等大量劳动来再生产它。另一些物品则长期完整，比方说石造建筑物，但是需要修缮，几年内用于修缮的劳动总额等于最初生产该项目所需的劳动总额。否则它们会很快就不中用和失去价值。因此，总而言之，货币与其他产品的区别在于它自然而然地继续存在，不需要进一步的生产劳动，完全免除拥有货币人的劳动。与此同时，保存所有其他物品需要继续劳动，最初就是用这种劳动得到它们的。人们只有在货币中得到完全悠闲享乐的①经济来源。直接消费品部分地由于不经久耐用，部分地由于笨重，要把它们积蓄到一个人手中的规模，要比储蓄货币窄小得多。货币占地方少，并且可以说，它是不朽的财宝。把10个收获期的粮食囤积在自己的粮仓里未必办得到。但是把20个和30个收获期的货币积存到大箱子里，就像一个收获期的那样方便。

这样，与直接以消费品为基础的生活制度相比，货币制度更加有利于把财产集中到个别人的手中，促进财产不平等的发展；使富人对其他人有更多的权力。在货币制度下，通过用财富来满足一切愿望的这种不定的因而也是无止境的想法来取代了满足一定需要的想法，这些其他人们对独立的兴趣减少了；最后，以货币为基础的生活方式中出现了经济上可能的完全悠闲享乐。这在不以货币为基础的生活方式中不可能不明显地破坏一切经济概念。[119]

"看，你们开始关于黄金对人心和社会福利的致命影响的劝善啦"，——墨守成规学派的政治经济学家会这样说。不完全正确。[120]道德家起来反对黄金之有害影响的时候，注意到人们渴望增加自己的财富，起来反对他们称之谓良心堕落的自私自利的打算，等等，——一句话，他们不满意人类的天性并阐明改变其基本志向的问题。我们完全不讨论这些；我们不想要求人们大公无私，也不

① 不妨提示一下，此处我们只注意以经济规律为基础的现象，而不注意其他类似侵占、对于人的所有权等等现象。在一切社会状况下，某些人可以不进行生产劳动，靠暴力和诈骗过活；但是这些现象的合法程度和经济合理性，不作任何解释都是清楚的。我们只需要深入研究其对经济生活的影响不是所有的人都清楚的那些关系。——车注

希望改变他们的天性。在承认个人利益原则为人类一切经济活动的基本动机和最高标准方面,我们对亚当·斯密学派的任何一个作家也不让步,并且比大多数墨守成规的政治经济学家走得更远。我们容许后者跟随道德家们解释理想志向的必要性和激发人们对各种爱国主义的美德、对克制爱情的美德,等等。这些东西,我们什么也不宣扬,我们认为,首先[121]应当关心物质需要,而且当它们还没有满足的时候,不能有成效地关心任何其他事物;我们认为,考虑个人利益是人类的主要指南之一。我们只评论什么最符合人的个人利益,而且只希望人们变得更加精打细算。——由于对人类生活主要基础的看法与道德家有分歧,我们用与他们截然不同的眼光看待所谓黄金统治的问题。我们认为货币统治一切的制度是不令人满意的,并非因为在这种制度下,人们是自私自利的(人们总是并且应该更多地考虑自己的个人利益),只不过因为在这种制度下,绝大多数人们的物质福利需要满足得太差了。这个制度对于绝大多数人们是没有好处的。但是我们认为,问题的实质绝不在于货币,而在于另外无比重要的、从中产生货币优势本身的事实,——在于现在的经济生活方式是以交换为基础的,而不是直接以生产与消费的一致为基础的。应当像现在通过货币或与货币起同样作用的任何其他的普遍价值尺度进行交换那样来进行交换。否则进行交换就太不方便了。所以使用货币本身或与其意义相同的一般的价值(标志!)规律,是非常有益的事情。起来反对它们就等于起来反对其本身也是上流社会中对预定事业必要的和极好的东西——手帕一样。我们绝不希望人们恢复到他们"不用手帕也行"的状况中去。然而,伤风时手帕的用处很大,那么伤风是不是一件好事？这完全是另外的问题。我们认为，人应当治疗伤风，并且当伤风好了以后，手帕自然而然不再引起人们的兴趣(重要性?)，这决不是它自己的过错。我们同样认为，如果生产者本人将消费自己产品的主要部分和每人消费的主要部分产品将是他个人劳动的产品，而产品总额中只有相当少的一部分将进行交换。一句话，如果产生相当好地实现经济理论的原则“让人人首先为养活自己和为自己而劳动”的生活方式的话，那么，货币在经济生活中的重要性也将减少。我们看到，这种制度的主要特征是：每个工人最好成为主人，而且经济单位应当具有颇大的规模。我们看到，按照现在引起我们注意的科学部分、有关价值部分的专门问题，在目前的生活方式下，经济科学这项要求的主要矛盾是交换价值背离它不应当背离的内在价值，是对劳动的看法就像看待可买、卖的商品一样；与此同时劳动自然既不能买卖，也不应当成为商品。这个不合理的制度就是经济伤风，在这种制度下，我们打比方的手帕—货币的作用发展到了令人难堪的程度。

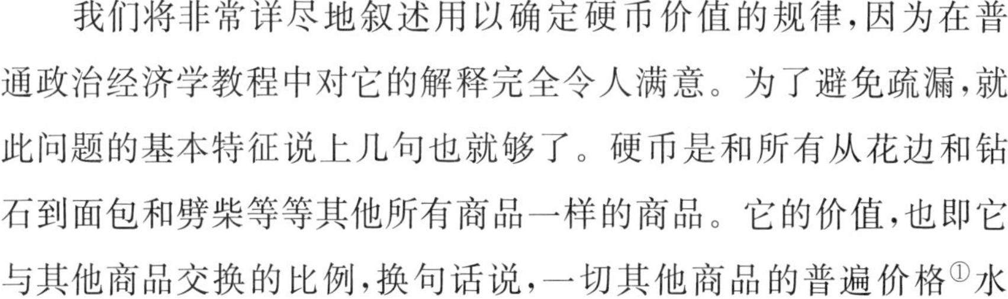

我们将非常详尽地叙述用以确定硬币价值的规律，因为在普通政治经济学教程中对它的解释完全令人满意。为了避免疏漏，就此问题的基本特征说上几句也就够了。硬币是和所有从花边和钻石到面包和劈柴等等其他所有商品一样的商品。它的价值，也即它与其他商品交换的比例，换句话说，一切其他商品的普遍价格[①]水

① 读者知道，若以货币计算，则产品价值就是其价格。因此，货币价值和商品价格是一样的。商品价格提高了，这就是说货币价值下降了；商品价格降低了，这就是说货币价值提高了。如果不直接加上“内在的”一词的话，我们总是把价值理解为交换价值。——车注

平，是由决定任何其他商品价值的那些因素即供求平衡和生产费用来决定的。用制造货币的（贵金属）材料来加工该商品的劳动，与用来获得材料本身的劳动总额相比，是微乎其微的。所以硬币的费用等于用以模压[①]它的黄金或白银的费用。硬币价值持久的或长期的水平，与价值上涨时数量能增加的其他商品一样，是由生产费用[②]决定的，而此水平的临时波动则由供求平衡决定。但是贵金属是如此长寿的商品，以致从前生产积累起来的数量比每年生产增加的数量大得多。所以，由于其生产的缩减或扩大使现有数量敏感地减少或增加，只是表现得非常迟缓，而由供求平衡决定的硬币价值的波动却比其价值固定水平的缓慢变化要明显得多。换句话说，由于硬币的供求波动而产生的商品普遍价格水平的提高或降低，比由于原来的矿山逐渐枯竭或者开采新的最富的矿山而产生的变化，要明显得多。那么硬币的供求平衡又是什么呢？这里需求是以提供来交换硬币的商品总量，也就是准备出售的商品总数形成的。可是用什么来决定供应的规模呢？直接用于消费的产品中，某种商品的供应等于为满足对它的需求而提供的数量。然而当硬币还是硬币的时候，它是不用于消费的；它只不过是购买的工具，因此在完成一次购买之后，立即就能为自己的新主人进行新的购买。由此可见其供应规模是怎样确定的。假定在某个时期内，比方说一年，某协会用硬币完成的购买总额达 10 亿卢布，如果



---

① 严格地说，货币价值高于金属锭的价值，但是只高出微不足道的一小部分，几乎没有任何重要意义。——车注

② 或者说，对于金银不是国产而是进口商品的国家，由从国外获得这些金属的费用来决定。——车注

在此期间每个卢布只购买一次，为了进行购买，这个协会里的硬币总数应该等于10亿卢布。但是如果每卢布一年内平均购买5次；为了完成全部购买总额只需要2亿卢布。一定时期内硬币卢布完成购买所流通的次数，叫做货币流通速度。所以，硬币的供应规模等于其现有数量乘以其购买的流通速度。正是这个数字构成在此期间内按硬币计算的销售的物品总额。比如说，假定物品销售的数量与一年内2亿卢布顺利地平均周转5次时的数量相同，但是或者流通速度增快，达到6次，或者硬币数量增加到2亿4千万卢布。在这两种场合，总额已不是10亿，而是12亿卢布(2亿乘以6或2亿4千万乘以5)。这样一来，按货币计算销售总额已是12亿，也就是说，普遍的价格水平提高了五分之一。值5卢布1俄石的小麦将值6卢布；值50卢布的1块呢子将值60卢布等等。相反，如果或者硬币数量减少或者其流通速度下降，则价格会下跌。例如，如果每卢布只用来购买4次而不是5次，以货币计算销售总额只有8亿(2亿乘4)，并且物品价格相应下降。每俄石小麦只值4卢布，1块呢子只值40卢布。

这样，硬币价值，或者同样的，普遍价格水平的变化是符合于供求平衡。如果销售量(对货币的需求)增长得比用于购买的货币数量和流通速度快(也即比货币供应快)，货币价值便提高，换句话说，物品价格就下降。如果货币供应减少，也即其数量不变时流通速度缓慢，或者其流通速度不变时其数量减少，结果也一样。在相反的情况下就有相反的结果。也即货币价值下跌，换句话说，物品价格上涨。

自然，这里谈及的只是用于或准备用于购买的货币。那些主人保存起来不用、不想用它来购买什么的货币，对商品价格不起作用。这部分硬币处在所谓昏睡状态。

*　　　*　　　*

写完关于决定货币价值的因素一章之后，我考虑是否应该把它删去，以期我的叙述不致把论文拖得太冗长。我认为每位读者都知道这个课题。然而我又考虑：试一试删去吧，那么，无论什么样墨守成规的人把这个硬币价值问题想象成经济智慧达到的极限，他以他达到了这个极限而异常自豪，并且按照他个人理解这个绝无智慧的东西的难度，以为普通人永世都不懂得科学如此深奥的秘密。任何一个这类学者先生就想，你是不知道它的。够了先生，那么再说不知道什么呢？而且一般地说，了解全部占统治地位的理论的全部奥妙和细节是否困难呢？比学会织袜子还要容易得多。然而如果了解此问题对你非常困难，那么，你至少没有发现这个事实的一点儿迹象，就是说，你是个门外汉，不能理解这样伤脑筋的智慧。

*　　　*　　　*

到目前为止，我们讨论了把硬币作为唯一交换工具的社会状况。硬币的确永远是衡量所有其他交换工具价值的基本货币符号。但是正如在社会发展的一定阶段用货币买卖产品来取代直接以物易物一样，在经济进一步发展的条件下，出现了帮助硬币的另一种交换工具——信贷标志。它对金市和银币的关系，就和这些货币与全部其余产品的关系一样：硬币是产品价值的标志，信用凭证（银行券、贸易票据）是硬币价值的标志。用信贷标志与硬币的关系可以很好地说明硬币与其他产品的关系，也即说明它所完成的使命的本质。金币或银币也是纸币，与现在的信贷票据的区别仅仅在于其交换价值的保证是制造它的材料本身的交换价值，也即此材料的生产费用。然而,信用票据的材料本身价值是微不足道的。所以其交换价值的保证只是发行票据的政府银行或私营银行有责任把该票据兑换成票据上表明的金、银数量。

与硬币相比纸币有多少价值,在购买时它们就完全代替多少价值。但是它们只是多种信用形式中的一种,一般说,关于信用应该说是同样的:有它存在,它的所有形式都能当作购买力,也即代替硬币。在生活方式是以交换为基础的社会里,经济生活发展越积极,社会中借助于信用完成的交换部分就越可观,因此很容易产生把信用当做经济进步根源的错觉。然而,实际上它只是用来显示产生这种进步力量作用的一种方式。为了看清问题的本质,我们从解释普通政治经济学教程提出的、穆勒通过在技术细节上做了相当可观的改进而介绍的有关这方面的问题的提法开始。

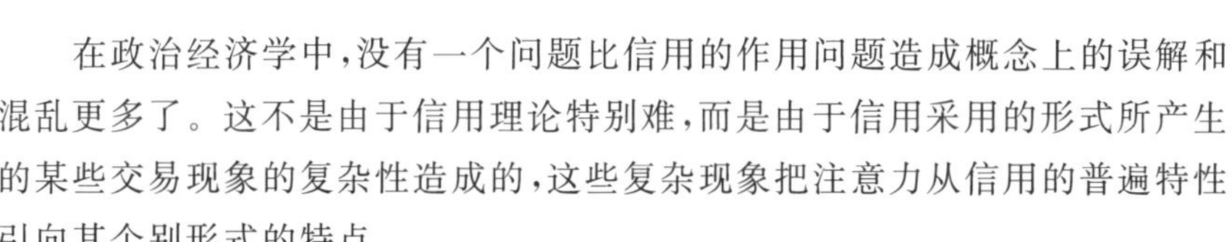

在政治经济学中,没有一个问题比信用的作用问题造成概念上的误解和混乱更多了。这不是由于信用理论特别难,而是由于信用采用的形式所产生的某些交易现象的复杂性造成的,这些复杂现象把注意力从信用的普遍特性引向其个别形式的特点。

如此经常地谈论其民族重要性的夸大其词的腔调可以作为信用实质概念混乱的实例。信用具有伟大的然而大概不是某些人赋予它的神奇力量。它不能无中生有。非常经常地这样评论信用的扩大:好像它与创造资本的意义相同,或者好像信用就是资本本身。如果只允许一个人使用另一个人的资本,信用不是增加、而只是转移生产资料,这还要加以证明,那是荒诞的。信用使借款人增加多少生产资金和占用劳动资金,贷款人的资金就减少多少。一笔款项不能既是所有人的又是借款人的资本:它不能一次加倍地全部作为两组工人的工资、工具和材料。的确,甲向乙借款并用作甲的事业的资本,在其他方面又是乙的一部分财富;乙可以签订以此资本保证的借据,并且如果需要,在其抵押下可以借入一笔与它相等的款项。因此,表面看来似乎甲和乙同时使用了这笔资本。然而，如果哪怕略微深入地研究一下问题，我们会看到，当乙把自己的资本借给甲，资本已经只归甲一个人使用。所以乙从该资本得不到任何另外的帮助，除了收回该资本的权力，使他能从第三者丙那里得到另外资本的使用权。某人真正使用别人的资本，必然是从不论谁的资本中借来的。

但是，如果信贷向来只是把资本从一些人手中转移到另一些人手中，那么按照自然规律，它总是把资本转移到在生产中比较善于有成效地使用它的人的手中。如果不存在信贷，或者由于普遍的不无危险，或者由于缺乏信任，几乎不存在信贷，那么，许多或多或少有些资本、但因自己的职业或因缺乏必要的技艺和知识不能亲自监督资本使用的人，就得不到自己资本的好处。他们积攒的资本会闲置起来，或者可能在从它们得到利润的笨手笨脚的试验中浪费掉。现在贷放全部资本以生息，并且对生产有利。每个工业国处于这种状态的部分资本占其生产资金的一大部分，并且自然被吸引到事业进行得最活跃的生产者和商人那里，他们有可能以最大盈利来使用它们。因为他们既比其他人更强烈地希望得到资本，又能够最好地保障它的安全。所以，尽管信用并没有增加国家的生产基金，但它却自告奋勇地最充分地参与生产活动。随着赖以建立信贷的信任之扩大，甚至每个人为防备不测的情况而保存在身边的最小的部分资本用于生产的机会日益增多。达到目的的最主要工具是储蓄银行。在没有这种银行的地方，明智的人应该把足以付清只要他能想到的任何需要的款项掌握在自己手中，而不出借。然而，当不把这笔准备金存放在自己的箱子里，而是储存在银行家那里已成为习惯的时候，以前闲置的大量小笔款项就集中到银行家的手中了。银行家根据经验在了解了这些款项中哪些份额是目前需用的，并知道，如果一个存款者需要的比平均比例多，那么另一个就需要的少，他就可以把余额，也即这些款项的一大半贷给生产者和商人；而且通过这种办法来增加的不是全部现存的数量，这是确实的，而是贷出资本的数量。因此社会生产款额会相应地增加。

在为了把国家的全部资本用于生产的这种必要条件下，信贷也是从国家的工业人才中为生产吸取较多利益的一种手段。在没有或几乎没有私人资本、但却具有资本占有者赏识和珍视的办事能力的人当中，许多人或者得到借款，或者更常见的赊购商品，这样一来，他们的工业才能就会集中到增加社会财富上来了。如果改进法律与教育，使社会的忠诚发展到这样的程度，以致人的个人声誉不仅可以作为反对卑鄙的侵占、而且可以作为反对用别人的财产卑鄙地冒险的充分保证，那么上述方法还将带来更大的好处。

这就是从最普遍的观点看到的信贷在人类生产资料中的作用。然而这些观点只适用于向工业阶级的人们（生产者和商人）提供的贷款。商人给予不生产的消费者的信贷，从来不是增加而总是减少社会财源。它不是把不生产阶级的资本交给生产阶级暂时使用，而是把生产阶级的资本交给不生产阶级使用。如果甲商人向乙地主或收租人供应商品，展期 5 年付清，则甲的等于这些商品价值的部分资本在 5 年内是不生产的。在立即付清的情况下，这笔款项在 5 年内可以花费和卖出几次，并且几次用这笔款额生产、消费和再生产商品。因此，如果乙最后付清了 5 年没有支付的 100 英镑，那么对于社会劳动阶层来说，展期支付本身相当于 5 年中他们不是一次而是几次地失去了这笔款额。甲本人为自己的商品规定期满后乙应付给他较高的价格，以此得到补偿；但是，由于每笔无须偿还的或暂时用于非生产目标的资本而遭受损失最大的工人阶级，却没有任何补偿。在这 5 年当中由于乙从甲的资本中借用这笔款额并且把它徒劳无益地花掉，国家的资本减少了 100 英镑，乙提前动用自己的资金，而且过 5 年之后才从自己的收入中取出来偿还给甲，于是这笔款额又将成为资本。

这就是信贷在生产中的普遍作用。尽管没有它，现有的生产力不能充分地集中到生产上来，它本身不是生产力。但是，信贷对价格的影响是比较复杂的问题。它几乎是全部难以解释的交易现象之主要原因。通常，当商业中有许多贷款的时候，商品的一般价格由贷款情况来决定总是比由货币量来决定更为多；因为贷款不是生产力，而是购买力，所以，当一个人有了借款的时候，可以用它来购买商品，既造成对商品的需求，又抬高商品的价格，如同用现金来进行这么多次的购买一样。

我们现在应当把信贷作为不取决于货币的独立购买力来加以研究，它自然不是形式最简单的信贷，而是一些人贷给另一些人的货币形式的信贷，并且是用现金：如果得到这种借款的人用它来购买物品，他用货币购买，而不是用信贷购买。所以不表现出超过货币提供的购买力。创造购买力的信贷形式是，在购买时，任何货币都没有从一些人的手中转入另一些人手中。并且是很经常的，从来都不转手，而全部交易与其他大量交易一起入账，并仅以账目的差额来支付。这是用不同方法进行的，我们来一一研究它们。照我们的惯例,从最简单的开始。

第一,假定甲和乙是彼此有交易的两个商人。在这些交易中两人既是买主又都是卖主。甲向乙赊买。乙也向甲赊买。年终甲欠乙的款额与乙欠甲的款相比较,于是知道谁应按差额支付。这笔差额可能比另一个交易额少些,但无论如何一定少于全部交易款额。差额只用货币来付清,而且可能连它也可不付清而转入下一年度的流水账目中去。用此方法,支付100英镑竟可能足以偿清一系列现在扩展到几千英镑的交易。

然而第二,甲可以不用货币偿还欠乙的债务,尽管乙并没有欠甲的任何债。甲可以满足乙,只要把自己对第三者丙所有的债权转给乙。借助于叫做商业期票的证券便可方便地做到这一点。实质上这种期票就是债权人的借据。他用借据把对自己债务人的货币要求转给另一个人,如果债务人承认该借据,就是说证明确是他的签字,借据就成为债务人方面承认债务的依据。

商业期票最初是为了保护与运送金银有关的费用和冒险而采用的。亨利·托尔东(Henry Thornton)说:"假设伦敦有10个工厂主,他们向约克郡的10位零售商人出售自己的商品:并且假定约克郡有10位另一种商品的工厂主,他们向10位伦敦商人销售商品。如果这样,10位伦敦商人就不必每年把基尼汇到约克郡付给约克郡的工厂主,而10位约克郡商人每年再把同样多的基尼汇往伦敦。约克郡工厂主只需在办事处取出约克郡商人的货币,作为交换给他们委托信用证书,证明得到款额并说明要把伦敦债务人准备好的货币付给伦敦工厂主,让伦敦的债务像在约克郡那样用同样的方法支付。通过这个办法,全部货币转寄的费用和冒险将得到保护。根据它转移债务的委托信用证书,按现在的说法,叫做商业期票。这就是收据,能使一个人的债务与另一个人的债务交换,同样也能把在一处得到借款转移到另一处。"[122]



穆勒接着叙述信贷的各种不同形式(商业期票,商业付款字据,不进行商业周转的人给银行家的字据,简单记账赊卖,最后是银行支票)是如何产生的以及具有何等意义。这里我们没有必要深入这些与其说属于一般的政治经济学理论,不如说有关商业惯例的专题论文的细节。讲一点就行了:穆勒在仔细分析了信贷的各种形式之后得出结论,按其对价格的作用,也即按其购买力,信贷的一切个别形式本质上是相同的;其实影响价格的不是信贷以什么形式扩大或减少,而仅仅是它扩大或减少本身这个情况。这个结论使我们大为接近真正的和普通的看待问题的观点:在政治经济学教程中通常混淆了只属于商业实践、而不属于科学理论的琐碎细节。在了解了这些琐碎细节对科学理论无关紧要之后,如果我们现在力求把注意力完全从这些琐事上引开,以便集中到问题的实质上来,那么我们将会看到实质是极其简单的。

信贷,恰恰就是债务、贷款。得到信贷,意味着得到借款,负债;放出信贷,意味着出贷债款、贷款。现在我们要问:寻求借款、签订债务是什么境况的特征呢?是用自己的资金不可能摆脱困境的特征。同意贷款、同意贷出债款又是什么的特征呢?是人们不愿意或不善于把自己的资金用于生产劳动的特征。对吗?对。这点可以在我们摘录的穆勒著作的片断中找到。让我们试试老老实实地回答问题:由此得出什么结论呢?由此得出:信贷牵连到某项事业,就证明这项事业的购买力状况不能令人满意。它发现,需要购买力而且很有利的地方,却没有购买力,而在不需要购买力和无益的地方[①],却有购买力。这种状况合适吗?

请不要说信贷会纠正这种状况。我们自己知道这个并赞同你

---

① 自然,这里我们只讨论按照理论赞同的方向起作用的信贷(理论把购买力从无成效的停滞状态或滥用浪费引向经济活动),讨论由不生产阶级向生产阶级的贷款。正如我们看到的,穆勒无疑也斥责在相反方向起作用的信贷当作不生产阶级的贷款。所以,这个问题不需要我们来解释。甚至占统治地位的理论在现存生活方式中所指责的,大概我们也不会去赞扬它。——车注

们对信贷的一切赞扬。我们只认为，不应当承认，信贷起着经常和重要作用的生活方式是令人满意的。也不要讲在信贷发展以前的古代则坏得更多。古代的事情还少吗？总而言之，古代要恶劣得多。现在就是不谈这个，而要谈论目前的情况如何。

在经济生活方式令人满意的制度下，信贷在社会生活中应起什么作用呢？为了回答这个问题，说实在的，不妨考虑一下社会经济活动的内容是什么。是交换吗？不是，交换什么也生产不出来；交换只是用来分配产品的方法之一。在一定形式的生活方式之下，它比其他分配方法优越，但绝不是唯一的方法：在生产产品的人们消费这些产品的地方，他们之间的产品分配不是间接地以交换来完成，而是直接计算他们之中谁应该得到多少，用直接的方法进行分配的。于是分配本身只是生产与消费之间的中间环节。甚至在以交换为基础的、使交换异常强烈地发展得过分不正常的现存生活方式制度下，在人民的经济生活中，生产与消费对分配具有绝对的优势。“商业人民”一语是纯粹的错觉。商业以其嘈杂的忙忙碌碌使我们震耳欲聋，而每个民族的群众却从事比较安静的生产活动，商业则仍然只是相当少的一部分人的职业。在英国，与农民、手工业者、工厂工人相比，商人是很多的。甚至在这个我们凭表面印象想象成主要靠对外贸易过活的国家，运往国外的和从国外得来的大宗产品，几乎只占全部生产的和消费的产品的五分之一。[①] 现在设想



---

① 最近5年(对外贸易发展最快的几年)英国出口商品的价值平均每年不足1亿4千万英镑。英国本国这几年生产的商品的价值无论如何不少于、而且很可能大于7亿英镑。(从事农业的工人不足总数的三分之一，生产了多于2亿英镑的价值。手工业或工厂工人的劳动生产的价值比农业劳动的高得多。)——车注

一下只销售五分之一产品和只购买五分之一消费品的经济。这种经济需要借款吗？它有资金立即付清任何一次购买的款额，因为这些款额与其收入相比是微乎其微的。因此，在一般情况下，甚至对外贸易也应当不靠信贷来进行。然而，如果甚至信贷最发达的对外贸易普通进程也真正不需要信贷，那么，在一般情况下，国内贸易比对外贸易利用信贷要少得多，就更可不必采用它了。

但是我们只谈论了一般情况。最好的经济有时会碰到迫使它借款的不幸机会。民族的经济生活也会遇到这种不幸的机会。其实，现在对于整个民族已经只剩下一个这种极其广泛的贫穷的根源——歉收。歉收年可能要进口大量的粮食，以致不分期付款就难以付清它。这就是对外贸易需要信贷的唯一自然情况。国家的个别地区存在这种必然遭受不幸的其他情况。比方说，洪水泛滥成灾的沿河地区，或者被火灾焚烧一空的城市，不借款是不行的。由于某些其他的时机（比如说由于疾病和死亡的很多情况偶然地凑在一起），个别经济可能遭受比这更大的损失。这就是个别经济、地区或整个民族确实需要信贷的时机。这一切仅仅是特别不幸的时机，在当时对生活是非常沉重的，但是生活总的进程会使它减轻。信贷应当减轻它们，把困难分摊到比较长的时期，使它较少地被感觉到。

一句话，信贷像是一种药。无论如何不该否定药的作用。但是，一生不断服用药水和药丸的人的境况并不好。经济科学是经济生活方式的医学。然而医学除了给药之外，还有另外更重要的责任：向人们说明他应遵守的条件，以期不再需要药物。占统治地位的理论只限于一门病理学。卫生部分（科学最重要的部分）却被它忽略了。它不谈论在人们无法成为健康的寒冷与潮湿中发展的恶病肌体里、在由古老的野蛮风俗继承下来的粗野的有嗜好酩酊大醉的肌体里、在不断食用按原始的无知偏见做成的有害饮食的肌体里，会发生什么变化。占统治地位的理论或者自己过分惧怕真理，或者过分逢迎野蛮的任性、粗野的习惯，逢迎呼求它来援救自己愚昧生活方式的荒唐冷淡。这不好。对于科学来说，真理应当高于一切。应该直截了当地说："你用信贷的药水和其他制药的成分来填塞自己。这对你还不够。你的环境对你的健康不合适，你的生活方式不合理，请改变环境并采取其他生活规则吧。"如果对于这一真理的回答是："我没看出这个必要性"，"现在的生活方式对我是很可爱的"，"我缺少改变环境的资本"，"你们是乌托邦分子和无知的人"，我们是否发窘。我们因此而感到发窘吗？当人们对斯蒂芬森说，建筑铁路是不需要的，不可能再有比马车和公路更好的了，修造铁路和机车缺乏机械工具，他是乌托邦分子和外行，难道他感到难为情了吗？面对我们说的一切，全都对他说过。他顽强地反反复复地坚持自己的观点，终于取得自己真理的胜利。我们的真理比斯蒂芬森的要复杂和广泛得多。自然，在社会上普及这个真理的麻烦，对我们来说，应当比斯蒂芬森的多。可是这是什么呢？我们从事我们事业的劳动多多少，事业对人们的利益也就大多少，一旦了解事业的卓越真理的人对它的热爱也就强烈多少。

可是，在以交换为基础的经济下，信贷自然应当经常起到相当大的作用。所以在货币经济制度下，经济活动发展得越活跃，通过信贷与信贷规律来完成的比例应该越大。硬币仍然是容量相当大的、沉重的、不灵活的物品。大量商业交易迅速发展时，用它来支付是不方便的，同时硬币在使用中会磨损，而按照其磨损材料的昂贵来看，这是亏损的。所以在稳定合法地使用它的国家里，在日常流通中硬币逐渐为信用单据所取代。并且其主要款额在发行支票的机关里作为储备基金安静地存放着。这些支票就是对货币流通最方便的信用形式。其实，这个储备基金是为了保证把银行支票兑成它们的代表——硬币所必需的。如果发出支票的机关，信用非常巩固，储备基金可以保险地只是支票总额中相当少的一部分——只有三分之一或四分之一，可能甚至更少。根据这种情况和各种其他情况产生了这样的想法：不具有硬币储备基金或不让占有者有权要求从发行它的机关兑换成硬币的那些银行支票或纸币是可能安全地流通的。这种幻想有非常多的信徒。因此，我们援引穆勒对它的分析。

经验证明，一张没有任何内在价值的证券，之所以能以硬币价值进行流通，只不过因为证券上印着它们等于一定数量的法郎、美元或英镑。经验表明，它们带给发行者以它们所代表的硬币能带来的全部利益。政府开始考虑，如果不遵守用来代替货币的证券的发行者个人应当服从的条件，不遵守按上面的标志兑换所代表的东西的责任，能把该利益据为己有是有好处的。政府作了尝试，它能否摆脱这项不愉快的责任，让它发行的纸币作为英镑通行起来，并用它纳税。因为几乎所有稳固的政府的影响都如此之大，以致它们全都成功地达到了此目的。看来我也可以说，它们总是在一定期间得以达到目的，并且只因它们过分地无节制地使用纸币，它才会丧失作用。

在我们假定的场合，货币的作用是由唯一地根据人们的协议使其能起作用的物品来进行的。然而为了赋予物品以此效力，这种协议已经足够了。因为如果人们确信，别人和他一样接受某种物品，这就已经足以使他接受任何物品，如同货币一样，并且甚至按照随便什么价值。问题仅仅在于用什么来决定这种交换工具的价值，因为它不能像决定金银的价值、或者一俟索取即行兑现的纸币价值一样，由生产价值决定。

然而我们看到，甚至连硬币价值也是直接由硬币数量决定的。要是其数量不取决于普通商业的盈利和亏损的结算，能够由政府任意决定就好了。硬币价值就由这个政府的指令、而不是由生产费用决定的。按照持有者的愿望，不兑现成金银的纸币数量可以任意决定。尤其是如果是由最高国家政府发行这些纸币的话。所以这些纸币的价值完全是任意的。

假设只有硬币在流通的国家，突然发行纸币，其数量为硬币总额的一半。不是银行也不是以公债形式发行，而是政府为发工资和购买商品而发行的。货币流通的数量一下子增加了一半，所以一切商品的价格以及一切金制品和银制品的价格都将顺便上涨。成品中一盎司黄金的价值与一盎司金市价值之差，高于通常酬劳成品价格的差价。因此把硬币回炉重新制成金制品将是有利的，直到由于金币回炉使货币减少的数量等于纸币发行增量为止。那时价格又会降到原先的数值，并且一切都将照旧，除了纸币取代了从前存在过的一半硬币之外。假设现在又重新发行纸币；同样的一系列后果又将恢复，并且由于下几次发行纸币，最后硬币全部消失（也即如果要发行与最小硬币同名的纸币的话；而如果不发行这种等于最小硬币的辅币，就得保留零碎支付所必需的辅币）。由于准备用于装饰的金银数量的增加，某段时期内，此种商品的价值会有所下降。所以虽然发行了全部原有硬币总额的纸币，但是与纸币一起，仍然有为了保持货币价值与金属材料减少了的价值相等所必需的硬币在流通。这部分硬币将继续流通，直到金银的价值低于原有的为止。然而这些金属的价值跌到了生产费用以下，矿山便将停止或减少金银的供应。这样一来，其多余数量将以通常消耗的途径被耗尽。此后贵金属和货币便将重新获得自己的自然价值。我们这里假定的，如同迄今为止经常假定的一样，国家拥有自己的矿山，并且与其他国家没有任何贸易关系。而在有对外贸易的国家，由于发行纸币而变得多余的硬币，将消失得快得多。①

迄今为止，纸币的影响实质上是一样的，不论它们是否有硬币兑换。当

① 也即流到国外去。[123]——车注

硬币已经完全被纸币代替并且被排除在流通之外的时候，纸币这两种情况之间的差别就开始显示出来了。假定当全部金银币因被同样数额的纸币所代替已经不再流通的时候，还要增加新纸币的发行量。恢复了从前的一系列现象：价格上涨，金银制品的价格也顺便上涨，于是与从前一样，把硬币回炉是有利可图的。硬币已经不流通了。但是如果纸币必须兑换硬币，还可以用票据(билет)交换，从发行票据的机关得到它。所以当纸币完全代替金银币之后，全部增加的进入流通界的票据将回到发行它的机关兑换硬币。如果纸币可以兑换为金属币，则其价值会低于它所代表的金属的这些纸币量便不能在流通界维持。然而不可兑现的纸币却往往不是这样的。如果法律允许，纸币数量的增加是无止境的。新的发行量可使纸币无限增加，会降低它的价值，并且相应地抬高价格，换句话说，无止境地使它大受影响。不论这种权力属于谁，它都是不堪忍受的灾难。[124]

交换工具的价值的一切变更都是有害的：它们破坏现存的契约和意见，由于担心这些变更，长期货币债券变得完全不准确了，为自己买进或交给别人 100 英镑终身受益的人，不知道这笔款额几年之后等于多少，——是当时货币的 200 英镑还是 50 英镑。[125]

为了使预计的变化对货币价值没有威胁，为了尽可能少受偶然的波动，在一切文明国家都把一切众所周知的商品中最少遭受价值波动的商品——贵金属作为商品货币价值的标准。所以其价值不符合贵金属价值的纸币就不应该存在。这一基本法则任何时候谁都不会完全忘记。一般说，发行纸币的人或社会宣布过：他们准备将来什么时候开始用硬币支付纸币。如果他们没有讲过这些，那么他们总是给予自己的纸币以硬币名称本身就已经暗示允诺保持纸币价值与金银币的相等。甚至连不能兑换的纸币维持这种价值都是不可能的事情。的确，不兑换时，就没有兑换所提供的那种自动停止增加纸币的情况。但是有一个明显的不容置疑的特征，根据这个特征可以看出纸币价值是否下降了以及下降了多少。这个特征就是金银的价格。当硬币已经不再流通并且不能把它送去回炉成锭时，金银价格的涨或跌，就与其他物品的价格一样。如果它高于规定的造币价格，如果从 1 盎司黄金模压出 3 英镑 17 先令 10½便士，1 盎司黄金的售价为 4 或 5 英镑纸币，这就是说，它们的价值以这种比例下降，低于硬币具有的价值。所以，在通常认为是纸币天生的不方便中，没有一条是不能兑换的纸币所没有的。如果纸币的发行服从严格的规则，其中之一是当铸锭的价格升高，超过金属币的价格时，所发行的纸币数量应当减少到使铸锭的市场价格又和硬币的价格相等为止。

但是在这种制度下，不能兑换的纸币也没有这么多好处，来让人们去应用它。不能兑换的纸币发行量是由铸锭价格决定的。它与可兑换的纸币在各方面完全相同。并且不能兑换的纸币的好处是，它不需要任何全银的储备基金。这种考虑不很重要，特别因为当政府的忠诚不被怀疑的时候，政府不必像个别银行家那样保持如此大量的储备基金。由于不可能如此大量地一下子索取，从来没有真正怀疑政府的支付能力。这一不重要的好处胜过：第一，可能利用铸锭价格进行靠不住的投机，其目的是影响货币的价格，就像在粮食法存在的条件下英国如此众多的和正当抱怨的粮食平均价格因其卖空而波动一样。但是，这种考虑则更为强烈，维持简单的规则对最没有学问的人是有利的。每个人都明白：什么是可兑换为硬币的纸币。每个人都看到，总能立即换成 5 个英镑的物品，价值 5 英镑。用铸锭价格来调节纸币，是比较复杂的概念并且与普通概念没有有利的联系。广大群众对不能兑换的纸币的信任，远不如对可兑换为硬币的纸币的信任。于是最有学问的人可以公正地怀疑，是否会一贯地遵守关于限制货币数量的规则。群众并不完全了解该规则的根据。所以社会舆论大概不会完全严格地强迫遵守它。而且在困难的情况下将起来反对它。然而对于政府本身来说，停止兑换硬币是比背离有些人为的法规更为强硬和极端的措施。因此，认为可兑换为硬币的比不能兑换的纸币好的理由是非常有力的，尽管后者经过最好的调整。在某些财政情况下，发行多余纸币量的诱惑力如此之大，以致无论如何不可能削弱阻止这种过剩的障碍。

政治经济学中没有一个结论是以如此明显的理由为根据的。这种理由是：纸币或因它自己的兑换性、或因任何与它等效的限制原则，不能与硬币维持同一价值的危害性。因此虽然通过多年的争论，这一结论也相当好地最终列入社会意识；可是至今还有许多人不接受它，并且不断涌现好做空洞计划的人，提出借助于无止境地发行不能兑换的纸币来治愈社会的一切经济灾难的计划。的确，这种思想有很大的迷惑性。可能偿清公债，不用捐税来抵消政府开支，以及不多不少正好使社会上每个人都富起来，——如果人们只要能想到小片纸上印上几个字和数字就能实现它，这个计划是出色的，难道能期待哲学的冷酷无情（камень）有这样的好处！

不论这些方案被打消了多少次，它们不断地再生，所以研究它们的发明者用来欺骗自己的两三种诱惑，并非多余的事。这里最普通的诱惑之一是：如果每次发行的纸币都代表财产或是以现在的真正财产为基础的，则发行纸币好像就不会过剩的思想。明确的或准确地确定的概念是很少与“代表”和“为基础”等词联系起来的。假如联系起来了，那么其意义只不过是纸币发行者应当拥有自己的或者委托给他的财产，相当于全部所发行纸币的全部价值。但是却不能很好地分析这是用来做什么的。因为不容易猜测，如果不能要求用纸币交换此财产的话，单纯具有这些财产怎样能作为纸币价值的支柱。然而我假设把财产作为现有纸币的保证：如果任何不幸事件迫使全部抛弃这个纸币制度，最终要偿清纸币。按照此理论编制了许多“由全国大量重铸货币”等等的计划。

即使这种思想与理智有任何联系，它的产生是由于混淆了纸币常见的两个完全不同的坏的方面。一方面，纸币发行者无支付能力。如果纸币的基础是他们的信用，保证一旦索取即行或在一定期限内用硬币支付。当然，无支付能力会使纸币丧失保证兑现的全部价值。不论纸币发行量如何适度，它们会遭到这种不幸。确实有效地预防这种不幸的措施是：任何发行量都应该“以财产为基础”这一条件。比如说，发行票据只应以直接用作赎金的任何贵重物品作为票据的保证。可是这个理论没有考虑最独立的商行、公司或政府可能遭受的另一种不幸。由于发行量过大它们会跌价。法国革命时期的阿西格那特①就是以这些原则为基础的。它们“代表”大量相当贵重的财产，即皇宫的、教堂的、寺院的土地或侨民的土地。这些合起来可能大约等于法国的一半领土。阿西格那特就是这些土地的抵押证券或获得土地的收据。革命政府曾企图把这些土地“大量铸造”成货币。但是，值得赞扬的应当说是最初政府并没有考虑要无限制地发行这些钞票。当一切其他财政经费全部没有时，事变的力量会使它不得不大量发行。政府考虑，用阿西格那特交换土



① 阿西格那特（Ассигнаты）是1789—1796年间法国资产阶级革命政府发行的纸币，到1796年秋其价值几乎等于零。——译者

地之后，它将迅速回到政府手中，并且可以不断地重新发行纸币，直到全部土地售完为止，所以经常流通的将是非常少量的货币。它的这个希望落空了：土地销售得不像它预料的那样快。买主不打算把货币花在一旦革命被镇压将会无偿地被收回的财产上面。代表土地的一张张纸币增加得非常多，就会像土地本身一下子全部投放市场时不能保持其价值一样，纸币也保持不住其价值。最后结果是，一杯咖啡要付500法郎纸币。

据说，阿西格那特的实例没有说服力，因为它只代表全部的土地，而不代表任何一定数量的土地。人们断言，防止它贬值的可靠手段是对全部没收的财产按照其价值估算为硬币数值，就按这笔款额发行阿西格那特，但不得多于它。使阿西格那特的占有者有权按照土地册上的估价用同样的阿西格那特款额换取随便哪一块土地。关于这种计划比那时的制度好，是不可能有争议的。如果采用了这种方法，阿西格那特无论如何不会跌到它们已经跌到的不像样的价格：不论它们对其他物品如何剧烈地贬值，对于土地会仍然保持其全部的购买力。所以，大概在大量失去其市场价值之前，它们会来交换土地。但是，不应忘记，如果它们没有失去价值，这就是说其继续流通的数量并不大于当可兑换为硬币时流通的数量。所以，作为以尽可能小的损失迅速出售大量土地的手段，在革命时期，这些一旦索取即可兑换成为土地的货币也是非常有利的。然而很难说，与可兑换成硬币的纸币相比较，这种制度作为经常的制度对国家会有什么好处。而其不利方面又是什么，绝不能说：土地价值比金银价值易变得多。此外，只在有可能把土地变成货币的时候，占有土地对大多人才是愉快的。如没有这个，与其说愉快，不如说非常麻烦。由此可见，为了让人们开始用它们来交换土地，货币必须猛跌价，比为了用它们来交换金银所必须的跌价还跌得多。①

想批驳纸币兑换成硬币的必要性的最明显错误意见之一，贯穿在不久前

① 奇怪，这就是智慧出众的作家的货币制度计划之一。国家应该用任何无限款额的财产，诸如土地、牲畜等等作为保证，并且按照所做的估价发给私有者不能兑换的纸币。这种货币甚至不具有我们假设地讲过的阿西格那特的优点：得到纸币的人们，用它们付给别人：后者不能把它们还给政府和要求用它们来交换土地或牲畜，因为这些东西只是抵押的，而不是依法收归国有的。这种阿西格那特不会回到政府手中，所以其跌价是没有止境的。——车注

在爱丁堡(Edinburgh)出版的约翰·格雷著作(《Lectures on the Nature and use of Money》[126]——《关于货币的本质和用途的讲义》)的全书。从我读到过的所有不能兑现的纸币计划中,格雷的计划是最复杂的和比其余所有的计划最少缺点的。作者深深体会到政治经济学的某些主要思想,其中包括商品本身就是商品真正的市场和生产就是需求的实质性的原因和标准这些重要思想。然而照他的说法,适用于交换制度中的这一理论不适用于金银控制的货币制度。因为假如商品总额比货币款额增加得快,价值应当下降,所有生产者受到损失。而金银数量"决不可能任意增加得像具有价值的全部其他产品总额增加得那样迅速";所以对生产者没有损失的生产总额的限度是任意提出的;于是在此基础上格雷指责现存制度的过错在于:由于这种制度,英国的产品每年至少比能够完全按商品量增加的比例扩大的货币制度下,少生产1亿英镑。

可是第一,是什么妨碍黄金或其他产品"像具有价值的全部其他产品总额那样迅速地增加呢"?如果地球上生产的全部商品总额增加了一倍,是什么妨碍黄金的年产量也增加一倍呢?要知道只有这才是必要的,而不是(正如可以按格雷表达的方法考虑)让它像具有价值的与黄金相提并论的其他物品翻几番那样翻几番。在没有证明贵金属的生产不能由于用在生产它的劳动和资本增加而增加的时候,问题很明显:商品价值上涨同样会鼓励矿工扩大作业。就像鼓励(格雷本人承认的)扩大所有其他生产部门的作业一样。

但是第二,如果货币数量也完全不能增加,如果国家产品总额的任何增加必然伴随着一般价格水平成比例地下降。那么仍然不明白,深入分析问题的人怎么看不出,由于此原因所产生的跌价会不变成生产者的损失;他们得到较少的货币;然而现在在一切既是生产的又是个人的费用中较少的款额具有与从前较大的款额之同等效力。唯一的变化在于没有变化的货币支付金额的负担增加了。当这种变化的过程极其缓慢时,这种负担只有非常小的一部分落在生产阶级的肩上,他们原先债务较少,并且他们几乎只是在支付用以付清公债利息的捐税中,才加重了自己的一部分负担。

第三条不能兑换的纸币的信徒们依据的诱惑:似乎工业由于货币量的增加而兴旺的思想。休谟在其《论货币》的论文中介绍了这个思想,从此以后它就有了许多忠实的信徒,例如所谓伯明翰通货学派(the Birmingham Currency School)的作家们,当年其最杰出的代表是阿特伍德[127]。他断言:纸币数量增加引起的价格上涨鼓励着每位生产者最勤奋的热情并使国家全部资本和劳动得到充分利用。如果涨价的范围相当大,在涨价的整个时期就总是这样。但是我认为,按阿特伍德的话,鼓励全体从事生产的人们异常勤奋的动机是期望用自己劳动的产品交换大体上数量较多的任何一般产品,得到较多的实际财富,而不单单是得到较多的纸币。而且假设的术语表明,人们的这种希望落空了。因为假设全部价格同等地上涨,实质上谁也没有因自己的商品而得到的比从前的多。赞同阿特伍德的作家们能使人们倾向于这项特别的活动,实际上是继续利用诱惑,即利用这种安排,让货币价格不断上涨和每位生产者看来似乎他眼看就已经会得到比从前多的报酬了,实际上他毫未得到。不必援引反对这个计划的其他异议,只要指出计划完全不能实现这一点就够了。计划指望所有的人将永远支持下列意见:似乎纸币增加,他们便会致富,所以从来没有注意到,他们用全部纸币买到的任何物品也不能比从前买到的更多。就连伯明翰学派认为其经验非常重要的价格上涨时期,在人们当中也没有这种错误意见。在阿特伍德错误地算作幸福生活的和只不过是投机(正如在可兑换的纸币制度下,涨价的全部时代必然出现的那样)的时期,投机商人想:好像他们致富不是因为保持高价格,而是因为他们没有坚持住,以及每个在高价期间得以出售的人发现自己在跌价之后拥有比从前多的英镑,这些英镑具有的价格不比从前的低。如果在投机的结束时发行了如此大量的纸币,以致价格维持在所能达到的极限高度,谁也不会像投机商人那样伤心,因为他手中的、他还以为他们及时销售才得到的利润,逐渐消失了(涉及在他们出售时购进的并且必须低价卖出的同事)。他们除了不得不重新数一数比从前多了一点的纸币之外,什么利润也没有得到。

休谟的这个理论与阿特伍德的形式略有不同。他考虑,全部商品不是同时涨价,所以某些人因出售商品而获得比从前多的货币之后,将得到真正的好处,与此同时,他们希望购进的物品还没有全部涨价。所以看来他这样想:谁比别人较早地结束活动,他必然会得到这个好处。可是显然,由于每个因此得到比普通好处多的人,必然应当有任何一个另外的人得到的不得不比普通的少。如果事情照着休谟的假设进展,出售较其他商品涨价迟的商品的商人就是受损失的人:按照这个假设,他以原有价格把商品卖给已经利用新价格的买主;他因自己的商品只得到了原来的货币数量。其实,有些物品用这些货币已经买不到原来的数量了。所以,如果他知道事情的进程,他会抬高自己商品的价格,那时买主将得不到按休谟的假设可用以鼓励其活动的利润。反之,如果卖主不了解情况和只有在花钱时才发现用它们买不到从前的数量时才猜到这种情况——如果这样,那么,他因自己的劳动和资本得到的报酬就比普通的少,所以如果另一个商人的活动受到鼓励,那就应该考虑,与前者的情况相反,前者的活动是削弱了。

普遍而持久的涨价,换言之,货币跌价,不可能像对任何人都亏损那样对谁都有利。用纸币代替硬币——对民族有利:超过此限度,纸币数量的任何增加——只不过是捐税的特殊形式。

发行票据,对发行者明显有利,发行者使用支票如同支票就是实在的资本一样,直到支票本身因付清而返回他的手中为止;并且当支票不增加货币的固定数字而仅仅代替与其总额相等的金银总额的时候,支票发行者的利益对任何人都不是亏损。由于社会避免了花费较贵的材料费用,才有该利益。但是,如果再没有金银要用支票代替,如果用支票增加货币量,而不单是替代货币的金属部分,那么手中有货币的人们由于其价值下跌而受损失,支票发行者盈利多少,他们就损失多少。问题的实质是对他们课税而有利于发行者。可以反驳说,由于重新发行支票而得到借款的生产者和商人也得到盈利了。但是他们的盈利——并不增加依靠一切手中有货币的人的支票发行者所得到的利益,而只构成这种利益的一部分。支票发行者不留给自己、而与自己的主顾共分从群众征集来的捐税。[128]

这一切完全正确。关于发行纸币的机关,一俟索取时不能把纸币兑换成硬币这种牢固的制度的可能性——关于除了用硬币以外无论怎样保证纸币经久不变的价值之可能性,这种思想多少是最纯粹的蠢话。然而除了穆勒指出的之外,大量发行纸币的计划还有另外的意义。还有这样一种过量地发行纸币,其目的只有一个:通过无息公债的这种特殊形式抵消国家开支。然而未必找得到哪怕是一个捍卫这类流通的出色的理论家或政论家。但有许多卓越的理论家，他们要求同样发行纸币，完全为了另外的目的——为了用这些货币来实现国家经济生活方式的重大改革。

铺设铁路，大规模兴建农田水利设施，关心发展任何工业部门，等等，等等——一句话，与现有生活方式基本原则结合的一切改善，不论用于改善的费用有多大，没有任何非常措施也可轻易地进行。事情的普通进程自然而然地根据需要得到其发展所必需的资金。这时只要政府愿意，只要了解事情的好处和把它提到交易界——交易界或者自己完成任何有利于自己的事业，或者大量向政府提供兴办交易事业所需要的货币。

可是有截然不同的改善，控制经济生活方式的力量从来不想用自己的资金来完成这类改善。这就是改良，用来改变对它们有利的制度原则。只要有一丁点儿怀疑，政府想要着手改良，商业界就恐慌起来，就出现商业危机，于是货币从交易所消失。1848 年法国就是这样。那时商业界恐惧和怨恨完全是枉然的；坚决不愿意在经济生活方式有任何重大变革的人们统治着临时政府。[129]但是，我们假定它的确希望进行无论什么样的变革。一切事情都需要钱；像改变经济生活方式使之有利于工人而不利于资本家这样大的事业，需要非常多的钱。自然，一旦着手这项事业，它就会用自己的资金来发展——但是为了把它开办起来，为了使它有可能开始，仍然需要非常多的钱。这是一种迫切的情况，它证明借债是正确的，它要求发动数百万受贫穷压制的人们，把他们从不幸的命运中解救出来。为了终止笼罩在广大人民头上的经常的不幸，为此也应当急于求助于信用。然而信用也不能有所帮助，因为还没有信用,从什么地方能拿到钱呢?

按经济理论,最合理的是直接地开诚布公地解决问题,就是理论建议的对一切迫切的国家开支的解决办法:借助于捐说以取得办事业所必需的钱。如果政府感到自己是巩固的,那就可以这样做。但是回忆起来,我们讨论的是像1848年那样的时期,而且是在法国,那时面对企图复辟旧制度的党派,政府刚刚坚持住。在此动摇的境况下,不得不随机应变,迁就流行的成见,不采取本身最佳的行动方案,而采取对社会产生最少沉痛印象的方式,尽管实质上对社会是沉痛的。怎么办?这时完成任务的不是那些能平静地考虑自己前途的人们,而是其生命在千钧一发之际的人们,而且这一发眼看就断!必然要断,不是现在,明天就断,于是他们的事业也与他们同归于尽。如果发现现在就断——无论如何应该坚持住今天,以便哪怕无论做出点什么也好。对了,设想一下这种境况,你们就会明白为了进行经济生活制度根本改革而无限制地发行纸币的思想。

今年,法国政府应该迫切支出的总额,大概等于全部日常预算。加倍收税?这还不够。税收翻一番得到的收入总额远远小于加倍的收入总额。税收应该翻两番,可是税收翻两番,这对每个人似乎太沉重了!而在借相当于三倍税收的债时,群众不了解让他们承担什么,并且消费的产品数量与规定捐税时一样多——群众对此并不理解,他们抱怨得更少或者完全不抱怨,甚至还很满意,甚至高兴。因为没有信用,不能进行普通借债——只得以发行纸币的形式进行掩饰的借债。这种形式是最不方便的(这是没有争议的),但是如果只有这种形式是完成高于一切的事业唯一可能的，又有什么办法呢？不必惋惜对人民的命运没有什么改善：Salus populi lex suprema esto[①]。

当然，如果在平静的时代论述这个问题，从侧面分析它，推论会截然不同。所以我们现在在写这篇论文的时候，就论述得不一样。而且在写类似论文的时候，将总是〔这样〕进行论述。然而先生们，历史的必然性没有证明是正确的随便什么事物还少吗？一切称之谓光荣的历史的偶然事件，我们祖父的同时代人感激的一切改良——它们全有许许多多比大量发行纸币沉重得多的东西。如果只要求这样背离无可指责的纯理论，进步的忠诚的工作者们的义务将是幸福的。

任何公债都是掩饰的捐税，并且比以捐税命名的捐税更沉重。建议发行纸币来完成经济改革的政论家们只建议了一种最坏的借债形式——所以提出它自然绝不是因为不知道它比其他形式坏得多，而是因为事先分析了情况，在这些情况下，一切其他形式的债都是不可能的，仅此而已。

有没有原谅公债的情况呢？按照纯理论，这种情况是没有的。理论上税收总比借债好些和容易些。然而如果你们考虑流行的偏见，假定有时实际上政府不得不借债，那么就不必与你们争论称之谓过量发行纸币的借债的特殊形式了。至于它坏，我们不与你们争议。而在其他形式都不可能的情况下，它是否可行，这就只取决于你们对这个由于它而借债的事业的看法了。这里的牺牲是很大的。但是如果事业值得牺牲，历史会证明不惜牺牲的人们是正确的。

① 人民的利益应当是最高的法律。——编者

## 乙、价值波动与价值尺度

（第十四—十五章）

我们看到，纸币乃是从中产生硬币的关系之发展。它们起着和硬币相同的作用，只不过比硬币活跃些；如同硬币在经济活动方面不产生任何变更，只不过促进改善以交换为基础的生活方式中之流通一样，纸币只不过更加改善和发展这些流通，根本没有给其实质增添任何新东西。然而正像以交换为基础的生活方式的某些发展必然出现硬币一样，在它进一步发展之后必然会出现纸币。在这种生活方式高度发展之际，在其微弱发展时几乎看不出来的现象竟获得惊人的力量。由于表面观点的常见错觉——混淆事物的外在属性与事物本身，混淆现象的征兆或形式与现象的原因，非常流行一种偏见：把只有在经济活动高度发展时才能达到巨大规模的那些现象归咎于纸币本身。这些现象中非常引起兴趣的是所谓商业危机。这就是穆勒解释这些毁灭商行，破坏工厂，让数千名原来的富人和数百万工人没有一碗饭吃的经济地震一章的简明提要。

在一般情况下，人们只利用自己的一部分购买力，把另一部分留作备用。但是如果他利用全部购买力，则对商品的需求将会增加。当商人根据预见到的供应不足或需要迫切增加而期待商品涨价的时候，就打算利用自己的全部购买力：这时他考虑利用未来的涨价以便转卖购来的商品，可是正由于他增加了成批的采购，商品便涨价。醉心于此的全体投机商人开始加紧购进大批商品，指望继续涨价。这样一来，价格上涨到不能坚持住的高度。投机商人看出这点之后，急忙抛售大批购进的商品。商品迅速降价；投机商人满怀张皇失措的恐惧，他们力图在价格还没有下降得更低的时候，无论如何尽快地出售商品。因此，价格就降得非常低。凡是来不及很早出售大批购进商品的人，都遭受非常大的损失。所以很多人破产；如果投机商人在期待由于预料的任何特殊的商业繁荣而普追涨价，那么某一种商品发生的情况，所有一般商品都可能发生。如果这种为倒卖而投机抢购引起的过分涨价蔓延到全部商品，那么自然它们全部都会过分地跌价。这就叫做商业危机——显然，这时问题不取决于运用了什么信用形式和是否运用了任何信用形式，也不取决于为增加采购量发行了还是没有发行纸币的新数额。问题只取决于商人和投机者利用自己全部购买力来极端地增加采购量的打算。如果为此不发行新纸币，可以借助于简单地凭字据购买或简单地列入贸易账目来同样地增加采购量。如果必须进行的不是赊购，而是立即付清硬币的采购，同样可以通过增加硬币的周转率来购买。商业危机与纸币的联系，实质上不过是：当然只有在以交换为基础的经济生活高度发展的情况下，才有可能迅速地大规模地采购。而在这样的经济生活发展情况下必然也存在高度发展的信贷。而在其他形式中，也必然存在高度发展的所谓纸币。

所谓供应过剩问题是与商业危机有联系。请看穆勒是如何解释这个问题的。

前几章阐述了货币基础理论之后，我们回到一般价值理论上来。不说明货币的本质和作用，是不能满意地分析此问题的。因为我们不得不与之争议的错误，主要是由于对货币作用的看法不正确才产生的。

我们看到，每种物品的价值都趋向于某个称之谓自然价值的中心点——趋向于物品按照各自的生产费用成比例地彼此交换时的数值。我们也看到了，实际的或市场的价值才吻合或几乎吻合自然价值（必须按几年平均计算），只是由于需求的变化或供应的偶然波动，才经常高于或低于自然价值。然而供应倾向于适应有其自然价值的商品的需求，这种倾向会使这些偏离矫正过来。因此，方向相反的偏离相抵，从而产生普遍趋向于一个中心的倾向。一方面价格昂贵或脱销，而另一方面供应过剩或堆满市场。这是所有商品都会发生的现象。在缺货时，只要它还持续着，商品给予生产者或商人异常高的利润率。市场上堆满时，商人应当满足于低于平常的利润。而在极端场合，甚至会受到损失，因为在提供普通利润的价值下，供应量大于现有的需求量。

由于任何商品最后都可能有供应过剩现象和由此产生的对生产者不利或造成损失，许多作家，也包括某些著名的政治经济学家，断定：全部商品总额都能遭受这种情况，在总的财富生产中可能产生过剩，以致全部商品总计可能供过于求。其后果是各类生产者全体受限制。这种意见的主要鼓吹者是英国的马尔萨斯和查尔门斯（Dr. Chalmers）博士而在大陆上则是西斯蒙第。面对这种意见，我在第一卷中已经争议过了。但是在我们研究的那个时期还不能全面地分析错误。在我看来，它主要产生于对价值与价格现象的错误理解。

在我看来，用此理论来联系的概念本身，彼此这样不合情理，以致我难以把它阐述得既使理论的捍卫者满意，同时又很清楚。坚持该理论的作者们断言：在产品总额中可能发生，并且有时发生着超过对产品需求的过剩。如果发生过剩了，就不能按照带利润来偿还生产费用的价格找到买主。因此那时会普遍降低价格或价值（他们总是混淆这两个概念），以致生产者看到，对照其生产的增长，他不是日益致富，而是日趋贫穷。所以查尔门斯博士授意资本家，让他们在追求利润时服从自己精神上的自制力。而西斯蒙第则诅咒机器和其他能提高生产力的创造发明。他们两个都断言，资本积累不仅比生产者和积累者在精神利益上的要求快些，而且也比他们在物质利益上的要求快些。所以，他们两人建议富人用大量非生产性的消费来制止这种灾难。

当这些作家谈论商品供过于求的过剩时，难以很好地理解，在需求的两个因素中，他们指的是哪一个：他们指的是拥有商品的愿望呢，还是购买商品的资金？不知他们是想说，供应过剩时，现有用来消费的产品，比社会想要消费的多呢，还是只想说商品比愿购者能购买的多？因为不了解查尔门斯和西斯蒙第在这两个假设中指的是哪一个，我们应当两个都研究。

首先假定所生产的商品数量不比社会[①]乐意消费的多，在此场合是否可能由于支付的资金不足而造成对所有商品的需求不足呢？说实在的，认为这是可能的人们并没有考虑什么是为商品支付的资金。它们不过是商品。每个人为别人的商品支付的资金就是他自己掌握的那些商品。一切商人，顾名思义，也必然是买主。如果我们能一下子把国家的生产力增加一倍，我们便会把所有市场上的商品供应增加一倍，从而我们的购买力也增加了一倍。每个人要是给市场提供加倍的供应，则需求也会加倍的；每个人能购买加倍的东西，是因为他提供了较以前多一倍的东西去交换。当然，十之八九有些商品会剩余。社会愿意让其消费总额增加一倍，可是社会对原有某些商品已足够了，再多并不需要；所以它不想让这些商品的消费量增加一倍，而是想使用比加倍更多的其他产品，或者把增加的购买力转到新物品上去。在此情况下，供应迁就这个，于是物品价值继续与生产费用相一致。然而说什么全部物品的价值将会下降和什么因此全体生产者将得不到足够的报酬，无论何时，这种说法都纯属谬论。如果价值仍然与从前一样，那么价格的改变是不重要的。因为生产者的报酬不是以多少钱来决定的，而是由他们用自己的商品能换到多少消费品来决定的，何况连钱也是商品；如果我们假定全部商品数量增加了一倍，那就意味着我们假定货币量也增加了一倍，而在这种场合，价格也并不下降，就像价值没有下降一样。

我们看到，如果需求在于支付资金，那么一切商品供过于求的普遍过剩便是不可能的。然而可能人们假定的不是购买资金的不足，而是假定缺乏拥有的愿望；人们假定工业总产品比社会希望消费的多，或者至少比社会上拥有资金购买的那一部分人们希望消费的多。问题很明显，产品乃是产品的市



---

① 按俄译文 нация 应译为民族，我们在这里是根据英文原文 community 译的。——译者

场，以及国家具有相当多的财富来购买国家的财富：然而有资金的人可能不需要，而需要的人则可能没有资金。所以由于那些想要消费的人缺少资金，由于有资金的人缺乏购买的愿望，一部分生产出来的商品可能找不到市场。

这就是能使我们有争议的意见具有最适宜的形式。这种形式的意见已不像原来的形式那样在逻辑上不合情理。实际上不难使某种商品比有购买力的人们希望的多，而理论上对所有商品都可以这样假定。产生错误的原因是没有觉察到一个情况：假定有购买力的人们具有他们希望有的全部消费品的全部数量；这是可以假定的；但是他们继续生产商品这个事实说明，他们还不具有该数量的商品。就拿对我们批驳的理论最有利的假定来说吧：假定一个人口不增加的社会，每个社会成员都拥有他想要有的必需品和所有公认的奢侈品。如果考虑其需要已完全满足的人们会为了得到他们不愿意要的物品而劳动和储蓄，那是荒谬的。假定来了一位外国人，他将补充生产任何一种商品，而这种商品，没有他来生产也已经相当多了。“他们会对我们说，所以这里生产过剩啦。”对，我回答：这一个别商品生产过剩了，社会不需要增加该商品的数量，可是需要增加任何其他商品的数量。我同意，原来的居民什么也不需要，可是外国人本人是不是需要什么呢？他在生产多余的商品，难道他的劳动没有任何动机吗？他只生产了不需要的东西。大概他需要粮食，而他却生产对所有的人都供应充足的表。这个外来者与他自己带到国内来的对商品的需求等于他能用自己劳动生产的一切，所以他应当想到让他所带来的供应适应这一需求。如果他不能生产任何能刺激社会新的需要或新的愿望，以便为了满足这个愿望无论谁生产出较多的粮食和用粮食来换取他的产品。他还有另外一种可能：他可以为自己生产粮食，或者开垦新地，如果有空闲土地的话，或者成为农场主，或者成为助理，或者当一名想要劳动有所减轻的任何前主人的工人。他生产了不需要的物品，而不是需要的物品；大概是连他本人也不是那类需要物品的生产者；可是这里没有生产过剩：生产并不过分，只不过安排得很不好。我们已经看到了，每个把补充商品带到市场上的人，也带来了补充购买力；现在我们又看到，他还带来了增加消费的愿望；因为如果没有这种愿望，他就不会用生产来难为自己。这样一来，如果有补充供应，那么需求的两个因素都不可能有短缺。虽然很可能需求的是一种物品，不幸供应的却是另一种。

全部论点都被驳倒了的反对者可能会说:有这样的人,他们只不过按习惯生产和积累罢了,不是因为在增加个人财富方面有任何目的,不是因为希望在任何方面增加个人的消费,而是由于保守思想的作用,Vis inertiae①。他们继续生产,因为机器已经开动了;他们储蓄并且又把自己的积蓄投入事业,因为他们不愿意把它们随便用到什么地方。我赞同,这是可能的,并且为数不多的某些人大概正是这样的,然而这种情况丝毫没有动摇我们的结论。这些人怎么处理自己的积蓄呢?他们把积蓄用于生产,也即花费在劳动就业上。换句话说,如果他们具有的购买力比本人能够使用的大,他们会把多余部分转让给工人阶级的公益事业。那么难道工人阶级也不会把它用在自己身上吗?难道让我们认为,工人阶级的需要已经完全满足,以及他们只不过按照习惯才继续劳动的吗?当还没有这些的时候,当工人阶级还没有达到这一饱和特征的时候,不论以何等速度积累资本,对产品的需求是不会缺乏资本的:到那时工人阶级总会在为本阶级的必需品和奢侈品的生产中找到自己的工作,如果他除此之外别无出路的话。然而如果连工人阶级也既不愿意增加必需品,又不愿意增加奢侈品的消费,那么他会利用各种进一步增加工资来减少自己的工作;以致只有这时才头一次出现理论上可能的生产过剩。实际上,连那时也不会出现,因为缺少工人。因此,不论我们以什么形式设想生产普遍过剩的理论,尽管我们已经为它想出了最有利的假定,这个理论仍然是谬论。



是什么使得这些深思经济现象和甚至用自己独特的思想为它们增添光彩的人们接受这种不合理的意见呢?依我看来,是错误地理解了某些商业事实,导致他们犯这个错误。他们以为,似乎经验证明商品供应总额过剩是可能的。他们想,在市场的一定状况下看到了这种现象,对这种状况的真正解释却是截然不同的。

我已经描述了伴随着所谓商业危机的商品市场状况。在此时期的确经常出现全部商品对货币需求过剩。换句话说:常常是货币供应不足。由于突然废除大量贷款,谁也不愿意放弃现金,有许多人则急急忙忙地不惜任何牺牲力求弄到货币。所以几乎每个人都变成了卖主,而几乎没有买主:以致由

① 惯性力。——编者

于市场上堆满商品或由于货币昂贵确实可能出现(其实只有在危机时期)全部价格非常普遍地下降。但是完全错误的是,西斯蒙第认为商业危机是由于生产普遍过剩产生的。商业危机只不过是由于投机倒把过剩才产生的。这里不是逐渐地逼近于低价,而是狂妄的高价,突然跌价;危机的直接原因有时是缩减贷款,所以不是减少供应、而是恢复信任才能治愈危机。同样明显的是,市场暂时不景气有时是灾难,只不过因为它是暂时的。这时只有货币价格下降;如果它们以后不重新提高,连一个商人也不会受到损失。因为对他来说,就是下降了的价格也具有同从前高价时所具有的同样的价值。这种现象决不像查尔门斯和西斯蒙第所描述的生产过剩的灾难情景。这些著名的政治经济学家设想:由于市场缺乏,生产者的处境不断恶化,商业危机的实质丝毫也不证明这种看法是正确的。

按照我的意见,财富普遍过剩和积累过剩的看法,其另一依据是一个较经常的事实:人口和生产增加时,利润和利率则自然下降。利润下降的原因是供养劳动费用的增加,而这个增加是因为人口和对粮食的需求增长得比农业改善进展得快。下面(第四卷第四章)我们将要详细研究和讨论这一国民经济进步的重要特征。显然,这一事实与商品缺乏市场是完全不同的事情,虽然生产和工业阶级的抱怨也经常与它混在一起。关于目前社会生活状况的正确概念是:如果满足于小利润的话,可以特大规模地进行工业周转;但是甚至顺从现代的必然性的人们抱怨这种必然性并且希望减少资本数量,或者照他们的说法,减少竞争以便可能得到较大的利润。然而利润低与需求不足是截然不同的现象;只因为要生产和积累,利润才减少,这样的生产和积累不能称谓供应或生产过剩。在我们研究利润率降低问题的时候,我们会看到这种现象的真正性质,其后果及其不可逾越的界限。

除这两条之外,关于实际上不论何时有过或者存在着商品生产普遍过剩的意见,我连一个能作为这种意见的根据的经济事实也不知道。我确信,在贸易事业中,用这种幻想的理论来说明的情况,一种都没有。

这个问题非常重要。由于对此问题看法分歧,在政治经济学体系中,尤其从实践方面,产生了根本的差别。按照一种观点,我们只应当考虑如何把足够的生产同最优的可能分配结合起来;按照另一种观点,还得考虑第三个因素,考虑如何建立商品市场,或者如何根据市场规模限制生产。此外,如此不合逻辑的理论必然会混淆论题最基本的原则和打消清楚地理解许许多多社会生活复杂的经济现象的一切可能性。我以为，我提及的三位伟大的政治经济学家马尔萨斯、查尔门斯和西斯蒙第，由于这个错误，错误地创建了自己的体系。他们每个人都出色地理解和说明了政治经济学的某些基本定理；可是这个基本错误像迷雾一般遮住了科学的最复杂部分，在他们面前完全掩盖了它们。不这么聪明的人们的思想就更加被这些混乱的概念搞得糊里糊涂和狼狈不堪了。公正地说，精确地解释这个非常重要问题的功绩，首先归于两位著名的人物：大陆上敏锐的让·巴蒂斯特·萨伊和英国的詹姆斯·穆勒。后者在《初级政治经济学》[130]中令人信服地阐述了这个问题。在此之前因当时的争议所写的一本小册子《保护商业》[131]中非常有力和明确地提出了对问题的正确看法。这篇文章使他开始出名，通过它获得了李嘉图的友谊——对于他来说，这是一生中最可贵的和最亲密的友谊，所以他非常珍惜它。[132]



穆勒所说的一切都是真正的实话。可是难道像西斯蒙第和马尔萨斯这样的人物会不懂得什么叫做商业危机吗？他们了解这个断然错误的意思。所以为了防止商业危机的灾难，如果他们恳求富人增加非生产性的消费，他们简直就会弄到惊人的极其荒谬的地步。难道他们〔不〕能以商业危机来源于过分的投机抢购这样简单的观点来摆脱自己奇怪的错误意见吗？可是他们大概本来很熟悉这种观点。这样的人怎么会坚持穆勒批驳的这些谬论呢？问题在于穆勒只注意到过程的一个商业方面，认为不必谈到它对生产和消费的影响。在问题的前半部，当价格上涨时，由于生产者指望非常有利和轻易地推销，就像加紧抢购一样，也特别加紧自己的活动。工厂在二、三个月内主产出平时半年才能生产出来的那么多的商品。但是须知，只因投机抢购大增，才增加销售的，并非消费增加了。相反，消费甚至可能减少，因为物价太昂贵了。如果价格开始下降,生产又会怎样呢?在前一时期,三个月时间制造出半年的商品;显然,生产应当停顿三个月,以便让通常的消费把储备减少到通常的规模。但是尽管跌价,在危机时期的消费,常常少于通常的消费,因为所有人的货币活动都失常了。因此过量的储蓄使消费不了的时期还要更长久些。而当它们没有被消费掉的时候,就不会减少到通常的规模,新的生产就找不到销路。

因此,商业危机总是与工业危机联系在一起的,由于已有的储备过剩和缺少销路,工业危机时期的生产削弱。马尔萨斯、查尔门斯、西斯蒙第就是因为这方面的问题发窘的——穆勒是完全正确的,他向他们证明:生产不能超过人类的需要,资本(也即用于新生产的部分产品)不能增长过快,不论资本以何种速度增长,总是可以希望以更快的速度增长,因为总是可以为它找到必要的用途等等——这一切都完全正确,因此马尔萨斯、查尔门斯、西斯蒙第的言论与经济理论不容置辩的原则有矛盾。但是这个矛盾的产生只不过因为西斯蒙第和马尔萨斯停留在半路上,没有探索到实际上产生与经济理论矛盾的基本事实。

理论认为,要按照为消费而销售的计算来进行生产。在这种情况下,生产永远不会过剩。可是,如果实际上从为消费而销售分出为投机而销售、为倒卖而销售,以及如果后一种销售形式在调节生产,那又会怎么样呢?那时,在为竞争而销售与为消费而销售的规模有任何偏离时,生产与消费将不成比例,并且我们看到了,实际上这是怎样发生的。按消费本质讲,它倾向于具有不变的数值——无论消费是增加还是减少,它都倾向于具有相当缓慢而渐进的过程。生产能够很方便地适应这种过程,以致在产品产量与销售量之间没有大的差别。可是竞争按其本质是倾向于走过分的极端。投机因今日和明天的价格差别而得利;此差别越大,对投机就越有利。因此,投机是急遽的行动,一切都急于过分地扩大,然后就由于无力保持自己急遽的突发而跌落。如果用投机来调节,生产也同样会不按消费计算来专心致志地进行,而会超过为实际消费而销售的规模。由此产生生产超过消费的周期性过剩,从而导致生产停顿。

这是否意味着人们可以生产出比他们实际需要的、比他们能或希望消费的更多的产品呢?一般说,这涉及产品总量,——不,完全不是。在危机之前过分地投机抢购时期,生产以其急遽的突发达到过剩,不是与人们对产品的需要比较,而仅与借以形成普通消费量的通常的适度进程相比较。如果生产长期按这种增长的规模进行,消费会与它成比例地发展,所以人们只会因此得利。可是原来加紧生产只是由于投机引起短暂的高潮,消费还没有来得及适应这个增长的规模,投机就立即低落了。加紧生产的洪流还来不及达到消费领域,它就已经缩减了,由于投机无力长期供养它而萎缩了。[133]

这样一来,生产永远不能超过人类需要的规模。有时可以超过一般消费水平,并且这种不是消费本身的发展所引起的,而仅仅是过分加紧投机所造成的必然后果,往往是生产暂时下降,工作停顿。这种灾难的根源在于购买力与生产和消费脱节,也即不多不少,正如我们称之谓商业与纯生产业务脱节。

商业危机是通常彼此间隔几年的时期内有时商业才达到的极端。然而如果社会经济生活是以商业为基础的,那么小规模地不断进行着过分涨价与相应的加紧生产以及过分跌价与生产削弱轮流交替的同样过程。的确,我们知道,如果国家的经济生活相当活跃的话,除了由于劳动费用的变更而逐渐增长或减少之外,即除了商品的自然的或平均的价值缓慢变化之外,每种商品的交换价值在市场上不间断地波动。这些连续的波动引起一个问题:难道没有任何普遍的标准来相当持久地衡量价值吗?——穆勒相当详细地阐述了占统治地位的理论对此问题的看法。

政治经济学家之间就价值尺度问题争论了很多。赋予该问题的重要性比它值得的大。所以对此问题的论断成为在 логомахие[①] 中责备政治经济学家非常夸张的、但不是完全没有根据的主要借口之一。可是仍然必须涉及这个论题,即使随后为了说明如何能少谈论它也好。

按照普通“尺度”的字义,价值尺度应当表示任何物品,按照与该物品的比较便可决定一切其余物品的价值。而价值本身是相对现象,所以对于它必须有两个独立于第三种我们想要用来衡量它们的物品之外的物品,了解到这一点之后,我们应当说,价值尺度是这样的物品:把两个其他物品与它比较时,我们可以根据两个物品彼此的关系得出这两个物品的价值。

从这个意义上讲,此时此地任何商品都可以作为价值尺度:知道两个物品与任何第三个物品交换的比例,我们总能由此推导出这两个物品彼此交换的比例。选作交换工具的商品的功用之一就是成为方便的价值尺度。通常用这一商品来决定所有其他物品的价值。我们说一个物品值 2 英镑,而另一物品值 3 英镑;由此不用特别的定义就已经知道第一种物品价值为另一种物品价值的三分之二,或者它们彼此交换的比例是 2∶3。货币完全可以充当价值尺度。

然而政治经济学家希望找到这样尺度,用它来能决定一个物品在不同时间和不同地点的价值,而不是用来决定同时同地各种物品的价值;找这样一

① 舌战。——编者

种物品，与它比较可以看出任何一种物品现在的价值比一百年以前在英国，或任英国比在美国或中国的价值高多少或低多少。对此，货币或任何其他商品也像决定此时此地的各种商品价值一样，恰恰能作为尺度；为此只需要同样的资料，为了与尺度比较，需要两种或几种商品（因为如果没有另一种商品，则从一种商品中产生不出价值的概念），而不是一种商品。如果每夸脱小麦现在价值 40 先令和公绵羊也值 40 先令，而在亨利第二时代，每夸脱小麦价值 20 先令，公绵羊 10 先令，我们看到，那时每夸脱小麦价值 2 只公绵羊，而现在只值 1 只公绵羊。因此，按照对小麦的估价，现在公绵羊比亨利第二时代贵了 1 倍。这个结论完全与这两个时期内货币对这两种商品（对它们，货币大概贬值了）或者对其他商品（对它们就没必要谈到其货币价值是上升还是下降了）的价值无关。

但是看来评论这个问题的作家们希望找到简单地比较商品与价值尺度来决定商品价值的方法，不把它与任何其他商品作比较。他们希望有可能按照一种事实来决定，即 1 夸脱小麦价值 40 先令，而从前价值 20 先令，小麦价值改变了没有和改变了多少。决定这个，不用选择任何其他物品（像我们选了公绵羊）来同小麦作比较。他们想要知道的不是小麦价值对公绵羊如何改变了，而是对全部物品是如何变化的。



对此第一个障碍是：普遍的交换价值概念有不可避免的不确定性。价值，不按与某个商品的比较，而是与全部商品比较。如果我们精确地知道在某个历史时期 1 夸脱小麦单个地与多少数量的任何出售的物品交换，如果我们还知道，现在为买 1 夸脱小麦，有些物品换的要比从前的多，另一些则比从前的少，我们往往仍然不能对所有商品一概说，小麦的价值是上涨了还是下降了。如果只知道小麦价值对价值尺度的变化，则更少可能解决这个问题。为了让物品的货币价格在两个不同时期内作为用该物品交换的商品总量的标准，必须让一定的货币总额在两个时期中符合等量的全部物品，也即让货币永远具有同样的交换价值，同样的普遍购买力。而实际上无论货币也好，任何其他商品也好，都不具备这种不变性，所以甚至不能假定这种不变性存在的情况。

由此我们看到，交换价值的尺度是不可能存在的；所以谈论它的作家们用“价值尺度”一词来表示它的概念，把它叫做“生产费用尺度”会更确切些。

他们设想了永远以不变的等量劳动所生产出来的商品;必须对此条件加上另外一条:让用于生产的固定资本对直接劳动的工资保持不变的比例,并且永远同样的经久不变。总而言之,在同样的时间花费同样的资本总额,以期不仅由工资构成的一个价值因素保持不变,而且连由利润构成的因素也不变。那么我们将有决定不变价值的一切条件的在同一组合中生产出来的商品。这种商品的交换价值无论如何不是不变的。如果不算因供求改变所产生的临时波动,我们看到,它的不变的交换价值会由于它所交换的那些物品生产条件的每一变更而变化。但是如果存在这种商品,它会给予我们一个好处,即在其他物品的价值对于它的各种变化下,我们会知道变化的原因不在于它,而在于其他物品。它仍然不适于作为其他物品的价值尺度,但是适于作为它们的生产费用的尺度。如果相对于这一不变商品,某物品固定的购买力提高了,这就是说,它的生产费用增加了,而在相反的场合其生产费用下降了。政治经济学家们在谈论价值尺度时,一般指的就是这个价值尺度。

然而如果理论上这一价值尺度是很有可能想象出来的,那么,实际上就与交换价值尺度一样,它是不可能存在的。没有其生产费用不变的商品。金银的生产费用比其他商品的变化较小。但是,由于原有的供应源泉枯竭,由于开采新矿和改善开采方式,就连金银的生产费用也在变化。如果我们着手按照某个商品的货币价格变化来决定它的生产费用的变化,那么,就应当按照货币本身的生产费用中产生的变化来考虑尽可能地修正结论。

亚当·斯密设想,有两种商品特别适合作为价值尺度:粮食与劳动。关于粮食,他说其价值年复一年地变化,但世纪复世纪却很少变化。现在我们知道,这是个错误:粮食生产费用具有随着人口的增长而提高和由于本国的或向本国进口粮食的国家的农业改进而下降的趋势。粮食生产费用不变的假定,要求这些对立的力量之间保持完全的平衡,即使无论什么时候有这种平衡的话,也只是偶然的平衡。关于劳动作为价值尺度,亚当·斯密在各处表达的并不一样。有时他说,只有在短期内,劳动才是好尺度,因为劳动价值(或工资)年复一年很少变化,一代复一代却变化很大。在其他地方他又讲:按照问题的本质,似乎劳动是最方便的价值尺度。因为,可以认为一个男子普通按日的体力劳动,对他说来永远等于同样的用力或牺牲。然而这个想法本身正确还是不正确,反正完全排除了交换价值的概念,用截然不同的、与内在价值更加相似的概念来取代它。如果每个劳动日在美国购买的普通消费品比在英国多1倍，那么，想证明这两个国家的劳动具有相同的价值和其中不同的不是劳动的价值而是其他物品的价值，则是徒劳无益的细节。正确地说，在这种场合，美国的劳动价值，既在市场上又对工人本人都比英国的高1倍。

如果我们的目的是寻求估价内在价值的近似尺度，那么，大概最好采用按粗工阶级所需的普通饮食平均计算每人每日的口粮作为标准。如果美国一个工人每天食用1英磅玉米粉，那么，每种物品的价值就由它交换玉米粉的磅数决定。如果某物品本身或者用它购买的物品可以向工人提供日口粮，而另一种物品则提供给他周口粮，那么，对普通人的需要而言，第二种物品的价值是第一种物品价值的7倍，将是正确的。但是，通过这个，并不能衡量出物品占有者本人按照自己的想法赋予它的重要性——这个重要性可以不确定的比例大于(并且不可能小于)用此物品购买的食品数量所具有的重要性。

不应当混淆价值尺度的概念与价值的调节原则或决定价值的条件。当李嘉图和其他政治经济学家说，物品价值是由劳动量决定的，他们说的不是用来交换物品的劳动量，而是需要用来生产物品的劳动量。他们指的是用来决定物品价值的生产物品的劳动量，为什么物品的价值是这样的而不是那样的依据，就在于这个劳动量。然而当亚当·斯密和马尔萨斯说劳动是价值尺度时，他们指的不是用来制造或能制造物品的劳动，而是用来交换或购买此物品的劳动量，换句话说，按照劳动估价的物品价值。所以他们说的不是这个劳动决定或多少参与决定物品的普遍交换价值。不，他们说的只是按照它可以知道物品的价值和在不同时间不同地点价值差异的程度。混淆这两种概念就像忘记温度计和火的差别一样。[134]

照例，我们应该说，穆勒非常正确地阐述了他所涉及的那个方面的问题。照例，也应当补充，除了他阐述的这一方面之外，还有问题的另一方面。按照穆勒的意见，价值尺度问题是不重要的。的确，如果我们只想得到比较不同物品在不同时间的交换价值的比例，这个问题是不重要的：这时货币或者随便什么物品都能很方便地作为价值尺度。然而选作其他商品价值尺度的商品本身的价值在变化着。所以不可能找到其价值永远不变的商品。但是在把劳动作为不是类似某种交换价值,而是类似内在价值或生产费用的准确尺度的言论中,忽略了亚当·斯密和马尔萨斯未能清楚地设想以及他们的追随者作为交换价值问题提出来的问题的真正意义。

在当前的生活方式下,人类的福利主要取决于分配,它以其不均衡性掩盖了生产状况和生活幸福程度之间的不一致。在采用技术工艺伟大成就的国家,人民群众的生活比以最粗笨和无成效的方法进行生产的国家好不了多少。但是,虽然不均衡分配有掩饰的作用,生产规模与消费规模之间的联系实际上也仍然是相当明显的,而在理论上则是清楚的。

在以雇佣劳动制度为基础的社会中,工人的福利水平是用工资数量衡量的。可是工资只是产品的一部分,它还不能用来决定劳动生产率。而对于考虑在此人口密度下,在一定的时间内,此社会可能有什么样的福利水平,这一因素是非常重要的。如果知道了这一点,我们对于历史的和对于社会的结论就有了可靠的标准。比如说,如果我们知道,现今法国农业劳动的实际成效等于 5 个单位,而人民群众享用农产品为 4 个这种单位。我们应该说,法国经济生活制度的分配方面是令人满意的。4 与 5 之差无关紧要正揭露了所谓巧言惑众的理论之空虚。如果我们知道,在目前的工艺技术状况下,农业劳动最大可能的成效不超过 6 单位,就在生产问题上也暴露出这些巧言惑众的理论之空虚:如果在最佳可能的安排下生产只有 6 个单位,而实际上生产出 5,——好啊,这已经非常非常令人满意了。反之,如果我们知道农业劳动最大可能的成效等于 15 个单位,而实际成效只有 5,人民群众享有的农产品只有 2,那就完全是另一回事了。

这样一来,为判断某个国家产品生产与分配是否令人满意,不变的价值尺度是非常重要的。亚当·斯密部分地预感到它在这方面的重要性;但是问题的另一方面(寻求比较不同时间内不同的生活和生产状况的普遍标准)更使他感兴趣。如果有了这种标准,比如说,我们就能知道在卡列大帝、在路易十二、在路易十六的时代法国农业劳动的成效等于它的多少单位。然而把这些资料拿来与现在的数值作比较,我们就有了在农产品方面对法国人民历史生活的准确评价。总而言之,亚当·斯密在关心寻求普遍的价值尺度的时候,考虑的不是交换价值,而是直接适用于评价国民福利和生产成效的东西。

然而他的这些想法本身是模糊的,而随着占统治地位的理论之发展,交换价值越来越掩盖了一切其他的概念。斯密的追随者们连需要一般的价值尺度的感觉都丧失了。

现在我们清楚地了解了亚当·斯密认识模糊的、他的追随者忘却了的这个必要性。比较各种经济状况的主要因素应该是劳动成效。这里取多少劳动量作为单位实质上都一样,并且每种计算时间的主要期限都有其特殊的方便,以致很难说其中哪一个值得比其他的受到无条件的重视。小时——单位太小了,但是它比其他单位的优越之处是完全准确。工作日,不仅在不同的历史时期或不同的民族由不同的小时数组成,而且同一民族甚至同一行业也有不同的持续时间。例如,在露天进行的劳动,夏季的工作日持续时间比早春或晚秋的要长些。——劳动单位最合理的期限是年，至少对于我们欧洲的气候来说，农产品是按年收获的。可是不同的民族或同一民族不同的时代，一年的工作日数远非相同。例如新教徒的休假日比天主教徒的或我们的要少得多。此外，按年或小时计算，就是说要在这类设想中引进相当不习惯的单位，与此同时，按日计算谁都习惯。从这方面考虑，年和小时都不如日。其实我们一般认为，如果它们是为了问题本身的方便所必需的话，就不应当害怕引进新的。如果选出的单位本来就应该不是小时也不是日，而是年，那么，由于不同的国家不同的时代，年劳动时间不相等，首先应当建立标准工作年的概念，给它规定一定的工作日和小时数。然后按照小时近似计算，再拿所涉及的那个国家和那个民族的普通工作年与它比较。比如说，假定我们认为在普通行业中每天劳动 10 小时既不过分沉重也不过分懒散，对为了能轻松而勤奋地在工作日劳动而给人们必要的假日或休息的时间来说，一年 300 个工作日既不太少也不太多。如果是这样，工作年就正常地有 3,000 工时。现在假定法国南部的农民保留着过多的假日，以致它们占去全年的三分之一，只剩下 240 个工作日。但是假设在这些工作日中人们拼命地工作，希望补偿在多余的假日里失去的时间，例如每日工作 12 小时。如果这样，法国南部农民的工作年也只有 2,880(＝240×12)工时和只等于一个标准工作年的 96％。换句话说，我们应当记住，民族习惯使法国南部的农业劳动成效减少了二十五分之一。如果不适宜的天气减掉一定数量的工作日，也是一样的。例如，我们俄罗斯的秋季和春季就有许多这样的日子：在解冻天气和雨天，没有适合在农舍里进行手工业的农民，几乎什么也做不成。

读者既看到把劳动量作为价值尺度的观点与大家知道的占统治地位的理论称谓生产费用的概念之间的相似之处,又看到它们之间的差别。这些思想如此相近,以致初看起来是很相似的,两者都计算用于生产物品的劳动量。但是在生产费用中除了计算劳动之外,还有利润,连劳动本身也只算工资的费用。从中产生生产费用的观点,是生产者的观点,而且尤其只是向雇佣工人购买劳动的生产者的观点。这时计算的目的是决定物品的销售价值。我们讨论的尺度则属于截然不同的观点,并且其目的也完全不同。我们想知道,为了用自己的劳动生产自己的消费品,消费者需要多少劳动量。这时没有把利润与工资分开,也没有把产品本身与工资分开的概念。这里把全部产品作为劳动报酬;可是,再说报酬概念本身也并不完全精确地符合观点的实质:说实在的,这时不是把产品看作劳动的报酬,而是看作劳动的结果。任何一个局外人把产品据为己有,并从中分给生产者某一部分来作为报酬。在我们阐述的观点中,没有把产品据为己有并从产品中分给工人一部分的局外的评价者。产品的交换价值仍旧不予任何重视;产品直接满足人类需要。只研究产品满足需要是否合格——其内在价值;认为产品获得交换价值是偶然的、例外的事情,因为大量产品不出售或不交换,而直接为生产者消费服务;即或用部分产品去交换其他生产者的产品,交换价值与内在价值并无区别,——内在价值直接变为交换价值,没有任何增加或减少。这种观点是很自然的事:认为生产与消费之间有直接联系,不通过交换,认为利润和工资在劳动者手中合并起来,认为消费者和生产者是同样的,否认雇佣劳动制度的观点。我们说,不论亚当·斯密还是他的追随者们都没有清楚地理解这种观点也是自然的事，后者不善于设想比在三个不同阶层之间的产品三项分配更高级的生活制度。然而，其实，甚至在现存的生活方式下，要是把思想从个别人的私人经济转向民族经济的话，就不能不看到符合此观点的条件占优势。对于整个民族来说，消费者和生产者是一回事；消费直接由生产决定；工资、利润和地租汇合成一个整体，合成民族劳动的产品。只有忘却民族的或全人类的观点的片面而狭隘的习惯，由于事业的进程被引向私人经济，才能迫使占统治地位的理论局限于我们从中发现的关于雇佣者－资本家的劳动和生产费用的表面概念。只要像重视统一的经济整体一样稍微重视一下民族经济，这个看问题的表面观点就会由我们阐述的一般的价值尺度的思想来代替。正如我们不止一次地讨论过的，民族只用少部分产品交换国外产品并只从国外得到少量的消费品。这时交换起的作用不很大，所以生产量与消费量是合成一体的。民族劳动生产民族产品。看来很容易由此观点唤起劳动量作为一般价值尺度的思想的。

“可是如果劳动是一般价值尺度，那么，你们在上述一篇论文中，用什么方法来证明劳动不应当具有交换价值呢?”很容易确信，这两个关于劳动起着价值尺度的作用、但作用本身却不应当成为价值的概念，彼此并不矛盾，而且相反，从一个概念必然引出另一个。当然物品本身或概念本身不能作为物品的或概念的尺度，为此需要另一种物品，另一个概念，要与所衡量的物品有密切联系，就像它们的根源、原因或结果，但却与它们完全不同。例如，不是任何河船的深度，而是河水的深度才是河船吃水量的尺度；河深与浮在河面上的船，是完全不同的两种东西。服装本身无论如何不能作为服装的尺度，人的体形和气候才是。社会福利是法律的尺度；人的胃和舌则是饮食的尺度；人的嗅觉则是化妆用香膏或香水的尺度。总而言之，物品的尺度总是与物品本身完全不同的东西。因此，如果价值应当具有自己的尺度（如同人类生活中的一切都有自己的尺度一样），那么，这个尺度本身不应当是价值。占统治地位的理论之所以不能理解价值尺度，只不过因为认为劳动是价值罢了。我们记得占统治地位的理论作为价值和交换学说的最高原则的格言是："以物易物"。劳动不是产品。它还只是生产力，它只是产品的来源。它与产品的区别，如同臂膀与臂膀举起的重物之区别一样，像人与呢绒或面包之区别一样。

## 丙、商业

（第十七—二十二和二十五章）



把购买力与产品分开、为购买力建立专门的代表——硬币、用更能周转的工具——纸币来代替硬币的时候，人们注意到商业周转容易了。在经济单位不具备理论所要求的大规模，并且由于规模不够大，在每个生产部门中不能兼有高度分工的人类需要的多种生产，在这种生活制度下，经济活动任何增强都能增加经济单位之间交换。以致最后在这种生活方式的高度发展的条件下，看来商业周转会在整个经济活动中占统治地位。

一切商业周转的实质在对外贸易上特别清楚地表现出来。对外贸易似乎在国家商业周转总额中构成单个的整体，并且每个人都习惯于把它看作某种整体。与此同时，国内贸易周转的真正含义却由于缺乏用同一的观点看待全局的习惯而有所模糊。穆勒非常清楚地阐述了对外贸易问题，以致我们在这方面只好承认他的阐述，仅仅加以利用而已。

显然，如果两个国家各种行业的生产成效的水平相同，在它们之间就不可能开始贸易。如果在英国生产1块呢绒用15个劳动日，1块亚麻布用10个工作日，在德国也一样，不论对英国还是对德国，交换呢绒和亚麻布是没有好处的，因为这时运费和其他贸易开支就是净损失。如果生产的普遍成效水平并不一样，但不一样的比例在所有行业中都是相同的，结果也是一样的。如果英国所有行业的劳动成效比德国的高1倍，例如，如果英国生产呢绒用15个工作日，德国用30个工作日，英国生产亚麻布用10个工作日，德国用20个，也不会进行产品交换。英国把呢绒运往德国后，为它只得到1块半亚麻布（德国不会给得比这多，因为国内1块呢绒就是换这么多亚麻布的），可是1块半亚麻布即使在英国也等于1块呢绒。所以英国从交换中得不到任何好处，德国也同样得不到任何好处。这时运费和其他贸易开支是净损失。但是假定各种生产部门的劳动成效的比例不同。比如说，假定呢绒生产部门英国劳动比德国的功效高1倍，而亚麻布的生产成效只高50％。那么，如果在德国，生产1块呢绒用20个工作日，1块亚麻布15个工作日，在英国生产1块呢绒则用10个工作日和1块亚麻布也用10个工作日。如果用英国的呢绒去换德国的亚麻布，在这种情况下，对这两个国家都减少了生产两种商品的劳动消耗。假定英国需要1千块呢绒，每块10个工作日，一共1万工作日；为生产1千块亚麻布也需要这么多的劳动。总之，在贸易以前英国需要2万工作日来供应呢绒和亚麻布。而德国生产1块呢绒要20个工作

日，生产 1 千块呢绒要 2 万工作日和用 1 万 5 千工作日来生产 1 千块亚麻布(每块 15 工作日)。两个国家合计，生产 2 千块呢绒用 3 万工作日和 2 千块亚麻布用 2 万 5 千工作日，两个国家生产两种产品总计用 5 万 5 千个工作日。假定现在开始交换了。英国为德国生产呢绒(因为生产呢绒，英国的劳动与德国的相比具有最有利的比例)，用它从德国得到亚麻布(与英国相比，生产亚麻布的劳动比例对德国最有利)。英国生产 2 千块呢绒只需要 2 万个工作日(每块 10 个工作日)；德国生产 2 千块亚麻布(每块 15 个工作日)只需要 3 万个工作日。两国供应本国两种商品只用 5 万个工作日，而不是原来的 5 万 5 千个工作日。这样通过贸易赢得 5 千个工作日，可以或者用来增加呢绒和亚麻布的供应，或者向贸易的国家供应其他的他们在贸易[①]之前没有时间生产的产品。



可是这 5 千工作日、两国贸易得到的盈利总额，在两国之间如何分摊呢？这取决于每国对别国所提供给它的商品之需求的比较力量。在德国 15 块呢绒交换 20 块亚麻布，所以用这些亚麻布从英国换回 16 块呢绒，对它也是有利的。如果是这样，英国将用 16 块呢绒得到 20 块亚麻布，而从前它只得到 16 块；因此，用 16 块呢绒交换 20 块亚麻布，每次德国赢得 1 块呢绒，英国赢得 4 块亚麻布。然而也可能规定截然不同的比例。英国用 10 块呢绒只得到 10 块亚麻布；所以用 10 块呢绒得到 11 块亚麻布对它就很有利了。如果是这样，德国将用 11 块亚麻布换得 10 块呢绒，而以前换

① 自然，从这赢得的 5 千工作日中应当扣除运费和其他贸易方面的费用。假定用去 1 千工作日，还剩下 4 千工作日的净盈利。为叙述简便起见，我们不计这些费用，每位读者不难用这些费用来补充我们的观点。——车注

它却要不少于15块亚麻布。因此,用10块呢绒交换11块亚麻布,每次英国将赢得1块亚麻布,德国将赢得4块[①]呢绒。按照第一种价值比例,英国得到大部分盈利,按照第二种比例,则德国得利较大。然而我们知道,交换价值是按什么规律确定的——它们是由供求平衡决定的。如果根据德国的需求英国不难增加呢绒的供应。但德国对英国呢绒的需要较弱,与此同时,英国对德国亚麻布的需要则很强烈,那么英国呢绒与德国亚麻布之间的价值比例的确定是符合我们的第二种情况的,所以德国得到大部分盈利。在相反的情况下,如果英国对德国亚麻布的需求较弱,而德国对英国呢绒的需求强烈,就会相反,大部分盈利是英国的。不言而喻,国家对外贸易中供求平衡不是按照与每个国家的贸易分别确定,而是按照与一切国家的贸易总额确定的。在熟悉交换价值一般原则的条件下,确定它的方法,我们是清楚的。如果外国对我国商品的需求比我们对外国商品的需求弱得多,以致进口价值超过出口价值,我们的需求因外国商品价值上涨而减少,所以它们的进口减少;如果因我们的商品降价,外国对我国商品的需求因而增加,那么我们的出口会因此增加。

但是硬币是交换价值的一般尺度,所以很容易理解,对外贸易中借助于它产生的供求平衡是如何对它起作用的。如果进口价值大于出口价值,用我们生产的商品支付进口商品的缺额是用硬币来抵偿,硬币就从我国流往外国。因此国外硬币跌价,也即外国商

① 这里弄错了。按上面所假定的前提条件,德国应赢得(10×20－11×15)÷20＝35/20,即13/14块呢绒。——译者

品涨价，而我们的硬币也涨价，也即我们付出的商品跌价；由于外国商品价格昂贵，其输入量减少；又由于我们商品廉价，其出口增加，并且这种价值变化通过硬币的流动进行，直到确立供求平衡为止，也即直到我们只剩下这种数量的硬币，能使得我国商品的价格满足进口与出口所必需的相等的条件。如果出口大于进口，情况相反：硬币流入我国，我们的硬币廉价，我国商品涨价以致国外对它们的需求减少到与我们进口的外国商品的价值相等为止。所以硬币（或者硬币原料，金锭或银锭都一样）从一个国家流向另一个国家，使得每个国家的普遍价格水平按照对外贸易的供求平衡来确定。如果硬币部分地被纸币所代替，纸币发生的情况与硬币发生的情况完全一样。例如，如果我国进口大于出口，为付清进口的差额，硬币应当流向外国，并在那里跌价。但是如果它由汇票代替，我们的汇票大量流到外国，并且由于过多，在国外交易所降价。像汇票这种便于流动的商品价格在不同的交易所不会有很大的差别；所以我们的汇票在我们的交易所也降价；换句话说，国外批发商人给我们的汇票的价格高于我们的批发商人给予他们的外国代理人的汇票价格。

现在试试把这些技术语言翻译成普通的口语。我们看到，在有对外贸易的国家里，汇票行市和硬币价值是按照供求平衡确定的。简单地说，原来就是这个意思。假定生产 1 块呢绒在英国用 15 个工作日，在德国用 30 个工作日。然而 1 块呢绒还是那块呢绒，不论生产它用了多少劳动量，反正一样。它应该交换等量的其他商品。而一切商品交换价值的代表是硬币。所以在德国用 30 工作日生产的和英国用 15 工作日生产的 1 块呢绒，应当具有同样的价格。[①] 假定价格是 6 个银卢布。在英国用 15 个工作日、在德国用 30 个工作日可以得到它。因此,英国硬币的平均价值只为德国的二分之一。德国人的 20 个银戈比对英国人来说就不少于 40 戈比。当然,果真如此,那么英国人比德国人富 1 倍。可是为什么会发生这种情况呢?绝不是因为对外贸易,不是因为硬币从德国流到英国,不是汇票的行情,不是的,只不过是因为英国的劳动成效比德国的高 1 倍:英国人能在德国人只来得及生产 1 块呢绒的时间内生产 2 块;英国人怎能不比德国人富 1 倍呢?[②] 现在假定德国人将抱怨自己的贫困,——能用什么帮助他呢?只有关心让他的劳动变得有成效些,也即让他从事按照他的国家的特点做他最方便的工作,让他在生产中采用改善的工序,让他的国家法律和习惯变得有利于劳动成效。如果他像英国人一样开始用 15 个工作日生产出现在用 30 工作日生产的物品,他也会致富的。否则他无论如何达不到这点。

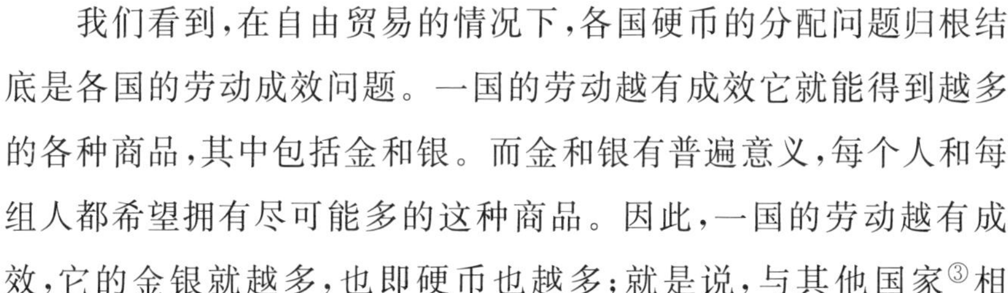

我们看到,在自由贸易的情况下,各国硬币的分配问题归根结底是各国的劳动成效问题。一国的劳动越有成效它就能得到越多的各种商品,其中包括金和银。而金和银有普遍意义,每个人和每组人都希望拥有尽可能多的这种商品。因此,一国的劳动越有成效,它的金银就越多,也即硬币也越多;就是说,与其他国家[③]相

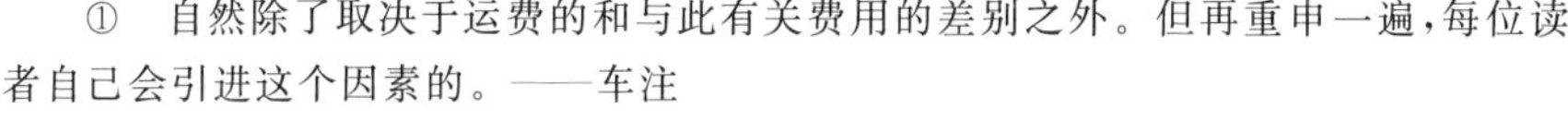

① 自然除了取决于运费的和与此有关费用的差别之外。但再重申一遍,每位读者自己会引进这个因素的。——车注

② 自然,这里只把呢绒作为一切生产中事业一般进程的实例。——车注

③ 如果某种商品生产部门进行改良,其价值下降;但是本来某种商品降价与所有其他商品相对于它涨价的意义相同。这样普遍的价格水平并不因此降低。相反,会上升。因为国家全部生产总起来说,劳动成效提高了。——车注

比，它的价格水平也越高。现在选两个国家为例。它们彼此贸易，并且其中一个国家的劳动成效比另一个国家的高 1 倍。例如，就算英国的劳动成效比德国的高 1 倍。这两国之间的对外贸易方面有 3 种不同的价格水平的 3 类商品。第一，英国的不参加对外贸易的商品保持英国的价格水平，比德国的高 1 倍。第二，德国的不参加对外贸易的商品，保持德国的价格水平，为英国的一半。第三，在两国之间进行贸易的商品，对于两国[①]来说，将有相同的任何价格水平。用劳动作前两类的代表。英国的劳动价格将比德国的高 1 倍。例如，假若英国 1 个工作日值 50 戈比，在德国的只值 25 戈比[②]。就算外贸商品的代表是英国为两国生产的呢绒和德国为两国生产的亚麻布。假定两国中，1 块呢绒售 50 卢币，1 块亚麻布售 8 卢布。运往德国 20 块呢绒(值 1 千卢布)，英国为此也从德国得到价值 1 千卢布的亚麻布，即 125 块亚麻布。按劳动价格，英国用 2 千单位的英国商品价格从德国得到 4 千单位的德国商品价格。显然德国亚麻布对英国的售价比英国呢绒对德国的售价便宜



① 由于运费和其他商业费用产生的差别除外。与从前一样，我们忽略了其结果仅仅减少规模，也即减少对外贸易影响程度，而其影响性质却无任何改变的这个因素。——车注

② 我们讨论过，劳动不应该是商品。但是在现今的生活方式下，它本来是商品并且是国家一切商品总额中最广泛的一项。一国工资总额的货币量，比其商业上的重要性超过每种其他商品的粮食总量的大得多。平民消费着几乎全部粮食总量，从这一点看就很清楚(高级和中产阶级因其人数较少，消费量是不大的)。除了粮食，平民应该用自己的工资购买许多其他商品。我们认为，劳动在每个国家都有自己特有的价格，并不取决于外贸，似乎完全不参与贸易。实际上连这个商品也参加某些对外贸易的。德国工人迁到英国，即把自己唯一商品即劳动运到英国去出售。其数量，也即他们运去的商品数量在两个国家里他们的和他们的商品的总数面前是微乎其微的，以致德国的劳动价格，并不灵敏地上涨，英国的劳动价格也不灵敏地下降。——车注

一半。保护关税论者说什么在这种情况下,只有英国得利而德国的对外贸易失利。这种误解的基础就是对上述事实含混的下意识的感觉。不,德国也得利。原来它用自己的亚麻布交换英国的呢绒只不过因为它不能像生产亚麻布那样有成效地生产呢绒。如果它生产 125 块亚麻布花费 4 千个它的内在价格水平单位,那么,生产 20 块呢绒对它来说就贵一些,要再花费 5 千个这种单位。而它现在从英国得到这 20 块呢绒只用 4 千个这种单位。就是说,盈利 1 千单位。至于它的单位比英国的少,已经不取决于对外贸易,而取决于劳动成效低,所以对外贸易不是发展、而是纠正了这个缺点。它是用两种方法纠正的:第一,它使德国的劳动从成效较低的行业转向成效较高的行业,即总的结果是提高其成效。对德国更重要的情况是,通过对外贸易明显地暴露了其劳动之低成效和指明了必须关心改进生产过程以提高劳动成效。关税税率只能掩饰劳动低成效之祸害。这样一来,德国从自由对外贸易得到的好处,比英国得到的还要多:在英国,自由贸易只把劳动转到成效较高的行业,而在德国,则除此之外它还改善着生产过程。

自由贸易最热心的信徒们是满意我们对这个课题的观点的。如果我们无条件地承认对外贸易的好处(占统治地位的理论的许多追随者评论它是有许多附带条件的),那么,当然我们评价国内贸易在现今生活方式中带来的利益,已经不比亚当·斯密的任何一位信徒的少。连最势不两立的保护关税论者面对国内贸易也没有任何异议。建立在以工资与利润分离、地租与工资和利润分离为基础上的生活方式中,几乎任何商品都得进行交换,几乎生产出来的一切都得出售,几乎消费的一切都得购买。所以,这时贸易的发展就是经济活动发展的尺度。在这种生活方式下,正确地说,贸易缓和习俗,联合民族,消灭民族偏见,减少战争的可能性等等,等等。一句话,它是文明力量中最强有力者。这时把商业理解为在目前的生活制度下,全部转到贸易上来的经济活动。

但是,如果我们把注意力集中到商业借以获得这样极大的意义、并得以包括全部经济活动的生活制度的基本特征上来,就完全是另一回事。我们看到,这种生活方式与经济理论的原则是矛盾的。而在不能令人满意的体制之下,不论每种推动力本身如何好,这种推动力作用所产生的结果也是不能令人满意的。谁都知道,当前的贸易形式具有很多坏处。它是非常冒险的事业:贸易亏损极其经常,破产的也很不少。根据冒险性大,贸易利润中应当包括大量保险费,所以这个利润的数量是非常大的。因此,当商人没有遭遇到不幸事件时,他用自己的资本能获得很多盈利。由此产生两条后果。一般说来,个别人以商业致富要比以生产致富快得多,并且通过商业得到多得多的财产。第二流的银行家或批发商人比最大的工厂主还富。这种迅速而又大量致富的前景把最积极和有才能的人从生产部门吸引过来,把他们对商业的才能用于生产才对社会有利,在商业中他们的力量不是用来增加产品,而只用于制成品的各种调拨。由于生产失去了优秀的力量,社会损失很大。然而一般地说,在目前这种商业进展情况下,它损失的各种各样的力量太多了。看看大城市的商场吧!几十家完全一样的店铺,比方说丝绸店铺,有长长的一排。社会为什么需要在一个地点有这么多的同类店铺呢?为了在它们之间开展对顾客利益的竞争,有2、3家店铺也就够了,而不是50家或60家。3家大店铺,如果占

据任何的300平方俄丈的房间，一共有60个不论什么样的店员，就能与现在50家不大、占据1千平方俄丈面积和拥有200店员的店铺同样容易地满足顾客的需要。兴建和维修多余的700平方俄丈的商业用房和多余的140位店员的劳动是社会的净损失。在一切商业部门，在一切城市和乡村，损失的比例是相同的。1千个商人就足以完成的工作，有3、4千人在做。为什么这么多商人？并不是因为社会的舒适需要这么多商人，而是他们这么多人都能靠使社会受损失的商业利润过活。顺便说说，由于成员过多，利润本身吞没了很大一部分产品。

我们只讨论了在现存制度下最正确、诚实、合理的商业进程中的损失，没有涉及它经常引起的致命困境。上面谈过商业危机和轻率的投机。投机经常引起狂妄。但投机是如今商业的灵魂。在当前的制度下，起来反对投机或企图控制它，那是白费口舌，徒劳地采取无效的令人为难的措施。科学要求我们分析和修正产生这种结果的制度本身，而不是与这个制度的必然结果作幼稚的斗争。

在购买力与生产力分离、利润与工资分离、劳动具有商品性质和产品的主人不是工人本人而是雇佣工人的社会里，如今的商业是交换原则所承认的个别形式。但是，当劳动是商品，而工人不是产品的主人时，则交换在社会上的作用扩大到远远超越经济理论原则所允许的范围。

我们看到了产生交换的正常条件是什么。占统治地位的理论在研究对外贸易时向我们公开了这个条件。在对外贸易中交易的一方为自己并为另一方生产自己方面劳动成效较高的产品，从另一方得到本方劳动成效较低而对方劳动成效较高的商品。不论在各民族之间、还是各城市之间或者个人之间，任何商品交换的好处，就在于把每个民族、城市或个人的力量集中到最有成效的生产上来。裁缝或木匠用自己的产品交换靴匠或铁匠的商品，这样的情况是完全适用于这个原则的，当从事一种产品生产的人们用自己的产品交换从事另一种生产的人们的产品，所有这类情况都适用。但是当不是因为产品不同，而只因出售劳动才产生交换时，这种情况是否适用呢？获得工资的雇佣工人在农场主那里生产粮食，这就是第一次交换：劳动交换为工资。工人要吃，他用自己的工资买粮，这是第二次交换。请问：这两次交换会导致什么呢？只不过产品回到生产此产品的人的手中。试问：这种多余的周转对社会是否有利呢？原来这就像在对外贸易中英国先向德国出售自己的呢绒，然后又从德国把它买回来一样。本来这是经济上不合理的顶峰。这时的一切商业费用完全是多余的开支，须知这就像从各省把全部粮食运到彼得堡，以便从彼得堡又把它运往辛比尔斯克和萨马尔卡等省，从这些省又运回彼得堡一样。我们看到了出售劳动是与产品分配原则相矛盾的，是与有成效地生产产品的条件相矛盾的；现在我们看到，它与交换原则也是矛盾的。买卖劳动完全是多余的买卖。正如我们看到的，生产与分配的理论认为工人是产品的主人。如果工人是主人，他只出售个人消费以外剩下的自己的产品，只为了个人消费才购买他不从事生产的那些产品。[①] 我们看到了在经济活动高度发展时，理论



① 完全和我们在对外贸易中看到的一样，占统治地位的理论唯独合理地分析了对外贸易，是因为在现在的生活方式下（在承认自由贸易原则的国家），它就是具有一些合理的形式。——车注

认为生产单位具有颇大的规模和兼有许多不同种类的生产，以致此时生产单位购买的产品部分同它自己为自己生产的消费品总额相比是不多的，同它的全部生产总额相比，它出售的产品量也是不多的。如果工人不是产品的主人，只是雇佣工人，那完全是另一回事。这时他为自己购买全部消费品，而主人则出售他得到的全部产品。按照交换原则，经过销售阶段从生产走向消费的产品应当只有五分之一或十分之一。现在全部经过它。正如我们讨论过的，这是与交换的经济原则相矛盾的。照我们从前的说法，出售劳动也是与它矛盾的，由此买与卖的数量还要比事情本身需要的增加1倍。如同农场主亲自收获和脱粒的时候，粮食不是一次出售一样，还在此之前，他把青苗卖给任何一个其他的资本家，这个资本家收割和脱粒之后，第二次再把它卖掉。谁都知道，农场主出售青苗对他是否有利，如果可以这样说的话，他出售的还不是粮食，仅仅是获得粮食的可能性。同样，这种制度对工人也是不利的，按照这种制度，他不是出售自己劳动的成品，只是出售获得这个包含在劳动中的产品的可能性。因此，出售劳动是双重不利的。第一，它是有损于人民群众的，他们在出售自己的劳动时，都有每次过早出售时不可避免的大量折扣(дисконт)。本来出售劳动不多不少正是提前出售产品。第二，出售劳动对全社会不利，社会的商业开支由于这种完全与交换的经济原则相矛盾的提前出售的交易过量增加而过分增大。

读者公正地理解我们的言论，自己会看到墨守成规的异议反对我们赞同的观点是何等荒谬。异议认为这个理论是与交换原则本身敌对的，对劳动分工原则是不利的等等。本来我们绝没有谈

到不要出售商品，相反，如果需要，就让它们永远出售。我们讨论的只是：如果按照问题的本质，按照交换的经济原则和劳动分工原则，需要出售100卢布的商品，那么就应该出售100卢布，以便用这笔款额购买我们自己没有的另一种商品；但我们不应当出售500卢布的商品，以致后来还得买回400卢布的商品。这多余出售的400卢布商品是多余的出售。重申一下我们对国内贸易与对外贸易的比较。英国只把它本国不需要的那部分呢绒运到外国去。只有工人本人不需要的那部分产品才应该从工人手中拿出来销售。仅此而已，看来这里根本没有任何违背占统治地位的理论原则的东西，所以如果该理论不善于把局部问题归结到它自己宣布的原则上去，那不是我们的过错。

由于出卖劳动，产生了大量多余的买与卖，超过了交换理论认为是正当的买与卖总额的10倍或20倍。这一点就足以说明商业是很复杂的事业。可是，现存的生产制度给商业带来了更大的复杂性，这种制度不计算消费、而是以购买产品进行倒卖的商人手中的推销机会为基础的。在关于竞争和关于经济计算的论文中，我们讨论过，现在的生产者是在黑暗中劳动、瞎碰，既不了解消费者需要多少商品，也不知道其他生产者生产多少商品。在这种不确切的、莫明其妙的必须生产的规模和实际消费量的情况下，产品销售成为非常复杂、困难、冒险的事情，所以生产者与消费者之间的经纪人是冒险进行经纪的独立的主人。这是极其自然的事实。但是众所周知，通过这个经纪人的独立性，丧失了生产者的独立性：批发商人成为向他销售商品的农场主或手工业者的主人，交易所控制着工厂。我们看到了经济理论不赞同凭不可靠的为贩卖而不为消费的销售机会来进行碰运气生产的制度。经济计算要求生产者和消费者明了一切。生产者应该知道消费者需要多少他的商品;消费者应该知道生产者在商品生产上花费了多少。没有这双方的了解,经济生活中就没有任何确切和可靠的东西,生产就太不稳定,消费则在无计划的浪费(当商品生产过多和商品跌价的时候)和供应不足之间波动。在生产者和消费者双方彼此都了解的情况下,商品销售才是准确的。所以生产者不允许经纪人在他和消费者中间占据能支配他即生产者的独立地位。没有冒险的地方,就没有把事业移交给外人的愿望。经纪人(如果还需要经纪人)不外是代办人,代理人。这是不言而喻的。如果工厂主知道在某城市需要向消费者出售多少商品,并且如果消费者知道商品的生产费用,比应该付的不多付一个戈比,就是说如果为消费进行销售而没有店铺老板的奸计参与,工厂主何苦不把商品直接卖给消费者,而卖给商人呢?工厂主干脆把零售店铺开设在自己的工厂里好了。[135]

我们看到,在最符合经济原则的生活制度下,进行交换的商品量在生产和消费的物品总额中所占比例比现在的小得多。所以社会生活中交换的作用将减小,而它借以产生的方法将与现在商业的紊乱体制完全不同。即使还保留商业名称的话。进行投机购买将没有余地。现在投机囤积的商品储备,将由消费者本人精打细算地积累,就像每一个有可能不是艰难度日的、有远见的主人现在进行的储备一样。现在远非每种经济都有这些资金;因为人民群众是以提前出卖自己处在萌芽时期的产品,出卖劳动度日的;但是,如果不再需要出卖劳动,这本身就意味着:现在妨碍在人民群众中发展经济预见性的困难状况已不复存在了。

## 丁、分配概要

穆勒简短地评述了为分配理论而分析交换理论得出的成果，从而结束了论交换这一卷。不言而喻，就连他的这些结论也只适用于以产品三项分配为基础的生活方式，就像他在自己的研究中总是不超越这种制度形式的特色——经济原则的局部变更那样。他的结论用于这种形式是完全正确的。然而我们将按照我们的概论特点用某些评论来补充他的结论。我们的概论始终力图指明：现在的经济现象形式与科学的普遍原则是怎么样的关系。穆勒说：

我们阐述了国家产品借以在社会各阶级之间进行分配的体制；此体制正是交换体制，其作用要素是价值和价格规律。让我们应用所得的知识，来回顾和评论全部分配理论。如果我们研究的分配与交换毫无关系的话，工人、资本家和地主之间的产品分配是服从人所共知的普遍规律的。现在我们应当考虑，借助于复杂的交换和货币体制来实现分配，或者该体制特性的作用改变了基本原则的时候，那些原则是否继续起作用。

我们看到，人类精力和适度的产物基本上分为三部分：工资、利润和地租，并且通过交换过程以货币的形式把这些部分分给应得的人们。更确切地说，依照普通的社会制度，产品留给资本家，他向其他两个参与者按他们的劳动和土地的市场价值付出货币。在研究确定劳动和土地利用的货币价值时，我们发现：这些价值也是用在既无货币又无商品交换的社会中决定工资和地租的那些规律来决定的。

第一，显然，不论货币存在或不存在，工资规律是一样的。工资由人口与资本的比例来决定；在任何情况下都是由它决定的，即使地球上的全部资本都是一个协会的财产，或者即使在资本家之间分配资本的每一个资本家都有生产社会所消费的一切产品的企业，因而不存在商品交换的话，也是如此。人口与资本之间的比例到处(新殖民地除外)都取决于阻止人口过速增长的阻力。所以可以简略地说，工资是由人口增长的阻力决定的。如果阻力不是因饥饿或疲劳过度而死亡，那么工资就由工人阶级的理智来决定，如果某个国家的工人赞同降低自己的地位而不同意节制生育的活，这个国家的工资往往是非常低的。

但是，这里工资指的是：工人物质福利的实际大小，他们所得物品的数量；工资是其大小对获得者是重要的这点来说的。而在其大小对支付者是重要的来说，工资就不光是由这一些简单的原则来决定了。第一种含义的工资是其数量决定了工人福利的工资，我们将称谓实际工资或实物工资。第二种含义的工资，在现在的情况下，我们可以称谓货币工资。这时我们将认为(正如我们有权在这里认为)，现时货币保持不变和在找到或得到交换工具的条件下不发生变化。如果货币本身的费用不发生变化①，那么劳动的货币价格就是劳动费用的准确尺度，并可方便地作为表达它的符号。

货币工资是两要素的综合结果：其一是实际工资或实物工资，换句话说，工人得到的普通消费品的数量；第二个要素是这些物品的货币价格。在所有古老的国家，在一切因谋生艰难而多少节制人口增长的国家，普通的劳动货币价格——总而言之，正好是这种价格。在这种价格下，工人只能购买缺了它就不能或不愿意按照习惯的比率节制生育的商品。在他们现在的福利标准下(工人阶级的福利标准指的是福利程度，对他们来说拒绝这种程度比节制生育还困难)，货币工资的多少由货币价格决定，因而，也是由工人通常消费的商品的生产费用来决定的；否则，如果工资不能供给他们这些商品的数量，他们的人口增长便会减慢，即工资就会提高。在此总额中粮食和其他农产品占多数，以致其他物品的影响甚小。



就在这里我们可以求助于本文第三部分阐述的原则。在以上所述的一章中，我们分析了粮食和其他农产品的生产费用。它是由肥力最少的土地生产率或在社会为农业所需要的土地或资本中提供最少进款的部分所用资本

① 这里系意译。俄译文为 на подвергается изменению，英原文为 undergoes no variation。——译者

的生产率决定的。像我们看到的那样，在最不利的条件下生产出来的粮食，其生产费用决定着全部所生产出来的粮食的交换价值和货币价格。因为在工人习惯的该状况之下，给他的货币工资是由肥力最少的土地的生产率或生产率最低的那部分农业资本的生产率决定的，是由每况愈下进程中的、在开垦不良的土地和比肥沃的土地负担沉重中耕种下降的程度决定的。而且我们知道，把耕种吸引到这种每况愈下的进程中的力量——人口增长，阻止人口增长的力量是农业科学和实践的改进。实践使一定的土壤用以前的劳动量提供比从前多的进款，并以此来阻止这种下降。耕种起来最昂贵的那部分产品的费用，就表示现时在人口增长的力量与农艺力量之间不断产生的斗争处于何种状况。

查尔门斯博士非常正确地指出：在最近的耕种范围内，在耕种与大自然自己起作用的力量的斗争中所达到的限度内，展示着政治经济学的许多最重要的真理。这个范围的生产率水平就是现时三个阶级：农民、资本家和地主之间产品分配状况的标志。

当不扩大耕种肥力较差的土地或已耕地上不增加少量生产费用，日益增加的人口对增加的粮食数量不能满足的时候，增加农产品的必要条件就是事先抬高该产品的价值和价格。然而当价格迅速提高到补充支出的资本也有普通利润时，价格和价值就不再提高，以便从新的土地或老土地上的新支出，除利润外还获得地租。依查尔门斯的意见，最后用于事业的部分土地或资本，即占据耕种范围的那一部分，现在和将来都不提供地租。如果它不提供地租，那么，所有其他部分土地或农业资本所提供的地租将丝毫不差地等于它们所生产的产品减去最后部分生产的产品之余数。粮食的平均价格总是使较差的土地和用于较好土地的成效最少的那部分资本同样提供包含普通利润的费用的收益。如果这部分土地和资本提供这种收益，那么所有其他部分土地或资本将提供多余的利润。后者等于由于其生产率较高所得剩余产品的进款；在竞争的作用下，这部分剩余利润转到地主手中。因此，交换和货币的存在丝毫也不改变地租规律：它仍然是我们最初发现的规律。地租是有特殊利润的农业资本的多余收益；它精确地等价于生产者因这些利益所得的生产费用之储蓄。并且它的产生是由于产品的价值和价格决定于不具有任何特殊利益的那些生产者的生产费用；决定于处在最不利情况下的那部分农业资本的收益。

如果工资和地租将用货币支付，它们服从用来确定它们的那些原则，并用实物产品来支付，那么，显然利润的状况也是如此，因为利润是抵消工资和付清地租之后留下的余量。

在第二卷的最后一章我们发现了：分析到最后的要素，资本家的支出，竟是由购买或维持劳动和前资本家的利润组成的，所以利润最终决定于劳动费用，劳动费用提高则利润下降，劳动费用下降则利润提高。现在让我们来比较详细地说明此规律的作用过程。

准确地用工人的货币工资表示的(假定货币不变)劳动费用可用两种办法来增加：或者工人可以得到较高的福利，也就是可以增加实物工资即实际工资；或者人口增加可以降低到耕种最差的土地并使耕种过程越来越昂贵，从而提高工人主要消费品的生产费用、价值和价格。在这两种假定条件下，利润量都下降。

如果工人获得的商品比从前多，仅仅因为它们降价了；如果在增加他所得的数量时并不增加该商品量的总费用，那么，实际工资将会增加，而货币工资却不会增加，所以利润量将没有理由改变。但是如果他得到比从前多的商品，而这些商品的生产费用却未减少，那么，他得到较大的总费用，因此给他的货币工资会增加。货币工资增加的开支全部落在资本家身上。不可能想象，资本家是如何摆脱这种状况的。可以说(从前也说过)，他抬高产品价格后就能避免损失。但是我们已甚至不止一次地充分反驳过这条意见了。



实际上，似乎由于提高工资才等速地提高价格的想法是自相矛盾的：价格抬高时就不会提高工资；不论工人的货币工资如何提高，他没有得到比从前多的任何商品，实际工资的提高是不可能的。这既与理论矛盾，也与事实矛盾；因此，很显然，工资的提高并不提高价格。普遍的提高工资都落到利润上。这里没有选择的余地。

研究了由于工人所得实物工资增加而提高了货币工资和劳动费用的情况之后，现在我们假定，由于工人消费品的生产费用增加，也即由于人口增加，农艺却没有随之等效地增加，货币工资和劳动费用增加了。人口增长要求增加供应，这只有在提高粮食价格用以弥补农场主生产费用的增加的情况下才能做到。然而在此场合，农场主遭受双重的损失。他应该在比以前更不利的生产条件下进行耕种。这一损失只属于他即农场主,并且其他主人不同他分担,所以,按照一般的价值原则,农场主将提高其商品价格以弥补这一损失;他硬是不把需要的补充产品投放市场,一直到价格提高为止。可是这样提高价格把他引向另一种必然性,为此他得不到补偿。他应当向其工人支付比从前多的货币工资。所有其他资本家都与他同享这种必然性,因为这种必然性没有提供提高价格的依据。价格将提高到这种程度:使他在利润方面处于与其他资本家同等的地位,使他由于增加了他所使用的劳动而得到补偿。这种劳动的增加是生产该粮食数量所必需的;但是增加劳动工资则是全体资本家的普遍负担,所以他们之中谁也不能为此得到补偿。它将全部从利润中支付。

这样,我们看到,如果全体生产工人普遍增加工资,并确实表现为劳动费用的增加,那么它永远是并且必然是由利润来负担。假定条件相反,我们将同样发现,当工资的减少乃是实际减少生产费用时,它与提高利润的意义相同。然而这时出现的资本家阶级和工人阶级之间货币利益的对立,在颇大程度上,仍然只是表面的对立。实际工资的多少是与劳动费用的多少截然不同的。所以在那些条件轻松(在这种轻松条件下土地还提供全部需要的产品)、粮食的价值和价格低廉的国家和地区,一般地说,实际工资往往特别高,因此,尽管劳动工资很高,对于主人来说,劳动费用却很低,所以利润很高。现在的实例是合众国。这样一来,我们完全证实了我们的基本理论:利润量是由劳动费用决定的。或者更准确地表达这一思想:利润量和劳动费用彼此成反比例变化,并且是同样的力量或原因共同作用的结果。

然而是否不需要改变这一理论。如果计算中采用的资本家费用部分(尽管比较小)不是由资本家本人或从他得到补偿的前资本家支付的工资、而是由上述这些资本家的利润构成,这样,理论是否会改变呢?比方说,假定在皮革制作中有了创造发明,因此,把皮革放在鞣皮桶里的时间不需要像现在这么长久。使用皮革的靴匠、马具匠和其他工匠储存一部分材料费用,它是鞣革匠在其支出资本时间内的利润;尽管工资和劳动费用毫无变化,是否不应该说,这种储存可作为他们增加利润的来源呢?不,在此场合,只有消费者得到全部利益,因为靴子、马具和一切其他皮革制品的价格都降到使生产者的利润低到一般水平。为了消除异议,假定一下子在所有的生产部门都有了类似的费用储存。在此情况下，价值和价格不变，所以，大概利润会提高；但是比较仔细地深入研究一下问题，我们会发现利润提高的原因乃是劳动费用的降低。如果工人只得到从前的实际工资的话，这时利润将提高，就像普遍的劳动生产率提高的任何其他情况一样；可是保持从前的实际工资就意味着劳动费用的减少，因为根据我们的假定，全部物品的生产费用都减少了。反之，如果实际工资随着生产的改进而相应地提高了，对主人而言，劳动费用与从前一样，那么资本家的费用占其收益的比例仍与从前相同。所以利润量也和从前一样。[136]

的确，使用货币丝毫也不改变产品分为工资、利润和地租这个规律的性质。货币经济只是利润和地租与工资分离的生活方式发展到多少高级一点阶段的属性。

在此生活方式下，工资确实由技术工艺的发展与人口增长之间的平衡来决定。

但是，在技术工艺的现状之下，当人口以最快的速度增长时，有可能保证几代人有高工资。为什么工资这么低呢？

地租与农艺进步成反比。因为当地租与工资分离时，它是反对农业技术进步的力量，由于农业技术与其他生产工艺和纯科学的联系，它成为敌视一切进步的力量。所以它力图延缓提高教育和一切其他文明进步的进程。尽管如此，技术知识的进步，远远超过了现在的和比现在多得多的人们对农产品的需要。然而地租妨碍在人们当中普及知识和把它应用于生活，这种阻力远胜于科学的进步。[137]这就是农产品不足的根本原因。而在这一主要消费部门出现不足的时候，生产的全部进程都受到阻碍。

当利润与工资分离的时候，利润关心尽可能地降低工资，因为

实际工资的增加就是利润的降低,实际工资的降低就是利润的增加。所以,工人的福利,对资本家来说,就是从他的财富中的扣款。而生产成效是与工人的智力和道德的发展相适应的。发展本身又是与工人的福利相适应的。这样一来,利润与工资分离的作用同地租与工资分离的作用相似:它阻滞生产进步和减低劳动成效。所以,社会福利取决于利润、工资和地租的结合。

当地租和利润与工资结合时,交换在经济生活中的作用将减少,所以,商业活动缩减成简单的代售行业。[138]

# 经 济 进 步[139]

## （穆勒，第四卷）

## 甲、经济进步对工资、利润、地租、价值和价格的影响——静态

（第一—六章）

穆勒在论文的前三卷中研究了经济因素的规律和相互关系。他在第四卷中分析经济生活的进步运动。一切文明国家的生产规模和人口都在逐渐增长。必须研究这个进步运动的性质、它的要素以及它对工资、利润、地租、价值和价格的影响。

现在先进国家处在什么样的进步时期呢？很普遍的意见是：它们几乎达到了进步的顶峰或者至少接近于顶峰。在西欧的现状面前，我们许多人被赞美搞得莫名其妙；就是西欧的许多人也满足于现状，所以想，不必再继续前进了。我们的其他同胞，想到比现在西欧的生活方式好的什么情况，可是马上和他们关于西欧人民无力在自己的生活中实现这些好的情况的意见掺和起来了。首先轻率地赞成对西欧这种看法的人，因为说了关于西欧腐败的漂亮话而出了名。比较慎重的人避免这种说法，因为害怕被嘲笑。但是他们说的实质上与它毫无区别。[140]穆勒自己在他的《论自由》[141]

一书中写了一些非常奇怪的冗长的话，说西欧接近于中国的停滞，所以，由于聪明人把任何谰言加进有益的书中的通常的不幸，他得以用这些谰言迷住了群众，以致群众由于他的关于似乎威胁西方人类的中国主义的长篇大论，而忘却了该书中阐述的和完全消除这种奇怪顾虑之所有出色的思想。然而要知道，他只不过是迷恋于迫使他忘却冷静地分析事实的感情——分析指出了完全相反的情况。关于政治经济学的论文，他不是作为一个屈从主观印象的政论家、而是作为一个庄重地研究问题实质的学者写作的。他非常正确地认为，西欧今日的文明才刚刚开始获得声望，与刻不容缓地实现和局部地还在我们眼前实现着的相比较，一切迄今为止获得的成就都是微不足道的。他说：



在标志文明社会经济运动的属性中，根据其与生产现象的密切联系，首先引人注目的是始终不渝的和人类多少能预见到的人类驾驭自然的力量无止境的增大。没有迹象表明我们关于自然物质的本性和规律的知识充实到了可能的极限，它们比从前任何时候都普及得更加迅速和广泛，而在现今的知识范围之外，向我们展示出没有研究过的领域，对这些领域的看法证实了我们对自然的认识几乎还处在初始阶段。现在，这些日益增长着的自然知识，比任何时候都更加迅速地被实践的智慧转化为物质力量。在新的创造发明中，不是比喻而是直接意义的最神奇地实现了魔术家神话的发明（电磁电报），在发现了科学理论（这一发明乃是该理论的实现和实例）之后几年就出现了。最后，这些伟大的科学实践从来不落在科学的后面：现在在社会上不难找到或组织为数众多的这种工人，他们具有完成把科学应用于实际目的的最精密过程所要求的灵巧。由于这种条件的结合，不能不预料到有一系列大量的创造发明来保护劳动和增加劳动产品，并且不可能不预料到，这些创造发明将越来越多地得到实际应用并带来利益。另一个变化就是个人和财产的安全性不断提高，这种变化从来是和大概永远是文明社会进步的特征。在一切欧洲国家，既在最落后的、也在最先进的国家，人们一代比一代越来越好地防备彼此的暴力和掠夺，因为法庭和警察越来越有成效地起来反对个别人的罪行，使社会的某些阶级有可能抢劫其余的人们而逍遥法外的有害的特权日趋动摇并逐渐消失。同样，人们一代胜似一代更好地用制度或习惯和社会舆论来防备政权的专横。据说，甚至在半野蛮的俄罗斯，也不那么经常地剥夺那些在政治上并无不满嫌疑的人们的财产，以免强烈地动摇任何人的安全感。在所有欧洲国家，捐税按其本质和征收方式都变得较少专横和压抑了。现在几乎在一切国家，战争和其造成的破坏，都局限于文明接触到野蛮人的那些边远的领地边界。由于不断发展救命的保险，甚至不可避免的天灾造成的不幸后果，经受的人也感到越来越减轻。[142]

我们将看到，在政治和甚至在经济生活中，改善的进步并不像通常谈论的那样不间断。就是最先进的国家，有时也出现相当长的退步时期。例如，由于上世纪末和本世纪初与法国的战争，英国本身在很多方面被反动的狂热推向倒退了。

每个国家历史上都有许多这种情况。必须记住这点，以期我们在任何不加分析的事件面前不致把确信进步运动的优势当作偶像崇拜。然而反动时期仅仅是暂时拖延必然的进步，就像把任何一定时期与离它久远的年代（漫长的年代已经消除了人民生活偶然动荡的影响）作一比较时可以看到的那样，进步在一切文明国家的历史上确实占据优势。例如，如果我们对照任何西欧国家第九世纪初期的状况与第十一世纪初期的状况，或者对照第十一世纪初期与第十三世纪初期，我们会看到，改进的规模很大。从十七世纪末期开始，进步的进程还要快一些，因为文明已经相当巩固了，并且与妨碍进步进程的环境的斗争比从前更有成效了。30年战争使德国的进步拖延了整整一个世纪。拿破仑战争之后，反动势力未能维持比任何的 30 年更长久的时间。[143]除了这些为期越来越短的反动势力的拖延之后，事件确实朝着进步的方向发展，应该承认这种方向是正常的。由于改良的进步，文明国家的生产规模在扩大，并且人们的工作能力在加强。与其说是因为个别的人变得更加机灵和机智了（相反，野蛮人经常以其灵活的才干超过文明人），不如说是因为人们习惯于同心协力了（穆勒继续说）。

当他们失去野蛮人的性格时，他们能够遵守纪律，执行事先通过的、他们自己没有参加制定的计划，让自己的个人任性服从事先通过的决议，一个一个地完成联合企业中给每个人规定的那些部分事。许多对野蛮人或半文明人不可能的事情，每天都在由文明的民族实现着。并不是因为这些执行者的才干较多，而是因为每个人都能有把握地等待其他人完成其承担的各部分工作。总而言之，像其他才能一样，合作的才能在实践中日臻完善和获得不断扩大其应用范围的力量，则是文明人的特征。

所以，合作原则和实践的不断提高是社会上发生的进步变化最可靠的属性。人们自愿把自己不多的必要资金合并起来组成协会，现在，在工业和许多其他领域，这种协会实现着任何个人或少数人的财富不足以完成的事业，或者有可能完成它们的少数人，为了实现它们事先要拿出过大的酬金。我们可以期待，随着财富的增加和工作能力的发挥，许多工业和其他事业的协会用共同资金组建的机关范围将大为扩大，这些机关类似所谓股份公司，或不具有这种存在形式的、但在英国如此众多的为社会或慈善目的而征集款额的协会。[144]

在这几句话中，我们有了亚当·斯密现有学生中的最著名者关于经济进步方向的供述。论文的后半部将详细阐述他在这里顺便提及的观点：改良的进步为扩大生产和增加人口开辟了广阔的天地。这两种进步的后果，彼此处于何种关系呢？穆勒说：

担心人口增长将超过生产增长的限度是没有根据的；如果人民最贫困阶级的生活多少改善了，那么人口的增长也不会等于生产的增长。然而很可能的是：当工业改进进步很大，当具有所谓民族繁荣的一切特征，当国家总财富大量增加和甚至当财富分配的某些方面有了改进时——不仅富者变得更富，而且许多穷人变为富者，当中间阶级的人数变得更多、更强和富裕生活的资金分散给越来越多人们的时候，作为一切基础的人数众多的阶级将只增加人数，而其福利和教育将不增加。[145]

是否应当保留可能具有这类不合理现象的生活方式呢？穆勒把对此问题的回答搁在第4卷[146]的最后一章，并且在回答之前，他研究了工业进步引起的价值、价格、工资、利润和地租情况的变化。

不构成垄断的产品的平均或标准价值决定于产品的生产费用。由于人类控制自然力量的壮大，其劳动成效在提高，也即生产费用在减少。然而价值是相对现象，所以如果全部商品的生产费用减少的程度相同，其价值仍然不变。① 通常不是这样。通常人口随着生产的增加而增长。我们从马尔萨斯的定理中得知，人口增长本身导致原料开采和农业劳动成效的减低。这一工业部门的进步应当与阻止进步的人口增长倾向作斗争。人口增长增加材料和粮食的生产费用。与此同时，手工业和工厂生产的扩大都没有这种倾向。相反，其本身就几乎总是导致生产费用的减少，因为有可能扩大劳动组合。这样一来，在人口日益增长的社会中，当生产



① 价格是否变化，这取决于黄金和白银的开采费用减少到何等程度。如果与其他商品的比例相同，价格仍旧不变；如果比例较小，则价格抬高；如果比例较大，则价格降低。——车注

改善进步时,材料和农产品的价值通常比手工业和工厂产品的价值高。金银是从地下开采出来的材料。因此,一般地说,经济进步使金银的价值比工厂商品的价值提高,也即使这些商品的价格降低。

这就是进步对价值和价格的作用。现在来看一看,在产品三项分配的情况下,它是如何影响工资、利润和地租的。它具有三个主要特点:增加资本、增长人口和改进生产过程。首先单个地研究这三方面中的每一方面,假定其余两方面不变。

首先假定,在资本和生产工艺不变的条件下人口在增长。这种变化的后果之一是显而易见的:工资将降低;工人阶级将陷于最坏的境地。相反,资本家的处境将会改善。有同样的资本,他可以购买较多的劳动和得到较多的产品。他的利润率会提高。工人所得的商品数量减少,根据我们的假定,其生产过程没有任何变化;所以数量的减少就是费用的减少。不仅工人工资本身减少,而且成为较少劳动量的产品。第一种情况对工人本人很重要,第二种情况则对于他们的主人是重要的。

这时还没有出现任何改变各种商品价值的原因,因此还没有出现提高或降低地租的原因。可是,如果我们注意一下此事实一系列作用的第二时期,那么将会看到改变地租的事实。工人人数增加了;其处境相应地降低了:在增加了的人数之间分配原有劳动量的产品。但是他们可以在其他需要方面而不是在粮食方面缩减自己的开支:大概每人消费原先费用的原有粮食量;即使他们减少了粮食消费,那么,与其人数增加相比,其比率较小。在这种情况下,尽管实际工资减少,日益增长的人口需要大量的粮食。但是根据我们的假定,工业技艺和知识仍旧不变;因此只能扩种最差的土地或者采用生产率较低的方法,来与其费用相称地增加粮食数量。扩大耕种的资本不会不够;的确,按照我们的假定,现有资本是不增加的。但是可以从以前满足其他较不迫切需要的工业中取得足够的资本,因为现在工人不得不放弃这些需要。所以将生产附加的粮食量,但是,这是按照增加了的费用来生产的,因此农产品的交换价值应当提高。

从我们公认的原则可见，在这种情况下，地租应该提高。每块土地可以支付并甚至在自由竞争下支付地租，它等于土地产品超过用同样的资本从最差的土地或在最不利的条件下之收益的余额。因此，如果耕种被迫到最差的土地上进行或者进行更艰苦的耕作过程，则地租会提高。地租会加倍地提高。第一，按实物或按粮食计算，地租增加；第二，由于农产品价值提高，地租也根据对工厂或国外商品的估价（如果其价值不变，地租的增加以其货币计算表示）而提高。

如果在上述一切之后还需要评论这一过程的进程，其程序是：粮食涨价，使得在最差的土地上或通过较贵的过程生产补充粮食所必需的资本，以普通利润得到补偿。就补充粮食而论，价格上涨只与补充费用均等。然而，如果扩大到全部粮食，则涨价提供所有粮食的额外的利润，最后的补充数量除外。如果农场主从前生产 100 夸脱小麦，每夸脱用 40 先令，而现在要求 120 夸脱，其中最后 20 夸脱，每夸脱如少于 45 先令便无法生产，那么他在全部 120 夸脱上，每夸脱可得 5 先令的补充额，而不是只在最后 20 夸脱上得到。因此，除普通利润外，他具有 500 先令（25 英镑）的补充利润，而在自由竞争时，他手中没有这笔补充额。可是他不可能被迫把它交给消费者，因为价格低于 45 先令是与生产最后 20 夸脱矛盾的。这样一来，价格仍然为 45 先令，并且竞争将把 25 英镑交给地主，而不是交给消费者。因此，如果随着这种需求的增加而不改善生产的话，地租提高将是对农产品需求增加的必然后果。经过最终说明之后，我们将认为：我们的理论是无可争辩的。

现在引进的新要素（粮食需求的增加），除提高地租之外，将使资本家和工人之间的产品分配发生变化。人口增长减少了劳动工资；如果劳动费用减少到它的实际报酬的程度，那么利润的增加将等于从前与现有工资的全部差额。如果人口增长导致粮食生产的增加，后者不可能不增加生产费用，那么劳动费用就不会按劳动的实际报酬那样减少，所以利润的提高将不是从前的与现在的工资的全部差额。很可能利润根本就不会增加。也许工人从前的生活有这样的舒适条件，以致他们的全部损失可用减少他们的其他舒适条件来弥补，即使必要性或决心也不允许他们消费比从前少或比从前差的粮食。为新出生的人们生产粮食，费用会随之增加，以致工资数量尽管减少，它将也是同样的费用，是和从前等量劳动的产品，所以，连资本家也绝对得不到好处。这时生产最后补充农产品所必需的补充劳动，局部地吸收了工人的损失，而损失的其余部分则由地主获得。地主总是独占人口增长的好处。

现在改变假设。我们原先假定了人口增长时，资本不变，现在则假定人口不变时资本增加；与从前一样，我们假定生产的自然和技术条件不变。现在实际工资将不是降低而是提高；工人消费品的生产费用不减少；因此工资的提高与相应地提高劳动费用和降低利润的意义相同。换句话说：工人不比从前多，所以他们的生产力仍和从前一样；因此产品没有增加；所以，工资的提高应该成为资本家的损失。很可能劳动费用比实际劳动工资增加得多。也许工人生活改善会增加对粮食的需求。也许从前饮食很差，工人并没有足够的粮食，而现在开始消费得比从前多；或者，也许他们想把自己的补充资金全部或部分地用于需要劳动较多和土地面积较大的较珍贵的粮食上。例如，开始吃小麦来取代燕麦或土豆。通常农业的扩大是与生产费用或价格的提高有联系的；因此，除了因增加工资而增加劳动费用以外，劳动费用将增加，而利润则因构成工资的商品费用之增加而降低。地租因同样的情况而提高。除工人得到好处之外，资本家的其余的损失部分地成为地主的收益，部分地作为在最差的土地上或用生产率较低的方法生产粮食的费用。[147]

了解了当人口增长而资本不增加和当资本增加而人口不增长这两种简单的情况下所发生的变化，我们不难理解当资本和人口都增加的复杂情况下发生的变化。如果两因素之一增长得比另一因素快，复杂的情况简化为一个占优势的因素增长的简单情况。因此，只有研究两个因素等速度增长时发生的变化，也即当人口增长时，工人应得到原来的产品数量的情况。

如果人口增长时工人的处境仍和从前一样，对粮食的需求增加，而按照我们的假定，生产工艺没有改善，因此粮食的生产费用增加；粮食价格提高，地租也增加。工资在保持从前的实际数量的同时,其费用和货币价格增加,而利润则减少。

我们研究了资本和人口这两个因素增长的作用。现在转到第三个因素。转到用改进生产过程(或从生产费用较小的地方获得产品)来改进生产上来。为方便起见,又先假定一个因素增长,其余两个因素保持不变。

工人阶级通常消费的某些必需品或奢侈品会改进;也可能只有比较富有的人们消费的奢侈品改进。但是唯独属于后一类的伟大工业改进却是非常罕见的。如果不专门与任何稀有的和特殊的产品有关的话,农业改进直接与工人的主要消费品有关。蒸汽机和一切其他发明在人类的支配下产生力量,当然,在适用于一切的同时,也适用于工人消费品。甚至适用于最柔软的材料的蒸汽机床和织布机,也同样适用于工人穿戴的粗糙的棉织品和丝织品。一切运输手段的改进都使必需品与奢侈品的运费降低。几乎每个新的工业部门直接或间接地为了降低这一些或那一些人民群众的消费品的生产或运输费用。所以可以说,生产的改进总是具有降低用来支付工人阶级工资的商品价格的倾向。

至于工人一般不消费的商品,改进对产品分配不产生任何变更。的确,它只降低有关的商品价格;生产费用下降时,商品价值和价格降低,它们的消费者(不论这些消费者是地主、资本家还是处于特别优待地位的特种工人)的生活舒适条件增加。但是利润率不提高。按商品估价的总利润增加;然而按这些商品估价的资本价值也增加了。利润构成与从前一样的资本利率。资本家不像资本家那样,而像消费者那样盈利。地主和享有特权的工人阶级要是也是同类商品消费者,他们也享有同样的盈利。

减少必需品或工人群众通常消费的商品生产费用的改进具有另一种性质。在此情况下,各种力量的影响相当复杂;因此应该比较详细地进行分析。

农业改进有两类:一类是简单地节约劳动量,使有可能以较少的费用生产一定数量的粮食,但却不在较小的土地面积上生产它。另一类使有可能以比较少量的劳动在该土地面积上获得不仅不比从前少、甚至比从前多的产品,以致如果不需求增加产品,则以前耕种过的部分土地就变成多余的了。

在这种情况下放弃的部分土地将是生产率最低的土地；所以市场将取决于比以前耕种过的土地质量较优的土地。

为了说明这种改进的影响，我们应当假定，它是突然产生的，以致在它实现的时候，不论资本还是人口都还来不及增长。这种情况的第一个结果将是农产品的价值和价格下降。它必然紧接着两类农业改进之后产生，而且尤其是在第二类改进之后。

第一类改进不增加产品，不可能放弃部分土地；耕种范围（按查尔门斯的说法）不变动；价格由像从前一样的土地和资本决定。但是现在这块土地或这笔资本生产的粮食具有较少的费用；因此粮食价格相应地降低。如果节约十分之一的生产费用，产品价格便降低十分之一。

但是假定是第二类改进，土地不仅可能生产从前的粮食数量并减少十分之一的劳动，而且用从前的劳动生产了比从前多十分之一的粮食。这时改进的结果还要大一些。现在耕种面积可能减少，并且较少的土地面积便可满足市场的需要。如果这较少的土地面积，按其平均质量也不比从前较大土地面积的高，价格仍然要降低十分之一，因为现在用比从前少十分之一的劳动量得到了从前的产品量。然而放弃的部分土地是最不肥沃的土地，所以产品价格将取决于比从前的质量好一些的土地。因此，除了生产费用最初减少十分之一以外，按照把“耕种范围”撤回到较肥沃的土地上的比例，还要进一步减少。价格双重下降。

现在来分析这种突然改进对产品分配的作用。首先分析对地租的作用。第一类改进减少地租；第二类改进使地租减少得更多。

假定对粮食的需求，要求耕种三类土地。它们在相等的面积和相同的费用下分别提供100、80和60蒲式耳小麦。小麦平均价格只要使耕种第三类土地能获得普通利润就行了。所以第一类土地将提供40，第二类土地将提供20蒲式耳的剩余利润作为地主的地租。现在先假定进行了改进，它不提供获得比从前多的粮食的可能性，但却提供用减少四分之一的劳动获得从前的粮食产量的可能性。粮食价格以同样的比例下降，所以80蒲式耳小麦将以从前60蒲式耳的价格出售，然而仍然需要提供60蒲式耳的土地产品，而费用则与价格相应地减少。耕种这种土地还能获得普通利润。所以第一和第二类土地将和从前一样提供40和20蒲式耳余额，并且粮食地租仍然和从前的一样。可是粮价下降四分之一;因此按货币和所有其他商品计算,以前的粮食地租失掉了原价的四分之一。地主用在工厂和国外产品上的那部分收入中,也失去了四分之一。他的作为地主的收入只等于原来的四分之三,并且他只作为粮食消费者仍然处在从前的地位。

如果是第二类改进,地租下降得更厉害。假定不仅可以减少四分之一的劳动,而且还减少耕地面积来获得市场所需的产品量。如果继续耕种全部原有的土地,则得到的产品比需要的多得多。应当放弃提供从前四分之一产品的部分土地;第三类土地正好提供这四分之一部分(240 蒲式耳中的 60 蒲式耳),所以可不再耕种第三类土地,现在可以从第一、二类土地上获得 240 蒲式耳:第一类土地将提供比 100 蒲式耳多三分之一,即 133⅓ 蒲式耳,而第二类提供 80 蒲式耳加上三分之一,即 106⅔ 蒲式耳,总计 240 蒲式耳。现在最差的土地已不是第二类、而是第三类(不是第三类、而是第二类?),所以它决定地租。现在如果不是 60 而是 106⅔ 蒲式耳来偿还具有普通利润的资本,就足够了。因此粮食价格不像原来的情况那样由 80 降到 60,而是从 106⅔ 降到 60。然而这还没有给我们关于地租下降幅度之大的全面概念。现在第二类土地的全部产品应当用来补偿生产费用。这是耕种中最差的土地,因此它不提供地租。第一类只提供 133⅓ 和 106⅔ 蒲式耳之间的差额,也即不是原来的 40,而仅 26⅔。一项粮食地租使地主从 60 蒲式耳中失掉 33⅓ 蒲式耳,留给他们的份额的价值和价格按从 106⅔ 到 60 的比例下降了。

因此我们看到,地主的利益与迅速而普遍地引进农业改进是对立的。许多人称此结论为奇谈怪论,并因此而怪罪李嘉图智力损坏或更坏的缺点,因为他第一个说出了这个结论。我不能明白这奇谈怪论是什么,而且我没有发现李嘉图的智力有什么损坏,倒是那些非难他的人智力损坏了。只有以歪曲的形式阐述时,李嘉图的结论才像是荒谬的。如果李嘉图说过,地主领地的改进对地主是亏本的,这种想法是不能维护的;然而说的全然不是这个;地主受到亏损不是由于他的领地改进,而是由于其他领地的改进,尽管与这些改进的同时,他的领地也改进了。谁也不会怀疑,如果他能只在自己的一块领地上坚持改进,并把其土地产品增加的盈利与原来的高价结合起来,那么他便由于改进而有很多盈利。但是,如果同时在所有土地上进行改进,则价格不会保持原来的高度,所以断言地主在这种情况下不得利而失利,则是没有什么奇怪的。大家全都同意，永久降低产品价格的任何变革，都减少地租。并且结论完全同意占统治地位的概念：如果由于土地生产率的提高，需要耕种比从前少的土地面积，则土地价值会降低，就像一切其他产品当需求减少时价值降低一样。

我完全准备同意：实际上地租并不因耕种改善而降低，可是为什么没有降低呢？因为实际上改进从来不是突然的，总是缓慢地进行的，从来没有过多地超越资本和人口的增长，经常远远落后于它们。资本和人口的增加，与降低地租的改善相反，却提高地租。因此，正如我们现在看到的，资本和人口的增加，利用农业改良本身来最有力地提高地租，这是由于耕种范围扩大了。然而首先我们应当分析农产品突然降价对利润和工资会产生什么影响。

恐怕最初货币工资仍为原来的。并且降价的全部好处对工人有利。他们能增加自己的粮食或其他物品的消费，并以从前的费用得到较多的商品。这种情况持续时，利润保持不变。但是工人工资的不变数量实际上取决于我们称之谓他们的普通消费标准，取决于需求的规模，不满足这些要求，他们便不想有儿女。如果他们的爱好和需要由于他们地位的突然改善而可靠地变化，那么工人阶层的好处也将是可靠的。但是使他们有可能以原来的工资购买较多的方便和快乐的情况，也使他们在工资降低时有可能购买原来数量的方便和快乐，并且现在人口可以增加而并不降低工人习惯了的生活水平。总之，工人至今只有在这方面享受其一切增加的生活资料：他们只用它来为较多的子女兑换粮食。因此应当认为：生产的改进引起人口增加，并且下一代的实际工资将不高于改进之前的水平。它部分地由于货币工资降低、部分地由于粮食涨价（粮食费用因人口增长所产生的需要而重新增加）而下降。利润以货币工资下降的比例而提高。因为资本家以从前的资本支出将可购买较多的具有原来成效的劳动。因此，我们看到：当必需品的费用由于农业改良或由于进口国外产品而减少，而工人的习惯和需要却没有提高时，则货币工资和地租下降，而普遍的利润率增加。

关于用较便宜的品种取代昂贵的粮食品种，应该说是与关于降低粮食生产费用的改进相同。一定数量的土地与一定数量的劳动生产出来的玉米或土豆，比生产出来的小麦要多。如果工人放弃白面包并且只以玉米和土豆为生，为此不以增加其他消费品而以更早地结婚和生育更多的子女来得到补偿，那么劳动费用将大为减少，因为那时将在现在播种谷物土地的一半或三分之一面积上为全体人口生产粮食。同样显而易见：对小麦来说，土地太坏，必要时却可用来生产土豆以供应耕种该土豆为数不多的劳动所需要的土豆数量；土地的生产力允许人口增加得比现在多得多。所以在土豆或玉米形式下，最后耕种会比在谷物形式下可能的程度将降得更低。而地租则抬得更高。

如果不是粮食生产、而是工人阶级消费的工厂产品生产进行了改进，它对工资和利润将有同样的影响。但是它对地租的作用不同。如果改进的最终后果将是人口增长，则地租不降低，而提高。原因十分明显，不必赘述。

我们研究了一方面由于人口和资本的通常增长，另一方面由于生产的改进和特别是耕种的改进，产品分配为地租、利润和工资是如何起变化的。我们发现：由于第一类变化利润降低，而地租和劳动费用提高；农业改进具有降低地租的趋势，而一切降低工人消费品价格的改进，则会减少劳动费用和提高利润。这样，在了解了每个原因单独起作用的趋势之后，我们不难确定这两项运动同时进行时事物实际发展的这种趋向：资本和人口增长相当经常，有时进行农业改良，而社会上逐渐普及知识和推广应用改进了的方法。

在作为实际工资标准的工人阶级的一定习惯和要求之下，地租、利润和货币工资在每个已知时刻往往是这些对立力量综合作用的产物。如果在某个时期农业改进的发展比人口增长快，那么该时期地租和货币工资将有降低的趋势，利润则有提高的趋势。如果人口增长的速度比农业改进进行得快，那么可能出现两种情况：或者工人同意减少其饮食的数量或质量，或者如果他们不同意这点，地租和货币工资将逐步提高，而利润则下降。

农业技艺和知识发展缓慢，而普及则更慢。发明和发现也只是有时才产生，而人口和资本增加却经常起作用。因此，想让甚至短期的改进能够这样确定人口和资本的增长，以便实际上降低地租或提高利润率，则是少有的。许多国家的人口和资本增长不快，然而他们的农业改进的作用则更弱。人口增长几乎到处压制农业改进并刚出现改进苗头时，就消除它的作用。

农业改进很少降低地租，因为它很少降低食品价格。而且几乎总是只阻止食品涨价。它很少使土地不再耕种，或者就从来做不到达点——它只提供耕种越来越差的土地的可能性以满足日益增长的需求。

因此，可以认为：农业改进不是反抗人口增长影响的力量，而是部分地削弱束缚人口增长的力量。

在人口增加、资本增加和农业改进的共同作用下，生产的增长对产品分配的作用，远远不像各种力量在我们叙述的假定情况下所起的那样作用。这时尤其是地租的变化与我们叙述的变更有本质上的不同。我们讨论过，在突然和普遍地引进重大的农业改进时，地租必然下降，而在社会的实际发展中改进使地租有可能逐渐提高到没有改进就达不到的高度，并能提供资金来耕种差得多的土地。然而在我们现在假定的、接近于相应的实际的事情进程的情况下改进即刻具有这种作用，而从前这种作用只是它们的遥远的结果。假定耕种达到了或几乎达到了技术工艺所允许的极限，因此地租几乎达到了在现有的技艺和知识水平下人口和资本增长所能提高的极限高度。如果突然引进了重大的农业改进，它能使地租大大下降，让它偿还在人口和资本进一步增长时它所失掉的东西，然后让它提得比以前更高。然而如果这种改进像经常那样进行得缓慢，它既不使地租下降，也不使耕地少种。它只使地租有可能提高，而使耕种有可能扩大到超出极限很远。如果没有改进，它们会停留在极限范围。它产生这种作用而不必降到较差的土地类别，仅仅因为改进时从前耕种过的土地开始提供较多的产品而不按比例增加费用。如果由于农业改进，所有耕种的土地，甚至以完全加倍的劳动和资本，开始提供加倍的产品，那么地租也会倍增（当然，假定人口的增长需要加倍的产品）。

为了证明这一点，让我们回到我们原先用数字表示的例子上来。三类土地在同一费用下从相等的面积上提供 100、80 和 60 蒲式耳。如果不多于加倍的开支，因而不增加生产费用，第一类土地开始提供 200，第二类土地提供 160，第三类提供 120 蒲式耳。如果人口加倍之后，将需要全部这些附加产品，那么第一类土地的地租将不是 40 而是 80 蒲式耳，第二类土地的地租将不是 20，而已经是 40 蒲式耳，每蒲式耳谷物的价格和价值仍然是原来的。因此，谷物地租和货币地租加倍了。没有必要提出这种结果之间的差别，像我们从前指明的那样，这种结果是由于生产改进没有伴随时粮食需求的增加才产生的。这种差别自然可以看出来的。

这样一来，农业改进的最终结果（按事情的普通进程是缓慢的）总是对地主有利。可得补充一句：在事情的普通进程中，除地主之外，它给谁都没有带来好处。当对产品的需求完全与生产力的增长一致时，粮食不减价，工人连暂时的利益也得不到；劳动费用不减少，利润也不提高。生产总量增加了，工人之间分配较多的产品量，利润总量也较大。然而工资却在较多的人数之间分配，而利润得从大量的资本中得到；所以工人处境并不比从前好，而资本家从一定的资本所得收入也不比从前多。

这个长时间研究的结果，可用下列语句表述：由地主、资本家和工人构成的社会的经济进步，使地主阶级日益致富；与此同时，工人的粮食费用具有普遍增长的趋势，利润则有下降的趋势。农业改进反对后两个结果。然而如果在某些场合其中之第一个结果即使暂时能停止，最终还因那些改进而急剧增加，所以人口增长将把农业改进带来的全部利益都转到地主身上。[148]

我们对此完全正确的概论，提出两条或三条意见。

“实际工资数量[149]决定于工人阶级的习惯和要求”，——穆勒说。那么，工人的要求和习惯水平又是由什么决定的呢？我们从穆勒本人对工资规律的分析得知，该水平超过体力必要的标准之全部余量，只是由于工人对自己本人的尊重，由于他的自尊心而产生的。在地租、利润和工资分离的现在制度下，对工人社会地位来说，经济进步的结果是什么呢？经济进步技术方面的基本特征是随着劳动组合的成功而扩大生产单位；所有生产部门逐步采用工厂的规模。靠自己的家庭和两、三个学徒帮助工作的手工业者被工厂主所取代；自耕农让位给农业资本家。因此，与经济进步相适应，工人阶级中的雇佣工人比例增加和独立业主的比例减少。现在要问：独立的人与依赖的人之间、主人与雇佣工人之间自尊的程度存在明显的差别吗？是的，这个差别非常明显。任何一个观察过生活的人都不能怀疑这点。如果一个人从自己的事业获得 1 千卢布的收入，他觉得自己比从任何主人那里得到同样的工资要可

敬和高尚得多。这是在依附与不依附之间、在需要看别人的眼色和自豪地意识“我是自己的主人”之间的差别。因此，如果我们举出一位工人－主人和另一位获得相等工资收入的工人，那么工人－主人（其他条件相同时）的自尊心必然强烈些。如果确实如此，雇佣工人的工资不会维持工人－主人所得收入的水平；工资与收入相比，前者减少的比例等于雇佣工人自尊减少的程度。这样一来，经济进步的技术方面具有直接降低工人收入的趋势。因为通过从工人－主人变为雇佣工人，他们的自尊心和需求的规模减少了。然而事情并不以此第一步而告终。任何结果都具有又成为作用力的特性，每一后果往往是新后果的原因。对个人也好，对整个阶层也好，在道德品质方面也好，在福利方面也好，都一样。只要开始走下坡路，一旦开始之后，运动向更坏方面的发展便是自然而然的了。反之，任何向好的方面运动一旦开始，也同样自然而然地发展。[150]一旦学会了放松对自己的严格要求，丧失部分自尊心，要是其他力量在这条不可靠的道路上不阻止工人阶级的话，他将走下坡路和降到最坏的境地，并且在达到不堪忍受的压迫之前不会止步。一旦必须习惯于比从前差的处境，在工资取代自己独立的经济收入的情况下，工人轻易容忍借助于逐步降低工资而进一步减少自己的收入。

谁习惯于分析原则，他就将发现我们关于在现在的生活方式制度下，在经济进步技术方面，有关降低工人阶级福利趋势的结论是必然的。但是，不言而喻，这种趋势无可争辩，并不等于工人阶级生活实际恶化的历史和统计的结论（例如，从十五或十七世纪起至此刻）。不论什么有势力的环境的任何趋势，被起反作用的环境势力超过的还少吗？例如，本来我们的气候冬天的严寒具有冻死人的趋势。可我们不是在冬天冻坏。我们（正派人）在 12 月因寒冷而受冻反而比在 9 月份少。尽管我们指出了上述倾向，文明国家工人阶级的福利同样可能并不降低，反而在最近几世纪中由于反对降低倾向的环境势力提高了。本来有这种环境存在着，并且势力非常强大。其基本根源是知识的发展和理解力的提高、进步本身的文明或普遍精神，这种进步个别地应用于建立在与其基础不相适应的生活方式中，就会暴露出一种完全与其实质相对立的趋势。由于理解力和知识的进步，法律和制度改善了。要知道，现在连法律也不允许任何人像十六世纪每个有特权的人对待小康的自耕农那样来对待乞丐（懒汉）。法国或英国审问有嫌疑的流浪汉，不像 2、3 百年以前与可敬的平民谈话那样说些粗话，而这些平民还没有享受过这种谈话的荣幸呢。我们不是什么了不起的人物来赞美这些和那些类似的仁慈的成就，因为它们仍然太小和太慢。然而不论可以还是不可以满足于它们，它们都是明显的。对人的尊敬只是对人的，与他的社会作用无关。这种尊敬仍然以立法改革和普及教育而陶冶性情来发展的。我们讨论了统治者对待被统治者、享有特权的阶层对待平民的方式。再举出另一例子中另一种关系的环境——家庭生活。男子对待妇女、双亲对待子女不像从前那样粗鲁了。不打妻子的丈夫比打妻子的丈夫更尊重自己。经受较少凌辱的小孩会成长为自尊心更强的人。

这样，如果工人在失去主人地位的时候失去了以其社会作用为基础的对自己的部分尊敬，因而他的收入受到下降趋势的影响，那么，一般地说，他对自己的尊敬，作为只对人的尊敬，一代一代地

发展着,与此相适应地显示出进步会提高其收入的趋势。在某个国家的某个时期内,这两种对立趋势中哪一个具有较大的势力,是需要非常仔细考察的问题。经济生活历史还没有糟糕到难以说出什么样的结论更符合真理的程度:是墨守成规的经济学家关于近几世纪中工资极大地提高的议论呢,还是进步学派的学者证明的,现在工资的平均水平比100、200、300年前的低。此时,我们不进一步研究问题的可怀疑的一面,我们只说,问题可疑本身已经证明:我们指出的在现在的生活制度下进步的降低趋势的力量过大。如果技术工艺的巨大成就和普及教育真正微小的成绩不能胜过这种趋势,以使善良明显胜过邪恶的话,这种趋势会多么大量地削减工人的附加福利!从现实观点看,用这一证据已经解决了关于经济生活现行原则的问题。公正的人能否捍卫这种失去文明进步带给人们利益的明显性的制度呢?



我们讨论过,很难说,由于现今生活中经济进步,工人阶级的物质福利的普遍水平是提高了还是降低了,也即工人感到的总需求满足得比从前充分了,还是满足得比从前还差?但是,在物质需要的某些个别要素方面,由于经济进步,工人的需要现在比从前显然满足得好得多。这里包括这类东西:利用它们可方便地成为整个社会的财产,尽管开初是只为某些少数阶层或为行政机关使用而建立的;因其利益而建立的没有被阶层或机关个人使用所消耗或消耗不大的东西。例如:交通、邮政、街道照明、公共游览场所、剧院。交通是根据战略的、行政的和商业的需要建设的。其实国家或商业阶级铺设交通是为了自己、为了调动军队、为了政府通讯和邮寄,或为了运送商品。然而不可能建设这样的公路:除了运输这些商品和这些人来往之外，如果可以说的话，不得不完全空闲着。为什么不让平民也享用一下其他人谁也不需要的剩余呢？按照小俄罗斯的俗话："凡是我不需要的，穷人给自己拿吧"。就让平民百姓也在这条道路上行走或乘骑吧。铁路上也完全一样；制造小尺寸的火车头是不经济的；而尺寸有利的火车头是如此强大和有力，以致只牵引一、二等乘客所需要的车厢，对它来说太少了；它还有余力，为什么不把为平民百姓的第三等车厢给它挂上呢？在剧院里也一样，除了高级和中间阶层的雅座之外，还有各种零散的座位，因为太不方便，对这些阶层的任何人都不适用。为什么不把这些座位廉价售给平民呢？

如果我们深入研究类似情况：其他阶层多余或无用的碎渣（比方的说法）从物质进步的富裕食堂落在地板上，穷人拉扎里能把它捡起来，那么，读到墨守成规的政治经济学家过分赞扬说，支配这个进步事业的阶级和机关为了平民的利益做得如何多的时候，我们会忍不住挖苦地大笑。不，这里几乎从来没有做过任何对平民有利的事。相反，每一次，当对管理人不论有什么好处，哪怕是最微不足道的好处时，对平民就成为各种各样的不方便、各种各样的害处。大家知道，例如法国铁路公司故意把第三等车厢座位搞得尽可能不方便，以使每位稍有可能的人不得不乘坐二等车厢。然而为什么搞得这么过分呢？——这几行是我在一艘沿伏尔加河航行的轮船上写的。[151]所以，为了正好看到这样的实例，我只消环顾一下周围就行了。当我第一次看了看，在我们寒冷的夜晚和在我们常有的阴雨天，三等旅客如何在露天的甲板上拥挤、淋湿和冻得发抖的时候，我想：难道我们的水运公司领悟不到，每100俄里向每个旅客多收 10 戈比，2、3 个月就能收回为这些旅客修个顶棚用掉的少量费用吗？我想象，这个顶棚会防止多少人患伤风、热病、风湿病。所以我，作为一个人，对轮船公司的冷酷心感到惊讶！然而作为一个政治经济学家，在判断这个问题之后，我立即明白了自己的惊讶是荒谬的。本来，如果乘坐三等是可以忍受的，那么乘坐头、二等的乘客定将减少。为了让每个能坐二等舱的人乘坐二等舱和让所有能从二等舱转到头等舱的人都转到头等以免拥挤，那么三等舱就应该没有任何方便。所以，数千名平民不得不忍受寒冷和潮湿，以便打消数十名富裕的人乘坐三等舱的兴趣，否则他们是不愿意花费多余的开支买二等舱票的。处处事事都是这样。如果你不习惯考虑现今生活的原则，在工业进步创造的富丽堂皇的环境中，看到平民处处遭受与文明生活条件不相称的贫困和不便时，你会困惑不解。你们开始思考之后，这种现象的普遍性使你们大吃一惊，往往准备把它归咎于天晓得什么样宿命的原因，如同著名的马尔萨斯定律。但是现在由于比亚当·斯密及其学生们更深入地研究人类生活规律的思想家的劳动，你们不难确信，所有这种混乱产生的原因不在于我们大自然的基本条件，而只在于历史环境，[152]为了改变环境只需要遭受不方便的人们自己的自由意志。这里全部问题在于考虑利益。谁管理经济事业，他当然考虑自己的利益。如果这种事业的进程对别人不利，可见他们自己应出来管理它，——那时它将对他们有利。[153]如此而已。

我们说过，在工资、利润和地租分离的制度下，工业进步使平民能利用那些实际上不可能把他排除在外的改进。反之，有生活的其他方面：在现在的生活方式下，平民的处境由于工业进步而变得较差。这里最主要的是粮食，或多或少地还有一切其他的方便设施，一个人享用它们对别人就无剩余的设施，一切方便设施应当称之谓纯属个人消费的物品。我们看到了，在工业进步时，纺织工厂的产品与农产品相比，具有价值降低的趋势。换句话说，农产品的价值与服装或与其类似的物品相比，具有涨价的趋势。由于食品涨价，平民尽可能多地削减自己粮食的倾向在发展，并且随着时间的流逝，这种在饮食方面对自己的吝惜达到过分的程度。在国家工业一定发展条件下，可以说它的工人过着穷困的生活。请读者注意，这种后果的发展与赖以建立马尔萨斯理论的情况无关。问题不在于农产品的绝对生产费用提高还是没有提高。就算它没有提高，就算它甚至降低，这都一样。重要的是纺织工厂制品的生产费用比粮食的生产费用降低得快一些。在这种情况下，农产品的价值反正将提高，尽管其生产费用的绝对数量也降低了。不知道是否需要举例说明这一简单的结论，但还是让我们说明一下以防万一。

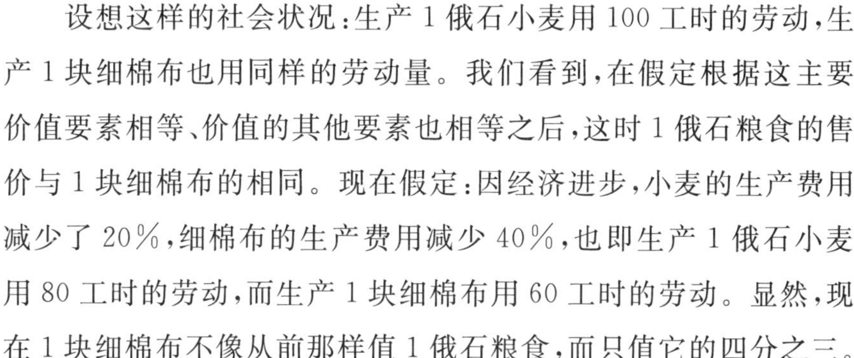

设想这样的社会状况：生产 1 俄石小麦用 100 工时的劳动，生产 1 块细棉布也用同样的劳动量。我们看到，在假定根据这主要价值要素相等、价值的其他要素也相等之后，这时 1 俄石粮食的售价与 1 块细棉布的相同。现在假定：因经济进步，小麦的生产费用减少了 20%，细棉布的生产费用减少 40%，也即生产 1 俄石小麦用 80 工时的劳动，而生产 1 块细棉布用 60 工时的劳动。显然，现在 1 块细棉布不像从前那样值 1 俄石粮食，而只值它的四分之三。

假定一个工人口袋里有 2 卢布。在从前的处境下，如果他用 1 卢布买到了 20 俄尺细棉布的话，他还能用其中的另一个卢布买到 20 俄斤粮食。然而由于工业进步，细棉布的价值与粮食价值相比是跌价了。那么,当他用1卢布购买20俄尺细棉布时,用另一卢布就买不到比15俄斤多的粮食了。显然,他的钱在这两项开支之间的分配,在某种程度上改变了。他购买粮食的兴趣将减少,而购买细棉布[①]的兴致则提高。这就说明了随着工业的发展,人民日益讲究穿戴这一人所共知的事实。历史学家和道德学家只会否认这一事实,除了徒劳无益地抱怨人类的天性之外,既不善于寻找其经济原因,也不善于从中得出任何见解。而问题仅仅在于供穿戴的商品的交换价值与作为粮食供应的产品的交换价值相比,因工业进步而降低了。所以,对那些变得低廉的物品的需求自然增长。如果我们明白这一点,我们就会看出:费用在各项消费之间的正确分配,不外是通过内在价值取代交换价值来确定的。

我们看到了,由于工业进步,工人有兴致减少粮食消费以增加对纺织品开支的比例。若不理解这种变更的一切后果,便可能想,这时工人用在这些商品上费用的绝对量将增加。然而如果我们把注意力集中到一个在粮食上受限制的人的心理状态和社会状态,我们会确信,他把比从前多的费用花在他为之在粮食上变得吝啬起来的那些商品上,是不可能持久的。谁一旦放弃了充足的饮食,很快会在所有其他方面屈服于贫困。他的总需求水平将下降。他自己和社会将把他当作应该削减一切开支的人,认为他只需要随便怎样活下去,而不是相当好地生活。但我们从穆勒那里知道:工



① 我们假定细棉布的货币价格仍然是从前的。然而,如果它也像细棉布的价值一样降低了,这就全一样了。读者明白,此时问题不在于1俄尺细棉布价值的绝对戈比数,而只在于此数与1俄斤粮食价格的比例。在任何情况下,1俄斤粮食价格比1俄尺细棉布的价格高三分之一。——车注

资数量是由工人的需求水平决定的。随着需求的降低，工资也下降。这个理论上的结论完全符合实际。在最先进的欧洲国家，工人的穿戴很差。这是为什么？无论如何也不是因为马尔萨斯定律，无论如何也不是因为人口过分增长。由于人口过分增长可能减少农业劳动生产率；然而马尔萨斯的最入迷的追随者中，谁也没有断言过，因人口增长而减少纺织劳动的生产率。相反，他们全都赞同不管人口如何增长，纺织劳动生产率还是不断提高的。那么比如说，为什么英国工人的穿戴不令人满意呢？须知服装生产的劳动成效，近百年来提高了几倍。墨守成规的政治经济学家非常高兴地证明：从瓦特到阿克莱时代起，它差不多提高了数百倍，而在其他方面几乎提高数千倍。假定这些对改进方法作用的过分热烈的颂扬不过是像兴奋的胡言乱语；然而由于有了纺纱机和织布机，布匹生产的劳动成效提高得还是不止 2 倍，也不止 3 倍，而是高得多，而且得到任意数量的布匹原料并不困难。看来，工人得到满意的服装应当没有实际障碍。如果他现在没有好服装，这不过意味着，对他来说，实际工资减少到这种地步，以致用在服装上那部分工资也减少了。他希望增加这一份额。因此，如果他用缩减自己的其他开支①来增加的那一部分费用甚至也减少了，那么，他的物质需求总水平已经大为降低。

① 读者记得，此处我们讨论的是工业进步的一个方面，只讨论当纺织品的交换价值比农产品降低时，不是按内在的、而是按交换价值考虑费用的分配会产生什么结果。我们只说工业进步的这一个方面具有降低工资的趋势。然而正如我们上面已经讨论过的那样，工业进步的另一方面却力图提高工资。我们也说过，这里我们不分析这个问题：进步的这两种对立趋势中哪一个在历史现实中占优势，比如说吧、从十八世纪中叶以来，西欧的实际工资提高了还是降低了。——车注

我们看到了,农产品的交换价值比纺织品的高,在平民中激出了减少粮食消费的倾向。因此,工人的需求水平和实际工资下降。然而农产品的交换价值为什么会提高,也即为什么决定交换价值的生产费用在农产品中减少得不像纺织品那么快呢?在我们引用的一段文摘中,穆勒正确地回答道:因为“农业技艺和知识发展缓慢,而普及就更慢”。真可惜,这个非常正确的回答绝不是答案,不过只是个新问题。我们要问:为什么农业技艺和知识发展缓慢而普及得更慢呢?对问题的第一部分(为什么它们发展缓慢)可以很快找到答案:农业生产过程比任何制造业复杂得多。自然,改进最简单事业的任务,比起改进较复杂的事业来,要求思考较少。但是连这也不是答案。如果一项任务比另一项复杂,就应该等待最伟大的天才来承担前者,而把后者交给第二流的思想家。任务繁难还不是它完成得比较差的必然原因。只要把它的难度所要求的智力全部集中起来用到事业中去,它甚至可以完成得较好。例如,小提琴演奏比钢琴演奏复杂得多,但是不能因此得出结论说:人们演奏小提琴比演奏钢琴要差些。或者,例如建造船舶比造小船复杂得多,可是船舶造得原来并不比小船差。农业技艺落后于工业的原因,仅仅在于不久以前第一流的聪明人当中谁也没有兴趣考虑改进农业生产过程的问题,就连现在他们几乎谁也没有研究这个问题。天才的人们准备研究一切:绘画和数学、历史和医学,而现在他们当中只有一个人:李比希研究农业。就连他也不过马马虎虎、几乎只在其他劳动之余才研究的。在李比希之前,你们指不出一位伟大的农业理论方面的学者。甚至在第二流的人们当中几乎就是泰尔在上世纪末第一个研究此问题。告诉我们这就是为什么吗?例如,为什么洛克想要回顾在自己的专业、自己抽象的哲学研究范围之外的东西，以期用善良的忠告来帮助日常生活，为什么他写了有关铸制硬币的、而不是关于任何农业课目的札记呢？例如为什么莱布尼兹除了他的数学之外抓住了世界上的一切：又是中文、又是家谱表、又是外交问题、又是天晓得几种其他科目。他为什么不考虑农业呢？[154] 为什么丘夫耶写出了有关法律或行政问题的许多报告，而关于什么农业问题却连一次都没有写呢？[155] 回答是简单的，并且这将是根本的答案：关心什么，就老说什么；不担心什么，就不考虑什么。迄今为止，其利益左右着科学的那些阶级并不缺乏粮食。他们与其余的人们共同的求知欲把人类思想引向抽象科学。在实际知识中，求知欲把人们的思想导向改进高级或中间阶级所需要而又缺少的一切事业，我们学会了如何造船、盖房子、织布；这些技艺达到了惊人的成就。因为没有它们的非常高度的发展，富有的或富裕的人们的生活就感到不方便。但是就当农业处在最初的萌芽状态，他的饮食是不是很坏或不足呢？（谢天谢地，他吃得既香又饱）自然，每个人都应当从事自己的事业，考虑自己的需要。只有平民才需要农业的改进。当平民在历史上不起任何作用的时候，只有他们才愚昧无知地为农业改进而忙碌。泰尔第一个合理地研究了农业。在上世纪末，当平民试图申述自己在历史上的权利的时候，[156] 他的出现，不是没有原因的。李比希是伟大的学者中第一个从事研究农业的人，他是所谓乌托邦分子的同时代人，决不是偶然的。[157]

现在未必还需要寻求我们感兴趣的问题的第二部分的答案：“为什么农业知识的普及比其发展更慢？”不考虑社会环境，这一事实本身，看来应当是不可思议的荒谬。假定迅速增长农业知识实质上有些困难。例如，假定很难在犁的构造方面想出任何改进。但是一旦想出来了，那么为什么不迅速推广使用这个改进了的犁呢？——我们错了，因为说了与此矛盾的事实乃是荒谬。墨守成规的人自古以来就为此准备了非常可爱的说明："平民是新措施的敌人，他们喜欢守旧"。这是许许多多最愚蠢的格言之一，它们在文明社会的书籍和思想中顽强地存在着，这种情况迫使人们考虑：就是文明和进步社会，极其喜爱保留一切隐藏在社会里的谬论。例如，你们说俄国是否早就出现了第一个手风琴，以及现在是否能找到这样的偏僻地方，那里的手风琴还不如三弦琴呢？我们记得，大家如何确信俄国庄稼人害怕沿铁路乘行，而且直到现在你们还会遇到有文化的人们赞扬俄国庄稼人，因他像我们一样迅速地坐到车厢里而惊异不止。所有阶层对旧习惯的留恋是非常强烈的，并且在每个国家每个阶层的历史上有许多顽固地反对新措施的实例，所以在这方面未必可以认为平民与其他阶级不同。然而古老的习俗和生产过程完全是两码事。任何团体中利益的计算在迅速地克服偏见，只有当老规矩全然不是靠偏见维持，而单靠缺少用任何较好的来取代它的方法来维持这一情况除外。平民常常说，穿树皮鞋和裹包脚布行走较方便，比任何其他的鞋能更好地保护脚以免受潮和受冻。难道你们这么老实，竟相信这条意见是重要的吗？原来只不过是以此掩饰他们不能买靴子穿。这恰恰像著名的寓言说葡萄是绿的一样。虽然庄稼人虚假的好感对树皮鞋有利，但是只要一有可能，他便立即用靴子取代它。他同样准备一有可能便为自己掌握一切其他的改进。

农业改进普及缓慢的原因与发明它们缓慢是一样的。其实，感到缺粮的阶级才需要它们。但只有很穷的人才感到缺粮。然而，很穷的人不论干什么都没有资金，其中也包括没有进行农业改进的资金。总而言之，这个问题不在于事物的实质，也不在于心理特点，甚至也不在于马尔萨斯定律，只不过在于购买力的分配。

*　　　*　　　*

我们引证的片断中，谈到工业进步的后果常常是利润降低。穆勒用整整两章[158]来分析这方面问题的原因和后果，而我们只顺便说说。

如果人们不指望获得存款利息，则储蓄便不可能。普通政治经济学教程认为，这是不容置疑的真理。穆勒了解这种绝对的话是荒谬的，承认在一定的社会状况下利息是有利的同时，他不向读者隐瞒：根据问题的实质，不存在利息时储蓄也是可能的。

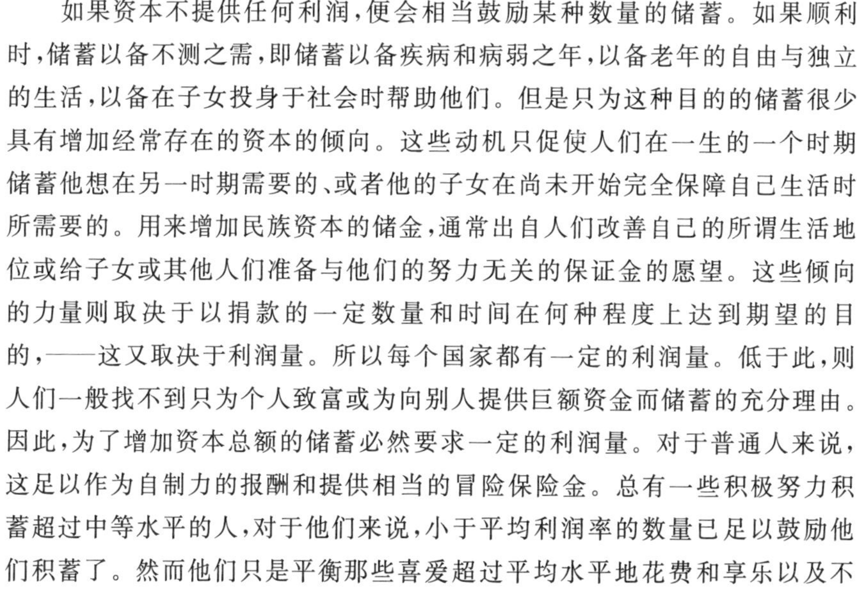

如果资本不提供任何利润，便会相当鼓励某种数量的储蓄。如果顺利时，储蓄以备不测之需，即储蓄以备疾病和病弱之年，以备老年的自由与独立的生活，以备在子女投身于社会时帮助他们。但是只为这种目的的储蓄很少具有增加经常存在的资本的倾向。这些动机只促使人们在一生的一个时期储蓄他想在另一时期需要的、或者他的子女在尚未开始完全保障自己生活时所需要的。用来增加民族资本的储金，通常出自人们改善自己的所谓生活地位或给子女或其他人们准备与他们的努力无关的保证金的愿望。这些倾向的力量则取决于以捐款的一定数量和时间在何种程度上达到期望的目的，——这又取决于利润量。所以每个国家都有一定的利润量。低于此，则人们一般找不到只为个人致富或为向别人提供巨额资金而储蓄的充分理由。因此，为了增加资本总额的储蓄必然要求一定的利润量。对于普通人来说，这足以作为自制力的报酬和提供相当的冒险保险金。总有一些积极努力积蓄超过中等水平的人，对于他们来说，小于平均利润率的数量已足以鼓励他们积蓄了。然而他们只是平衡那些喜爱超过平均水平地花费和享乐以及不是储蓄而甚至可能浪费收入的人。[159]

我们注意到，这段话的后半部得出的结论与前半部提出的事实是不协调的。穆勒说："一定量的利润量是任何增加国家资本积累的必要条件"。可是在此之前他说：没有利息，人们也会为了自己的保证金而积蓄。这种积累怎能不促使增加他们的福利和这种储蓄的愿望怎能不激励他们努力劳动，也即怎能不激励他们增加生产，也就是增加其规模决定生产规模的资本呢？

但是，在利润与工资分离的制度下，出现了靠自己资本利息生活的特殊阶级，并且该阶级需要一定的利息量以使资本不致从他们的手中落到别人手中去。尽管他们只开支、自己什么也不生产，他们的资本完整无缺、甚至还会增加，这些都是正确的。这种情况必要的利润量在不同的社会状况下是不同的。人们的预见性越少和社会上财产的保证程度越低，利润最小(minimum)率就越高，社会的经济和管理状况越好，则它就越低。

但是不论利润最小率如何低，没有利润，靠利息为生的个别阶层的资本将不会增加。如果落到资本家手中的积累没有非生产性的耗费或没有为了贸易企业而带往其他较不发达国家的话，在一切高度发达的社会，利润会很快降到低于此最小率。确信这点是很容易的。如果资本增加而人口不增长，那么工资会提高。所以支出资本的利润会构成越来越小的比例，因为利润是扣除工资以外的剩余产品。如果人口增长了，那就需要增加粮食数量，也即需要把耕种降到较不肥沃的土地上去。农业劳动变得较少成效以及扣除供养工人的费用之后，企业主所剩部分重新减少。

这种利润降低的倾向，被资本的非生产性消耗、或把资本转到其他国家、或生产过程的改善所阻止。资本的非生产性消耗(例如由于游手好闲的奢侈生活或由于商业危机)减少资本规模，也就是减少工资。如果工资减少，那么构成利润的剩余产品当然增加。资本转移到国外，同样减少了留在国内的资本总额。最后，生产过程的改进降低生产费用，而在现今的生活方式下，它的降低通常引起工资的降低。如果工资减少，那么扣除工资之后，资本家所得的剩余产品则增加。

穆勒从这些观点得出大部分是正确的结论。例如，他说，在任何情况下，迁居国外会改善人口稠密国家的状况，尽管移民带走很多资本[160]。这些国家的资本利润相当接近于最小率。所以如果部分资本离开本国，那么由于利润提高而加紧资本的积累，在因迁居国外而减少了的人口之间将迅速分配原来的资本总额，也即工人福利增加。富国再积累的资本用于修筑铁路、机器等等的作用也正是这样。看出这点之后，穆勒正确地说：

> 这样一来，应当做出结论：生产的改进和把资本转移到比较肥沃的土地和人烟稀少或人烟较少国家的未开发的矿山上去，并不减少祖国产品总量和对劳动的需求(如表面看法那样)，恰恰相反，应当看作是改进国内产品和对劳动需求的主要手段和甚至可观地和持续地增长的必要条件。可以毫不夸大地说，在一定的和相当大的范围内，像英国这样的国家以这两个途径耗费的资本越多，留在国内的资本也越多。[161]

但是，在穆勒的正确意见中，有一处需要提些意见。

在利润率低的国家，该理论应当非常削弱，或更确切地说，应当完全取消政治经济学家认为事件或政府措施对国家资本的增加或减少的影响无限重要这个以前的习惯。如我们所见，低的利润率证明积累精神的动力和资本增长速度远远超过两个反对它们的因素（生产改进的力量和增加从国外进口廉价的必需品），并且如果每年资本增加的大部分没有周期地消耗或没有输出国外使用，那么国家迅速达到停止继续积累的地步，或者至少积累自然而然地削弱，以免超过必需品生产工艺发明的进程。在这种情况下，突然增加国家资本而不随之提高生产力是不会长久的；在减少利润和利息的同时，它或者减少下一年或下两年相应的储蓄总额，或者迫使这笔款项送往国外，或者在轻率的投机中把它浪费掉。突然减少资本，如果不过量的话，不会造成国家实质性的贫困。过几个月或几年之后：国家将有这样多的资本，就像一点儿资本也没有取走一样。提高利润和利息之后，节余（вычет）重新提供积累力量，使之迅速填补空额。大概唯一的结果将是在短时期内输出的或冒险投机的资本减少。

第一，在富有的工业国，对事物的这种看法会大大削弱经济论据的力量，它反对把社会资金消耗于虽在工业意义上是非生产性的、但实质上是有益的物品上。如果建议为了什么伟大的正义或慈善事业而借一大笔债（例如，为了爱尔兰的工业复兴、为了殖民化的宏伟计划或者为了民族教育），政治家不应当对吸收这一大笔资本将使国家经常性财源枯竭和减少用以供养工人阶层的基金提出不同意见。无论为了什么目的所需要的极限数量的消耗，大概也不会剥夺一个工人的职业。第二年既不少生产一俄尺细平布，也不少生产一蒲式耳小麦。[162]穷国的国家资本要求立法者关心照顾。他有责任非常谨慎地接触它和全力保护它，使资本在国内积累和从国外输入国内来。然而在富有、人口众多和高度种植的国家，不是缺乏资本，而是缺少肥沃的土地。所以立法者希望的应当不是增加积累总额，而是通过改进耕种或得到其他国家比较肥沃的土地上的产品来增加这些积累的收益。这类国家的立法者应当资助这种取得收益的办法，而不是增加积累。这些国家的政府能够不减少国家财富，取得（但是不要太多）部分国家资本，并作为收入来花费：这部分款项将从那部分（否则会流往国外的）年储蓄金中取得，或者从私人第二年或第三年的非生产性费用中取得。这样取得的每百万给国家留下储存另一个百万的位置，而不至于达到资本流往国外的地步。如果政府支出的目的，值得为之牺牲一定款额来满足国家短暂的快乐，那么反对通过借债直接从资本取得必要的款额的方法这唯一有充分根据的经济上的异议就是，以后靠征税取得款额来支付债款的利息，很不方便。[163]

这段话的后半部完全正确。可是这段话开头的思想，穆勒阐述得非常不清楚，以致有根据认为它是错误的。可以说，他好像把利润低想象成社会无论如何应当解脱的灾难；似乎甚至资本的非生产性消耗在缓和社会情况，似乎社会因资本过多而受损害。自然，穆勒绝不想说类似这样的话。他只是表达得不太明确。如果财富积累缓慢不是由于局外的有害影响或环境、而只因不需要太热切地关心财富的增加造成的，这时还不怎么严重。相反，应该认为只有在完全满足于自己处境的人们，也即享有充分福利的人们当中致富的愿望才会削弱。穆勒以另外的章节来发挥这一观点。这里我们援引该章的大部分。

我们看到了在先进的国家里，利润一般相当接近于最小率，而在达到该最小率之后，资本停止增长，并且开始所谓“停滞状态”。从前的经济学家一般恐惧地展望这种远景。穆勒没有分享这种感情。

我不能像旧学派的政治经济学家对停滞流露出的厌恶那样来看待资本和财产的停滞状态。我宁愿想，实质上它比我们现在的状况好得多。我承认，作家们提出的生活理想没有迷住我。他们想，人的正常状态是：为了自己的提升而奋斗；至于互相排挤、向上爬、以肘推开别人、彼此践踏，对人类来说，这种现今社会生活面貌是最好的命运，而不是社会的一个进步阶段的不愉快的征兆。当然，在财富就是权力，普遍虚荣心的对象是尽可能致富的时候，应当为所有的人开辟通向财富的道路，不要任何特权和偏袒。然而，对于人类天性来说,最好的状况是:谁也不穷、谁也不想更富一些和谁也没有理由担心被别人出人头她的力量推到后面。

当然,目前优秀的人们还来不及为了最好的生活而培养其他人,那么,在积极的活动中为财富而奋斗来保持(像从前他们用武装斗争来保持那样)人类的力量,比在停滞状态中腐烂要好一些。当人们还粗野的时候,他们需要粗野的动机,就算他们有这种动机吧。然而当这改变的时候,人们并不认为现今人类发展的很低阶段是它最终的面貌,他们对现在的经济进步(平凡的政论家祝贺进步),对单一地提高生产和积累相当冷淡。在这一点上是可以原谅他们的。为了民族独立的安全,国家必须在这些方面不要远远落后于邻国。然而他们本身是无关紧要的,直到人口增长或什么其他情况允许人民群众获得他们的一部分利益为止。我不知道,已经比人类所需要的还更富有的人们大量增加自己的资金来消费那些除了作为财产的标志之外很少带来或根本不带来丝毫快乐的物品,或者每年许多个别的人们从中等阶层进入较富的阶级,或者从富有者阶级上升到有闲阶级,这有什么可赞美的。只有在落后国家,增加生产仍然是重要问题。在先进的国家,经济需要在于较好地分配。个别人的理智与节约同有利于平等状况的立法制度的联合作用,可以达到这一点。这种作用与每个人的正当要求协调起来,不论他个人劳动果实大或小,使得果实归他所有。例如,可以假定,用足以保证小小独立的数量来限制人们通过赠送或继承允许得到的数额。在此双重作用下,社会的主要特征是:工人得到优厚的工资,生活富裕,除了在个人一生中挣的钱和储蓄的资产之外,没有巨额的财产。然而比现在多得多的人们解脱了最粗重的劳动,也摆脱了无意义的琐事,体力和脑力相当闲暇,以致他们能不受限制地醉心于生活最好方面和作为那些处境不利于发展优雅的阶层之美妙范例。这种社会状况比现在的好得多。它与停滞状态完全吻合。因此应当考虑,与这种状态联系起来,比与任何其他状态结合,要自然得多。

如果技术工艺将继续改进,而且资本增长,那么在世界上,甚至在古老的国家,当然会大量生育。但是,我承认,它虽是无害的,我看也没有多少理由羡慕它。人口最稠密的国家已经达到了人们需要的人口密度,以便最充分地享用协作和社会交往带来的一切利益。即使每个人的衣食供应都很丰盛,人们的活动余地可能太少。对人来说，必须经常呆在人们中间是不令人满意的。废除孤独生活的世界太不理想。没有离群索居，没有独自留下来，便既不可能深思，也不可能有刚强的性格。在壮丽宏伟的大自然面前幽居是思想和志向的摇篮。它们不仅对于个人是美好的，而且没有它们，社会便不能很好地生存。没有任何大自然的天然活动的世界，连看一眼的乐趣都很少。那里，在可以为人们生长粮食的每一寸土地上都耕种，每块生长了野花或曾是天然牧场的地方都垦殖，消灭了全部走兽和飞禽(没有为了人们的利益，把它们变成家里饲养的)，作为人们的美餐，砍伐一切小树林和多余的树木。因此，要是为了改进耕种可以不当杂草拔掉，也未必留下了能够生长野生灌木或花卉的地方。如果为了使土地供养为数更多但却不太发展和幸福的居民，土地应该丧失财富和人口无止境地增长时注定会根绝的物品给予它的一大部分诱惑力。那么为了子孙后代的幸福，我真诚地希望，他们早些愿意保留停滞状态，比必要性迫使他们这样做要早得多。

未必应该指出，资本和人口的停滞状态还全然没有包括人类发展的停滞。在这种情况下，智力教育、道义和社会进步各方面的目标仍然不比从前少。如果思想不再消耗在出人头地的技巧上，技艺的改进同样有存在的余地和有更多的可能性来改进这种技艺。那时甚至工艺也可能积极和顺利地发展。只有一点差别，那时工业的改善会产生其合法的作用：缩减劳动以替代(为了生产)现在除了增加财富之外毫无用处的东西。至今还在怀疑，我们的一切机械发明是否减轻了哪怕一个人的为每天口粮的劳动。它们使大多数人仍然过着艰难、谨慎的生活，并使大多数工厂主及其同事们有可能致富。它们为中层人们增添了生活方便。然而他们还没有开始产生它们的本质和未来所预定实现的人类命运的伟大变革。当有了合理的制度和人口增长将由正确的预见有计划地领导的时候，思想家和发明家的才智和精力战胜自然力量的胜利，才能成为人类共同的财富、改进和提高全体人民命运的手段。[164]



建议占统治地位的理论的崇拜者特别注意几乎在我们引文末尾的几行。穆勒坦率地说，迄今为止，一切机械发明是否减轻了人们的任何负担,值得怀疑。[165]他说,它们为中层阶级增添了生活方便,增加了富有的资本家人数,但是还没有开始改善人类的命运,按其本质,它们是应该进行这种改善的。正因为我们这样说,墨守成规的人责备我们不了解他们的理论。然而现在他们从当前亚当·斯密最杰出的学生那里可以听到同样的话。是否用不着怪罪穆勒不学无术呢?本来我们实质上只说了读者现在从他那里听到的那些话。但是不对。发现他的话和我们的话之间有区别的人们确实是正确的。他顺便承认的话,对他思想的总进程几乎没有任何影响。我们则与此相反,经常记住这一事实和从中得出的结论。这是他没有关心去做的。

还是不对。他也有某些与这个事实使我们产生的思想相类似的东西。我们马上就会看到,他关于经济生活必要的制度的概念,好像与我们的相同。如果不是关于妨碍人类福利的阻碍是什么以及为了达到人类福利在哪些方面需要变革的意见分歧,概念就完全相同。比如说,引文的最后几行重复了穆勒的主导思想:现在人口过剩乃是群众福利的主要障碍。他认为工人的节约和理智是改善群众生活的主要手段。这里理智指的是他们节制生育。但是我们指出过,现今的生活原则本身妨碍群众的福利,完全与群众节制或不节制生育无关。如果把工人的理智理解为不是穆勒谈论的一种可能性,而是清楚地认识一般关于现存经济制度的本色和应该如何改变它,那么,当然一切都取决于工人本身的理智。因为社会上的一切都取决于本国人民的思想品质。然而对这种具有完全不同的局部意义的说法,添上这种普遍意义,那就是导致错误的牵强附会。因此更好的说法是,群众的福利取决于群众的信念,并且在群众中尚未普及一定信念的时候，它一直不会提高。我们已经知道了改进生活方式的思想方法的主要特征。它们是：劳动不应成为商品，只有当一个人为自己、而不是为别人劳动时，他才以最大的成效劳动，只有独立的主人的地位，才能发挥个人自尊的感情。所以，只有当工人成为主人的时候，他才会找到应得的福利。同时，劳动组合的原则和改进了的生产过程的性质，要求生产单位具有非常大的规模，而生理和其他自然条件则要求在这个生产单位中组织许多各种类型的生产，以及各个主人一工人因此应该联合起来组成协会。当所谓乌托邦主义者说起协会的时候，占统治地位的学派的理论家宣称这个新思想是恶毒的谬论，就像起初宣称一般任何新思想为谬论一样。现在则不然，每本因循守旧的政治经济学教程中，对所谓乌托邦主义者作了很大的让步。最落后的政治经济学家应该承认，经济历史向着发展协会的原则前进，协会在某些场合竟然非常有利。形形色色的暴躁的狂妄行为往往与这种承认结合在一起。所以要用无数附带条件来粉饰它。然而这没什么可发窘的。不愿意做某种承认的人们，自然对强迫他的必要性发怒；不愿意让步的人们，在不得已让步时，自然会想出故意刁难的谗言。就在这种情况下，穆勒非常有力地不同于占统治地位的经济学派的其他理论家。他没有恼火——他情愿承认，他满怀喜悦地谈论出现新的生活制度。他不是在未来学派中培养出来的。所以当他了解该学派的时候，重新建立理论，对他来说，已经太晚了。因为旧学派的学说已经根深蒂固地扎进他的思想中了。在他的头脑中给新概念留下的位置太少了，因为它已经被旧概念占满了。然而按照他自己的诚实和富有生气的天性，他总是同情

改进的。所以，如果他的几乎全部个人智慧都已经消耗在以前的事业上，用在掌握和发展以前的概念上，那么他会愉快地用其余力来掌握新概念。对他来说，重新学习已经为时太晚了——但是已经定型的人能够重新学会什么，他就努力学习什么。[166]

……

# 注　释

1　车尔尼雪夫斯基把他自己对约翰·斯图亚特·穆勒的《政治经济学原理》第2、3、4和5卷的评注称作《穆勒政治经济学概述》。《概述》与对穆勒第1卷译文的评注之区别在于《概述》只引用穆勒的译文片断，而评注本身则是独立的论文一概述，作者在其中深刻地分析了资产阶级政治经济学，比第1卷的评注更加全面和详尽，并且比较充分地揭示了他的经济学观点。《概述》与对穆勒第一卷译文评注合起来就是车尔尼雪夫斯基完整、严格阐述的社会主义学说。

《穆勒政治经济学概述》于1861年在《同时代人》上发表。

3　由于书报检查机关禁止，“所有制”这篇论文没有在《同时代人》上发表。车尔尼雪夫斯基发表了小论文来代替它。

如同一般不保存《概述》的校样那样，没有保留禁止预定发表论文标注的校样。只有未校对的排样(编目第1893号)，其中有论文“所有制”，上面有蓝铅笔题的大字：“禁止”。这不是书报检查机关的题字，恐怕或者是印刷厂的，或者是车尔尼雪夫斯基的。

论文“所有制”首先在日内瓦在米哈伊尔·埃尔皮金的刊物上发表。尔后在H.Г.车尔尼雪夫斯基著作全集第7卷上登载，并且排在书的末尾。M.H.车尔尼雪夫斯基著作全集的发行者在其个人札记中说明了这点：

“还在新的出版法之前(即按照1905年革命后颁布的法律部分地废除预先检查之前。——C.Б.①)，我开始出版，著作还要交书报检查机关。所以

① C.Б.，本书编辑者C.B.巴西斯特(下同)。——译者

1861 年书报检查机关没有通过的穆勒那一章(当然谈论的不是穆勒的章节，而是 H. Г. 车尔尼雪夫斯基的论文“所有制”。——С. Б.)后来在国外发表了。我把它放在书的末尾。考虑到如果书报检查机关要求取消这一章，那就不难把它去掉而不致破坏全卷。好在已经不必和书报检查机关打交道了。可是这一章仍然不在它自己的位置上。”

在 М. Н. 车尔尼雪夫斯基的著作(第 7 卷)中，论文“所有制”是按照国外米哈伊尔·埃尔皮金的版本付印的。发行者在自己的札记中已说明了。从车尔尼雪夫斯基博物馆的书籍中的日内瓦版本，可以看出这点。也许在沙皇书报检查的条件下，不可能从地下刊物收集，发行者 М. Н. 车尔尼雪夫斯基把从日内瓦版剪下来的篇章交给了印刷所。

我们照手稿(编目第 2076 号)刊登了论文“所有制”，该论文的手稿完整地保留下来了。除论文“所有制”手稿之外，我们还用了车尔尼雪夫斯基翻译穆勒的手稿(编目第 2077 号)，照手稿对《概述》的正文做了增补。这个手稿没有全部保存下来，因此不能照手写材料校对的那部分译文，与上述排样(编目第 1893 号)进行校对，也同 М. Н. 车尔尼雪夫斯基的版本校对。

与论文“所有制”一起，“分配”篇包括下列各章：



第一章“论财产所有制”；

第二章“相互间分配产品的阶级”，和各节：

“甲　作为分配标准的竞争”，副标题：“竞争原则及其他”；

“乙　私有制原则下产品分配形式及其他”；

第三章“产品的三项分配”和副标题：

“工资　　利润　　地租”。

4　穆勒著《政治经济学原理》片断，第 2 卷，第 1 章“所有制”。穆勒的《政治经济学原理》第 2 卷的名称是“分配”。同时指出阿·恩·佩平于 1865 年出版的《原理》全部译文的标记页码。属于本注释的片断在阿·恩·佩平版第 245—246 页。

5　关于巴拉圭的耶稣会教徒所谓的“成功经验”，见《经济著作选集》第 3 卷第 1 册第 471 页注 67。对资产阶级经济学家穆勒很有代表性的是：他使圣西门的乌托邦社会主义同巴拉圭耶稣会教徒灌输的所谓“共产主义”接近起来。

6　穆勒“所有制”，第 2 卷第 1 章(佩平版第 245—246 页)。

7　巴敦的叛乱者黑克尔和斯特鲁贝在巴敦国会偏向他们制定的民主纲领之后，于 1848 年组织了武装部队并占领了巴敦城。但是普鲁士的政府军队镇压了起义。黑克尔逃亡到瑞士，然后到美国。在美国，他站在奴隶制废止主义者一边，参加了解放黑人的战争。起义被镇压之后，斯特鲁贝被俘并被判决监禁。1849 年巴敦革命解放了斯特鲁贝，可是反动势力重新占了上风，所以斯特鲁贝不得不逃到瑞士，从那里到了美国。在美国和黑克尔一样参加了解放黑人的斗争。

8　路易·勃朗(1811—1882 年)法国社会主义—乌托邦主义者、政治活动家、历史学家。在其著作《劳动组织》中发展了通过组织由国家控制的工业和农业协会向社会主义过渡的理论。从整个社会利益一致的原理出发，路易·勃朗坚决否认作为革命暴力方式的阶级斗争。1848 年 2 月革命时期，他是资产阶级临时政府成员和“为工人的政府委员会”(Commission du Gouvernement Pour les travailleurs)主席，该委员会是按照路易·勃朗回答工人关于劳动组织的要求的建议组成的。为了委员会工作，拨给了卢森堡宫。由此把该委员会会议称谓卢森堡会议。政府像采用工人问题方面的其他措施一样，想用成立委员会来麻痹群众、阻止革命继续发展。其实资产阶级政府可不必担心，“社会主义者”路易·勃朗在任何程度上妨碍它巩固资产阶级政权及其在工人阶级当中的影响。

进入政府之后，路易·勃朗成为资产阶级手中的驯服工具。巴黎工人六月起义被粉碎以后，他被迫侨居国外。回到法国以后，他被选入民族大会(1871 年)。在巴黎公社的日子里，他和攻击公社的凡尔赛人在一起。列宁在“路易·勃朗主义”一文中正确地把俄国孟什维克与路易·勃朗等同起来，把他们称作路易·勃朗分子，把他们的行动叫做路易·勃朗主义。

民族作坊(Atèliers Nationaux)是临时政府成员玛里回答巴黎工人要求给他们工作而组建的。资产阶级政府想在民族作坊中培训驯服的工人和利用民族作坊来分裂工人阶级。马克思称民族作坊为英国的露天“工作场”(见卡尔·马克思文选两卷集，俄文版第 2 卷，第 172 页)。没有实现巴黎工人关于实行劳动权的要求，是 1848 年工人六月起义的直接原因之一。这次起义是无产阶级夺取政权的第一次尝试。在工人英勇地抵抗三天之后，军事独裁者部长卡维尼扬残酷地镇压了起义。

9 傅阿德·帕沙子1854年用残酷的手段镇压了希腊部族在希腊埃皮鲁斯地区的起义。

10 耶稣党是有严格集权组织的天主教僧团。1534年僧团的奠基者是宗教狂信者伊格纳季·洛奥拉。僧团要求自己的成员绝对服从罗马教皇的命令。与宗教改革斗争时,耶稣僧团痛斥被“怀疑和自由思想精神”激起热情的人们。僧团的真正宗旨是巩固天主教堂的完全统治。教堂几乎是中世纪一切西欧国家最大的封建主。僧团广泛利用了西班牙、法国和其他天主教国家受压制的农民的愚昧无知。这时僧团不仅仅以一个“精神”武器进行活动。它手中还有政治权力,它通过依赖它的封建国家的统治者实施这种权力。

11 星期日学校是俄国社会人士于上世纪五十年代末期组建的。先进的知识分子同情星期日学校,正确地看到可以利用它们作为宣传先进思想的讲台。《新诗简讯》中(《同时代人》第83卷,1860年,第326页)报道:“帕萨日礼堂里不久将举办有利于星期日学校的文学朗诵会。据说将由马依科夫、波隆斯基、皮谢姆斯基和舍夫琴科诸先生朗诵”。车尔尼雪夫斯塞关于星期日学校可能遭到“失败”的预言,很快就应验了。政府一开始就怀疑这些学校,不久关闭了许多,因为把学校看做了社会主义思想的发源地。1862年6月3日政府关闭了两所学校——萨姆尼也夫学校和闻捷学校。在这两所学校之后,关闭了俄罗斯各地的星期日学校和人民阅览室。

12 罗彼特·比尔,当初他做不列颠部长时进行过关税改革,废除了对进口外国商品的限制。在他生前,没有取消粮食法(见《经济著作选集》第3卷第1册第464页注22)。

13 正文引用了论文“资本与劳动”的片断,论文中没有对路易·勃朗的评语。该论文的校样中也没有对他的评语。《同时代人》发表了该论文的片断。由《概述》正文可见,车尔尼雪夫斯基在他设想的协会计划中,指的是协会的范例。路易·勃朗在他的《劳动组织》一书中论述了协会问题。

论文《资本与劳动》中的片断是根据手稿发表的。

14 路易·菲利蒲于1830年的革命(所谓七月君主制度)之后,在1830年8月7日登上了法国的王位。1848年二月革命时,路易·菲利蒲被赶下台,并逃跑了。

波旁王朝是从 1589 年开始至 1792 年法国资产阶级革命止和 1814 到 1830 年复辟时期统治法国的法国国王的王朝。

里舍·阿马·让·焦一普列西是红衣主教，法国国王路易十三世时曾任大臣。

15 第一帝国是拿破仑一世的帝国。1815 年推翻了拿破仑，结束了第一帝国。

第二帝国从路易·波拿巴宣布自己为皇帝之日（1852 年 12 月 2 日）起，并存在到 1870 年。

16 从"这就是私有制原则的基本特征"一段开始和全部后续的穆勒的引文，在 M. H. 车尔尼雪夫斯基的版本中没有发表。我们根据手稿刊登。

17 穆勒《政治经济学原理》中的一段，第 2 卷，第 2 章"所有制"（续）（按阿·恩·佩平的版本，第 267 至 283 页）。

18 在车尔尼雪夫斯基时代，英国的军衔是买来的。甚至根据军衔规定了官衔的售价。团长军衔值 7,250 英镑，近卫军骑兵掌旗官值 1,260 英镑，准尉——450 英镑等等。由于出售军衔，国库进款为：1844 年为 418,895 英镑；1845 年为 520,960 英镑；1853 年为 624,840 英镑；1854 年为 531,333 英镑。第二次世界大战以前，1939 年至 1945 年间英国军队不是按义务兵、而是按征兵组建的。1940 年，英国引进了义务兵役法。

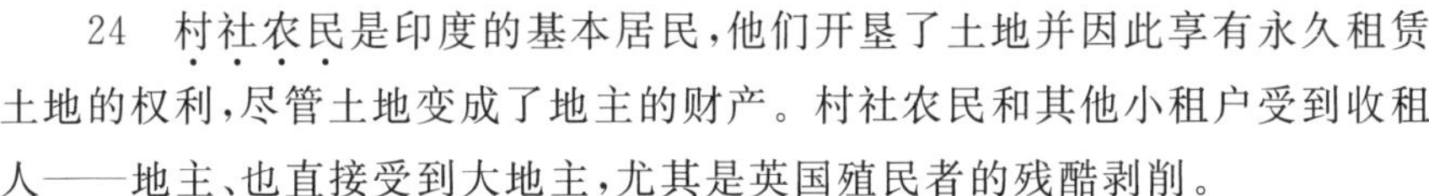

24 村社农民是印度的基本居民，他们开垦了土地并因此享有永久租赁土地的权利，尽管土地变成了地主的财产。村社农民和其他小租户受到收租人——地主、也直接受到大地主，尤其是英国殖民者的残酷剥削。

25 摘译自穆勒《政治经济学原理》第 2 卷第 4 章"竞争与习俗"（阿·恩·佩平版，第 289－295 页）。

26 贝尔科维茨＝10 普特＝163.8 公斤。

27 文中所谈的是美国黑人奴隶制度，在车尔尼雪夫斯基写《概述》时还没有废除。1864 年由于南、北各州之间的战争，在美国正式废除了奴隶制度。但是美国在黑人可以买、卖方面，废除奴隶制度并未导致黑人的行动自由。所以至今在所谓"自由民主"的国家里对黑人仍进行种族歧视。对黑人的剥削比对白人工人的剥削残酷得多。对黑人使用惨无人道的私刑。实际上黑人连选举权也被剥夺了。

28　在“及其收益数量”几个字之后，手稿勾掉了：“此处我们使用术语收益，因为它对现存制度是适用的；这个术语在严格的理论语言中却是不恰当的，因为要用它来设想偶然的情形、交换、卖与买，与此同时，还应该研究生产者事业的一般成果。”

29　在“多少机灵一点儿的人”之后，手稿中勾掉了：“但是有各种不相同的不令人满意。另一次事业进展得不好是因为为它采用的依据{不令人满意被勾掉了}原则上很坏。例如在垄断的基础上主持事业时。”

30　法朗吉斯特——生产—消费协会，是傅立叶社会主义乌托邦的基础。

法朗吉斯特分子——该协会会员。文中的法朗吉斯特分子系指傅立叶的追随者。

31　皮涅季是上世纪六十年代俄国著名的魔术家。

32　手稿中在“就由他们组成军队”之后勾掉了：“政府说：不需要这么多军队，三分之一就够了。”



33　从“换句话说”到本段末，在手稿中都有，但在校样中删去：看来是检查官删掉的。手稿中“突尼斯的”一字写在上面代替勾掉的“波斯的”。

34　从“我们乐观起来”至“我们就想要忽略它”，显然是书报检查机关删掉的。M. H. 车尔尼雪夫斯基出版时用“还有其他的根据”来代替它。

35　穆勒，第 2 卷第 5 章“奴隶制度”(阿・恩・佩平版第 300 页)。

36　罗基主义、怀特鲍伊主义——作者把这两个词用作恐怖手段的同义词。实际上，罗基主义和怀特鲍伊主义是 1820 年产生的伊朗人民的政治组织。它们为了争取国家独立采用了恐怖手段作斗争。在其存在的 30 年当中，它们进行了许多反对压迫伊朗农民的地主和官吏的暗杀活动。

37　蒙古人，蒙兀儿王朝——土耳其王朝，是苏丹巴布尔在印度建立的。该王朝的成员在印度统治了 300 年(十六—十八世纪)。

38　穆勒著《政治经济学原理》第 1 版于 1848 年在英国问世。

39　爱尔兰居民人数急剧减少了。马克思在《资本论》(第 1 卷——《马恩全集》第 23 卷，第 23 章，人民出版社 1972 出版，第 764 页)中介绍：1841 年爱尔兰人口为 8,222,664 人，1851 年减少到 6,623,985 人，1861 年减到

5,850,309人。这是资本主义积累的普遍规律的后果。在科勒勃的《比较统计导论》中也有大致相同的资料。车尔尼雪夫斯基借用了它们。

40　穆勒故意只字不提把索捷尔连斯基伯爵领地的耕地变为牧场的暴力性质及其对从土地上被驱逐的农民产生的后果。马克思在《资本论》第1卷,1935年版,第24章第585页①把这些称谓"所谓原始积累"。

41　**取消联合**(RepeaI Association)于1841年在爱尔兰成立。联合纲领的重要组成部分是要求土地转归农民所有。纲领的要点是取消1800年英国与爱尔兰两国合并。合并只是形式,掩盖了爱尔兰处在完全依赖英国地主的地位。取消合并,同时把土地转交给农民所有,应该导致爱尔兰实际上脱离英国并变成独立的国家。穆勒根本不讲取消联合的领导者之一奥康涅尔的背叛作用。他第一个抛弃了"取消"(取消合并)的口号,要两面手腕的政策。该政策也表现在奥康涅尔加入英国国会上,这是对爱尔兰独立思想的背叛。就在奥康涅尔背叛之后,爱尔兰农民仍然继续斗争。应当指出,在土地问题上奥康涅尔没有站在革命的立场上,而是站在自由主义立场上。农民要求无偿地把土地转交给他们所有,奥康涅尔却计划把土地转交给农民按"永久的估价"(a valuation and a perpetuity)使用,并建立股份银行,由它来办理农民赎买土地的手续。

42　穆勒称斯台恩和哈登堡进行的"普鲁士国家土地所有制革命",是普鲁士国家这两个活动家所进行的相当有限的改良,即按照普鲁士方式把普鲁士农民从个人农奴身份中解放出来。这种方式是在把大部分土地留给地主的情况下,形式上解放农民个人。斯台恩和哈登堡的改良预先确定了在德国农业中发展资本主义的所谓"普鲁士道路"。

关于在农业上发展资本主义的"普鲁士道路",列宁写道:在这种情况下"……农奴制的地主经济缓慢地转变为资产阶级的、容克式的经济,使农民在几十年内受着最痛苦的剥削和盘剥,只分化出极少的少数'Гросебауэров'②(大农民)。"(见**弗**·**伊**·**列宁**,全集,第13卷,第4版,第216页③。)

---

①　见《马克思恩格斯全集》,人民出版社1972年版,第23卷,第781页。——译者

②　系德文Großbauer的音译,译成中文应为富农。——译者

③　《列宁全集》,中文版,第13卷,第219页。——译者

43 从“但是，如果他们……”一句开始，全段在校样中应当认为是被书报检查机关删去了。正文中全部引用了。在阿·恩·佩平出版的书中有这一段，但是形式有所改变。

44 从“那么，我们希望……”起至段落末尾，在校样中全部被删掉了。应当认为是书报检查机关删的。正文中引用了全段。因此也刊登了由于检查删节所改变了的片断。

45 手稿中“宗教战争”，校样里误排成“宗教浪潮”。车尔尼雪夫斯基在校样中改为“宗教风潮”。应当认为，修正时没有与原稿核对，所以变了样。我们按照手稿刊登。穆勒引证迈奇利的是，“les guerres des réligions”（“宗教战争”）。

46 乌兹沃思是英国诗人，属于所谓“湖滨诗人”派。这种学派的名称具有象征性质。连这一学派的其他拥护者也把乌兹沃思的诗歌看做“皎洁如镜的湖面，隐藏在森林深处，隐约可见的微波映照出周围的暴风骤雨，湖水深处保持着十分的平静”。在此之下，掩饰了号召脱离现实生活及其“暴风骤雨”和在“深思幻想”的泥潭中与世隔绝的反动企图。乌兹沃思在其作品《英国北部湖光的描写》中反映了粉饰过的“乡村生活情景”。

47 穆勒，第2卷第6章“自耕农”（阿·恩·佩平版，第301至304页）。

48 这一段是第6章“自耕农”的摘译（第2卷第3节），穆勒摘自兰格的《Notes of a Traveller》（《一个旅行家的札记》）第299页及以后（按阿·恩·佩平版，第311—313页）。

49 穆勒，第2卷，第6章“自耕农”（阿·恩·佩平版，第323—325页）。

50 穆勒，第2卷，第7章“自耕农”（阿·恩·佩平版，第349—350页）。

51 从“由此得出什么呢？”一句之后，手稿中勾掉了：“难道因此把胶皮套鞋或星期日学校称谓乌托邦吗？难道这些错误或夸大妨碍了事业成为非常实际的和有益的吗？

当然，下一次，非常简单而朴实的希望要求实现生活现实之巨大变革。这些变革是否不难进行呢？这完全是另一个问题。我们将看到……。”

52 在“只有在农业方面……”一句之后，手稿勾掉了：“那里土地是固定资本，而农场主的费用是流动资本。”

53 穆勒，第2卷，第11章“工资”（阿·恩·佩平版，第389—390页）。

54 穆勒，第 2 卷，第 11 章“工资”（阿·恩·佩平版，第 393—397 页）。

55 从“大量关于这方面问题的报道”一语之后，直到“单行本出版”，《同时代人》中没有。我们按手稿刊登。

56 穆勒，第 2 卷，第 11 章“工资”（阿·恩·佩平版，第 401 页）。

57 本段摘录自凯的著作《Social Condition and Education of the People in England and Europe》——《英国和欧洲国民教育的社会条件》，是穆勒在第 2 卷第 11 章“工资”中引用的（阿·恩·佩平版，第 402—403 页）。

58 《同时代人》中没有从“并且几乎”开始的一段，手稿中有。大概是书报检查机关删掉的。阿·恩·佩平版中有，我们按手稿刊登。

59 穆勒，第 2 卷，第 11 章“工资”（阿·恩·佩平版，第 406—407 页）。

60 穆勒，第 2 卷，第 12 章“反对降低工资的常用手段”（阿·恩·佩平版，第 411—414 页）。

61 《同时代人》中缺从“这一点儿也不是乌托邦”至“……作某些限制”这一段。大概是书报检查机关删去的。我们按手稿发表。

62 “劳动权”至段末，《同时代人》中没有，手稿中有。看来是书报检查机关删掉的。按手稿发表。

63 从“而且这个程度”开始的一句，《同时代人》中没有，手稿中有。看来被书报检查机关删去了。我们按手稿发表。

64 从“使他成为有远见的人”至“成为有远见的吗”止，《同时代人》中没有，未校对的校样中有。大概被书报检查机关删去了。阿·恩·佩平版中有。在许多情况下，佩平版中有，而《同时代人》却省略了。应当认为，佩平版的全部译文是按手稿发表的。

65 引号中的一段是穆勒从兰格的著作《一个旅行者的札记》中摘录的（见注 48）。

66 穆勒，第 2 卷，第 12 章“反对降低工资的常用手段”（阿·恩·佩平版，第 418—420 页）。

在穆勒的引文以“不愿意降低”这句结束后，字稿中勾掉：

“这完全正确。如果农民可以光靠在自己的地块上劳动来生活，闲暇时受雇佣从事劳动则已是根据自愿，而不是必需的了……。”

67 穆勒，第 2 卷，第 12 章“反对降低工资的常用手段”（阿·恩·佩平版,第 421—422 页)。

《同时代人》中缺以"导致这样的结果"结尾的句子,未校对的校样中有。可能是被书报检查机关删掉的。我们按校样发表。

68 穆勒,第 2 卷,第 13 章"反对降低工资的常用手段"(续)(阿・恩・佩平版,第 422—423 页)。

段尾的最后一句《同时代人》中没有,校对过的校样中有。我们按校样登载。

69 穆勒,第 2 卷,第 13 章(阿・恩・佩平版,第 425—426 页)。

70 从"举个……实例"起至"并无影响"止,《同时代人》中没有,而手稿中有。看来被书报检查机关删去了。我们照手稿发表。

71 段落的最后一句在《同时代人》中没有,未校对的校样中有。看来被书报检查机关删去了。我们照校样刊登。

72 穆勒,第 2 卷,第 13 章(阿・恩・佩平版,第 427—429 页)。

73 穆勒,第 2 卷,第 13 章(阿・恩・佩平版,第 430 页)。

74 穆勒,第 2 卷,第 13 章(阿・恩・佩平版,第 431 页)。

75 穆勒,第 2 卷,第 13 章(阿・恩・佩平版,第 432—433 页)。



76 盖洛道特是希腊历史学家,获得"历史学之父"的称号。盖洛道特有许多历史著作(《九位诗神》)描述希腊波斯战争,波斯、巴比伦、亚述、埃及等的发展。盖洛道特到希腊边界之外的许多地方旅行。到过现在乌克兰共和国的南部大草原。按他的说法,那里生活着威武的斯台基人。他在一部作品中描述了他们的生活和风俗。从盖洛道特关于东方民族(波斯、巴比伦、埃及等等)历史的著作中可以汲取"东方制度"的资料。车尔尼雪夫斯基把它们写入正文中。

77 穆勒,第 2 卷,第 14 章"不同条件下工资的差别"(阿・恩・佩平版,第 442 页)。

78 穆勒,第 2 卷,第 14 章(阿・恩・佩平版,第 449—450 页)。

79 见李嘉图《政治经济学原理》第 6 章"论利润"。

80 穆勒,第 2 卷:第 15 章"利润"(阿・恩・佩平版,第 466—467 页)。

81 关于这点,李嘉图是这样说的:"如果假定粮食和纺织品按同一价格出售,那么,利润的高和低将与工资的低和高一致。"(《政治经济学原理》第 6

章“利润”，国家社会经济书籍出版社，1935年，第60页)

82 穆勒，第2卷，第15章“利润”(阿·恩·佩平版，第468—471页)。

83 关于这点，穆勒在第15章第4节写道“英国有条意见，50%是零售商业好的和公平的利润(当然，不是全部资本的，而是批发价格的50%利润，并且这个利润应当用来抵偿收不回来的债务，租用店铺，付给店员、办事员和全体其他职员工资。总而言之，用来抵偿零售商业的一切开支)。”

84 从“许多人讥笑这种极端的浪费”至“火灾和洪水的力量完全一样”一段，《同时代人》中没有，手稿中有。大概是被书报检查机关删去的。按手稿刊登。

85 穆勒，第2卷，第16章“地租”(阿·恩·佩平版，第475—476页)。

86 此句后面，手稿中勾掉了：“正如我们下面将会看到的，它具有许多严肃的东西，因其简单，没有立即想象出来。”

87 关于美国庸俗经济学家凯里对巴师夏的影响，马克思在《资本论》中写道：“只有一个如此惊人地缺乏批判能力和如此假装博学的人(尽管他相信保护关税的异端邪说)，才配成为一位名叫巴师夏的人和现代自由贸易派其他一切乐观主义者的和谐智慧的秘密源泉。”(卡尔·马克思《资本论》第1卷——《马克思恩格斯全集》第23卷，人民出版社1972年版，第618页)

88 穆勒，第2卷，第16章“地租”(阿·恩·佩平版，第481—484页)。

89 在“越来越快地减少”一语之后，手稿中勾掉：“实际上用什么来阻止地租完全吞没工资和利润的倾向，我们将在后面的一章详细研究，现在……。”

90 在“不平等的力量”一语之后，手稿中写道：“大自然盲目的玩弄所引起的”。大概在检查时被删去了。但也可能在排版时漏掉的。

91 从“在三项分配制度下地租”一语至“但是……利润”一段，《同时代人》中没有，手稿中有。大概是被书报检查机关删掉了。我们照手稿付印。

92 看来这一段是被书报检查机关删去的。手稿里有，《同时代人》中没有这一段。我们按手稿付印。

93 从“极好的例证”到“这个阶层的变革”，在《同时代人》中没有，手稿里有。大概是被书报检查机关删掉的。手稿中“法国历史”一词之后删去了“从波兰的1830年起……”。

94 从“理论关心”和下一段开头至“与……要求有矛盾”为止,《同时代人》中没有,看来被检查机关删去了。应当认为,《同时代人》为了上下衔接,加上“关于地租,我们什么也不谈。产品三项分配”。我们照手稿刊印。

95 穆勒,第3卷,第1章“价值”(阿·恩·佩平版,第491—492页)。

在穆勒的引文之后,手稿中删去:

“按照我们为本概述通过的权利,我们不必长时间地谈论那些应该认为对占统治地位的理论有所了解的读者所熟悉的{基本——勾掉了}概念。因此我们将不讨论内在价值与交换价值的区别问题。”

96 穆勒,第3卷,第1章“价值”(阿·恩·佩平版,第497—498页)。

97 手稿中,注释结尾勾掉:“大概对于法国人来说,修正这个错误是艰苦的。但对于我们,修正它偏巧却很容易。因为我们的政治经济学著作更加贫乏。”

98 手稿中“如果垄断者”一语之后勾掉了:“将发现只生产一定数量的商品对自己是有利的。”

99 穆勒第3卷第3章至此结束。从下一段开始为该卷第4章。

100 阿·恩·佩平版本和英文正文中不是1,600,而是1,100。



101 穆勒第3卷第3章“生产费用及其与价值之关系”和第4章“生产费用的最终分析”(阿·恩·佩平版,第508—526页)。

102 车尔尼雪夫斯基指的是法国作家拉-格隆耶尔,他于1853年在巴黎出版了题为《拿破仑三世》的小册子。在此小册子里对比了法国皇帝和罗马皇帝奥克塔维耶,在《同时代人》1860年第79期中,车尔尼雪夫斯基提出了对它的评价:“小册子很重要,不是因为它在逻辑上的优点,不过是因为法国皇帝通过它向欧洲表示了自己不恢复罗马教皇的企图”。遵照拿破仑第三的直接委托,拉-格隆那尔于1857年12月20日在巴黎出版了题为《国会与教皇》的小册子,指向意大利和主要针对教皇对非宗教权利的要求。

在“我们表达得不正确”一语之后,手稿中勾掉了:“如果作家是某一位{米舍利·舍瓦利那——勾掉了}拉格隆耶尔(拉-格隆耶尔),那么他的脑子是出售的。购买脑子已经实现了:拉格隆耶尔{米舍利·舍瓦利耶——勾掉了}的脑子是用一笔巨款购买的,然而并不讲,{米舍利·舍瓦利耶——勾掉了}拉格隆耶尔出卖了自己的脑子,——简单地说,他出卖了自己。”

103　在“如不执行义务就处罚他们”一句之后在手稿中删去了：“但是在奴隶生活中，主人对奴隶审判和执行的权力往往在很大程度上受到限制{完全地——写在上面}，可以归主人所有。”

104　从“从而有这样的形式”至句子的末尾，《同时代人》中没有，手稿中有。大概是被书报检查机关删去了。按手稿刊登。

105　从“如果发现一个人被迫……”到段落末尾，《同时代人》中没有。该处的句子以“然而政治经济学家不应当”一语结尾。按手稿刊登。

106　从“然而在抽象的理论中”至段落结束，《同时代人》中没有。大概是被书报检查机关删去了。照手稿刊登。

107　手稿中在“承认众所周知的真理是困难的”之后勾掉：

“但是，如果哪位读者认为承认劳动不可出卖的概念的正确性是困难的事情，可能错误在我们自己。为什么我们不一下子全面公开地提出这个定理呢？辩证法的灵活性要求掩饰地使读者毫无觉察地悄悄地接近它，从我们的生活中每个人都习惯的行业就开始。而做到这点是非常容易的。例如，哪怕这样做：

一个人承担为别人完成某项工作责任时，他就处在多多少少依赖于别人的地位。依赖地位无论如何已经不能称为独立地位。只有独立的人才是真正自由的人。谁不独立，他实质上就已不是自由的，不论形式上承认他有什么样的自由的权利。看来，这种想法，我们每个人都熟悉。这就是每个人都熟悉的另外的许多思想。

人无权剥夺自己的自由，因为这种行为按其内在的自相矛盾是毫无意义的。所以人的自由不能达到否定自身的地步。如果在人的某种行为中否定了他的自由，这种行为本身就不是自由的，人的自由没有参与这种行为。没有自由的地方，就有外界强迫。外界暴力强迫的义务不具备合法的力量，不是人类必须照办的。再举出第三例每个人都熟悉的思想。

不具有法律效力的义务，可以作为以感情为基础的关系和行动的根源，但是并不提供商业关系的根据。商业关系是与感情格格不入的：前者是以计算为基础的。在商业关系中，凡是不具有刑法批准的一切，都是违法的。法律不能强迫其遵守的，就不是商业。法律不能强迫人们具有一定的感情。再继续讲。”

108　从“比如说，本来”一语开始至段落末尾，《同时代人》中没有，手稿

中有。可能是被书报检查机关删去的。按手稿刊登。

109 从"如果……意见是正确的话"至句号,《同时代人》中没有,手稿中有。可能是被书报检查机关删掉的。照手稿刊登。

110 "如果我们知道……"至句号,这一句在《同时代人》中没有,手稿中有。大概是被书报检查机关删去的。照手稿付印。

111 埃拉尔是著名的法国乐器工厂厂主。

112 手稿中,这段是这样开始的:

"从美的享受开始。它是与劳动的概念对立的。美的感情只欣赏不用劳动、自然而然地产生的东西。它受到一切暴力、预谋征兆的侮辱。"

113 手稿中"奢侈品不应当具有任何价值"之后,勾掉一段:

"我们议论的结果非常简单:价值理论是为人类需要的标准找出的根据。看来,社会上各种物品的价值应当{由那些靠自己劳动产品过活而与其他家庭无关的家庭中,确定物品价值的要素——勾掉了}来决定的。"

在这段后面,以"即使没有让我们要"开始的一段,《同时代人》中没有,手稿中有。按手稿付印。

114 穆勒,第3卷,第6章"价值理论概要"(阿·恩·佩平版,第537—539页)。



115 从"换句话说"至句末,《同时代人》中没有,手稿中有。按手稿付印。

116 "也不应当算是销售商品"一句,在《同时代人》中没有,手稿中有。可能是印刷错误。按手稿付印。

117 从概述的一章"购买力"开始至"我们是顺便说说这件事"为止,按手稿付印。

118 车尔尼雪夫斯基指的是与他同时代的文学史家弗·布斯拉也夫的论文"对十七世纪俄罗斯原著最后审判的形象",1857年在《同时代人》第65期上发表。在这篇论文中作者贬低俄罗斯神话的独创性,把它归结为模仿西欧的形象。俄罗斯原著中最后审判的形象与意大利的著名画家米克利·安德热洛在著名的画中最后审判的形象相似。他从这种相似中发现了模仿。车尔尼雪夫斯基刻薄地嘲笑弗·布斯拉也夫,把他叫做"脑筋迟钝的人","对格里玛爱得发狂"。车尔尼雪夫斯基对布斯拉也夫作品的评价,就像对《安想》的评价一样，阅读它们“简直是浪费时间。”

119　在“完全悠闲享乐”之后，段落结尾按手稿付印。

120　手稿中，在“不完全正确”一语之后，勾掉了：“道德学家通常停留在黄金统治上，就像停留在基本事实上一样，对它就可以顺利地进行斗争，而不必深入下去。我们认为，这种统治只是以产品交换为基础的生活方式的必然后果，而不是以消费者与生产者相同为基础的。所以我们应当说，起来反对这一事实本身完全是徒劳的——需要开始研究它产生的概念和事实。”

121　从“和激发人们对各种……美德”一语开始，按手稿刊印。

122　穆勒，第3卷，第11章“代替货币的信用”（阿·恩·佩平版，第2卷，第30—35页）。穆勒引用的一段，他摘自英国经济学家托恩顿文集。

123　书页下端的注释，虽然《同时代人》中用小星来表示（车尔尼雪夫斯基是这样表示书页下边穆勒的注释的），是恩·阿·多勃罗廖鲍夫遵照车尔尼雪夫斯基的直接指示完成的。车尔尼雪夫斯基从萨拉托夫（1861年8月）给多勃罗廖鲍夫的信可以证实这一点。车尔尼雪夫斯基在信中写道：“在（穆勒）关于发行纸币的情况下把硬币回炉的一段中，最后几句话好像是：‘在对外贸易的情况下，硬币是以其他更快的途径消失的’——此处需要有两句脚注——‘也即流往国外’或任何类似的途径。”正像我们看到的那样，多勃罗廖鲍夫准确地完成了车尔尼雪夫斯基的这一指示。

124　最后一句“不论这种权力属于谁”等等，在《同时代人》中没有。看来，是被书报检查机关删去了。我们按手稿付印。

125　该段之后，《同时代人》省略了穆勒的一段。在这段中，穆勒认为可能滥用属于一个人的权力。可能是被书报检查机关删节。阿·恩·佩平版中有这一段。

126　约翰·格雷（1798—1850年）的著作《货币的本质与使用讲义》，1848年在爱丁堡（苏格兰）出版，关于格雷的劳动货币，见卡尔·马克思的《政治经济学批判》，1939年，第53页①及以后。

127　英国银行家阿特伍德是反对在英国流通金币的人。拿破仑战争之后，英国纸币泛滥。阿特伍德反对黄金流通的理由是：引进金币将减少国家

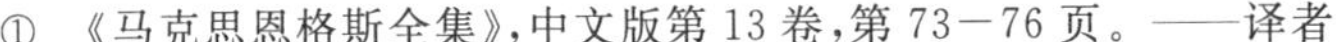

①　《马克思恩格斯全集》，中文版第13卷，第73—76页。——译者

的货币量，从而减少消费和生产。阿特伍德的观点反映了工厂主和商人的利益。他们在国内市场生产和销售商品，并且认为，纸币行市低，人民用得起，以此来提高他们的购买力。阿特伍德在伯明翰市进行着银行事业。他与他的志同道合者组织了 Birmingham Currency School(伯明翰货币流通学派)。但是阿特伍德及其拥护者的观点不是独创的。还在阿特伍德之前，银行家约翰·罗坚持了纸币流通的优点。他在国王路易十六世以"改良"法国货币流通而闻名于世。阿特伍德的直接理论导师是哲学和经济学家休谟。

128 穆勒，第 3 卷，第 8 章"不可兑换的纸币"(阿·恩·佩平版，第 63—74 页)。

129 谈的是 1848 年二月革命后的法国临时政府，由"激进共和党人"党的代表组成。

130 正文中对詹姆斯·穆勒(约翰·斯图亚特·穆勒的父亲)书名的翻译不完全正确。詹姆斯·穆勒著作的名称是：《Elements of Political Econnomy》(《政治经济学原理》)，1821 年在英国出版。

131 正文中叙述的詹姆斯·穆勒的著作《Defence of Commerce》(《保护商业》)于 1808 年在英国出版。大概约翰·斯图亚特·穆勒指的是自己父亲的下述意见："一切商品从来不会缺少买者。任何人拿出一种商品来卖，总是希望把它换回另一种商品，因此，单单由于他是卖者这个事实，他就是买者。因此，由于一种形而上学的必然性，总起来看，一切商品的买者和卖者必然保持平衡。因此，如果一种商品的卖者多于买者，另一种商品的买者就必然多于卖者。"(摘自卡尔·马克思《政治经济学批判》，1939 年，第 62—63 页①)关于詹姆斯·穆勒从理论上论证资本主义没有危机地发展的可能性这一尝试，马克思写道："穆勒建立平衡的办法是把流通过程变为直接的物物交换，又把从流通过程中搬来的人物买者与卖者偷偷地塞到直接的物物交换中去。"(同上，第 63 页②)



132 穆勒，第 3 卷，第 14 章"供应过剩"(阿·恩·佩平版，第 79—86 页)。

133 在"由于投机无力长期供养它而萎缩了"一句(段末)之后，手稿中

①② 见《马克思恩格斯全集》，第 13 卷，第 87 页。——译者

勾掉了：

“我们讨论普通的消费规模或水平。未必需要解释{它由什么决定——划掉了}，它取决于购买力的普通分配。

正像我们讨论过的那样，普通的消费规模不能增大。

我们讨论过普通的消费规模。在生产者与消费者同是一个人的生活方式中，它是由普通水平确定的。

我们讨论了普通消费水平。在以交换为基础的生活方式中，它是由购买力的普通状况所决定的。用购买力来衡量一切价值。这个购买力就是货币。这样一来，显然，通常……。”

134 穆勒，第 3 卷，第 15 章“价值尺度”（阿·思·佩平版，第 89—91 页）。

135 在该段之后，手稿中划掉了：

“我们看到，在相当好的经济生活制度下，现在称之谓商业（这种商业是在推销的冒险性和价格的波动性、不了解消费者的基础上建立起来的），是没有它的位置的。只有消费者和生产者。”

136 穆勒，第 3 卷，第 26 章“交换影响下的分配”（阿·思·佩平版，第 211—218 页）。



137 在“敌视一切进步的力量”之后到“这就是……根本原因”之前，按手稿刊印。

138 从“所以社会福利”到下一段的末尾，按手稿刊印。

139 穆勒第 4 卷的题目是：“社会进步对生产和分配的影响”。

140 反动的政治家斯·普·舍维列夫以关于西欧腐朽的意见而“著名”。舍维列夫在“俄国人对欧洲教育的看法”一文（《莫斯科人》杂志，1841 年第 1 期，第 247—248 页）中写道：“在我们与西方真挚、友好、亲密的关系中，和我们打交道的是患有很厉害的传染病、对呼吸有害的环境所包围的人。我们和他接吻、拥抱、共同进餐、交换思想、交流感情，而并不注意在我们无忧无虑的交往中隐藏的毒药，也没有觉察到处在他所已预感到的未来尸体大吃大喝的娱乐中。”反动分子舍维列夫宣称：“德国的改革、法国的革命”是西欧腐朽的征兆，它们“产生现在还在继续起作用的有害人们。他们现在还在继续行动。”（同上）

141 穆勒的著作《论自由》(On Liberty)于1859年在英国问世。1860年,《祖国记事》(第88卷)发表了该书的片断和对它的评论。关于"中国的停滞"问题,穆勒在上述著作中写道:"中国人停滞不前,并且几千年来站在原地不动。只有外国人才能使他们进一步发展。"按照穆勒的意见,中国的命运也威胁着西欧:"欧洲虽然有崇高的过去,虽然信奉基督教,也将逐渐地变成中国。"(第4、5页)

142 穆勒,第4卷,第1章"财富累进情况的一般特征"(阿·恩·佩平版,第222—224页)。

从"另一个变化……"一句开始到末尾,看来是被书报检查机关删去了。按未校对的校样付印。在《同时代人》中,这种思想的阐述如下:

"进步的第二个不容置疑的特征是个人和财产安全性的提高。先进国家的法律一代一代地改进,不受惩罚地侮辱人们或剥夺他们财产的可能性减少了。战争极少。甚至天灾的损失也因保险事业的普及而减轻了。"

143 在德国和法国之间进行过30年战争(1618年—1648年)。法国与瑞典结成同盟,把某些德国封建公国拉到自己这一边,征服了德国的埃尔扎斯和波麦拉尼。从1817年英法(拿破仑)战争结束到1848年欧洲革命,共约30年。



在"比任何的30年更长的时间"一句之后,手稿中写道:

"十七世纪中叶,反动势力反对英国的进步维持了30多年。在拿破仑战争之后,英国的反动势力连15年也没有维持住。"

144 穆勒,第4卷,第1章"财富累进情况的一般特征"(阿·恩·佩平版,第224—225页)。

145 穆勒,续上段(第225—226页)。

146 穆勒第4卷最后一章的题目是"工人阶级可能的前途"。

147 穆勒,第4卷,第3章"工业进步和人口对地租、利润和工资的影响"(阿·恩·佩平版,第237—241页)。

148 穆勒,第4卷,第3章(阿·恩·佩平版,第242—252页)。

149 代替"实际工资数量"一段手稿中划掉了:"实际工资数量是由工人阶级的习惯和要求决定的。是的,工人要求的水平又是由什么决定的呢?由他对自己尊重的程度、个人自尊心决定的。谁不尊重自己,他甚至没有面包也能过活——可以靠土豆(像不久前爱尔兰人那样)维持生活。最低水平是由生理需要决定的,例如,没有一定数量的粮食,人的肌体也不能生存。但是因其数量很少,这个水平的质量可能非常之低:人们可以用土豆(在爱尔兰){划掉了燕麦粒、麸子、滨藜等等}、粮食与麸子,与树皮,与滨藜的混合物等等来代替面包。服装、住房、燃料方面,质量甚至数量之低,比饮食还差得更远。总而言之,仅仅为了维持人的生命所必要的水平,远远……。”

150 “也同样自然而然地发展”一句之后,手稿中划掉了:“只要苹果上面由于外部的原因出现了小斑点,这个斑点自己就会蔓延到整个苹果。这就是说,……。”

151 车尔尼雪夫斯基指出:“这几行”是在一艘伏尔加河上航行的轮船上写的。这使我们有可能假定撰写这部分《概述》的时间。在部分地保存下来的《经济进步》的校样中有标注:一条标注上写着 10 月 6 日,另一条上——10 月 23 日。因此,我们此刻感兴趣的地方集中到 1861 年 10 月。此外,在穆勒的英文本上,几乎在《经济进步》一书的末尾页边空白处有车尔尼雪夫斯基的标注:“8 月 20 日于轮船上。”如果把这个日期与这一段集中的日期对照,那么应当认为,这一部分《概述》是车尔尼雪大斯基于 1861 年 8、9 月写出来的。

152 在“只在于历史环境”一句之后,手稿中写道:“为了改变它,只需要感到不方便的人们自己的善意。”大概被书报检查机关删去了。按手稿付印。

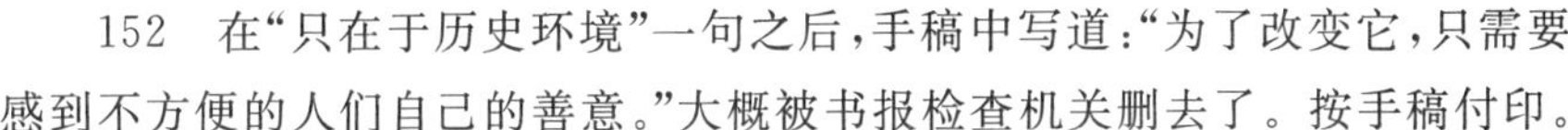

153 在《同时代人》中没有“如果这种事业的进程对别人不利”到“将对他们有利”一句,手稿中有。大概被书报检查机关删掉了。按手稿付印。

154 李比希·尤斯图斯(1803—1873 年)是德国学者,研究化学在农业中应用问题的化学家。(见他的著作《Die organische Chemie in ihrer Anwendung auf Agrikultur und Physiologie》——《有机化学在农业和生理学中的应用》,1840 年。)马克思认为李比希的功绩在于“从自然科学的观点出发阐明现代(也即资本主义的。——C. Б.)农业的消极方面……。”(卡·马克思,《资本论》,第 1 卷,1935 年版,第 393 页[①])

泰尔是德国医生,研究过农业,创建过农业学校。1809 年—1812 年出版

① 见《马克思恩格斯全集》,中文版,第 23 卷,第 553 页脚注。——译者

了他的著作《Grundsatze d. rationellen Landwirtschaft》(《合理的农业基础》)。他认为小农业经济比大农业经济优越。泰尔关于农业问题的其他著作中,应该指出1798年—1800年出版的学术著作《Einleitung der Englischen Landwirtschaft》(《英国农业研究》)。

约翰·洛克(1632—1704年)是英国资产阶级哲学家,“一切资产阶级形式中新资产阶级”的代表(卡尔·马克思)。

莱布尼兹(1646—1716年)是哲学家。同时研究法律学、民族志学、自然科学、数学和神学。

155　法国自然科学家丘夫耶在拿破仑时代的行政职务是法国科学院数学物理学部的秘书。在担任各种行政职务的同时,丘夫耶起草了许多关于教育问题的草案。丘夫耶给拿破仑一世呈报的关于教育问题的报告中,反映出他对中央集权、尤其是对拿破仑一世政权和个人的崇拜。他的报告是官样文章,完全排斥社会监督教育。

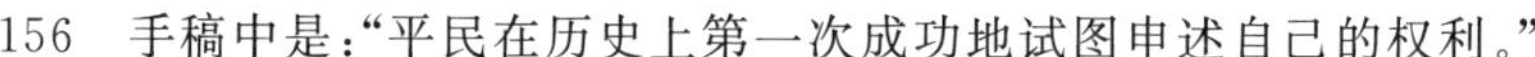

156　手稿中是:“平民在历史上第一次成功地试图申述自己的权利。”

157　关于车尔尼雪夫斯基评论李比希是社会党人—乌托邦主义者的同时代人,我们查证如下:李比希的著作《有机化学在农业和生理学中的应用》于1840年出版。圣西门的著作出版较早:1803年出版《Lettres d ’un Habitant de Genève à ses contemporains》(《日内瓦人致他同时代人的信》),1814年出版《De L’organisation de la société européenne》(《欧洲社会组织》),1817—1818年出版《L’industrie》(《工业》)。罗伯特·欧文的著作《A new view of Society》(《社会新形式》)于1812年—1813年出版。傅立叶的著作于十九世纪最初二十五年出版。



158　穆勒在《政治经济学原理》第4卷第4、5章论述利润降低的趋势问题。

159　穆勒,第4卷,第4章“利润趋向最小”(阿·恩·佩平版,第257页)。

160　穆勒在同一章撰写了迁居外国问题(阿·恩·佩平版,第252页及以后)。

161　穆勒,第4卷,第5章“利润趋向最小的结果”(阿·恩·佩平版,第273—274页)。

162　1俄尺等于0.71米,1蒲式耳等于36.346公升。

163　穆勒,第4卷,第5章"利润趋向最小的结果"(阿·恩·佩平版,第269—270页)。

164　穆勒,第4卷,第6章"停滞状态"(阿·恩·佩平版,第274—279页)。

165　马克思从穆勒的著作援引本注引用的片断时,补充说:"穆勒应该说'任何不靠别人劳动过活的人',因为机器无疑大大地增加了养尊处优的游惰者的人数。"(卡尔·马克思,《资本论》,第1卷,1935年,第280页[①]。)

166　对照车尔尼雪夫斯基给穆勒的评价与马克思给他的评价,十分有趣。"为了避免误解,我说明一下,约·斯·穆勒之流由于他们的陈旧的经济学教条和他们的现代倾向发生矛盾,固然应当受到谴责,但是,如果把他们和庸俗经济学的一帮辩护士混为一谈,也是很不公平的。"(卡尔·马克思,《资本论》第1卷,1935年,第484页[②])后来,《资本论》第1卷第2版跋中,马克思给穆勒以类似的评价。马克思把穆勒列为资产阶级的经济学家,他们,不愿"单纯充当统治阶级的诡辩家和献媚者的人,力图使资本家的政治经济学同这时已不容忽视的无产阶级的要求调和起来"。马克思注意到车尔尼雪夫斯基对穆勒的批评,写道:"俄国的伟大学者和批评家尼·车尔尼雪夫斯基在他的《穆勒政治经济学概述》中已作了出色的说明,……宣告了'资产阶级'经济学的破产。"

① 见《马克思恩格斯全集》,第23卷,中文版,第408页注。——译者

② 见《马克思恩格斯全集》,第670页脚注。——译者

# 人名表

## 三画

马特连 Матерен

马卡尔 Макар

马伊科夫 Маиков

马尔萨斯 Malthus, Thomas Robert

万尼卡·凯隐 Ваньки Каин



## 四画

牛顿 Isaac Newton

尤苏夫 Юсуф

巴布尔 Бабур

巴斯夏 Bastiat

扎哈尔 Захар

乌里扬 Ульян

乌兹沃思 Уордсворт, Wordsworth

车尔尼雪夫斯基，尼·加·Н. Г. Чернышевский

车尔尼雪夫斯基，姆·恩·М. Н. Чернышевский

瓦特 James Watt

## 五画

边沁 Bentham, Jeremy

兰格 Ленг, Laing

圣西门 Saint-Simon

冯·劳默 Фон Раумер, Von Raumer

丘夫耶 Кювье, Cuvier

卡贝 Cabet

卡维尼扬 Кавеньян

卡列大帝 Карле Велик

皮涅季 Пинетти

皮谢姆斯基 Писемский

弗·布斯拉也夫 Ф. Буслаев

古斯塔夫·德·博蒙特 Гюстав де Бемонд, Gustave de Beaumont

## 六画

休谟 Hume, David

华特利 Гуэтли, Whately

西尼尔 Senior

西道尔 Сидор

西斯蒙第 Sismondi

托恩顿　Торнтон

亚当·斯密　Adam Smith

乔治·海特　George Head

多勃罗廖鲍夫　Добролюбов

米舍利·舍瓦利耶　Мищель Шевалье

米克利·安德热洛　Микель Анджело

米什列　Мишле, Michelet

米哈伊尔·埃尔皮金　Михаил Элпидин

伊格纳季·洛奥拉　Игнатии Лоиол

约翰逊　Джонсон, Johnsen

约翰·罗　John Law

约翰·穆勒　Mill, John Stuart

约翰·格雷　John Gray

## 七　画

亨利二世　Генрих II

亨利四世　Генрих IV

亨利　Генрих, Henry

亨利·托尔东　Henry Thornton

玛里　Мари

希尔　Hill

李嘉图　David Ricardo

李比希　Liebig

阿克莱　Аркраит

阿·恩·佩平　А. Н. Пыпин

阿布达拉　Абдалла

阿特伍德　Аттвуд, Attwood

阿拉克赛·米哈依洛维奇　Алексее Михаиловици

里舍·阿马·让·焦-普列西　Ришелье Арман Жан ды-Плесси

里文斯　Ривенс, Revans

里舍勒　Ришелье, Richelien

## 八　画

罗　Рау

罗雪尔　Wilhelm Roscher

欧文　Robert Owen

昆帅　De Quincey

波塔普　Потап

波旁　Bourbons

波隆斯基　Ч. Н. Полонский

舍夫琴科　Т. Г. Шевченко

舍维列夫　С. П. Шевырев

彼得大帝　Петре Велик

英格李斯　Inglis

拉-格隆耶尔　Ла-Героньер

拉扎里　Лазарь

杰勉奇也夫　Дементьев

凯　Кэ

凯里　Кэри

## 九　画

洛克　John Locke

柯纳尔　Коннер, Conner

哈登堡　Гарденберг

科拉大帝　Корле Велик

科勒勃　Кольб
查尔门斯　Чормерс, Chalmers
威廉·道恩顿　William Thornton

## 十　画

埃拉尔　Эрар
泰尔　Таэр
格利　Герли, Hurly
格里玛　Гримм, Grimm
格·皮诺契金　Г. Пеночкин
格·布斯拉也夫　Г. Буслаев
拿破仑一世　Наполеон I, Napoléon Bonaparte
拿破仑三世　Наполеон III, Napoléon III
索捷尔连斯基伯爵　Графства Сотерлендский
莱布尼兹　Лейбниц, Leibniz
莱蒙托夫　Лермонтов
莱尔　Lyell

## 十一画

盖洛道特　Геродот
康德拉奇　Кондратеи
萨伊　Jean Baptiste Say

## 十二画

黑克尔　Hecker
斯台恩　Штеин, Stein
斯图亚特　Стыарт
斯特鲁贝　Struve
斯蒂芬森　Стефенсон
奥康涅尔　O'Коннел
奥克塔维耶　Октавие
普洛柯夫　Прокоф
傅阿德·帕沙　Фуад Паша
道布林·尼格奇契　Добрын Никитьч

## 十三画以上

蒲鲁东　Proudhon
路易·勃朗　Луи Блан
路易十二　Людовик XII
路易十三　Людовик XIII
路易十六　Людовик XVI
路易·波拿巴　Луи Бонапарт
路易·菲利蒲　Луи Филипп
詹姆斯·穆勒　Mill, James
廖多维克　Людовик
德凡　Devon
德·雷伊斯尔·白劳克　de L'Isle Brock

**图书在版编目(CIP)数据**

穆勒政治经济学概述/(俄罗斯)尼·加·车尔尼雪夫斯基著;季陶达,季云译.—北京:商务印书馆,2017
(汉译世界学术名著丛书:120年纪念版:珍藏本)
ISBN 978-7-100-14137-6

Ⅰ.①穆… Ⅱ.①尼… ②季… ③季… Ⅲ.①穆勒(Mill, John Stuart 1806-1873)—政治经济学—思想评论 Ⅳ.①F095.614.3

中国版本图书馆CIP数据核字(2017)第137856号



汉译世界学术名著丛书
(120年纪念版·珍藏本)
**穆勒政治经济学概述**
〔俄〕尼·加·车尔尼雪夫斯基 著
季陶达 季云 译

商务印书馆出版
(北京王府井大街36号 邮政编码100710)
商务印书馆发行
南京爱德印刷有限公司印刷
ISBN 978-7-100-14137-6

2017年12月第1版 开本710×1000 1/16
2017年12月第1次印刷 印张23½
定价:110.00元